探寻罗马人

IN SEARCH OF THE ROMANS

〔英〕詹姆斯·伦肖（James Renshaw） 著
李小迟 译

中国出版集团
中译出版社

图书在版编目（CIP）数据

探寻罗马人 /（英）詹姆斯·伦肖（James Renshaw）著；李小迟译. -- 北京：中译出版社，2023.4
书名原文：IN SEARCH OF THE ROMANS（SENCOND EDITION）
ISBN 978-7-5001-7157-7

Ⅰ. ①探... Ⅱ. ①詹... ②李... Ⅲ. ①古罗马—历史 Ⅳ. ①K126

中国版本图书馆CIP数据核字(2022)第150710号

In Search of the Romans (Second Edition)

Copyright © James Renshaw, 2012, 2020
This translation of In Search of the Romans (Second Edition) is published by arrangement with Bloomsbury Publishing Plc and Rightol Media.

The simplified Chinese translation copyright © 2022 by China Translation and Publishing House
ALL RIGHTS RESERVED

版权登记号：01-2022-2222
审图号：GS(2022)1951 号

探寻罗马人
TANXUN LUOMAREN

出版发行	中译出版社
地　　址	北京市西城区新街口外大街 28 号普天德胜大厦主楼 4 层
电　　话	(010)68359373、68359827（发行部）68357328（编辑部）
邮　　编	100088
电子邮箱	book@ctph.com.cn
网　　址	http://www.ctph.com.cn

出 版 人	乔卫兵
总 策 划	刘永淳
策划编辑	郭宇佳　赵　青
责任编辑	郭宇佳
文字编辑	张　巨　邓　薇
营销编辑	张　晴
封面设计	浮生华涛

排　　版	北京竹页文化传媒有限公司
印　　刷	北京盛通印刷股份有限公司
经　　销	新华书店

规　　格	710 毫米 ×1000 毫米　1/16
印　　张	35.25
字　　数	421 千字
版　　次	2023 年 4 月第 1 版
印　　次	2023 年 4 月第 1 次　印刷

ISBN 978-7-5001-7157-7　　定价：149.00 元

版权所有　侵权必究
中 译 出 版 社

作者简介

詹姆斯·伦肖（James Renshaw），欧洲古典文学学者，英国"九大公学之一"圣保罗中学（St Paul's School）、戈多尔芬和拉蒂默学校（Godolphin and Latymer School）古典文学教师，同时也是一名作家。詹姆斯·伦肖曾于2017年组织编写"OCR古典文明和古代历史"丛书，该丛书原用于英国 GCSE（英国普通初级中学）相关主题考试。

译者简介

李小迟,北京师范大学历史学院世界史博士,中国传媒大学新闻传播学部编辑出版研究中心博士后,译有小普林尼《颂词》、阿德里安·戈兹沃西《布匿战争》等。

扫码获取电子资料

导　言

如书名所示，《探寻罗马人》是为渴望了解古罗马文明与历史的读者（也包括第一次接触古罗马的读者）准备的。本书前两章对古罗马的历史进行了全面的概述，从公元前8世纪古罗马城的建立到公元5世纪西罗马帝国的灭亡。第三至六章聚焦古罗马人生活的重要方面：帝国的治理、古罗马的宗教、古罗马的社会以及古罗马人的娱乐和休闲。最后两章将考察庞贝城和赫库兰尼姆城为我们呈现的古罗马人的生活细节。各个章节彼此独立，但互相关联，因此有很多相互参照之处。读者在阅读前两章后，可跳读剩下的章节，因为从第三章开始每部分都探寻了古罗马世界中独特的一面。

尽管学习古代史是一件令人兴奋的事，但初学者难免有些困扰，他们将遇到大量未曾见过的术语、观念和主题。我希望《探寻罗马人》能给读者一个牢固的基础，让他们更好地了解古罗马世界。如果用登山作比，本书旨在搭建一个坚实的"大本营"，以便读者从这里出发，向更高处攀登。为此，书中将不时出现以下的扩展阅读和知识点：

扩展阅读 提供推荐书目，帮助读者进一步了解《探寻罗马人》中所涉及的相关知识。

了解更多 更多信息和内容，帮助读者了解各章节的主题。

学术讨论 更多尚存争议的话题。

图 片 库 大量按地区分类的照片。①

时 间 线 时间线的数字版本。

为什么研究罗马人如此重要？一方面，我们会惊叹他们在艺术和建筑上的成就、他们无与伦比的先进技术以及杰出的文学作品。现代西方很多法律体系与政府架构都源自古罗马，而拉丁语更是直接影响了今天世界上很多主要语言，包括英语、法语和西班牙语等。我们也会为古罗马人忠于公民等级和结构而感到钦佩，并折服于他们对不同宗教信仰的包容。另一方面，我们也难以忽视古罗马文明中的阴暗面。古罗马人的成就与暴行交织在一起，他们摧残对手，虐待奴隶，并且热衷于观看人类互相残杀的场面——角斗表演。不论是好是坏，古罗马人多个世纪的统治已经对我们今天的世界产生了深远的影响。通过了解古罗马人的生活，我们能够更深刻地理解当今西方的社会。

在编写第二版的过程中，我再次得到了大量的帮助与支持。为此我向大家表示由衷的感谢。其中尤为感谢詹姆斯·毛伍德对本书的贡献，我谨以本书的第二版向他深表纪念。

詹姆斯·伦肖

---

① 书中地图系原文插附地图。——编者注

目　录

第一章	从王政到共和	001
第二章	皇帝的统治	089
第三章	治理帝国	169
第四章	古罗马宗教	221
第五章	古罗马社会	283
第六章	古罗马的娱乐与休闲	353
第七章	庞贝古城	413
第八章	赫库兰尼姆	475
附录1	古罗马的货币	509
附录2	古罗马的服饰	511
附录3	古罗马的姓名	514
附录4	古罗马的时间	518
扩展阅读		523
参考文献		537

第一章　从王政到共和

> 罗马不是一天建成的。

人们对这句俗语耳熟能详，以致很容易忘记它背后的史实。罗马地区最早的聚落建立于青铜时代晚期。后世的罗马人相信，这座城市建于公元前 753 年。但直到 4 个世纪后，这座城市的势力才开始走出意大利中部。罗马人第一次走向海外是在公元前 264 年。随后的 3 个世纪里，罗马人征服了欧洲大陆、北非和近东。时至公元 1 世纪早期，罗马人统治着北至大不列颠、南至埃及、西抵葡萄牙、东临伊朗的广袤土地。

本章将带您概览罗马史的上半场，从罗马建城到公元前 31 年。是年，奥古斯都成为帝国唯一的统治者，他也被视作罗马的第一位皇帝。第二章将继续考察皇帝统治下的罗马，直至公元 5 世纪西罗马帝国灭亡。

罗马古史的史料

对公元前 300 年之前发生的事,我们恐怕没有信心拼凑出准确的历史。这座城市经历过多次重建,这限制了考古发掘所能提供的证据。在兴建每一座新建筑时,其下的地层都会遭到挖掘和破坏。这也意味着已经不剩多少空间供考古学家发掘和探寻城市最初的面貌。不过,有关罗马早期历史的考古学证据还是为我们提供了这座城市发展的概貌。

关于罗马古史的文献记载又制造了一系列悬而未决的问题。最早的罗马史家是法比乌斯·皮克托和秦奇乌斯·埃利门图斯,他们创作的时间都是公元前 3 世纪晚期,作品也只有破碎的残篇流传至今。但是之后著作得以传世的史家又参考了他们的作品。皮克托和埃利门图斯的记载可靠程度如何?两位作家探寻的事件发生在距离他们所处时代的两三代人以前,他们只能求诸旁人的回忆,以及他们父辈和祖父辈的记忆。他们的记载可以回溯到公元前 300 年左右,但比这个时间更遥远的历史也许与传说只有一线之隔。

尽管如此,到了皮克托和埃利门图斯的时代,罗马人对自己城市的历史已经能讲述出很复杂的故事了。他们相信,公元前 12 世纪,特洛伊英雄埃涅阿斯率领幸存者来到意大利避难,他的后代罗慕路斯又在公元前 8 世纪中叶建立了罗马城。大多数人认可建城时间为公元前 753 年的说法。从建城到他们自己的时代,罗马史上流传着各种细节丰富的故事。现代学者认为,这种文学记载更像是传说,而非准确的历史。有时,学者们会称其为"文学传统"。

这些记载又经历了怎样的发展演变?似乎罗马人的故事经历了复杂的口耳相传,其间又夹杂着古希腊的历史与传说。公元前 3 世纪,希腊文化开始影响罗马人的世界,而皮克托和埃利门图斯深受其影响。他们虽然是罗马的元老,但都用希腊文写作,面向的读者与听众也是希腊人,因为他们是为罗马人登上西地中海的权力之巅正名。似乎两人身上都带有希腊著名史家的印迹,譬如在公元前 5 世纪创作的希罗多德和修昔底德。实际上,罗马人文学传统中的很多故事,看上去都像是在类比希腊历史。

李维和哈利卡纳苏斯的狄奥尼修斯

关于罗马早期的历史,尽管有许多古代史家都曾提及,但现存最详细的记载来自两个人,提图斯·李维乌斯,或称李维,以及哈利卡纳苏斯的狄奥尼修斯。李维(公元前 59—公元 17 年)来自意大利北部的帕塔维乌姆,用拉丁文写下了罗马从建城到作者自己时代的历史。全书共计 142 卷,其中 35 卷被完整地保存下来,其中包含了罗马城最早的历史。李维写作时正值罗马第一位皇帝奥古斯都统治时期,后者希望弘扬罗马的往日传统。李维认为,无论对于奥古斯都开创的新时代,还是对于他自己,历史的功能主要在于为读者提供道德的教谕。

狄奥尼修斯来自哈利卡纳苏斯,这座希腊城市位于小亚细亚(大致相当于今天土耳其西部三分之二的地区)西南海岸。他与李维是同时代人,在公元前 30 年来到罗马教授修辞学。他面向希腊读者,用希腊文写下了《罗马古事纪》,记述了罗马从建城到公元前 264 年的历史。全书共 20 卷,只有前 11 卷完整地保存至今,涉及的年代前至公元前 449 年。相比李维,狄奥尼修斯的记述往往较为啰唆。他强调,他的希腊读者对罗马人知之甚少,因此多讲一点是有帮助的。此外,对于一些事件,他的描写与李维颇有出入,这说明对于较久远的历史,罗马人的说法本身也存在互相矛盾之处。

现代的历史学家应当如何看待罗马人的文学传统呢?请记住两点原则。第一,罗马古史的故事应被视为传说,但它们建立在真实历史的基础之上。历史学家的任务便是发掘每一则故事背后隐藏的真相。学者们也正是在这一点上展开争论与辨伪的。第二，在罗马人形成自我认同的过程中，文学传统是重要的一环。通过这些故事，我们可以管窥罗马人文化中最核心的层面，了解他们的价值观、信仰和焦虑，从而更深刻地理解罗马人如何看待他们自己。

在当下，了解罗马古史的故事还有一个重要的理由。自文艺复兴以降，这些故事一直是欧洲艺术家和作家的灵感源泉。波提切利和提香都为塔克文和卢克莱提娅的故事留下画作，莎士比亚曾创作过一出以科里奥兰纳斯为主角的戏剧，珀塞尔的歌剧便名为《狄多与埃涅阿斯》。这些故事已经刻入西方文化传统的基因，了解它们有助于今天的读者提升文化素养。

建城与王政时期

对于罗马自建立到公元前 509 年的历史，我们将分别从文学传统和考古证据两方面展开考察。

文学传统

关于罗马城建立的历史，有两条互为补充的故事线。其一将罗马人的起源追溯到希腊神话中英雄时代的特洛伊战争（人们认为战争发生在公元前 12 世纪早期），其二为罗马人本土的民间传说。

埃涅阿斯

数百年来,在古希腊世界的历史故事中,特洛伊战争的传说都是极其重要的篇章。战争的起因是特洛伊王子帕里斯诱拐了斯巴达的海伦。为了夺回她,希腊人率领庞大的舰队驶向特洛伊。在故事中,希腊与特洛伊双方都涌现了许多伟大的英雄,譬如阿喀琉斯、赫克托耳、阿伽门农和奥德修斯。两部闻名遐迩的荷马史诗《伊利亚特》和《奥德赛》,分别讲述了战争最后一年的重大事件,以及战争结束后奥德修斯历经艰险的返乡之旅。在《伊利亚特》中,埃涅阿斯是个相对不太重要的角色。他是特洛伊皇室的成员,其母为女神阿佛洛狄忒,其父为凡人安喀塞斯。在史诗的描写中,埃涅阿斯在决斗中不敌阿喀琉斯,眼看就要丧命,危急关头阿波罗神出手救了他一命,特洛伊人的血脉(传说他们的祖先是达耳达诺斯)才得以保全:

> 命中注定埃涅阿斯要躲过死亡,
> 使达耳达诺斯的血脉不至于断绝,
> 因为宙斯对他最为宠爱,
> 远超凡女为他所生的其他孩子。
> 普里阿摩斯一族已经失宠于克洛诺斯之子(宙斯),
> 伟大的埃涅阿斯将成为特洛伊人的王,
> 由他的子孙后代继承。
>
> (荷马,《伊利亚特》,20.302—308)

这则预言给了其他讲故事的人大量的发挥空间。很快就有了一种说法,称特洛伊陷落时,埃涅阿斯逃过一劫,并率领其他幸存者逃往意大利。

哈利卡纳苏斯的狄奥尼修斯也提到了一些希腊早期的说法,称埃涅阿斯是罗马的建立者,或称他是后世罗马人的祖先。这些说法还宣称,埃涅阿斯将他的人民安顿在意大利中部的拉丁姆平原,有朝一日罗马城便会在此诞生(来自拉丁姆的人便被称为拉丁人,拉丁语也同样因此得名)。我们不清楚拉丁姆的居民具体在什么时候接受了这种起源传说,但很可能是在公元前3世纪时这种说法开始深入人心。当时罗马人正开始大量吸纳希腊文化,因此希望将自己与特洛伊战争的英雄联系起来。

故事到了罗马人的口中继续发展。据传说,在经历了漫长和艰辛的旅程后,埃涅阿斯抵达了意大利中部——罗马城所在地附近。他与当地居民——拉丁人打了一仗,随后与对方讲和,迎娶了拉丁人国王拉丁努斯的女儿拉维尼娅,建立了一座新城拉维尼乌姆。特洛伊人和拉丁人结合成同一部族,一起在城中生活。埃涅阿斯之子阿斯卡尼乌斯(也称尤鲁斯)日后在附近建立了另一座城市,名叫阿尔巴隆加。尽管埃涅阿斯并未亲自建立罗马城,但是他的后代在几个世纪后完成了这一使命,因此他仍被视为罗马人的祖先。埃涅阿斯传说的最终版本由诗人维吉尔完成。他在公元前1世纪末写下了罗马人的民族史诗《埃涅阿斯纪》。

后世的罗马人最看重埃涅阿斯身上的一项品质,那就是"虔诚"(*pietas*)。这个词不太好翻译,但有点类似"牢记自己的责任",对家庭、祖国和众神的责任。埃涅阿斯往往被视为第一个,也是最可作为典范的尽职尽责的罗马人。绘画和雕塑作品经常会表现他"虔诚"的那个瞬间(图1.1):埃涅阿斯从特洛伊的熊熊烈火中逃离,他肩扛老父,手牵幼子;安喀塞斯抱着特洛伊的家庭守护神神像。爷孙三代都从这座城市逃出,去建立新的特洛伊。对日后的罗马人来说,这幅画面象征着每个人都应该铭记的对家庭、公民和宗教的职责。

图 1.1 这尊陶像出土于庞贝，展现了埃涅阿斯"虔诚"的经典瞬间：他扛着父亲安喀塞斯、牵着幼子阿斯卡尼乌斯逃出特洛伊

罗慕路斯和雷穆斯

　　第二条故事线是关于罗马城建立的。起初，它与埃涅阿斯是两个完全独立的故事。然而，罗马人将埃涅阿斯塑造为罗慕路斯遥远的祖先，将两个故事结合在一起。于是故事继续发展。阿斯卡尼乌斯之后的第 12 代阿尔巴隆加国王——努米托尔，被自己邪恶的弟弟阿姆利乌斯推翻。阿姆利乌斯为了清除自己王位的一切威胁，杀死了努米托尔的儿子们，并强迫兄长的女儿莱亚·西尔维娅做了维斯塔贞女（这是罗马最重要的女祭司），这意味着她既不能结婚，也不能生孩子。然而，战神玛尔斯从中干预，令她怀了自己的孩子。于是西尔维娅生下了一对双胞胎兄弟，罗慕路斯与雷穆斯。

图 1.2　母狼为罗慕路斯和雷穆斯哺乳。长久以来,人们一直认为这尊铜像是公元前 500 年左右的伊特鲁里亚艺术品,然而有一种现代的理论,认为它实际建于公元 11 世纪。罗慕路斯和雷穆斯像肯定是公元 15 世纪后加上去的

阿姆利乌斯得知后怒不可遏,命人将双胞胎扔进台伯河溺死。兄弟俩被冲到一块干燥的浅滩上,一头母狼为其哺乳(图 1.2)。不久之后,一名牧羊人弗斯图鲁斯和他的妻子阿卡·拉伦提娅发现了他们,将其当作自己的孩子养育成人。兄弟俩成年后,得知了自己的身世,于是向阿姆利乌斯复仇,杀死仇人,帮助外祖父努米托尔重登王位。

在这之后,罗慕路斯和雷穆斯决定在当初被发现的台伯河畔建立一座自己的新城。两人都希望以自己的名字命名。于是他们通过观察飞鸟寻找神的旨意。阿芬丁山上的雷穆斯率先看到 6 只鸟。然而,帕拉丁山上的罗慕路斯看到了 12 只鸟。兄弟俩都宣称神明选中的是自己。雷穆斯称自己先看到,罗慕路斯称自己看到的数量多。兄弟俩各自的支持

者爆发了冲突。李维是这样描述雷穆斯之死的:

> 他们激烈地争执,愤怒导致杀戮。雷穆斯在冲突中丧命。更为普遍的传说是,雷穆斯为嘲弄他的兄弟,跳过了罗慕路斯建到一半儿的城墙,激怒了对方。罗慕路斯杀死了兄弟,并宣称:"敢跳过我城墙的人便是如此下场!"于是罗慕路斯成为唯一的统治者。这座如此建立的城市也以他的名字命名。
>
> (李维,《建城以来史》,1.6—7)

传统说法认为建城时间是公元前753年,不过这个时期是公元前1世纪的作家瓦罗推断的。关于罗慕路斯的故事继续说道,罗慕路斯犁出了一条标记城市范围的界线,也就是之后罗马人所说的"神圣城界"(pomerium),即罗马城在宗教上的边界,后来罗马人用白色的界石加以标明。

似乎罗马人自己也为这样一个充满暴力的建城故事所困扰。然而有两点值得注意。第一,多年以后罗马人深陷于内战的泥潭,所以如果他们认为自己的城市建立于兄弟阋墙的冲突时刻,也不足为奇。第二,这则故事同样充满了爱国色彩。罗慕路斯树立了一个榜样,以表明没有什么比保卫城市更加重要——哪怕是至亲。

萨宾妇女

传说中罗慕路斯为了给自己的新城市扩充人口,向周围的聚落广授公民权。无论他们是自由人还是奴隶。值得注意的是,在罗马人的早期叙述中,移民占有非常重要的地位。人们认为,这座城市会向所有人敞开大门,不会计较他们来自何方,是什么背景。无论是谁,只要能竭诚为罗马效力,就可以成为罗马人。

罗马的人口扩张了，但是城中缺少妇女。罗马人起初希望与周边的城市联姻，可是并不成功。于是他们制订了新的计划。罗马人邀请这些城市的居民前来参加一场有赛车比赛的节庆活动。游客中有萨宾人，他们是当地的一个山地部落。在节庆活动进行当中，每个罗马人等到信号一发便同时动手，各自抢走一名萨宾妇女作为自己的妻子。萨宾的男人自然不肯善罢甘休，于是双方开战了。然而，在双方激战正酣时，萨宾妇女闯入了战线中央，促成了和平（图1.3）。她们如此劝说父亲：

> 要泄怒就冲我们来吧！是我们引发了战争，是我们让丈夫和父亲受伤和丧命。胜利者只有一方。我们宁愿去死，也不愿作为寡妇和孤儿苟活。
>
> （李维，《建城以来史》，1.13）

男人们被妇女们的话触动，罢兵言和，宣告结盟联合成一个国家。

图1.3 《萨宾妇女的干预》，法国艺术家雅克-路易·大卫作于1799年。在以罗马历史故事为灵感创作的艺术品中，这幅油画可谓著名的范例

7位国王

根据传说，古罗马最初有7位国王，罗慕路斯是第一位。他们7个的统治时间是公元前753—前509年（这么长的时间只有7个国王显然是不可能的）。罗慕路斯的6位继承者依次是：努马·庞庇利乌斯、图鲁斯·霍斯提里乌斯、安库斯·玛尔奇乌斯、塔克文·普利斯库斯、塞尔维乌斯·图利乌斯、高傲者塔克文。据说每位国王都为城市带来了一些新的设施和制度。例如，罗慕路斯建立了元老院，努马建立了祭祀和宗教制度，塞尔维乌斯建立了政治组织并修建了第一道城墙。

尽管有些事是可以确定的，例如，罗马人宗教节日的历法确实可以追溯到城市建立早期，然而关于国王的故事大多经不起历史的推敲。我们很难断定，这些国王是否是历史上真实存在的人物。以罗慕路斯为例，这个名字本身就很难说清，它可能仅仅意味着"罗马人"或"罗马先生"。其他国王可能以真实存在过的人物为基础，但是他们的功绩带有强烈的神话色彩。正如学者玛丽·比尔德所说，"人们认为这些统治者是历史人物……但同样，这些流传至今的传统说法与事实相去甚远。后世罗马人将心中最为之惦念和焦虑的事情投射到过去，便形成了这些迷人的神话"。

推翻君主制

根据传统说法，高傲者塔克文的统治越发残暴。他强迫罗马公民进行无休止的建设劳动，暗杀反对他的元老。最终，他失去了人心。公元前510年，罗马贵族驱逐了统治阶层的伊特鲁里亚人。起义的导火索是一名罗马贵族妇女卢克莱提娅遭到了高傲者塔克文之子塞克斯图斯·塔克文的奸污。卢克莱提娅请自己的父兄向塞克斯图斯报仇，随后自尽身亡。罗马人有很多疑似仿照希腊历史上重大事件而编创的故事，这个例子就非常典型。雅典人也是在驱逐了僭主希庇亚斯后建立了民主制。据说希庇亚斯同样是在公元前510年性侵了一名亲戚后遭到驱逐的。

根据李维的记载，塞克斯图斯·塔克文为罗马人所杀，他象征着其父的傲慢和滥用权力。实际上，国王塔克文名字中的"高傲者"（*superbus*）就是"傲慢"的意思。卢克莱提娅自杀后，领导起义的是一名叫作路奇乌斯·尤尼乌斯·布鲁图斯的罗马贵族。然而，布鲁图斯随后遭遇了个人的悲剧。他的两个儿子勾结敌人的行为败露，被判处死刑。布鲁图斯履行自己的职责，支持判决，并沉默地目睹两个儿子被斩首。这也是另一个罗马早期人物将爱国之情置于血肉亲情之上的例子。

塔克文虽然遭到驱逐，但仍想方设法夺回王位。他与附近的一位伊特鲁里亚国王——克鲁西乌姆的拉尔斯·波森纳结盟，劝说后者向罗马宣战。李维对于这场战争的描写可谓是罗马人注重宣传的杰作。波森纳显然为罗马人的英勇，尤其是独眼贺拉提乌斯、穆奇乌斯·斯凯沃拉和不婚的妇女科勒利娅①所打动，于是同意与对方缔结和约。罗马人终于摆脱了伊特鲁里亚人的统治，决定废除君主制，建立了一套防止个人专权和施行暴政的政治制度，并称之为"共和"。从此以后，拉丁语的"王"（*rex*）成为罗马人所憎恶的字眼。

考古证据

史前时代的意大利

意大利的天然地貌划分了人类的定居地（图1.4）。从地理学上看，这个国家分为两大区域，每个区域都由一座山脉界定了大致范围。北部

---

① 3人的事迹分别为独自扼守桥梁、被俘时用火烤手面不改色、带领人质逃出敌营。——译者注

图 1.4　意大利地形图

的边界是阿尔卑斯山，山麓之下是波河谷地，这是一处肥沃的平原。其间的河流向东注入亚德里亚海。波河河谷以南是意大利半岛，亚平宁山脉像脊柱一般纵贯其间。山脉的两侧是丘陵和一系列平原，包括西侧的伊特鲁里亚、拉丁姆和坎佩尼亚平原，以及东南的阿普利亚平原。西侧的 3 大平原都拥有肥沃的火山土，海拔也适宜发展农业。此外，伊特鲁里亚平原的矿藏也非常丰富。

数千年之前意大利就有人类的聚落。然而，公元前20—前10世纪，当希腊及其东部地区（统称为"近东"）已经发展出繁荣的青铜文明时，意大利却没有出现如此发达的文明。其中一个原因可能在于，早期的意大利人并没有航海的传统。尽管意大利半岛有绵延约2 000英里①的海岸线，波河河谷以南任何一处陆地距离大海都不超过约70英里，然而半岛上却缺少适合航行的河流。这似乎阻碍了意大利人发展航海技术，而航海有助于促进贸易和文明发展。

从公元前1100年起，铁器开始取代青铜成为地中海东部地区最先进的技术。然而，铁器工艺进入意大利的时间相对较晚，大约是在公元前900年。而且即使到了那时，又经过了200年，铁器才逐渐取代青铜器成为主要的金属用具。然而，伊特鲁里亚平原富含矿藏资源，吸引着东部文明更发达区的商人和探矿者来到这里。随这些商人而来的还有其他地区的知识和技术，它们如同催化剂一般，促使伊特鲁里亚人在公元前8世纪发展为意大利的第一个重要文明。

意大利的地理特点也造成了语言上的区别。4种最主要的语言——威尼提亚语、拉丁语、翁布里亚语和奥斯坎语——均属于印欧语系。不过伊特鲁里亚语的起源与上述语种完全不同，时至今日仍是未解之谜。

伊特鲁里亚人、希腊人和腓尼基人

考古证据显示，公元前800—前500年，伊特鲁里亚人是意大利最强大的族群。他们与东方的希腊人和腓尼基人之间的贸易活动尤为密切。公元前8世纪，希腊人在意大利南部和西西里岛的海岸线上建立了一系列城市和贸易点。当地希腊文化占据主导地位，所以日后罗马人将这一地区称为"大希腊"（*Magna Graecia*）。腓尼基人来自今天的黎巴

---

① 1英里≈1.6千米。——编者注

嫩地区，是著名的商人和水手。他们同样在远离故乡的地方建立定居点，最著名的便是公元前800年左右在北非建立的迦太基城。对这一时期伊特鲁里亚文明的发展，希腊人与腓尼基人都发挥了至关重要的作用。正如一位考古学家所言，若想知道腓尼基人和希腊人在地中海西部的定居与贸易活动如何深刻影响了意大利人，伊特鲁里亚文明便提供了一个绝佳的范例。

腓尼基人和希腊人来到伊特鲁里亚做生意，也带来了新的知识和技术，其中最重要的就是城市的概念。在这之前，意大利人都居住在单室的环形茅屋之中，聚落规模也很小。公元前700年以后，伊特鲁里亚出现了更大的聚落。建筑有了石制地基，呈网格状排列，并且经常建有带巨大城门的石头城墙。这些新兴的伊特鲁里亚聚落还展示出先进的工程技术水平，譬如下水道、贮水池、引水渠、桥梁与隧道。他们同样建立了发达的贸易网络。考古证据显示，他们得到了波罗的海的琥珀，迦太基的金银和锡，非洲其他地区的象牙和鸵鸟蛋。随着伊特鲁里亚城市的发展，社会与政治结构也产生了变更，包括在贵族和所谓"平民"之间产生了社会等级的划分。

其他创新也随之而来：轮制陶器、手工艺与艺术的分工、文字与书写、陶器上用艺术形式展现的希腊神话、青铜雕像、壁画以及宏伟的建筑。伊特鲁里亚人缺少大理石，于是他们选择用陶器雕刻。现存最出色的伊特鲁里亚艺术品来自贵族的豪华墓葬。这些艺术品上经常被表现人们进行宴饮、舞蹈、体育竞赛以及渔猎和骑马的场面。人物衣着华贵，佩戴精致的珠宝。伊特鲁里亚的青铜铸造和珠宝制作水平非常高超，让今天的艺术家都惊叹不已（图1.5）。墓葬中的雕塑展现出妇女斜倚在男人身边参加宴会的场景。在其他绘画作品中，女性经常穿着户外的服饰。这表明相比于同时代东部的女性，伊特鲁里亚的上层女性能够更多参与公共生活。

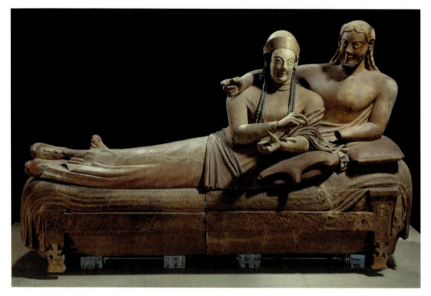

图 1.5　这座夫妇石棺雕像来自卡西里，是伊特鲁里亚艺术中的上乘之作。雕像由赤陶制成，高度超过 1 米，宽度将近 2 米，最初绘有色彩，描绘的是一对伊特鲁里亚夫妇在死后世界中斜躺着参加宴会的场景

字 母 表

也许希腊文化对罗马世界最持久的影响，便是经由伊特鲁里亚人传入罗马的字母。几个世纪以来，希腊人都没有发展出自己的书写系统，直到公元前 8 世纪中期，他们借鉴了腓尼基字母，发明了希腊字母的早期版本，直到今天还在使用。公元前 700 年左右。伊特鲁里亚人从希腊商人那里学到了希腊字母，在此基础之上发展出自己的文字。虽然我们能读出伊特鲁里亚语的单词，但这门语言至今仍未被破译。不久之后，罗马人就向伊特鲁里亚人学会了书写，并选用伊特鲁里亚字母进入自己的拉丁语。时至今日，世界上很多地区仍在使用拉丁字母。此外，罗马人的数字系统也学自伊特鲁里亚，也就是今天我们所熟知的罗马数字。

伊特鲁里亚城市从未形成一个统一的国家。他们共享文化、宗教和语言，但政治上彼此独立。公元前7世纪，一些伊特鲁里亚人向外移居，最南到达坎佩尼亚（图1.6）。他们在当地建立的卡普亚城成为这一地区最强大的城市。另一些伊特鲁里亚人向北来到波河河谷。他们建立的城镇后来发展成现代的重要城市，譬如博洛尼亚、米兰和拉文纳。

早期罗马

考古证据表明，早在公元前10世纪，罗马的帕拉丁山周围就有人类居住的痕迹，最迟至公元前8世纪的茅屋遗存也已被发现。然而，拉丁姆地区的发展远远比不上同期的伊特鲁里亚。因为这一地区没有吸引外地商人的矿产资源。直到公元前650年左右，当地才首次出现拥有石制地基的房屋。直到公元前7世纪的最后25年，罗马才发展出城市的模样。这段时间里，罗马人排干了帕拉丁山与卡皮托里山之间的低洼沼地。这一地区后来成为广场，是罗马人宗教、社会与政治的中心。

公元前6世纪，罗马继续着城市化进程。从此以后，我们可以看到越来越多的考古学证据。值得注意的是，文学传统中记载罗马最后3名国王兴建重要工程的时间，正与城市显著扩张和发展的时间吻合。在这个世纪，我们看到了诸如神庙等公共建筑出现、金属锻造和制陶技艺逐渐成熟、农产品增加，以及社会阶层的分化，富有的精英阶层开始形成。很可能就是在这段时间，较为贫穷的自耕农和农业劳动者开始依附于贵族主人。这种关系逐渐演变为日后罗马史上的保护人制度或门客制度。

当时罗马因为占据有利的地理位置，逐渐成为拉丁姆的中心。它位于台伯河畔，而台伯河是拉丁姆与伊特鲁里亚的天然边界。罗马人拥有近水楼台之便，可以接触更为先进的伊特鲁里亚文化。而且，台

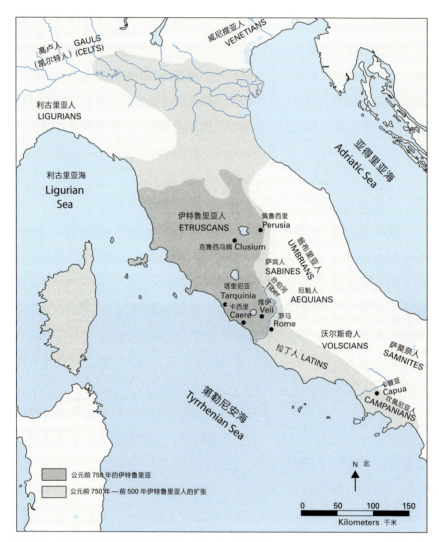

图 1.6 伊特鲁里亚人在公元前 750—前 500 年的扩张

伯河本身也是一处贸易枢纽。在伊特鲁里亚和拉丁姆之间南北往来的商人必须经过台伯河；河口的产盐地也吸引着东西线路上的内陆人来到河流附近。罗马的位置距海大约 16 英里，台伯河中心有座小岛，人们可以经此轻松渡河，由此发展为商人的歇脚点。河东岸后来成了屠牛广场（Forum Boarium），这座市场在城市的历史中一直起着贸易、宗教与娱乐中心的作用。罗马的地理位置促使不同种族和文化的人群在此聚集。

后世的罗马人将自己的城市称为"七丘之城"，实际上附近的山丘远不止七座。罗马人之所以将这七座山丘结合起来，可能源自他们对一年一度的宗教节日"七丘节"（*Septimontium*）的解释。根据一种"官方"的说法，七座山丘分别是：帕拉丁、卡皮托利、阿芬丁，它们毗邻台伯河，相互之间由低地隔开；奎里纳尔、维米纳尔和埃斯奎林，它们实际上是城市东边的一处高地向西延伸的部分；以及西莲山，位于埃斯奎林与阿芬丁之间。

这一时期的一件器物令学者十分兴奋（图 1.7）。一件拉丁文铭刻出

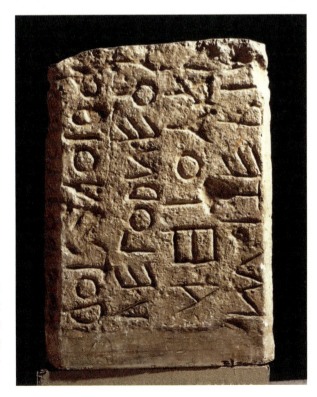

图 1.7 这件罗马早期的铭刻用古拉丁文写成，字形更接近希腊文，其中包含"王"（*recei*）

土于卡皮托利山与广场的交界处，初步判断属于公元前6世纪晚期。铭文刻有"recei"的字样，这是拉丁文"王"（rex）一词的早期形式。尽管目前还不能完整地理解铭文，但显然它具有某种公示的性质，表明此时罗马有一位被称为国王的统治者——正符合传统史书的记载。然而，我们不能将他与李维笔下那些创建罗马政治制度与组织的国王相提并论，他可能更像一个率领族群的酋首。李维所描写的大战也一定是言过其实了，那些战斗都发生在距城市约12英里以内，可能不过是本地聚落之间的小规模冲突。

没有考古证据表明伊特鲁里亚人像文学传统中记载的那样曾一度入主罗马。相反，似乎罗马人因为毗邻伊特鲁里亚而受益颇多。因为与伊特鲁里亚人交流频繁，他们早期的发展深受对方影响。然而，公元前5世纪早期，随着海上贸易路线转移到亚德里亚海和西班牙，伊特鲁里亚文明急剧衰落。在文学传统中，罗马人也在这一时期驱逐了伊特鲁里亚统治者，创立了崭新的政治制度，也许这并非巧合。此时罗马已经成长为拉丁姆最大的城市，人口估计在2万—3万内，这意味着在国际上它仍只是一个相当普通的城市。同一时期，波斯人的近东帝国统治着2 000万人口。

然而有证据表明，公元前五六世纪之交时，罗马人的活动已经跨出了城市的边界。文学传统中塔克文买到了用希腊语写成的西比尔预言书，说明他们已经开始和"大希腊"的城市有了接触。此外，当时罗马人还在阿芬丁山上建造了一座狄安娜女神神庙，样式仿照了地中海其他地区希腊样式的阿尔忒弥斯女神神庙（最著名的一座在小亚细亚的以弗所①）。这座神庙暗示罗马人欢迎希腊访客的到来，并且希望给对方留下深刻印象。而且，罗马第一次与外国人签订条约也确定是在这一时

---

① 以弗所的阿尔忒弥斯神庙，所谓七大奇迹之一。——译者注

日期 (均为公元前)	文学传统	日期 (均为公元前)	考古证据
约1200年	埃涅阿斯带领特洛伊幸存者逃往拉丁姆		
753年	罗慕路斯建立罗马城	约1000年	罗马地区出现早期聚落
		8世纪	伊特鲁里亚开始城市化
753—716年	罗慕路斯在位	约700年	帕拉丁山上的小木屋
715—673年	努马·庞庇利乌斯在位		伊特鲁里亚和拉丁字母出现
715—642年	图鲁斯·霍斯提里乌斯在位	约625年	罗马开始城市化
642—616年	安库斯·玛尔奇乌斯在位		
616—579年	塔克文·普利斯库斯在位		
578—535年	塞尔维乌斯·图利乌斯在位	6世纪晚期	罗马出现大型建筑；树立带"王"的铭刻碑？
535—509年	高傲者塔克文在位		
509年	罗马共和国建立		
约508年	罗马与克鲁西乌姆的拉尔斯·波森纳交战	约500年	罗马成为拉丁姆最大的城市，人口为2万—3万

期。根据史家波利比乌斯记载，公元前509年，罗马人与迦太基人签约，内容是关于迦太基人在罗马控制的领土如何进行商业活动的。尽管公元前509年这个日期有点太精确了，但同期腓尼基人的文本记录似乎证实

了这一条约的存在。看起来，到了公元前 500 年，罗马的名字已经在更广阔的世界传开了。

共和早期（公元前 509—前 264 年）

对于公元前 5—前 4 世纪的历史，李维和狄奥尼修斯继续讲述着后世罗马人深信不疑的英雄传奇，而我们也必须继续对这些文学记载谨慎地怀疑。这一时期的考古学证据也同样有其局限性。相比之下，越接近公元前 3 世纪，文献记载和考古证据都将越为可信。

文学传统

根据李维和狄奥尼修斯的记载，在驱逐塔克文之后，获胜的罗马贵族立刻建立了一套崭新且成熟的政治制度，我们称之为"共和"（Republic，源于拉丁词 res publica，意为"公共的事务"）。设计这套制度旨在防止任何个人掌有绝对权力。每一年公民会选举两名高级官员共同治理国家。他们后来成为众所周知的执政官（consul；不过这个词最早要到 200 年之后才会出现。起初执政官可能被称为 praetor）。他们必须协作，任何重大决定都必须经两人一致同意方可执行。由此罗马人确立了两个关键原则：权力必须由经选举任命的官员分享；权力必须每年一换。李维笔下关于这一时期的一个主题，是罗马公民如何争取自己的"自由"（libertas）。

我们不知道共和早年的政治结构和官制是如何发展的，但在接下来的两个世纪内，一套更为完备的政治体系逐渐建立起来。除执政官外，还包括其他经选举产生的位次较低的官员，一个起建议咨询作用的元老院以及公民大会。不过，新制度的建立肯定不像文献记载的那样一帆风顺。古代作家也无疑正确记载了新生的共和国如何面对外部的挑战，以及内部的政治矛盾与冲突。

外部挑战

根据文学传统，当新生的罗马独立后，周遭的拉丁城市很快感受到了威胁。它们组成一个联盟，今天称之为拉丁同盟。公元前490年前后，双方在罗马南部交战。最终罗马人取得了胜利。据说他们得到了双子神卡斯托尔和波吕克斯的帮助。他们俩即是"狄俄斯库里兄弟"（意为"宙斯之子"），属于希腊神话中的人物，但罗马人很早就开始膜拜和供奉他们。

罗马人是胜利者，但不久之后他们还是与拉丁同盟缔结了盟约。这种盟约对罗马人非常重要，日后罗马人征服其他城市后，很多也以此为模板与对方建立关系。罗马人占有控制权，同时给予对方一些权利和某种程度的自由作为回报。拉丁同盟必须为罗马提供军队，分担共同的防卫义务，同时也分享战利品。作为回报，罗马人给予拉丁城市的公民3项重要权利：

1. 拉丁公民可以在其他任何拉丁城镇拥有财产，经商工作不受干涉。
2. 拉丁城市之间的公民可以自由通婚，不涉及法律纠纷。
3. 拉丁公民可以自由前往其他拉丁城镇，并自动获得当地的全部公民权。

今天人们称这些权利为拉丁权。罗马人将拉丁权作为一种范式，在接下来的几个世纪里还将其授予拉丁姆以外的人。

解决了拉丁问题后,罗马人马上迎来了新的挑战。首先是台伯河上游更靠近内陆的萨宾人,还有山地的两个部落——厄魁人和沃尔斯奇人。罗马人在公元前5世纪中期击败了萨宾人,但是两个山地部落不断尝试向肥沃的低地移动,因此罗马人与他们的战斗贯穿了整个世纪。李维对于罗马人如何应对威胁的描述充满了道德榜样的故事。比如独裁官辛辛纳图斯,据说当时他已卸甲归田,但得知国家面临危机时,便立刻响应召唤,离开田间去领导国家。早期罗马人所展现的品质,诸如勇敢、勤奋、简朴等,被后世的罗马人称为"我们祖先的美德"(*mos maiorum*)。

内部纷争:等级斗争

文学传统告诉我们,共和早期罗马社会处于严重的两极分化状态。一方是少数富有且拥有土地的"贵族"(patricians),一方是绝大多数的贫穷公民,被称为"平民"(plebeians,来自拉丁词 *plebs*,意为"普通人")。共和建立之初,贵族控制着国家全部拥有实权的官职,并且把持着元老院[元老被称为"父老"(patres),因为他们被视为国家的父亲]。平民很快对此表达了不满,要求在国家机构中设立自己的代表。两大群体间的冲突被称为等级斗争(Conflict of the Orders)。

根据传统说法,公元前494年是斗争史上的关键一年。平民显然受债务问题所困扰,于是有组织地大规模离开城市,以此迫使贵族改革。他们成功了。一项新的官职被创立——人民保民官(Tribune of the People)。人民保民官每年由新设立的平民大会选出,代表平民的利益,以对抗贵族。平民大会可以通过自己的法律,称为平民决议(*plebiscita*),英语单词"全民公投"(plebiscite)就是源自这个词。

贵族与平民：旷日持久的斗争

人民保民官的设立并未一劳永逸地解决平民的所有问题。根据文献记载，等级斗争持续了 200 多年，直到公元前 287 年才宣告结束。是年出台了一项法律，规定平民大会通过的平民决议对所有罗马人都具有法律效力。此时罗马开始控制整个意大利，亟须所有公民齐心协力统治日益增长的势力范围，可见上述法律的出现也并非巧合。根据古代作家的记录，公元前 494—前 287 年，平民经过一步步的斗争，才终于获得了与贵族相同的权利。例如，公元前 455 年，废除禁止贵族与平民通婚的旧俗；公元前 367 年，立法规定执政官中必须有一位是平民；公元前 326 年，禁止将无力偿还债务的公民贬为奴隶。至此，罗马公民权成为自由出身的罗马人不可剥夺的权利。

征服维伊与高卢人的洗劫

时至公元前 5 世纪末，罗马已经成为拉丁姆首屈一指的势力，并且跃跃欲试准备扩张。公元前 396 年，罗马人击败了他们在这一区域最主要的劲敌——与罗马相隔约 10 英里的伊特鲁里亚城市——维伊（图 1.6），维伊并入了罗马人的领土。这是罗马第一次重大的领土扩张，吞并维伊使其控制的领土增长了 60%。李维和其他作家将这次战争描绘成罗马版本的特洛伊战争：它也持续了 10 年之久，罗马士兵在将领卡米卢斯的率领下，展示出了无穷的勇气。

然而不久之后，一场灾难降临罗马人头上：大约在公元前 387 年，北方波河谷地一伙游荡掠夺的高卢人洗劫了罗马城。他们在罗马北部几英里的阿里亚河击败了罗马军队，随后进入了不设防的城市。他们进入城中，发现罗马人放弃了城市，退守到卡皮托利山的要塞上。元老们选择留在家中。他们身穿托加袍，戴满象征其地位的荣誉标志，静候死神的来临。幸好，高卢人只对战利品感兴趣。罗马人同意支付450千克黄金，以求高卢人撤离。在公元410年以前，这是罗马最后一次陷于外族之手。城市陷落的记忆也被深刻植入罗马人的精神世界。传说罗马战败的7月18日，成为罗马历法中"黑色的一天"（*dies atra*）。

在接下来的几十年里，高卢人不断入侵意大利中部，很可能继续威胁着罗马。然而，此时罗马人采取了新的措施，使得城市得以继续发展前进。根据传统记载，从公元前367年起，平民也可以参选执政官了。高级官职从此向更多有才之士开放，参选条件由财富取代了出身。

拉丁战争和萨莫奈战争

公元前343—前338年，两场战争推动了罗马扩张的脚步，而罗马人都取胜了。一场很短暂，称为拉丁战争，时间在公元前340—前338年。拉丁城市对罗马的扩张心生忧惧，担心它会威胁到自己的地位。战争以罗马人的胜利而结束。罗马解散了拉丁同盟，吞并了大部分拉丁城市。罗马人给予这些城市的公民以罗马公民权，但是允许他们自行处理本地事务。

公元前343—前290年，罗马人与萨莫奈人进行了3场战争。后者是生活在亚平宁山脉的松散的山地部落联盟。他们的资源匮乏，试图向低地平原拓展领土，因此与日渐崛起的罗马人产生了冲突。第一次萨莫奈战争发生在公元前343—前341年。卡普亚城受到萨莫奈人的威胁，于是向罗马人求援，从而将后者卷入战争。经过几场战斗，双方于公元前341年议和。当时意大利最大的城市卡普亚，以及卡普亚在坎佩尼亚地区的同盟，都成了罗马的盟友。很快罗马在同盟关系中占据了主导地位。

第二次萨莫奈战争持续了很久，从公元前327年直至前304年。自公元前311年起，伊特鲁里亚人开始支援萨莫奈人。罗马与萨莫奈人曾在公元前304年议和，但和平没有维持太久，很快第三次萨莫奈战争便于公元前298年爆发了。在公元前295年的森提努姆战役中，伊特鲁里亚人、翁布里亚人和高卢人组成了一个松散的联盟，支持萨莫奈人。罗马人最终获胜，并在接下来的20年里降服了上述敌人，强迫他们加入罗马人的势力。通过征服与结盟，罗马统治了意大利北部和中部。只有南部的希腊城市还保持独立。

大希腊

大希腊的希腊人一直与罗马人保持着贸易往来，双方的关系总体来说也算良好。然而，公元前282年，这一地区最强大的城市塔伦图姆对罗马势力的渗入倍感紧张，并请来了帮手——希腊西北部伊庇鲁斯的国王皮洛士。皮洛士率领20 000名训练有素的职业步兵、3 000骑兵和大约20头战象来到意大利。这是罗马迄今以来面临的最强大的军队。皮洛士在公元前280年和公元前279年赢得了最初两次战役的胜利。

皮洛士式的胜利

人们熟悉皮洛士，是因为他给我们留下了"皮洛士式的胜利"这句谚语。它用以形容损失惨重、得不偿失的胜利。公元前279年，皮洛士在埃斯库鲁姆击败罗马人，然而他自己也受到了重创：大部分士兵战死沙场，其中包括他最亲密的战友和将领。据说，当旁人祝贺他取胜时，皮洛士回答："如果再击败罗马人一次，我们就该彻底完蛋了。"

不过在这之后，皮洛士答应西西里人的召唤前去援助，在他离开时，他的希腊与意大利盟友纷纷做了"墙头草"。当他于公元前275年返回意大利时吃了败仗，随后撤回伊庇鲁斯。3年后，塔伦图姆向罗马人投降。公元前270年，整个大希腊全部落入罗马人的控制之下。又过了5年，罗马人征服了整个意大利。罗马迅速得到了国际上的认可：埃及的托勒密二世，当时实力最强大的统治者之一，派遣使节来到罗马与之建立友好关系。

罗马人取胜的原因

公元前343—前270年，征服意大利无疑标志着罗马的崛起。军事实力当然是关键因素之一，但罗马征服事业的顺利也得益于高瞻远瞩的政策。罗马人并不试图压迫败者，而是提供机会，令对方可以作为次一级的盟友加入自己。这些新盟邦享有自治权，但是必须为罗马的军队提供人力，并要追随罗马的对外政策。因为可以分享战利品，盟邦也同样会在罗马的征服中获益。

除了有望获得战利品，盟邦还得到了罗马人授予的一系列权利。很多拉丁城镇得到了全部罗马公民权。公元前338年，拉丁姆实际上已经成为罗马的一部分。然而，少数拉丁城镇保持着更高程度的独立，并保留拉丁权。这是罗马盟友的第一类。罗马盟友的第二类拥有"无投票权的公民权"。如其名称所示，享有这种地位的盟邦不能参与罗马人选举的投票，但是在罗马城拥有罗马公民的其他法定权利。第三类，有时被称为"意大利盟友"，享受更少的权利。无论哪种类别，罗马人的目的都是让他们感到，做罗马的同盟比做它的敌人更有利。罗马人通过这种同盟网络获益极大：他们的军事力量得到显著增长，同时又不用承受直接统治而产生的负担。

除此之外，罗马人还建立了新的聚落，称为殖民地。这些殖民地的大部分居民是从罗马迁居的公民。有些移居者保留了罗马公民权，但大多数人放弃了公民权，转而接受拉丁权。他们的回报是可以获得更多耕种的土地和更高质量的生活。殖民地都建立在意大利的战略要地上，诸如河流或要道的交叉口，以及当地居民蠢蠢欲动的地区。殖民地居民一直忠于罗马，确保了罗马人的国家安全。

考古学证据

与文献记载相反，考古学证据表明公元前5世纪是罗马显著衰落的时期。公元前500年前后，罗马遭受了火灾，之后的四分之一个世纪里，罗马进口的陶器数量急剧下降。此外，公元前480年之后，罗马数十年都不曾建造神庙。这也许暗示在不断为寻求资源而侵扰沿海平原的山地部落的过程中，罗马度过了一段相当艰难的时期。

公元前5世纪，罗马世界中令人瞩目的时刻，要数一系列成文法的出现。它们统称为十二铜表法。现在的观点认为，这些法律诞生于公元前5世纪中期，最初刻在铜板上。铜板已经失传了，但后世罗马作家在作品中记录了部分法条。我们很难搞清楚铜表上法条的确切含义，这些法条中最典型的就是描述如何解决家庭争端的内容，比如对如何处置个人财产和遗产等问题的描述。法条所用的文字属于早期拉丁语，使用名词或代词较少，因此不经翻译补足便会非常令人费解。比如：

> 如果法律叫他，他要去。如果他不去，他要叫证人，然后抓住他。

这一条通常被解读为：

> 如果原告传唤被告，被告要去。如果被告不去，原告可以找人做证人，然后抓住被告。

现存的十二铜表法所展示的社会远远不如李维笔下的复杂。不过，编纂法律通常是国家建构中的重要一环。一旦法律以文本的方式写成，掌权者就不那么容易操控法律系统。此外，十二铜表法中提及的某些社会现象也与文学传统相符。例如，法条中提到了平民与贵族、保护人与门客、维斯塔贞女。后世罗马社会中的重要元素，在十二铜表法中便已初露端倪。

学者们普遍认为，公元前4世纪罗马经历了剧烈的变动。对此考古学留下的重要证据之一便是塞尔维乌斯城墙（图1.8）。这座城墙今天在某些地方仍然可以看到。它绕城而建，大概建于公元前370年。城墙以国王塞尔维乌斯·图利乌斯的名字命名，因为罗马人将它的建立归功于那位国王。这显然是错误的认识，塞尔维乌斯的时代要比城墙出现早几个世纪。自此罗马城第一次拥有了坚固的防御城墙，这可能是针对高卢人入侵的应对措施（不过目前尚无考古证据证明，罗马曾像文献中记载的那样遭到高卢人洗劫）。城墙长达约7英里，某些地方厚达4米；材料取自维伊城附近采石场出产的石灰岩，印证了罗马此时确实控制了这座城市。

公元前4世纪晚期，还有更多迹象表明，随着罗马相继战胜意大利的其他部族，其势力随之壮大。一名贵族阿庇乌斯·克劳狄乌斯·凯库斯在公元前312年修建了一条崭新的道路，这条路也由此得名为"阿庇乌斯大道"。这条路连通罗马和卡普亚，让军队和商旅可以更迅速地往来于两座城市之间。道路建设还带来一个副产品，那便是罗马铸币的出现。这是罗马人在意大利南部用于支付工人和士兵的酬劳，因为当地的希腊人早就开始使用铸币了。在此之前，罗马人都是用金属重量来衡量货币价值。凯库斯同样监督建造了罗马的第一座引水渠，将约10英里外山上的淡水引入城市。

图 1.8　罗马的 7 座山丘和公元前 4 世纪塞尔维乌斯城墙的大致位置

钱　币　学

　　对铸币的研究称为钱币学。钱币能够为历史学家提供很多有价值的信息。罗马铸币的正面印着头像，最初都是一位或多位神明的形象。公元前 1 世纪，已经过世的著名罗马人物开始出现在铸币上。而公元前 1 世纪 40 年代，尤利乌斯·恺撒首开先河，在世时就将头像印到了铸币上。后世的皇帝也纷纷效仿（帝制时期几乎所有铸币都能确定发行的年份）。他们意识到自己治下的士兵和普通罗马人每天都会使用货币，因此铸币具有重要的宣传价值。除了皇帝的形象，几乎所有铸币还会在正反两面刻有简短的信息，解释形象的内涵，或者说明铸币是在何时何地以及为何发行。

公元前3世纪初，考古学证据变得更加丰富。有一篇著名的墓志铭，大约刻于公元前280年，很可能是现存的古罗马人最早的自传（图1.9）。铭文纪念了某位名叫路奇乌斯·科尔内利乌斯·西庇阿·巴尔巴图斯的人的一生：

> 路奇乌斯·科尔内利乌斯·西庇阿·巴尔巴图斯，格奈乌斯之子，英勇而智慧的男人，拥有不输于其杰出品质的英俊外表，曾担任你们的执政官、监察官和营造官。他攻克了萨莫奈的陶拉西亚和奇索纳；他征服了全卢卡尼亚；他带回了人质。
>
> （《拉丁铭文集成》，VI.1285）

显然，一个身居领导阶层的罗马人希望人们能记住他取得的成

图1.9　西庇阿·巴尔巴图斯的石棺。虽然是由意大利本地出产的石灰石制成，远不如后世的大理石棺材精美，但在公元前280年也称得上杰作了

就。值得注意的是，他曾出任过 3 个官职，这些官职都是共和国官制系统的组成部分。他成功的政治生涯也与军事成就密切相关。几个世纪以后的罗马人也会认可铭文所体现的生平事迹和政治生涯。

日　　期 (均为公元前)	文 学 传 统	日　　期 (均为公元前)	考 古 证 据
约 496 年	雷吉鲁斯河战役；罗马击败拉丁同盟	约 500 年 500—475 年	罗马发生大火；陶器进口锐减
494 年	设立人民保民官和平民大会	约 480 年	数十年内不再建造神庙
493 年	科里奥兰纳斯击败沃尔斯奇人		
458 年	辛辛纳图斯击败厄魁人	约 450 年	十二铜表法
396 年	罗马征服维伊		
约 387 年	高卢人洗劫罗马城	约 370 年	建造塞尔维乌斯城墙
367 年	立法规定执政官之一必须是平民		
338 年	罗马赢得拉丁战争，吞并拉丁姆地区		
326 年	立法禁止奴役负债公民		
343—290 年	3 次萨莫奈战争，罗马人取得最终胜利	约 312 年	修建阿庇安大道和阿庇安饮水桥；罗马铸币首次出现
280—272 年	罗马人与大希腊城市和皮洛士交战，获得最终胜利，并控制意大利半岛全境	约 280 年 约 270 年	西庇阿·巴尔巴图斯的石棺竖立； 罗马成为地中海最大的城市之一，人口在 6 万—9 万

时至此刻，罗马已经成为地中海世界最大的城市之一，人口估计在6万—9万。它还控制着意大利中部和南部，可征集的军队至多也许能达到50万人。如此规模巨大的人力与亚历山大大帝的军队形成了鲜明的对比。公元前4世纪二三十年代，当亚历山大征服波斯帝国时，麾下只有大约5万人。

共和中期（公元前264—前133年）

在接下来大约130年里，罗马人走出意大利，成为地中海大部分地区的主宰者。他们称霸地中海主要是经过两大系列战争实现的，其对手一是北非的迦太基，二是东部的各个希腊化王国。

布匿战争

公元前3世纪早期，地中海西部最强大的力量非迦太基莫属。这座城市位于北非（大致相当于今天的突尼斯），由腓尼基地区的推罗人在公元前800年左右建立。与腓尼基人一样，迦太基人同样以善于经商闻名。他们在北非、西西里岛西部、撒丁尼亚、科西嘉和西班牙建立了一系列贸易据点，控制着通过西地中海的航路。在西西里，他们常年与希腊城邦冲突不断，特别是叙拉古，这是该岛上最主要的力量。西西里不仅土地肥沃，而且对于控制航路具有重要的战略地位。

似乎在公元前264年以前，迦太基人与罗马人维持着良好的关系，虽说前者在目睹后者势力日益增长时，一定也心怀隐忧。然而此时此刻，两座城市之间爆发了大战。双方一共进行了3场战争，直到公元前

146 年才结束。人们称这 3 场战争为"布匿战争"——罗马人称迦太基人为"腓尼人"（Poeni），其形容词形式便是"布匿"（Punicus）。拉丁语的"腓尼人"（Poeni）又源自希腊语的"腓尼基人"（Phoenikikos）。

第一次布匿战争（公元前 264—前 241 年）

第一次布匿战争于公元前 264 年在西西里爆发。起因是当地不同势力起了冲突，而迦太基人和罗马人分别支持彼此对立的一方。事态很快升级成争夺岛屿控制权的全面战争。罗马尽管缺乏海军传统，但还是第一时间建立起一支可观的舰队，使用接舷战的战术，利用吊桥攀上迦太基战船，与对方展开白刃战，因而取得了一定优势。但是，罗马人同样遭遇重大的天灾，两支舰队毁于风暴。直到罗马人又重建了一支舰队，他们才最终在公元前 241 年赢得了战争并控制了西西里。这座岛屿成为罗马的第一个海外行省。

第二次布匿战争（公元前 218—前 201 年）

赢得第一次布匿战争后，罗马人已经拥有了比迦太基人更强大的舰队。公元前 238 年，罗马人占领了撒丁尼亚岛和科西嘉岛，将其合并为一个行省，这进一步削弱了迦太基的贸易力量。因此迦太基人试图开辟新的市场，转而向西班牙扩张势力，在当地建立了新的据点。这项工作由一名迦太基贵族哈米尔卡·巴尔卡领导。他也是第一次布匿战争中的名将。哈米尔卡有一个年幼的儿子，据说他曾让孩子发誓，要永远憎恨罗马人。这个男孩名叫汉尼拔，他的名字将成为接下来那场两个民族间命运之战的代名词。

随着迦太基人将目光转向西班牙，罗马人也腾出手来解决北方的问题。在公元前 3 世纪 20 年代，他们肃清了亚得里亚海北部的海盗，让隔海相望的伊利里亚地区成为被保护国。不久之后，在公元前 220 年，他们征服了波河谷地。罗马人称这里为"山南高卢"（阿尔卑斯山以南的高卢），如今可以成为防范高卢人入侵的屏障。然而，看到迦太基势力在西班牙日益扩张，罗马人很快紧张起来。公元前219年，汉尼拔包围了罗马人在西班牙的同盟城镇萨贡图姆，全面战争随即爆发。罗马人计划派一支舰队搭载士兵前往西班牙对付汉尼拔。然而汉尼拔另有打算。他率领一支包括90 000步兵、12 000骑兵和一队战象的大军，走陆路侵入了意大利。

这是一段危机四伏的旅程。汉尼拔要面对恶劣的天气和各种当地部落的扰袭。然而这一切与翻越阿尔卑斯山相比又显得小巫见大巫了。汉尼拔的部队经过15天的艰辛之旅，损失了大量人马后——据说军队抵达意大利时只剩26 000人[①]和21头战象了——终于翻过了阿尔卑斯山。李维这样描述他们抵达意大利的戏剧性时刻：

> 军队于破晓时启程，在积雪的地面上蹒跚前进，疲惫和绝望写在每个人的脸上。看到手下士气低落，汉尼拔策马走在队伍前列，来到一处视野开阔的地方，下令军队止步，然后为他们指出远方低处的意大利以及阿尔卑斯山麓那头的波河谷地。他告诉士兵，此时他们攀爬的不仅是意大利的城墙，更是罗马城的城墙。接下来的路途便会一马平川。经过一场至多两场战斗后，他们就会将意大利的大本营和首都置于自己的掌控之下。
>
> （李维，《建城以来史》，21.35）

在最初的3场战斗中，迦太基人前后在特雷比亚河、特拉西美诺湖以及坎尼击败了罗马人。尤其是公元前216年的坎尼战役，一天之内

[①] 前述的10万人是汉尼拔离开西班牙时的军队人数，期间遣散不可靠的部队、留下部队驻防和士兵开小差都是减员的原因。翻越阿尔卑斯山的损失并没有数万人之多。
——译者注

有4万—7万名罗马人横尸战场。这场失利让罗马被不安情绪笼罩。深受创伤的罗马人甚至采取了罕见的极端手段——人祭，在广场活埋了两名希腊人和两名高卢人。

罗马此时似乎已任由汉尼拔摆布了。然而元老们坚韧不屈，拒绝退让。他们甚至发动奴隶、儿童和老人去保卫城墙。据说汉尼拔的骑兵指挥官玛哈巴尔向统帅请愿，希望自己能率领先头部队直取罗马，表示3天之内他们就能在卡皮托利山上摆下庆功宴了。但是汉尼拔犹豫了，怀疑自己已经精疲力竭的部队能否拿下罗马城。据李维记载，玛哈巴尔向统帅悲叹道："汉尼拔，你知道如何取胜，却不知道如何利用你的胜利。"汉尼拔没有选择直接进攻，而是采取了另一种策略，希望煽动罗马的意大利盟友倒戈，逐渐蚕食罗马的力量（图1.10）。然而此举收效甚微：有些意大利南部和西西里的城市转投迦太基人一方，其中包括卡普亚和叙拉古，但是绝大多数盟邦，特别是意大利中部的城镇，依旧忠于罗马。

在忠心盟邦的帮助下，罗马重建了军队。汉尼拔退到意大利南部，双方在当地陷入僵持。这一次，罗马的人力再次成为战争的决定性因素。根据公元前220年的人口普查结果推算，罗马和盟邦可以武装起70万步兵和7万骑兵。因此罗马人即便遭受坎尼之败的重大损失后依然能将战争继续下去。

公元前205年，一名活力十足的罗马青年将领首次当选为执政官。他名叫普布利乌斯·科尔内利乌斯·西庇阿，是西庇阿·巴尔巴图斯的曾孙，因在公元前211—前206年于西班牙数次击败迦太基部队而扬名（图1.11）。作为执政官，他提出了一项备受争议的计划——派一支军队前往北非，直接进逼迦太基城，迫使汉尼拔撤出意大利。经过激烈的争论，元老院通过了这项动议。而计划也奏效了。公元前202年，罗马人在扎马的最终决战中大获全胜。西庇阿从此被称为"西庇阿·阿非利加

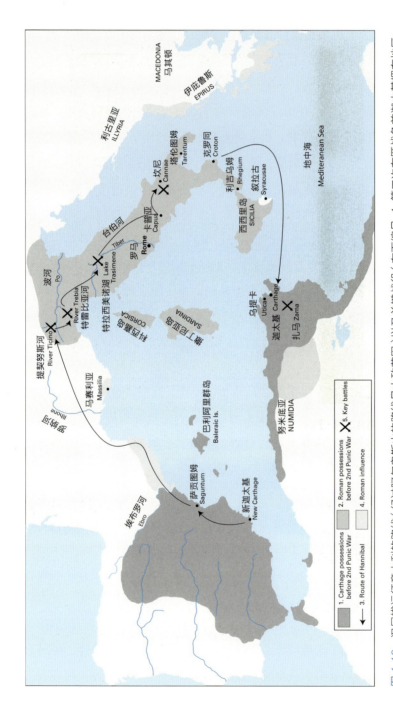

图 1.10　汉尼拔远征意大利的路线（经过阿尔卑斯山的路线是大致范围）以及关键战役（左下编号，1. 第二次布匿战争前迦太基拥有地区；2. 第二次布匿战争前罗马拥有地区；3. 汉尼拔进军路线；4. 罗马的势力范围；5. 关键战役。

图1.11 这尊西庇阿·阿非利加努斯半身像属于典型的共和晚期写实主义风格。这种艺术手法旨在"不加遮掩"地呈现罗马政治家的形象,强调他们的人生经历和来之不易的智慧

努斯"①。罗马人强迫战败的迦太基人接受各种严苛的和约条款,只许迦太基海军保留10艘舰船,剥夺迦太基非洲之外的一切领土。西班牙被分为两个行省:近西班牙与远西班牙。迦太基人不得对外宣战,并要向罗马支付80万磅白银的赔款,分50年支付。

罗马人当时并未要求惩罚汉尼拔,后者也留在迦太基,参与了城市的复兴建设。然而,罗马人对他的继续存在始终放心不下,汉尼拔不

---

① 意为"非洲的"。关于译名,见附录3。——译者注

得不乘船逃往东方。他在当地先后为多个王国效力，帮助他们对抗罗马人。最终，罗马人要求他们必须交出汉尼拔。作为回应，汉尼拔在公元前 183 年选择了自行了断。

第三次布匿战争（公元前 149—前 146 年）

尽管一败涂地，迦太基的经济还是得到迅速恢复并偿清了赔款。它现在是一座虽然不大但十分繁荣的城市，对罗马构不成威胁。然而，扎马战役后，很多罗马人认为迦太基应该被彻底摧毁。这些人中最著名的就是极端保守的元老马库斯·波尔奇乌斯·加图。他在公元前 157 年作为使团成员到访迦太基，看到这座城市蒸蒸日上，深感不安。他在元老院发表演讲时，无论什么主题，结尾都要加上一句"迦太基

老加图

马库斯·波尔奇乌斯·加图（公元前 234—前 149 年），通常称为老加图，以区别他的曾孙小加图。在罗马共和时期，老加图以其独特的生活方式闻名。他出身平民家庭，在军中服役时开始崭露头角，到公元前 184 年已经担任过所有高级官职，在那之后他不再出任公共职务。然而在生命最后的 35 年内，他的话仍在元老院极具分量。他提倡维护传统，对新事物态度保守，尤其对来自希腊世界的新思潮十分担忧，认为它们会腐蚀罗马的传统精神。

在罗马文学史上，加图同样占有重要地位。他最早用拉丁文书写了意大利的历史《创始纪》。他的其他作品包括《农业志》——一本农业指导手册。这些著作表明，尽管加图看不上希腊人，但也采用了希腊的修辞技巧，而且对他号称很鄙视的希腊知识了然于胸。

必须毁灭"（*delenda est Carthago*）。

罗马的鹰派们终于等到了机会。公元前150年，迦太基攻击了一座邻近的城市，违反了扎马之战后的和约规定。罗马人派出一支军队，指挥官是另一名西庇阿——西庇阿·埃米利亚努斯，他是西庇阿·阿非利加努斯的养孙。经过3年苦战，迦太基城于公元前146年被夷为平地，5万名幸存的居民被卖为奴隶。迦太基临近的地区一并成为罗马的非洲行省。罗马现在拥有6个行省，其中5个都是通过与迦太基的战争得到的。

罗马与东方

自公元前4世纪20年代，亚历山大大帝征服了远达印度北部狭长而广袤的土地后，希腊文化就一直支配着地中海东部世界。亚历山大死后，他庞大的帝国分裂为众多王国，其中最大的3个是马其顿王国（领土包括希腊北部与中部的大部分和爱琴海北岸的部分地区）、塞琉古王国（领土包括大部分小亚细亚和近东），以及埃及。还有其他较小的国家：希腊西北的伊庇鲁斯王国，前文我们已经提到；小亚细亚西北的帕加马王国，重要的文化中心；爱琴海上的罗德岛，贸易与商业中心。在希腊本土，南部的大部分城邦保持独立，但是属于两大政治联盟——埃托利亚联盟和阿凯亚联盟。第二次布匿战争期间，马其顿国王腓力五世与迦太基人结盟，企图趁着罗马人的失败坐收渔利。罗马没有余力派兵进攻东方，但与马其顿的敌人埃托利亚联盟缔结了盟约。公元前214—前205年，双方三心二意地打了几仗，这就是第一次马其顿战争。不过，在公元前202年击败汉尼拔后，罗马人开始将注意力转向东方。

公元前200年，埃托利亚联盟请罗马人出兵继续对抗马其顿。第二次马其顿战争爆发。罗马人将自己描绘成从腓力五世手中解救希腊人的"解放者"。公元前196年,在科林斯的地峡运动会上,罗马统帅弗拉明尼乌斯甚至宣布希腊人从此自由了——据说希腊人为此发出了震天的欢呼声。① 接下来的数十年内,罗马人继续插手希腊事务,最重大的事件便是公元前171—前167年的第三次马其顿战争。罗马人最终消灭了马其顿王国。不过,在这一时期,罗马人的政策是继续做援助希腊人的盟友,而非希腊的征服者。

到了公元前149年,事情起了变化。罗马人开始厌倦希腊人之间无休止的明争暗斗,于是对其政策转为征服。下一年,马其顿被并为罗马的行省。公元前146年,罗马人击败了阿凯亚联盟,并洗劫和摧毁了希腊最重要的文化中心之一科林斯,城中的男人悉数被杀,妇女和儿童被卖为奴隶。短短几个月之内,迦太基和科林斯这两座地中海世界的重要城市都被罗马人从地图上抹去了。

希腊化

我们已经看到,几个世纪以来希腊人如何影响着罗马人。无论是受直接影响,还是以伊特鲁里亚人为中介,罗马人在很多方面都已经吸取了大量希腊文化。在公元前3世纪,当罗马人控制了大希腊地区后,这一进程又加快了速度。公元前2世纪,希腊本身也落入罗马人的掌控之中,罗马人对希腊文化的吸收变得更为广泛。现在罗马城里生活着很多希腊人,大部分是被迫做奴隶的,也有少数自由人。为此罗马出现了重大的文化变革,今天的学者们称之为"希腊化"。

希腊文化在罗马成了主要潮流。新的建筑,无论是公共的还是私人的,都仿照希腊的样式;希腊的建筑结构变得十分普遍,大理石也

---

① 据说希腊人的欢呼声将天上的飞鸟都震落在地。——译者注

首次被用于装饰建筑。希腊雕塑开始大量展现，特别是在洗劫科林斯之后；随后希腊的雕刻家也开始活跃起来——实际上，我们今日所见的著名的希腊雕塑，绝大多数都是罗马时代的复制品。正如罗马诗人贺拉斯所说："被俘的希腊人俘虏了她野蛮的征服者。"罗马贵族中，最热情拥抱希腊文化的要数西庇阿·埃米利亚努斯，据说他身边聚集了一群知识精英，一起讨论各种新观念。他的小圈子成员有罗德斯的潘尼提乌斯，他是第一个将斯多葛主义介绍给罗马人的哲学家；还有希腊史家波利比乌斯，他分析总结了罗马人的政治结构。

在罗马文学的诞生过程中，希腊化体现得最为明显。被视为罗马文学之父的李维乌斯·安德罗尼库斯（约公元前 270—前 200 年）是一名来自塔伦图姆的希腊人，在战争中做了俘虏。公元前 241 年，他用拉丁语改写了一部希腊悲剧。这部剧次年公演，成为罗马的第一次悲剧表演。李维乌斯也是第一个将《奥德赛》译为拉丁语的人。我们已经看到，公元前 3 世纪末，法比乌斯·皮克托和秦奇乌斯·埃利门图斯首次写下罗马史，用希腊语书写，作品面向希腊读者。他们同代有一位叫格奈乌斯·奈维乌斯的，用拉丁语改编了一些希腊喜剧和悲剧，并写了一首关于第一次布匿战争的诗歌。之后便是现存最早的罗马文学——普劳图斯和泰伦斯的喜剧，基本上都以希腊喜剧为模板。大约在公元前 200 年，昆图斯·恩尼乌斯写下了《编年纪》，是罗马第一部六步格的史诗，讲述了从特洛伊陷落到诗人时代的罗马史。下一代人中又出现了两位专注于悲剧创作的剧作家——马库斯·帕库维乌斯和路奇乌斯·阿奇乌斯。

这股新的文化风潮受到很多罗马人的欢迎，但也引起了很多保守者的激烈抵制。在这些人眼里，希腊文化软弱阴柔，不适合他们心中罗马人朴素严峻的性格，因此他们视其为威胁。李维讲述了一个例子。公元前 204 年，反对西庇阿·阿非利加努斯的元老试图抹黑这位将军，于

> ## 罗马讽刺诗
>
> 尽管罗马人的文学灵感似乎全部来自希腊人,但他们也创造了一项属于自己的文学类型:讽刺诗。我们所了解的第一位讽刺诗人是卢齐利乌斯(约公元前180—前102年),他用六步格写诗(因此他的作品某种程度上可算是回应了同样以六步格创作的史诗)。卢齐利乌斯的作品只有残篇传世,内容是作者对社会上虚伪做作的现象予以的辛辣讽刺,尤其是对那些装模作样的公共人物。后世的讽刺诗人,包括贺拉斯、佩尔西乌斯和尤维纳尔,都受了卢齐利乌斯的影响。
>
> 值得注意的是,卢齐利乌斯是我们所知的第一位来自罗马上层阶级的诗人——他是西庇阿·埃米利亚努斯的密友和小圈子成员。这表明,此时罗马受过教育的精英阶层第一次开始重视诗歌。卢齐利乌斯所针对的听众和朋友也都是罗马的精英人士。

是批评他在叙拉古时的做派"太希腊了":

> 支持和反对西庇阿的声音都如此激烈,结果无法统计当天的全部意见……甚至有人批评这位将军的个人形象——说他不仅不像个罗马人,甚至不像个士兵。据说他穿着希腊的斗篷和凉鞋,在体育场里无所事事,还把时间都花在了看书和健身上。对这种悠闲懒散的生活,他的手下们也全都乐在其中,在叙拉古尽情享乐。
>
> (李维,《建城以来史》,29.19)

批评希腊化的人中,最知名的便是老加图。他如此告诫自己的儿子要提防希腊人对罗马文化的威胁:

日　期 （均为公元前）	事　件
264—241 年	第一次布匿战争
241 年	西西里成为罗马的第一个海外行省
238 年	罗马将撒丁尼亚和科西嘉合并为一个行省
240—230 年	迦太基在西班牙西部扩张势力
230—220 年	罗马先后征服伊利里亚和山南高卢
218—201 年	第二次布匿战争
218 年	汉尼拔翻越阿尔卑斯山，在提契努斯河与特雷比亚河击败罗马人
217 年	特拉西美诺湖战役，罗马人惨败
216 年	坎尼战役，罗马人遭遇灾难性惨败
214—205 年	第一次马其顿战争
211 年	汉尼拔进攻罗马未果
204 年	西庇阿·阿非利加努斯侵入迦太基的北非领土
202 年	扎马战役，迦太基最终战败；罗马建立近西班牙和远西班牙行省
200—197 年	第二次马其顿战争
171—167 年	第三次马其顿战争
149—146 年	第三次布匿战争
148 年	罗马建立马其顿行省
146 年	洗劫科林斯；洗劫迦太基；罗马建立非洲行省

> 我来告诉你我在雅典人身上发现了什么。我要让你明白,你可以大致浏览他们的文学,但千万不要投入太深。他们一无是处,又个个不是省油的灯。对于这点,你要像相信预言家那样信任我。希腊人把他们的文学介绍给我们,会损害我们的生活,如果他们把他们的医生派到我们这里来就更糟了。
>
> (老普林尼,《博物志》,29.14)

然而老加图和其他保守派没能阻挡住这股潮流。接下来的几个世纪,希腊文化越发成为罗马社会的一部分,以至于从此以后,人们更倾向于用"希腊-罗马"文化来形容它。

罗马共和国的政治结构

罗马史讲到这里,让我们看一看公元前146年之前,罗马人的政治组织是怎么运作的。罗马人能够称霸地中海也得益于他们的政治制度。

文学传统详细记述了自公元前509年驱逐国王后罗马政治制度的发展。这些内容当然应带着怀疑的态度去审视。不过,从那时开始,罗马政治就树立了两条基本原则——权力应该分散并且每年轮换,这两点似乎不应怀疑。除此之外,罗马的政制似乎经历了几代人的发展演变。的确,根据西塞罗的记载,老加图认为政治体制是罗马人最大的力量之一:

> 加图曾这样谈我们国家的政体,他认为它比其他国家都更优秀,因为,在其他国家里,通常由一个人为大众建立法律和制度……相

比之下，我们的共和国却不是由一个人的智慧缔造的，而是由很多人的才智塑造的；不是在某个人的一生中缔造，而是经由数代人塑造的。

(西塞罗，《论共和国》2.2)

灵活的政体让罗马人得以适应新环境，满足他们随着势力在意大利和海外扩张而出现的新需求。然而，这套制度没有以法律形式确定下来。公元前 2 世纪晚期和之后的时代，当罗马人面对严峻的挑战时，某些约定俗成的规矩反而成了致命的弱点。

罗马的政制主要由 3 大部分组成：官员（magistrate），由选举产生，负责治理国家；元老院（senate），贵族组成的议事会，向官员提供建议；公民大会（assemblies of citizens），作用是选举官员。

官员

截至公元前 146 年，罗马国家主要有 4 种常设职务，也就是各级官员（所以国家的职员也称为官员）。它们的位次由低到高分别是财务官、营造官、法务官和执政官。它们构成了一名政治家的上升之路。一个人除非担任过低级官职，否则不能出任执政官（不过并不要求必须出任过营造官）。这种政治生涯的升职之路也被称为"荣誉之路"（cursus honorum，图 1.12）。罗马官制的结构如下（括号内的数字是公元前 2 世纪中期每年选举的官员人数）：

- 执政官（Consul）（2 名）。执政官是级别最高的官员，他们是国家的领导者。执政官最重要的职责是统领罗马军队，为此他们每年会征召部队。执政官可以召开元老院会议，向元老咨询意见，并可以起草和通过他们制定的法律——只要两名执政官都

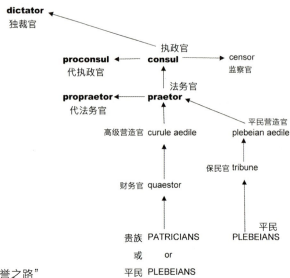

图 1.12 罗马人的"荣誉之路"

同意。执政官必须出任过法务官,年龄在 42 岁以上。

- 法务官(Praetor)(6 名)。法务官最初只负责处理私人间的法律事务,但后来同样具备了军事与政治权力。同执政官一样,他们也可以召开元老院会议,指挥军队,管理行省。当执政官不在罗马城时,他们可以代行执政官职权。法务官必须出任过财务官,年龄在 39 岁以上。
- 营造官(Aedile)(4 名)。在共和早期只有两名营造官,他们是人民保民官的助手。据说在公元前 336 年,罗马人又设立了另外两名营造官,由贵族担任(这一要求后来逐渐放宽)。因此营造官分为两种:由平民选举的为平民营造官(plebeian aedile)和由全体公民选举的为高级营造官(curule aedile)。实际上,两种类型的营造官职权完全相同。营造官负责公共服务,如修建道路、维护公共秩序、保障淡水供应、举办公共赛会等。营造官必须出任过财务官,年龄在 36 岁以上。

- 财务官（Quaestor）（8—12 名）。财务官负责财政事务，如监管国库、征税、管理公共支出。财务官的年龄须在 25 岁以上。

卸任的执政官和法务官有资格担任行省总督，经由元老院指派。他们担任总督时的身份分别是"代执政官"（proconsul）和"代法务官"（propraetor）。此外，罗马官制中还有两种关键角色：

- 独裁官（Dictator）（1 名）。如果城市面临重大军事危机，需要一个人总揽全局，那么执政官可以提名一位独裁官。他必须担任过执政官，任期最长不得超过 6 个月。一般来说，他要完成特定的任务，在这期间国家的其他政治机构将暂停运行。他有一名位次稍低的同僚作为助手，称为"骑兵长官"（*magister equitum*）。到了公元前 3 世纪晚期，罗马人已经很久没有任命过独裁官了。不过到了公元前 1 世纪，独裁官将再次出现。
- 监察官（Censor）（2 名）。监察官或许是罗马国家中最德高望重的人物。只有前执政官有资格出任监察官。而且不像其他官职，监察官并非每年改选，而是每 5 年改选一次，任期也长达 18 个月。监察官的主要职责便是对罗马人进行人口普查，对所有罗马公民予以登记，并将其归入各自的财产等级。此外。监察官同样会更新元老名单，加入新成员；如果有元老行为举止不得体，监察官有权褫夺他的元老身份。监察官被视为公共道德的卫士，这项职权也成了现代英语"审查制度"（censorship）的来源。监察官同样也负责公共建筑的建造和维修。

罗马还有最后一种重要职位。担任此职务的人严格来说不是官员，但他们发挥着举足轻重的作用：

- 人民保民官（Tribune of the People）（10 名）。我们已经在文学传统中看到，人民保民官是在公元前 5 世纪早期设立的。在等级冲突中，当选的人民保民官要代表平民的权益，因此人民保民官必须是平民。据说他的人身不可侵犯（即攻击人民保民官的身体属于触犯宗教禁忌）。人民保民官的主要职责是主持部落大会（Tribal Assembly），并在大会上提交法案。然而，人民

统治权与占卜

罗马人认为他们最重要的高级官员——执政官、法务官、独裁官和他的骑兵长官——被赐予了可谓神秘的权力，用以指挥军队和治理国家。这项权力被称为"统治权"（*imperium*）。罗马人相信最初是神明授予了罗马国王统治权。既然他们认为官员的权力来自神明，那么官员也可以代表国家祈求神明给予意见，这一过程就是占卜（*auspicium*）。

掌有统治权的官员享有大量特权，也被赋予了各种彰显其重要地位的荣誉标志。他们穿着紫边的托加袍，可以坐在特别的"贵人椅"（curule seat）上。他们还配有一队护卫，称为扈从（lictor）。独裁官配有 24 名，执政官 12 名，法务官 6 名。这象征着官员有权鞭笞和处决违法犯纪者。每名扈从携带一根"法西斯"（*fasces*），这是由一捆桦木条扎成的圆柱形束棒，顶端露出一把铜斧的斧刃。

现代的"法西斯主义"一词便来自古罗马的法西斯束棒。1921 年，当意大利的贝尼托·墨索里尼和他的极右翼独裁主义党徒组建政治党派时，试图将自己与意大利的古史联系在一起。他们将法西斯束棒视为罗马共和国维护良好秩序的象征，因此自称为"法西斯主义者"（*fascisti*），以表明自己的独裁主义倾向。

保民官拥有一项额外权力——否决权，他可以否决任何官员的法律和元老院的建议（英语的"否决"为 veto，在拉丁语中 *veto* 意为"我禁止"）。这意味着 10 名人民保民官中的任何一人都能让罗马政治机构的运行陷入停摆。

官员还有一项特权，他们在职期间可以不受起诉。若想控告他们，必须等他们卸任后才行。

元老院

尽管元老院严格意义上只是一个咨询机构，但是它在罗马政治活动中发挥的作用是不可估量的。从技术上讲，由监察官负责挑选元老，但实际上任何人只要出任过 4 种主要官职之一，通常都会成为元老（元老的名额一直没有确切的定数，但在公元前 146 年为 300 名左右）。元老院的主要职责如下：

- 向官员给予意见。
- 管理公共财政。
- 处理外交事务。

值得注意的是，元老院并没有制定法律的权力——它只能给予官员意见，这些意见称为元老院决议（*senatus consulta*）。两名执政官向元老们提交一项法律草案，如果元老院批准，执政官再将法案拿到某个公民大会上进行投票表决。因此，什么法律提交给民众表决，实际上由元老院说了算。元老院同样掌控财政和外交大权，管理行省，派出元老院成员出任行省总督。随着罗马领土的扩张，元老院的权力也随之扩大，因为罗马人认为，只有元老具备处理帝国各种复杂事务的才学和经验。

特别是在第二次布匿战争中，元老院领导国家制定了有效的战略，获得了极高的威望。

如此一来，官员们最明智的做法就是与元老院搞好关系，因为他们将终生属于这一组织。很多元老希望能多次担任官职，而且他们都知道，一年之后自己还是会回到元老院。所以他们通常不想疏远各位元老同僚，而后者将左右自己未来的政治生涯，同时这些同僚以后也肯定会出任官员。综上所述，官员们很少与元老院对着干。

贵族

即便元老院这个小群体内部也有更小的圈子。他们基本出自大约20个贵族家族，称为"显贵"（*nobiles*），拥有最大的权势。尽管古代史料并没有告诉我们成为显贵要有什么标准，但通常认为，显贵的家族中无论过去还是现在，至少要有一人曾出任过执政官。这些家族有些是贵族，有些是平民——此时二者在家族财富和地位上的区别已经模糊了（贵族与平民尚存的不同体现在其他方面，如有些宗教职位只对贵族开放，只有平民可以参选人民保民官）。

这些家族拥有巨额财富和众多门客，因此能够在很大程度上操控选举。保护人或门客关系是罗马社会的关键一环。在早期罗马，这种关系在贵族与平民的互助上演变而来。贵族家族援助贫苦公民，后者在公共事务上支持前者作为回报。例如，当门客需要时，保护人会提供经济或法律上的援助，或者单纯施舍些粮食。到了共和晚期，显贵尤其需要聚集一大群门客。显贵关照门客的利益，门客则报之以选票。因此，外人很难挤进显贵的内部小圈子，但是仍然有些人能做到这一点。显贵对于自己圈子外当上执政官的元老，态度往往充满厌恶和鄙夷。这些成为自己家族中第一个担任执政官的人，被称为"新贵"（*novus homo*，直译为"新人"）。

骑 士

随着罗马势力范围的扩大,很多传统贵族阶层之外的人迎来了暴富的机会,他们纵行地中海世界,通过贸易经商致富。到公元前120年,这些人被统称为"骑士"(*equites*,在罗马早期,只有富人置办得起马匹并作为骑兵参战)。骑士与元老共同组成罗马社会经济上最富有的阶级。然而,骑士的人数远多于元老。到了公元前2世纪末,骑士有数千人之多(骑士身份以财产标准界定),而元老只有小几百人。

元老和骑士之间最重要的区别在于后者不能担任官职。同样,严格意义上讲,元老也禁止从事商业活动,他们的巨额财富都源于地产。有时两个群体会发生冲突,但在其他时候又会彼此合作。元老因为不能经商,便会私下里与骑士合伙,并且与某些骑士结盟,谋取共同利益。

公民大会

罗马公民可以在选举官员和是否批准法律上进行投票表决。然而,他们并没有"一人一票"的制度来平等计入每个人的选票,而是采用一种复杂的集体投票的方法,每个公民都属于一个投票团体。这些公民大会有一个重要特点,就是公民自己不能向大会提交任何法律、修正意见或动议以供讨论,他们仅有权支持或反对摆到他们面前的各种议案。在公民大会召开之前,罗马人会先举行另一场公共会议(*contio*)。对于即将进行投票的议题,有影响力的政治家将在先行会议上提出自己的主张。

到了公元前146年,罗马主要有3种公民大会:百人队大会(*Co-*

图 1.13 这枚第纳里金币（*denarius*）铸于公元前 63 年。反面印的是一名身穿托加袍的公民投票的场景。票上的 V 代表"如你所求"（*uti rogas*），表明他支持这项动议

mitia Centuriata）、部落大会（*Comitia Tributa*）和平民大会（*Concilium Plebis*）。不同大会分别对不同的法律或选举投票，所有公民都能参与，唯一的例外是贵族不得参加平民大会（图 1.13）。

百人队大会

百人队大会是 3 种大会中最古老的。它源自罗马的军事组织。在共和早年，公民会根据自己所属的"百人队"（100 人组成的军事单位）投票。至公元前 2 世纪，百人队的军事功能早已不明显了。百人队共有 193 个，由财产划分（公民财产的数目来自最近一次人口普查的登记）。最早的 18 个百人队由骑士组成，之后的百人队按财产又分为 5 个等级。骑士之后的 70 个百人队是 5 个等级中财产最多的。我们不清楚后 4 个百人队确切的划分方法，但他们之后还有一个等级，称为"无产者"（*proletarii*），他们没有财产，对国家的唯一贡献就是生育后代。这个等级也是百人队中人数最多的。

这套投票机制内部很不平等，因为各个百人队所包含的公民人数变化很大。排名越靠前、财富越多的百人队，成员人数越少。由于每个百人队都只有一票（内部遵循少数服从多数原则），因此一个公民若身处富有等级的百人队，那么他的一票也就更有分量。两个最富有的群体——骑士和紧随其后第一等级——组成193个百人队中的88个，如果他们达成一致意见，就已经很接近投票通过的标准（97票）了。而且，百人队投票是按顺序进行的，富人先投，一旦达到票数要求，投票即告终止。因此，实际上穷人的百人队很少有轮到自己投票的机会。

只有拥有"统治权"的官员能召集和主持百人队大会。大会的权力如下：

- 选举执政官和法务官。
- 就战争与和平的事务表决。
- 作为被判死刑的公民的上诉法庭。

部落大会和平民大会

这两个大会的机构非常相似，最关键的区别在于，只有平民可以在平民大会上投票，而部落大会由全体罗马人组成。部落大会的投票单位不是百人队，而是"部落"。罗马早年有4个部落，根据城市中的地理位置划分。随着罗马扩张到拉丁姆及更远的地区，部落数目也随之增长，直到公元前241年最终固定为35个。其中，罗马城中有4个城市部落，周边地区则有31个乡村部落。根据地区建立的联系已经逐渐消退了，因为部落成员的身份会由父亲传给儿子。而且随着罗马的继续扩张，很多新公民都被分配进35个部落之中。移民和被释奴隶通常会划进4个城市部落里，所以这几个部落的规模也变得更为巨大（每名成员所投票的分量也不如31个乡村部落的成员）。部落大会的投票顺序由抽签决定。

只有高级官员（执政官、法务官和高级营造官）可以召开和主持部落大会。大会的权力如下：

- 选举高级营造官和财务官。
- 对执政官和法务官提交的法案进行表决。

平民大会由平民官员（通常是人民保民官）召开和主持。大会的权力如下：

- 选举人民保民官和平民营造官。
- 制定平民决议（*plebiscitum*，对所有罗马人都具备法律效力）。

SPQR

这个缩写是罗马的象征，意为"罗马元老院和人民"（*Senatus Populusque Romanus*）。它经常出现在铸币、公共文件和罗马军团的军旗上。今天，罗马市议会将其作为城市的标志。在城中的各种地方——城市卫队的外衣上，市政的建筑物和纪念物上，甚至是罗马下水道的井盖上——都随处可见 SPQR 的字样。

波利比乌斯对罗马政制的分析

现存对罗马人政治结构最早的分析，出自希腊史家波利比乌斯（约公元前200—前118年）。他的父亲吕科塔斯是希腊城市麦加罗波利斯人，也是阿凯亚同盟的领导人物之一。波利比乌斯追随了父亲的脚步。

然而在第三次马其顿战争后，罗马人扣留了1 000名阿凯亚人，将其送往意大利做人质，不经审讯长期羁押。波利比乌斯就是人质中的一员。不过幸运的是，他被分配与西庇阿·埃米利亚努斯一家生活，与后者建立了亦师亦友的关系。波利比乌斯跟随埃米利亚努斯参加了多场战役，目睹了公元前146年迦太基与科林斯的陷落。

波利比乌斯面向希腊人用希腊文写作，他写《历史》起初的目的是记录和解释为何罗马人能在公元前220—前167年迅速崛起（不过到最后他记叙的时间下限已经超过了公元前167年）。在著作开篇处，他写明了为何他认为这个主题如此重要：

> 毫无疑问，没有谁只会关注无聊琐碎之事，或者对外事一概漠不关心，以至于不想知道，罗马人是以何种方式和政治制度，在不到53年内，统治了几乎全部有人居住的世界，达成了这项人类历史上世无其匹的成就。
>
> （波利比乌斯，《历史》，1.1.5）

波利比乌斯认为，罗马人的政治结构是他们称霸地中海的核心原因。他坚称，罗马人之所以能够在公元前216年坎尼的灾难性失败后迅速恢复元气，就是因为他们的政府坚强有力。

波利比乌斯在作品中分析了罗马人的政制，按照希腊理论，将其分为3个部分：君主制元素（执政官），寡头制元素（元老院）和民主制元素（公民大会）（图1.14）。他得出结论，认为这种体系运转良好，因为3大元素将会彼此制衡。然而，大多数现代学者都认为波利比乌斯的分析过于理想化了。罗马的权力实际上掌握在少数几个控制元老院的贵族家族手中。

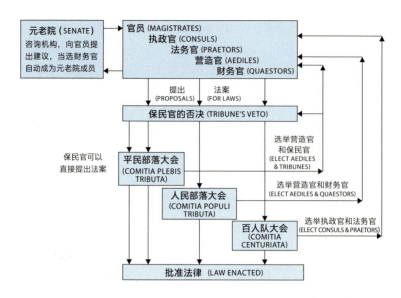

图 1.14　罗马政治组织的职权

波利比乌斯，罗马共和国和美国宪法

波利比乌斯对罗马共和国分权制度的分析，影响了 1787 年美国宪法的制定。不难看出，计划建立新美利坚联邦的美国国父们为何会对旨在反对君主制的罗马共和政体产生强烈兴趣。1787 年在费城参加制宪会议的代表们读到了之前约翰·亚当斯翻译的波利比乌斯六卷本著作，参考了他对《历史》所做的总结。于是同样分为 3 个部分以互相制衡的美国政府诞生了：由总统领导的行政机构，效仿执政官制度；参议院负责批准所有条约，如同罗马的元老院；众议院遵循罗马公民大会的原则，对法律、战争与和平等事务具有最终决定权。此外，政府开会的地点在华盛顿特区的"国会"①，这也是在有意效仿古罗马。

① 英文中，美国"国会"即"Capitol"，源自罗马的卡皮托利（Capitoline）。——译者注

共和晚期（公元前133—前31年）

在接下来的一个世纪，罗马共和体制风雨飘摇，最终崩溃。公元前133—前31年的这段时期被称为"共和晚期"。人们通常认为，共和体制在公元前31年寿终正寝，此后罗马进入由一个人——也就是我们所谓的"皇帝"——统治的时期。学界将导致这种结果出现的一系列事件称为"罗马革命"，这是由学者罗纳德·塞姆发明的术语。

历来有大量学者苦苦探索，并将继续研究罗马共和国如何以及为何崩溃。很多学者主张，共和衰亡的根本原因在于，这套体制是针对治理城市国家而设计的，无法适应新帝国（图1.15）在管理上面临的诸多

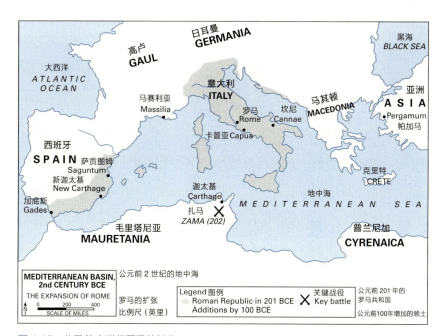

图1.15　公元前2世纪罗马的扩张

挑战。而且，罗马人的选举本意是鼓励竞争的，这意味着很多有权势的元老家族将会陷入更为激烈的冲突，他们更重视自己的利益，而非关注国家的需求。

下面是公元前 2 世纪下半叶罗马的一些关键矛盾。尽管罗马人对此采取了一些措施，但从没有彻底解决问题。这些矛盾将在共和晚期持续困扰着罗马人。

- 意大利的土地危机。战争将大量奴隶带回意大利。富有的元老地主建立了规模巨大的农场，称为"拉蒂芬丁"（*latifundia*），并使用奴隶劳动。这些地主经常蚕食鲸吞法律上划归公共所有的小农场（*ager publicus*），导致很多小土地所有者失去土地，劳动者失去工作。在拉蒂芬丁兴起的同时，罗马开始从海外进口大量的廉价谷物，也让很多小土地所有者破产。

- 罗马的人口增长。失去土地后，大量无事可做的人涌入罗马城另谋生计。城市的人口随之激增。据保守估计，公元前 2 世纪末罗马城的人口达到了 25 万人，而到公元前 1 世纪中期已经达到了 100 万人，结果便是罗马城容纳了大量赤贫的公民。

- 兵源不足。根据法律规定，在罗马军中服役的所有士兵都应该拥有一块土地。失去土地并移居罗马城的公民从此失去了参军的资格，国家也随即迎来了兵源不足的危机。我们之后将看到，盖乌斯·马略在公元前 1 世纪末进行改革，允许所有公民参军，这在一定程度上缓解了兵源危机，但随之而来的后果便是贫穷的士兵更忠于自己的统帅，而不再效忠国家，因为只有统帅才会为他们分配金钱和土地。

- 行省治理。在元老院派去统治行省的总督中往往存在严重的贪腐现象。由于他们为获得官职要花费巨额钱财，因此都要在总督任上大捞一笔。他们经常巧取豪夺，引得本地居民心怀不满。

针对这一问题，罗马人在公元前149年颁布了卡普尔尼乌斯法（*lex Calpurnia*），允许人们起诉行为不端的总督。但是此时审判总督的法庭是由元老组成的，他们很少会给自己人定罪。总督有时还会为了获得个人军事荣誉和战利品挑起战争，而不会顾及国家的利益。

让城市的贫穷公民更加愤愤不平的是，大量来自新征服土地的财富源源不断进入罗马，然而绝大部分都流入了贵族手中，富人与穷人之间的鸿沟越发巨大。大多数元老对各种新生的矛盾熟视无睹，只关注自己的利益，因而元老院的权威也开始受到挑战。

历史学家普遍将共和制的覆灭视为持续了大约一个世纪的过程。站在事后的角度总结，我们可以看到其中的几个关键时刻，这也是我们接下来叙述的重点。

格拉古兄弟改革

罗马精英阶层中有人已经意识到，必须做出改变了。公元前133年，一名叫提比略·森普罗尼乌斯·格拉古的人民保民官试图进行土地改革。他父系的森普罗尼乌斯家族是罗马最老牌的显贵家族之一，他的姐姐嫁给了西庇阿·埃米利亚努斯；再看母系一方，他的外公是西庇阿·阿非利加努斯。这足以说明，虽然人民保民官理论上应代表普通民众，但当选人民保民官的人往往都是平民中的富豪。

提比略显然已经意识到，土地问题可能导致罗马国家爆发更巨大的危机。他希望通过恢复公元前367年的一项旧法来解决这个矛盾。这项法律规定，每名公民占有的公地（*ager publicus*）最多不得超过500犹格（*iugera*）（约合325英亩①）。提比略提议，拥有公地超过这一份额的

---

① 1英亩≈4 046平方米。——编者注

公民，应将多出的土地还给国家，由国家将其分配给无地的穷人。因为他的提议是为了解决罗马兵源不足的问题，所以赢得了元老院部分成员的支持。然而，会损失土地的元老强烈反对这项改革。于是格拉古做出了一项挑战元老院权威的决定——他没有将法案提交元老院讨论，而是直接提交给立法同样具备效力的平民大会。这种做法是合法的，但是有悖传统。为了对付格拉古，有些元老说服另一名人民保民官屋大维去否决他的法案。提比略再次请求平民大会罢免屋大维，因为他已经不再为平民谋利益了。平民大会通过了他的提议，然而很多人都认为，以这种方式罢免一个经选举产生的官员是违法的。

平民大会批准了提比略提交的法案。但是元老院拒绝提供资金支持，改革陷入僵局。此时突然出现了意外的机会。帕加马国王阿塔鲁斯去世，他留下遗嘱将王国赠给罗马人。提比略提议，将这笔意外之财用于土地改革，并宣布自己准备竞选（公元前132年）的人民保民官，以确保改革能推进下去（毫无疑问，他谋求连任还有部分原因是让自己避免因罢免屋大维一事受到指控）。对部分元老来说这太过分了，他们指控提比略企图颠覆共和政体，让自己当王——在罗马政坛上这是最严重的指控。一些元老前往广场，用棍棒打死了提比略，还杀死了大约300名提比略的支持者，死者的尸体被扔进了台伯河。

提比略的一系列行为挑战了共和国的传统。他绕过元老院，直接向平民大会提交议案，让罗马人民想起自己可以通过人民保民官制定法律。而且，提比略对屋大维的罢免也撼动了罗马官制的原则，即当选官员应该彼此合作，共同向人民提交法案。最后，他向平民大会提议应该用阿塔鲁斯国王的遗赠做土地改革资金，无视了由元老院负责掌管公共资金和外交事务的惯例。另外，杀害提比略的元老们也开创了罗马政治的另一先例：以暴力手段打击政敌。接下来的几十年内，暴力冲突还将不断上演。

下一场危机发生于公元前 123 年。这一次提比略的弟弟盖乌斯当选人民保民官，并在次年连任。受兄长遗志的激励，他在平民大会上发起了更广泛也更激进的改革。除了继续支持兄长的土地改革外，他还提出了以下方案：

- 由骑士取代元老组成法庭，审理涉及总督行为不端的案件。
- 采取一系列措施援助罗马城内的穷人。其中之一是国家给予穷人廉价粮食，补贴款由帝国的税收出资。（这项措施很有远见，因为罗马的人口已经极度膨胀，城市已经不能仅靠临近的农地供养居民了。）第二项措施延续了提比略的土地改革政策，即在意大利以及迦太基建立一批新殖民地，供无地公民耕种。
- 授予拥有拉丁权的意大利盟友罗马公民权，授予其他盟友拉丁权。

对于上述第三个方案，要说明的是，意大利盟友对自己当前的地位日趋不满，因为他们已经为罗马军队提供了大量的人力。元老们特别反对这一计划，因为这会让罗马公民的人数大幅增长。他们自己将面临其他意大利贵族家庭的竞争，而大量的新增公民会动摇他们历经几代建立起的门客网络。

这一次，元老院试图在民众支持度上压过盖乌斯。元老们知道，罗马的大众不喜欢授予意大利盟友公民权的提案，于是决定从这里做文章。他们推举了另一名人民保民官李维乌斯·德鲁苏斯，让他提议向公民免费发放粮食，在意大利建立殖民地，改善军队中意大利盟友的状况——但是不给他们公民权。

盖乌斯当时正在迦太基考察新殖民地。等他回到罗马时，政治风向已然发生了变化。他没能连任公元前 121 年的人民保民官，新任执政官奥庇米乌斯和一些与他一伙儿的人民保民官开始取消盖乌斯的法律。在一次公共会议上,双方的支持者爆发了肢体冲突,奥庇米乌斯的一名奴隶被打死。奥庇米乌斯宣布这是对国家的蓄意攻击,并说服元老院通过了一项特殊决定,即"元老院的最终决议"(senatus consultum ultimum),授予他紧急权力以"确保国家免受伤害"。这相当于给了奥庇米乌斯法律豁免权。3 000名盖乌斯的支持者被杀,盖乌斯本人自尽。元老院再一次通过暴力手段达成了自己的目的。

不管怎么说,格拉古兄弟让罗马人民看到了挑战元老精英的可能性。两兄弟提出的很多问题,如土地改革、粮食供应和扩展公民权,在接下来的几十年中将继续频繁出现在罗马人的政治生活中。而暴力也一样。

贵族派与人民派

罗马共和国的最后一个世纪,保守的元老院和平民大众之间的关系日趋紧张。有野心的政治家开始寻求标新立异的方式以获取权力。这是一种简单但有效的方式。像格拉古兄弟这样试图获得大众支持的人,被称为"人民派"(populares,直译为"支持民众的人"),通过平民大会颁布法律。与之相对的是与元老院一道的人,被称为"贵族派"(optimates,直译为"最优秀的人"),通过百人队大会颁布法律。

需要强调的是,"人民派"同样来自富有的精英阶层。他们不是理想化的改革家,致力于提高劳动者的权利,而是将赢得民众支持视为自己获得国家权力的有效方式。同样要注意的是,当时没有现代意义上的政治党派。无论是"人民派"还是"贵族派",只是在选择如何获得权力上有所区别,只要形势需要,他们也会随时转变立场。

盖乌斯·马略

下一代人罗马人面临着帝国各个部分传来的军事威胁。元老院没能妥善应对危机，这给了人民派政治家以可乘之机。在这之中最著名的要数盖乌斯·马略。他是一个野心勃勃的将领，来自拉丁姆南部的山地小城阿庇努姆，家世并不显赫。他凭借过人的军事才能，帮助国家度过了危机。然而，他也从此彻底改变了罗马政治的进程。

罗马人面临的一大麻烦是北非的努米底亚王国。它一直是罗马的盟友。公元前116年，努米底亚内部爆发争夺王位的斗争，他们请罗马人出面调停。而罗马人干预的结果便是制造出一个与自己为敌的努米底亚领袖——朱古达。从公元前112年起，他率领军队对抗罗马人，坚持了很多年，并显然贿赂了很多元老院指派的罗马官员。公元前107年，马略在竞选执政官时呼吁人们相信像他这样久经沙场的士兵，不要信任那些精英家庭推举的候选人。他成功当选，成为一名新贵，随即接管了努米底亚战争的指挥权——这是平民大会投票通过的决议，而不是元老院的命令。马略在两年内取得了战争的彻底胜利。他手下的一名军官，路奇乌斯·科尔内利乌斯·苏拉，亲自俘虏了朱古达，将其带回罗马处死。苏拉日后也将成为罗马史上最重要的人物之一。

与此同时，罗马北方边境上又传来险情。两支来自北欧的部落，辛布里人和条顿人，向南移民寻找新的土地。他们此时停驻在罗马领土中山南高卢与意大利北部交界一带（山南高卢的范围大约从比利牛斯山到日内瓦湖；罗马人在公元前121年将其设为行省，以确保前往西班牙的道路安全）。这些蛮族人已经战胜了一些元老院派出的罗马军队。公元前105年，他们在山南高卢的阿劳西奥重创了一支由执政官率领的罗马军队。这是罗马人自公元前216年坎尼之败后最惨重的失利。

经此一败，罗马人选举马略继续担任公元前104年的执政官，委任他指挥军队去抵御北方部落。到公元前 100 年，马略连续 4 次当选执政官，并在公元前 101 年击败了辛布里人和条顿人。如此连任执政官可谓史无前例。大约在公元前 152 年，罗马人颁布了一项法律，规定一个人两次担任执政官中间最少要间隔 10 年。但眼下面临严峻的军事危机，这条法律显然被搁置一旁。在公元前 100 年的执政官任上，马略因为拘押了一名军事保民官萨图尔尼努斯，并放任士兵将其杀害而失去了一部分民众的支持。不久后，他暂时退出了公共生活。

马略最重要的遗产是他的军事改革。公元前 107 年，他当选执政官后，为了增加兵源，废除了"无地公民不得参军"的规定。他同样向部队中的新兵许诺，等他们退伍时会分到一小块土地。短期来看，此举解决了兵源危机；但长远来看，这项措施带来了不可估量的后果。无地的贫穷士兵都仰仗马略为自己提供退伍金。这样的士兵更忠于自己的统帅，而不是效忠罗马或代表罗马的贵族元老院。国家权力的平衡发生剧烈变动，此后的数十年间，各种军事将领纷纷借军队之便，左右国家大事。

路奇乌斯·科尔内利乌斯·苏拉

公元前 91 年，保民官马库斯·李维乌斯·德鲁苏斯遇刺身亡。他之前像盖乌斯·格拉古一样，提议授予罗马的意大利盟友公民权（似乎他提出这项动议有自己的目的；此前他提出的其他改革没有通过，因此想通过这种方式让自己获得更多新公民的支持）。他的死让罗马的众多盟友失去了赢得平等权利的最后希望，因此这些盟友愤而起义。这场被称为"同盟者战争"（英文 "Social War"，来自拉丁文的 *socius*，意为"同盟"）的战乱一直持续到公元前 88 年，双方都蒙受了巨大损失。元老院已然别无选择，只得同意为了罗马的长远利益而授予盟友公民权。此后几年内，波河以南的意大利全体居民都得到了罗马公民权。罗马公民的数量随之激增，可能翻了3倍，达到100万。罗马意大利也成为古代世界中最接近民族国家的政治实体。

同盟战争同样将马略和苏拉推到了历史舞台中央：马略再度出山，在北方率领军队；苏拉则在南方作战。公元前89年，两人的矛盾随着在小亚细亚爆发的战争而激化了。本都王国毗邻罗马的亚洲行省。之前罗马人在裁决领土争端中与本都作对，于是本都国王米特里达梯率军入侵了罗马领土。他煽动当地人杀死所有拥有罗马或意大利公民权的家庭，导致上万人被害。然而，这一区域的很多希腊城市都对米特里达梯表示欢迎，将他视为解放者。马略和苏拉都觊觎战利品，希望获得与他作战的指挥权。苏拉是公元前88年的执政官，于是元老院派他前往小亚细亚。然而，已经70岁的马略安排一名人民保民官在平民大会上提议，废除了对苏拉的任命，让自己取而代之。决议获得通过。这一连串事件表明罗马的政治传统已经出现了撕裂：平民大会被当作替代的权力机构，挑战元老精英的决定。

罗马出现了动乱，苏拉决定自己控制法律。他率领在坎佩尼亚招募的6个军团进逼罗马，宣布马略是一名暴君，迫使对方逃出城外。苏拉按照自己的意愿安顿了罗马的事务，然后前往东方对付米特里达梯。苏拉首先开创了罗马统帅率领麾下军队进犯罗马城的恶例。据说他手下的高级军官除一人之外全部拒绝与他同往，他们认为这会侵害共和国，而普通士兵都自愿随统帅进军罗马。这再度说明，相比不能给自己什么好处的贵族政府，普通罗马士兵更愿意效忠那些许诺在退伍后给予他们钱财和土地的统帅。

趁苏拉前往东方之际，马略也在公元前87年领兵杀回罗马，屠杀了大量政敌，攫取了大权。他没有经过选举，直接宣布自己为公元前86年的执政官，但是没过多久就死在了任上。马略的盟友秦纳继续推行他的政策。苏拉与米特里达梯暂时罢兵，给予对方较为宽大的议和条件，以便迅速脱身回到罗马，处理动荡的局面。他在公元前83年回到意大利。此后冲突演变成全面内战。经过多次血腥的战斗，苏拉在公元前82年11月控制了罗马，成为独一无二的掌控者。他任命自己为无限期独裁官（而不像传统规定只有6个月期限），并给自己一个头衔——"制定法律和安顿共和的独裁官"。苏拉成为自公元前202年以来的第一名独裁官。他没收了与自己作对的意大利城市的土地，将之分给自己的老兵（总共约有8万人）。这引发了半岛上大范围的社会动荡。

作为独裁官，苏拉试图贬抑人民保民官，加强元老院的权力。他规定，人民保民官不许再向平民大会提交法案，并剥夺他们的否决权。曾出任人民保民官的人不得出任其他官职，这从根本上断绝了有野心的政治家以人民保民官为跳板的晋升之路。苏拉还通过一系列方式稳固元老院的权力。例如，他将元老院人数增加到600名，将财务官扩充到20名。他同样规定，当选财务官的人将自动成为元老院成员，以保障未来有足够的元老。他建立了永久性的法庭，将骑士担任陪审员的权力交还给元老（很多骑士被拔擢进了新扩大的元老院，还有很多骑士在苏拉的清洗中被杀）。苏拉改革中的有些内容是明智的，也产生了持久的影响。它们的目的都是强化元老院的权威。

苏拉一手进行改革，一手对政敌展开了残酷的清洗。他发明了一项称为"公敌宣告"的手段，由元老院（在苏拉授意下）起草一份名单，名单上的人将被视为国家之敌。这份名单将在广场上公布，在册者将立即被剥夺公民权。任何人，无论是自由人还是奴隶，如果提供公敌的有关信息，致使对方死亡，就将得到一笔赏金；任何杀死公敌的人都将获得对方的部分财产，其余的由国家拍卖充公。公敌的儿子和孙子不得担任官职。很多受害者遭到斩首，他们的头颅插在长矛上在广场示众。普鲁塔克这样描述意大利的恐怖景象：

> 公敌名单不仅在罗马公布，也在意大利的每一座城市展示。没有任何地方是安全的——无论是神明的庙宇里，还是待客的炉灶旁，或是老家的房屋中，处处沾满鲜血。丈夫死在妻子的怀抱里，儿子死在母亲的臂弯中。很多人因为一时冲动和个人私怨遭到杀害，但是因此遇害的人数远远比不上因为自身财富而招惹杀身之祸的人数。
>
> （普鲁塔克，《苏拉传》，31）

我们不清楚具体有多少重要人物死于清洗，但至少在500人以上。如同普鲁塔克在文末所暗示的，因为自身财产而丧命的人不少于政治斗争的牺牲者。

苏拉在公元前81年末卸任独裁官，但他已经确保自己将当选公元前80年的执政官。公元前79年，他退出了公共生活。在他看来，他成功地将罗马的控制权交还到元老精英手中。几个月后，苏拉自然死亡。

克拉苏、庞培和恺撒

不到10年，苏拉的改革措施大多已被新崛起的人物废除。在这之中就有"伟大的"格奈乌斯·庞培乌斯（庞培）（图1.16）和马库斯·李契尼乌斯·克拉苏，他们都是公元前1世纪70年代崭露头角的军事将领。

庞培的父亲曾担任执政官，死于马略的政治清洗。他接管了效忠其父的军团，并在公元前83年率部投靠了苏拉。庞培率领这些士兵在非洲击败了马略的部队，随后请求苏拉授予自己一场凯旋式（为庆祝将领获胜而举办的盛大军事游行），尽管他之前并没有像常规要求的那样担任过执政官或法务官。公元前77年，前一年的执政官马库斯·埃米利乌斯·雷必达试图以伊特鲁里亚和北部意大利为基地反叛罗马。元老院授予庞培代法务官的"统治权"，令其率军前去平叛，庞培也顺利完成了任务。这次任命再次开创了特例：庞培甚至没有担任过法务官就获

图 1.16　这座庞培的大理石半身像有意表现了庞培的卷发,以模仿亚历山大大帝的半身像

得了代法务官的权力。此后他再次说服元老院授予自己在西班牙的统兵权,因为一名马略的老部下昆图斯·塞托利乌斯在当地发起了独立运动。战争从公元前 77 年持续到前 72 年,实际上已经演变成罗马人的内战。庞培取得了最终胜利,稳定了西班牙行省的秩序。当他于公元前 71 年返回意大利时,获得了第二次凯旋式。

马库斯·李契尼乌斯·克拉苏出身于贵族家庭,此时已然富可敌国——他的巨额财富中有不少是趁苏拉大兴公敌宣告之时以极低的价格买到的别人的土地(他也是苏拉的盟友)。公元前 73 年,罗马又爆发了一场危机。在一名色雷斯角斗士斯巴达克斯的带领下,几十名奴隶从卡普亚的角斗训练所逃出。他们迅速聚集了一支约 70 000 人的大军。这之中很多也是逃亡的奴隶,但是也有对现状不满的自由人——这再次表明大众已经对精英阶层失望透顶。前去镇压的罗马军队遭到惨败。公元前 71 年,克拉苏获得了镇压起义军的指挥全权。他扭转了局势并赢得了最终决战的胜利,俘虏了 6 000 名叛军。克拉苏沿着阿庇安大道将俘虏悉数钉死在十字架上。不久后,庞培也率领自己的部队前来协助他扫荡残敌。克拉苏一开始表示欢迎,但很快他就后悔了,因为他发现庞培宣称自己才是平叛的首功之臣。

庞培和克拉苏为此出现了龃龉。他们都率领军队进军罗马,战争一触即发。不过他们最后同意一同出任公元前 70 年的执政官,这暂时化解了危机。对庞培来说，他完全没有资格担任执政官：他不是元老院的成员，此前甚至没有出任过法务官，而且年龄也未满35岁。不过他仍然当选了。这一年两人取消了苏拉尚未废除的法令。尤其是，人民保民官恢复了以往的权力。毫无疑问，我们不应太过理想主义，以为这么做是为了保障罗马人民的权利。保民官此时只是政治强人用以控制国家的有力工具而已。现在他们有3种手段达成目的：按照传统方式与元老院合作；利用保民官赢得民众的支持；干脆像苏拉首创的那样，直接率领一支大军开进罗马城。

公元前1世纪60年代，庞培的势力继续膨胀。公元前67年，一名人民保民官伽庇尼乌斯向平民大会提议，授予庞培史无前例的3年指挥权，以敉平威胁贸易商路的地中海海盗。他的权力覆盖整个地中海，包括全部岛屿和沿海50英里的陆地。元老们强烈反对这个提议，担心给一个人如此大的权力会酿成灾祸。然而伽庇尼乌斯态度坚决，议案也得到了民众的支持。庞培得到任命后，只用了3个月就完成了任务。平民大会将其指挥权转移到东方战争，去对付公元前75年公然与罗马开战的米特里达梯。

庞培击败了米特里达梯，控制了小亚细亚的全部区域。他听从了明智的建议，对当地的管理方式进行了大规模改组。他的计划是建立从黑海到埃及的罗马行省环状网络。有些已有的行省得到扩大，有些行省则是首次创建，譬如叙利亚行省。除了重组行省，庞培也与其他国家达成了协议。这些国家成为忠于罗马的被保护国，为罗马领土与东方的帕提亚帝国提供了一条缓冲带。庞培还在这一地区建立或重建了大约50座城市，这称得上罗马势力一次巧妙的大扩张。

公元前62年，庞培准备返回罗马。很多人对公元前83年苏拉从东方返回的恐怖场景记忆犹新，担心类似的动乱会再次重演。很难相信庞培这样一个强大的人物会甘心以一个普通公民的身份回到罗马。然而，庞培果真解散了军队，以公民个人的身份进入罗马城。下一年，他获得了额外的第三次凯旋式。庆祝活动打破传统地持续了两天。普鲁塔克记载了其中最引人注目的一点：

> 但看起来他最大的荣耀，也是罗马史上前无古人的成就，在于他的 3 次凯旋式分别来自 3 块不同的大陆上取得的胜利……第一次是在非洲，第二次是在欧洲，最后这一次是在亚洲，可以说他通过 3 次凯旋式征服了全世界。
>
> （普鲁塔克，《庞培传》，45）

喀提林阴谋

公元前 63 年，一场意大利的叛乱再次威胁着罗马。一名叫作喀提林的年轻贵族密谋颠覆国家。当年的执政官马库斯·图利乌斯·西塞罗迅速行动，未经审判就处死了喀提林的大多数支持者。喀提林自己在之后的战斗中身亡。这场阴谋再次昭示了罗马政治的奥秘：民众是如此不满，只要有一位具备魅力的贵族领袖振臂一呼，就能召集人们拿起武器对抗国家。

庞培从东方带回的财富令人难以想象。他带给国库 20 000 塔伦特白银，帝国的贡赋从每年的 2 亿塞斯退斯一举增加到 3.4 亿塞斯退斯。此外，庞培给他的士兵每人至少 6 000 塞斯退斯（是他们年饷的 10 倍），给予军官的赏赐更多。很多东方的城市在未来的几年里一直效忠庞培，因为他给当地带来了前所未见的和平与安定。在东方的某些地区，人们视庞培如神明。

再看罗马这边。克拉苏为了抗衡庞培煞费苦心。他对另一位年轻的贵族施以援手，将其培养成庞培的竞争对手以制衡对方。这名年轻人就是盖乌斯·尤利乌斯·恺撒。作为公元前65年的营造官，恺撒大笔撒钱兴建公共工程和举办赛会，赢得了民众的好感。公元前63年，恺撒当选为大祭司长（*Pontifex Maximus*），这是罗马宗教位阶最高的祭司，一般任职终身，通常由政治资历丰富的老人担任。他同样当选了公元前62年的法务官，随后在公元前61年以代法务官的身份担任了远西班牙的总督行省。他治理有方，并且赢得了士兵的敬重。恺撒在公元前60年返回罗马，希望获得一场凯旋式，同时准备竞选执政官。

共和晚期的文化

尽管罗马在共和晚期深陷政治斗争的泥潭，但它的艺术和文化也迎来了大发展。这是希腊化持续影响的结果。公共建筑的进步尤为显著，大量新建筑涌现，如庞培的大型剧场。同样豪华的私人建筑也如雨后春笋。老普林尼记载，马库斯·埃米利乌斯·雷必达的豪宅在公元前78年的罗马还是首屈一指，然而35年后连前100名都排不进了。这些建筑，无论公共的还是私人的，都装饰以精美的艺术品，其中大多是苏拉和庞培从东方虏获的。

在文学领域，这股文化进步的热潮体现得最为明显。共和晚期是西塞罗的时代，他是最伟大的拉丁散文作家之一。萨鲁斯特将罗马人的历史书写水平提高了一个层次。他是恺撒手下的官员，以辛辣的笔调记叙了喀提林阴谋和朱古达战争。恺撒自己写下了《高卢战记》，这是罗马史上仅存的将军亲述的战争记录。两位诗人引人注目：卢克莱修写下了《物性论》，这是一部充满哲理的长诗，勾勒出伊壁鸠鲁主义的理论，包括关于宇宙的原子论；另一位诗人卡图鲁斯非常另类，他模仿希腊早期诗歌的形式，热情歌颂个人的爱情。卡图鲁斯是第一位将此类诗歌引入拉丁语世界的诗人，他的作品依然享有盛誉。如下面著名的一例，是献给他的爱人莱斯比娅的：

> 莱斯比娅，让我们生活，让我们爱恋，
> 严厉古板的老家伙尽管闲言碎语，
> 在我们眼里它们不值一钱！
> 太阳落下还能升起，
> 我们短暂的光亮却只有一瞬之间，
> 此后只能在无尽的黑夜里长眠。
> 给我一千个吻，还要再一百个，
> 然后再给一千个，然后再一百个，
> 继续吻一千个，再一百个；
> 我们已经吻过几千，
> 就搅乱数字，不让自己知道，
> 也让那些坏东西没法投以白眼，
> 哪怕他数清了我们吻过多少遍。
>
> （卡图鲁斯，《歌集》，5）

前三头同盟

公元前1世纪60年代，元老院出现了一个极度保守的群体。他们的领导者是小加图——老加图的曾孙。当庞培从东方归来时，这群保守派让元老院拒绝了庞培的两个关键要求：批准他在东方的各项安排，给他的老兵在意大利分地。同时，元老院也拒绝了恺撒同时要求举办凯旋式和参选当年执政官的要求,他们强迫恺撒两者只能选一个。鉴于此,恺撒和庞培开始接近,并提议结盟对抗元老院。恺撒把自己的女儿嫁给庞培,稳固了这一联盟。恺撒也知道,如果他们俩能有克拉苏的财富做后援将更为有利,于是居中调停了克拉苏与庞培的关系。在元老院孤立无援时,三个实力派为了自己的法案能通过走到了一起。他们的联盟被称为"前三头同盟"(简称"三头")。就像"三头"这个称谓所暗示的,这是一个非正式的安排,并没有正式批准由这三人来统治。

有了其他两人的支持,恺撒成功当选公元前59年的执政官。他凭借在公共会议和公民大会上的恐吓,排挤了执政官同僚毕布鲁斯,顺利通过了"三头"想要的全部法案:庞培在东方的安排获得正式批准,他的老兵得到一份地;为了确保自己未来的地位,恺撒授予自己在高卢南部和伊利里亚为期5年的指挥权,统帅5个军团(元老院提供给他的职位权力要小得多);克拉苏从各项法律中得到了经济上的好处,特别是在东方的征税权。但是恺撒的做法极具争议,他的政敌事后据此主张他的法案是非法的。

恺撒于公元前58年前往高卢南部,展开了惊人的征服战争,几年后高卢全境都落入罗马人手中。他不仅是个军事奇才,也心狠手辣,据估计他在高卢战争中杀了100万人。他同样改变了欧洲的版图:在此之前,罗马人的帝国主要是环地中海地区;恺撒将帝国大大向北拓展,囊括了大半个西欧。在公元前55—前54年,他甚至率领部下前往不列颠进行勘测,当时人们以为这座岛屿位于世界的尽头。

恺撒的成功让克拉苏和庞培感受到威胁。此时罗马城实际由一名叫作普布利乌斯·克劳狄乌斯·普尔凯的人民保民官控制。克劳狄乌斯出身贵族,但通过收养进入了一个平民家庭,以便担任人民保民官。他起初与"三头"结盟,在公元前58年将政敌西塞罗流放,以报复对方在良善女神丑闻中对自己的羞辱,还通过任命小加图去处理并入塞浦路斯一事,把后者调离了罗马。此外,克劳狄乌斯还组织了一伙暴徒,控制着各个公民大会。这让他与在罗马做主的"三头"成员庞培矛盾日深。庞培自己也组织了一伙暴徒,由提图斯·阿尼乌斯·米洛率领。在接下来的5年里,两伙人为了争夺城市的控制权冲突不断。公元前56年,由于氛围越发紧张,"三头"重新达成了协议。恺撒在高卢的指挥权延长5年;庞培得到了5年的西班牙指挥权并且可以在罗马遥领指挥权;克拉苏得到了5年的叙利亚指挥权,他准备从当地出发攻打帕提亚帝国。庞培和克拉苏出任公元前55年的执政官。这些决定都没有同元老院商议,而是直接通过人民保民官和民众投票通过的。

然而,三头联盟是脆弱的,它只是三个野心家一时的权宜之计。公元前54年,尤利娅死于难产,恺撒和庞培失去了维系联盟的纽带。下一年,克拉苏在卡雷惨败给帕提亚人,自己也丧了命。公元前52年,克劳狄乌斯和米洛的街头冲突实际上已经让政府无法运作。当克劳狄乌斯死于斗殴时,暴民烧毁了元老院会堂。元老院发布紧急决议(*senatus consultum optimum*),授权庞培稳定城市秩序,任命他为当年唯一的执政官(这再次打破了先例)。庞培用武力稳定了秩序。现在元老院试图将他争取到自己一方,以对付更可怕的恺撒。

一些元老力主召回恺撒,并对他当选公元前59年执政官的不法手段和在高卢战争中犯下的罪行进行审判。尽管庞培没有公开支持这些主张,但也没有表示反对。恺撒清醒地意识到,如果他交出指挥权,以普通公民的身份回到罗马,就如同羊入虎口。他将会遭到指控,不仅葬送政治生涯、遭到经济制裁,还可能性命不保。恺撒试图谈判,在公元前50年11月提议,他和庞培同时交出指挥权。小加图及其同伙领导的保守派元老设法让元老院拒绝了这项提议。此时恺撒面前只有两条路可走：作为普通公民回到罗马，或者率领麾下的军队向城市进军。公元前49年1月，他率领一个军团渡过了山南高卢与意大利的分界线卢比孔河。内战爆发了（图1.17）。

独裁者恺撒

庞培此时成了共和国的保卫者。他获得了罗马首要元老们的支持，同时控制着意大利、西班牙、东方行省以及粮食供给。不过，他手头的两个军团已被恺撒接管，他怀疑这些士兵不再忠于自己。庞培带着支持者（其中包括加图和西塞罗）撤退到希腊。恺撒随即控制了意大利。他被任命为为期11天的独裁官，直到自己当选为公元前48年的执政官。在公元前48年10月，他又再度当选为为期一年的独裁官。在这之前，他前往希腊，在法萨卢斯战役中击败了庞培。庞培逃往埃及，结果遭到埃及幼王托勒密十三世的背叛而丧命。托勒密十三世正在与自己的姐姐兼共治者克利奥帕特拉七世展开内战，克利奥帕特拉在随后18年的罗马史上扮演了至关重要的角色。

恺撒很快追到亚历山大里亚。他与托勒密谈崩了。这名"娃娃国王"煽动本地居民攻击恺撒。恺撒在住所遭到一群愤怒的暴民围攻。克利奥帕特拉抓住机会，让人把自己裹在毯子里，偷偷运到恺撒面前。恺撒被俘虏了，他与克利奥帕特拉一边谈情说爱，一边结成政治联盟。公元前47年，克利奥帕特拉生下了她与恺撒的儿子恺撒里昂。恺撒后来不得不离开埃及前往本都作战，后于公元前46年他召唤克利奥帕特拉和恺撒里昂前往罗马，并将他们安置在台伯河边的庄园内。在本都，恺撒以一场闪击战击败了米特里达梯的儿子法那西斯，并为纪念胜利留下了这句短语"我来了，我见了，我征服了"（*veni, vidi, vici*）。当他回到意大利时遇到了一场兵变，不满的士兵认为自己在法萨卢斯战役后就应该退伍。恺撒及时出现在士兵面前，平息了骚动。

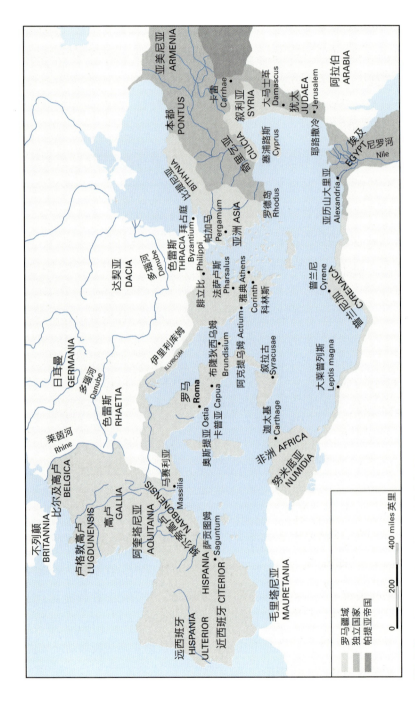

图1.17 公元前1世纪50年代罗马帝国的扩张

公元前46年1月，庞培一派的部队在非洲集结。恺撒前往非洲，再次获胜。之后他回到罗马，再次被任命为任期10年的独裁官，并举办了一场额外的凯旋式，以庆祝他在高卢、埃及、本都和非洲的胜利。庆典的规模甚至让庞培的第三次凯旋式都黯然失色。作为庆祝活动的一部分，恺撒赠予每个公民400塞斯退斯。他还对曾支持庞培的人展示出宽宏大量的态度，只要对方转而支持自己就将获得宽恕。这其中就有布鲁图斯，他日后参与了刺杀恺撒的密谋；还有西塞罗，他在法萨卢斯之战后忐忑不安地回到罗马：

> 恺撒看到他（西塞罗）在众人之前走来，立即下马相迎，拥抱了他，并和他边走边谈走了好远。在这之后，恺撒一直对他尊荣有加，友善相待。
>
> （普鲁塔克，《西塞罗传》，39）

首次出任独裁官时，恺撒就进行了一系列受民众欢迎的改革，此时又加快了改革进度。其中最重要的措施包括：修订历法；授予山南高卢公民地位；授予在罗马居住的医生和教师公民权；在意大利和行省建立殖民地和定居点，安置80 000名老兵；减免债务，按战前标准估价；大兴公共工程；规定地主使用的劳动者必须至少有三分之一是公民。

然而，恺撒希望继续掌握权力。元老院不断授予他新的荣誉。罗马的硬币上也开始出现恺撒的头像——这是在世的罗马人首次出现在铸币上。其他铸币则强调恺撒的家系可以追溯到埃涅阿斯（他将自己的家族名尤利乌斯追溯到埃涅阿斯之子尤鲁斯，图1.18），或是继续庆祝他在高卢的胜利。很多罗马贵族日益警惕，在他们看来恺撒除了少个头衔外已经是一名君主了。最后的导火索出现在公元前44年2月，恺撒将自己任命为"终身独裁官"（*dictator perpetuo*）。暗杀他

图 1.18 这枚第纳里金币由恺撒在公元前 47 年发行。正面是维纳斯的头像,反面是埃涅阿斯一手扛着安喀塞斯,一手托着一个特洛伊的雅典娜雕像,也就是帕拉丁(palladium)。恺撒通过这种硬币宣传自己是埃涅阿斯的后代

的计划形成了。刺客们要赶快动手,因为恺撒计划离开意大利前往达契亚和帕提亚作战。密谋者由盖乌斯·卡西乌斯·隆基努斯和马库斯·尤尼乌斯·布鲁图斯领导,总共可能有 60 人(但是只有大约 20 人留下了姓名)。3 月 15 日,他们在庞培剧院召开的元老院会议上刺杀了恺撒。

刺杀之后

然而,刺杀者的胜利没有持续多久。尽管他们宣称自己是罗马人民的"解放者"(图 1.19),但他们的行动没有得到多少支持,自己也没计划好下一步做什么。他们撤退到卡皮托利,商量下一步该怎么办。恺撒的支持者们得以组织起来,领导他们的是恺撒的左右手马库斯·安东尼乌斯(即马克·安东尼)。他与刺杀者达成了和解,由此获许在广场上为恺撒举行葬礼。在葬礼上,安东尼宣读了恺撒的遗嘱(这场演说因莎士比亚的剧作而名传后世):独裁官赠予罗马城的每个公民 300 塞斯

图1.19　马库斯·尤尼乌斯·布鲁图斯在公元前43或前42年发行了这枚第纳里金币。正面是他的头像，反面是两把匕首之间的一顶自由帽（pileus，获释奴隶所戴）。最下面是日期：3月15日

退斯，捐出自己的一些私人花园向公众开放。民众的怒火被点燃，掀起了暴乱，刺杀者们被迫逃离罗马。

安东尼此刻成了城内最有权势的人物，似乎他也将成为恺撒的继承者。然而，遗嘱中还包含令人惊讶的一条：恺撒指定的继承人不是安东尼，而是跟他不怎么熟悉的孙外甥，年仅18岁的盖乌斯·屋大维。当时屋大维在伊利里库姆，准备参加恺撒的帕提亚战争。他不顾家人的反对，前往罗马，宣示自己的继承权，并改名为盖乌斯·尤利乌斯·恺撒·屋大维努斯（现代史学家一般称这个阶段的他为"屋大维"，尽管他对自己的称呼是"恺撒"）。屋大维日后成为罗马的第一位皇帝，那时他将使用另一个名字，"奥古斯都"。他可能是罗马历史上最重要的人物。

安东尼和屋大维的关系开始变得紧张。屋大维从养父的老兵中征集了两个军团，安东尼手下也有些士兵被恺撒的名头吸引，转投到屋大维麾下。与此同时，安东尼正在山南高卢与刺杀者的部队交战。元老

院不知道三方势力谁将最终胜出。他们批准了恺撒的全部改革措施，但同时对暗杀者予以宽赦，这些足以表明他们的摇摆不定。在西塞罗的敦促下，元老院选择拉拢屋大维，认为可以用他扫除真正的危险——安东尼，随后再将他丢开。元老院打着如意算盘，结果事与愿违：公元前43年夏天，屋大维顺理成章地率领8个军团来到罗马并要求当选执政官。此时他只有19岁。他废除了元老院对刺杀者的宽赦令，然后谋求与安东尼结盟。

后三头同盟

屋大维和安东尼又联合了恺撒另一名忠心的将领，马库斯·埃米利乌斯·雷必达，三人组成了联盟，今天称之为"后三头同盟"（简称"后三头"）。与"前三头"同盟不同，这次联盟是平民大会在公元前43年11月通过法律正式批准的，为期5年。三个人开始了类似军政府的统治。

"后三头"需要钱财来给他们的军队付饷，于是再次祭出了公敌宣告。他们拒绝给予任何怜悯，声称恺撒就是太过仁慈而遭到背叛。公告中最令人不寒而栗的条款如下：

> 那么，愿神明保佑我们的宣告：对于下列名单上的人，任何人不得包庇和窝藏，或者帮助他们逃跑，或者受其金钱收买。如果发现有谁救护、帮助他们或与其私通，我们会将他们也列入名单之中，决不给予宽恕的可能。杀死公敌并将头颅带给我们的人将得到奖赏，每个头颅，自由人可得25 000第纳里，奴隶可以获得自由并得到10 000第纳里，他的主人将获得罗马公民权。告密者将得到同样的奖赏。为了保密，获赏者的名字将不会出现在我们的记录中。

（阿庇安，《内战纪》，4.11）

在这次公敌宣告中,最著名的受害者便是西塞罗(图 1.20)。他在恺撒遇刺后发表了几篇言辞激烈的演说以反对安东尼。西塞罗的头和双手被割下来,钉在广场的演讲台上,以警告众人——曾经创作出如此演讲的人如今不能再写下一字、发出一声。

图 1.20 这座写实主义的西塞罗大理石半身像刻画了很多细节,比如他宽大且不对称的鼻子,以及面颊和眼周的皱纹。雕塑的总体风格凸显了智慧和庄严

西 塞 罗

马库斯·图利乌斯·西塞罗（公元前106—前43年）是共和国最后岁月的关键人物。他出生于拉丁姆的山地小城阿庇努姆（也是盖乌斯·马略的老家）。西塞罗出自骑士家庭，此前家族中从未有人在罗马政界担任要职，所以当他于公元前63年担任执政官时，成了一名新贵。在生涯早期他以律师的身份扬名，最著名的一案是起诉西西里总督维列斯，指控对方在公元前70年的贪腐行为。与同时代其他重要的政治人物不同，西塞罗没有任何军事经验，在政坛摸爬滚打全凭自己的口才。

纵观其政治生涯，西塞罗一直在为维护共和国斗争，他希望元老和骑士和谐协作，却是徒劳的。恺撒、庞培和克拉苏在公元前60年结盟时曾提供给西塞罗加入的机会，但是因为违背原则遭到了他的拒绝。公元前58年，西塞罗因为在公元前63年粉碎喀提林阴谋时有违法之处，遭到指控，被判流放一年。然而，他在归来后恢复了名誉，并在公元前51年出任了奇里乞亚总督。在内战中，西塞罗不情愿地站到了庞培一边对抗恺撒。尽管他没有参与对恺撒的暗杀，但事后公开表示支持。公元前43年2月，他给暗杀者之一特雷波尼乌斯写信，开篇说道："我多么希望你们邀请我参与3月15日那最光荣的盛会！"一年之后，马克·安东尼下令处死西塞罗，因为他曾发表了一系列言辞激烈的演说（即《反腓力篇》）攻击自己。

西塞罗的作品是宝贵的遗产。他是最伟大的拉丁语散文作家之一，并且有大量作品（包括法庭上的演说、哲学论文和诗歌）传世。他同样爱写信，留下了大约1 000封书信。今天这些信件被汇编成35部作品，16部写给他的家庭和普通友人，16部写给他的密友阿提库斯，3部写给他的兄弟昆图斯。这些书信表现了当时罗马社会的各种细节，令我们得以透过政治前台的幕布去了解他公共与私人生活的方方面面。实际上，西塞罗写下这些书信的20年，也是整个古代世界史料最丰富的时代。

公元前 42 年，安东尼率领恺撒派军队在马其顿的腓立比彻底击败了刺杀者的军队（卡西乌斯和布鲁图斯在战斗中先后自杀）。"后三头"瓜分了帝国，屋大维统治西部，安东尼统治东部，雷必达统治非洲。他们还宣布将尤利乌斯·恺撒神化。现在屋大维称自己为"神之子"（*divi filius*）。

腓立比战役后，屋大维回到意大利，没收了大量土地，以安置 10 万名老兵，引起了社会动荡。很多农民失去了土地，屋大维变得不得人心。他与安东尼脆弱的联盟在公元前 41 年也出现了裂痕。是年，安东尼的妻子富尔维娅与他的兄弟路奇乌斯组织了 8 个军团进军罗马，抗议屋大维的没收土地行动。屋大维将他们赶到佩鲁西亚，迫使他们投降。公元前 40 年，安东尼与屋大维的内战似乎已不可避免。但是两个人经过会面解决了分歧。作为结盟的象征，安东尼娶了屋大维的姐姐屋大维娅（富尔维娅不久前去世了）。然而，公元前 41 年安东尼遇到了克利奥帕特拉，拜倒在对方的石榴裙下。第二年，克利奥帕特拉为安东尼生下一对双胞胎。这段关系最终将他引向灭亡。

接下来的 4 年，"后三头"分别统治着各自的辖区。在西方，屋大维在自己的部将马库斯·维普撒尼乌斯·阿格里帕的协助下，向塞克斯图斯·庞培发动了战争。后者是庞培唯一幸存的儿子，他以西西里为基地，统帅着一支海盗舰队。屋大维在公元前 36 年最终击败了他。在这之后，此前一直在屋大维与安东尼的争执中置身事外的雷必达下了葬送政治生涯的一招棋：他试图接管屋大维的几个军团。屋大维指控他企图谋反，剥夺了雷必达全部的政治头衔，只给他保留了在恺撒身亡后接任的大祭司长职位。雷必达从此淡出政治舞台，晚景落魄，直到公元前 13 年去世。

在东方，安东尼发动了帕提亚战争，赢得了一些小胜。公元前 37 年，他抛弃了屋大维娅，重新投入了克利奥帕特拉的怀抱，择日按埃及法律与她结婚（罗马不认可这场婚姻），并正式认下了她所生的双胞胎。不久后，克利奥帕特拉又给他生了一个儿子。结束在东方的战役后，安东尼在公元前 34 年返回亚历山大里亚,举行了一场类似凯旋式的庆典,庆祝自己战胜亚美尼亚人。这是罗马将领第一次在罗马城之外举办凯旋式。之后发生了史称"亚历山大里亚奉献"(Donations of Alexandria)的事件,安东尼宣布恺撒里昂是尤利乌斯·恺撒的合法继承人,称他为"众王之王"。他同样宣布克利奥帕特拉为"众王之女王"(图 1.21)。①

图 1.21 这枚第纳里金币铸造于公元前 32 年,正面是克利奥帕特拉,称号是"众王之女王",她的儿子们也是国王;反面是安东尼,庆祝他征服亚美尼亚。他们俩被表现为东方的共同统治者

与此同时,罗马这边,屋大维对安东尼发动了有力的政治宣传攻势。他将自己塑造成罗马传统价值的捍卫者,宣称安东尼在外国女王的魔力下放弃了对罗马的忠诚。战争已然不可避免。1 000 名元老中有大约 300 名离开罗马,加入安东尼的阵营。公元前 32 年,屋大维宣称自己弄到了安东尼的遗嘱,并在元老院宣读。其中的内容令罗马人震惊:安东尼宣布恺撒里昂为恺撒的真正继承人,并要求死后与克利奥帕特拉合葬在埃及。屋大维称安东尼这是要将帝国的首都从罗马移到亚历山大里亚。

---

① 除此之外,安东尼还将罗马的东部行省、被保护国和待征服地区分给了他与克利奥帕特拉所生的子女。——译者注

公众舆论倒向了屋大维一方，人们纷纷宣誓效忠于他。屋大维宣战了——他非常精明，选择的宣战对象是克利奥帕特拉而非安东尼，如此这就是一场对抗外敌的战争，而不是罗马人之间的内战。最终决战在公元前31年9月2日打响，地点在希腊西海岸阿克提乌姆附近的海上。在阿格里帕的指挥下，屋大维的海军取得了胜利，但实际在安东尼和克利奥帕特拉抛下部队逃往埃及之前，战局一直难分难解。战役过后，安东尼的18个军团投降。第二年，屋大维追击到埃及，并在亚历山大里亚城外再次击败了安东尼和克利奥帕特拉的残部。安东尼有更多手下叛逃。这对情人只得先后自杀。屋大维成为罗马世界唯一的统治者——在经历了长达一个世纪的动荡与内战后，他最后胜出了。罗马共和国从此成为历史。

日期（均为公元前）	事　件
2世纪末	罗马城人口至少为25万人
133年	提比略·格拉古提出土地改革，被元老杀害
123年	盖乌斯·格拉古提出大范围改革
121年	盖乌斯·格拉古自杀；他的3 000名支持者被杀
112—106年	朱古达战争
107年	马略第一次出任执政官
105年	阿劳西奥战役，辛布里人和条顿人在高卢击败罗马人
101年	马略最终击败辛布里人和条顿人
91—88年	同盟者战争
88年	苏拉进军罗马，随后前往东方与米特里达梯开战
87年	马略进军罗马并攫取大权
86年	马略去世
83—82年	苏拉从东方归来并进军罗马
81年	苏拉的独裁和改革
73—71年	斯巴达克斯奴隶起义

（续表）

日期（均为公元前）	事　　件
70 年	庞培和克拉苏担任执政官
67 年	庞培获得与海盗作战的"统治权"
66 年	庞培获得与米特里达梯作战的"统治权"
63 年	喀提林阴谋；西塞罗担任执政官；恺撒出任大祭司长
62 年	庞培处理东方事务并回到罗马
60 年	庞培、克拉苏和恺撒结成前三头同盟
59 年	恺撒担任执政官
58 年	恺撒前往高卢
55 年	前三头同盟续约；庞培和克拉苏第二次担任执政官
53 年	罗马持续动乱；没有举行执政官选举；克拉苏在卡雷兵败身亡
52 年	米洛杀死克劳狄乌斯；庞培被任命为唯一的执政官
1 世纪中期	罗马城的人口接近 100 万
49 年	恺撒渡过卢比孔河，从高卢进入意大利，内战爆发
48 年	恺撒在法萨卢斯击败庞培；庞培在埃及被杀
46 年	恺撒被任命为任期 10 年的独裁官；在罗马举办 4 次凯旋式
44 年	恺撒成为终身独裁官；3 月 15 日恺撒遇刺身亡
43 年	屋大维占领罗马，担任执政官；后三头同盟建立
42 年	安东尼在腓立比击败共和派；神化恺撒
37 年	安东尼抛弃屋大维娅，重投克利奥帕特拉怀抱
36 年	屋大维在阿格里帕的协助下击败塞克斯图斯·庞培和海盗
32 年	屋大维在元老院宣读安东尼的遗嘱，并向克利奥帕特拉宣战
31 年	屋大维在阿克提乌姆击败安东尼和克利奥帕特拉
30 年	安东尼和克利奥帕特拉自杀

第二章 皇帝的统治

这一章我们将概述公元前31—公元476年皇帝统治下的罗马历史。首先我们详细考察屋大维也就是奥古斯都的统治,看他如何建立了持续几个世纪的政治制度。然后我们聚焦罗马历史发展的关键事件,直到公元5世纪罗马西部帝国灭亡。

奥古斯都和元首制(公元前31—公元14年)

阿克提乌姆战役后,安东尼和克利奥帕特拉逃回埃及。原先安东尼手下的部队投降屋大维后,成为前往埃及追击的先锋。屋大维于公元前30年抵达亚历山大里亚,安东尼和克利奥帕特拉先后自杀;屋大维还杀死了恺撒里昂并将埃及收为罗马的行省。他获得了这个国家的巨额财富,可以为自己的军队发饷。公元前29年夏,屋大维回到罗马,举办了史无前例的持续3天的凯旋式,以庆祝他在达尔马提亚、阿克提乌姆和埃及的胜利。这场凯旋式因此得名"三重凯旋"（Triple Triumph）。经此庆典，屋大维一跃成为罗马最伟大的军事统帅。日后在罗马还建立了一座三重凯旋拱门（图2.1），用以凸显他的这一形象。

图2.1 元老院曾于公元前27年在罗马建造了凯旋拱门，向奥古斯都献礼，并纪念他的三重凯旋。这座拱门已经不在了，但是帝国各地还有一些复制品，比如图中这座，位于意大利东海岸的里米尼

此时屋大维手下的军团数量已经超出了必要范围。因此他将军团数量从60个缩减到25个，在意大利和海外安顿了大约10万名老兵（他在意大利一地就建立了28个定居点）。他同样在内战结束时宣布特赦，以求缔造和平。屋大维如今面临的挑战，是如何在巩固权力的同时避免重蹈养父的覆辙。为此，他施展了远比尤利乌斯·恺撒更巧妙的政治手腕。随后的几十年里，经过一连串试验和试错，他重新建构了罗马国家。

公元前 27 年和前 23 年元首宪法地位确立

公元前 31—前 27 年，屋大维每年都担任执政官，但他知道这种状态不能一直持续下去。因此，他在公元前 27 年获得了新的权力与地位。今天我们称之为元首"第一次宪法地位确立"（First Constitutional Settlement）。① 经过精心的安排，公元前 27 年 1 月 13 日的元老院会议上，一出好戏上演了：奥古斯都突然宣布自己要卸去一切职权，退出公共生活。元老们（其中一些无疑事先准备好了）表达着沮丧与惊慌，恳求屋大维重新考虑。他们声称国家不能没有屋大维领导。在罗马元老院和人民的苦苦哀求下，屋大维才十分不情愿地继续掌握大权。他可以继续担任执政官，但必须同时被授予一系列权力与荣誉：

- 他获得了大量行省的最高指挥权，包括帝国驻军最多的几个行省（西班牙、高卢和叙利亚），任期 10 年。帝国的其余行省仍由元老院派出的官员管理。
- 他得到了一个新的头衔"奥古斯都"，所以他头衔的全称是"大统帅·恺撒·神之子·奥古斯都"（Imperator Caesar Divi Filius Augustus）。"奥古斯都"的大意是"受崇敬的"，表示他在宗教上拥有崇高的身份。"大统帅"（Imperator）一词演变成现代的"皇帝"（emperor），今天我们用这个词来称呼奥古斯都和他的继承者。
- 他因为对国家贡献突出，获得"元首"（princeps，"第一公民"）的称号。罗马人因此将他建立的政治制度称为"元首制"

---

① 严格来说，罗马并没有现代意义的"宪法"确立奥古斯都的地位。这个说法是一种现代表述。
——译者注

(*principatus*)。

- 元老院打造了一面金盾,称为"美德之盾"(*Clipeus Virtutis*),上面刻有奥古斯都的4项美德(勇敢、仁慈、公正、虔诚)。盾牌陈列在元老院会堂,帝国各地也纷纷立起了复制品。

在描述自己事迹的《神圣的奥古斯都功业录》里,奥古斯都这样评价自己的安排:

> 我在第六次和第七次担任执政官时(公元前28—前27年),已经平息了内战,经所有人同意,掌控了一切事务。我将共和国自我的统治下转交给元老院和罗马人民。为表彰我的贡献,元老院经决议授予我奥古斯都的称号,由公费出资,在我宅邸的门柱上覆盖月桂枝,门上悬挂一顶公民冠①,并在尤利乌斯元老院会堂安放一面金盾,上刻的铭文证明,元老院和罗马人民因我的勇敢、仁慈、公正和虔诚而特授此盾。自此之后,我的威信(*auctoritas*)超越了所有人,但我的权力(*potestas*)并未超过担任各级官员的其他同僚。
>
> (奥古斯都,《功业录》,34)

最后一句话揭示了奥古斯都真正想要达到的效果:他希望自己看起来成为领袖的原因是具备人格力量(*auctoritas*),而非掌握了正式的权力(*potestas*)。用来描述人格力量的*auctoritas*这个词不太好准确地翻译,它大意是表现奥古斯都拥有的影响力和受到的尊敬(下文译为"威信")。实际上,奥古斯都的"威信"让他可以根据自己的意愿下达指示,然后让人去执行。

---

① 公民冠一般由橡树叶编成,奖励给拯救了其他公民生命的人。——译者注

第一次宪法地位确立可谓是确定了奥古斯都的地位，但是没有一劳永逸地解决所有问题。首先，他年复一年地出任执政官，看上去就像个君主，而且也侵占了其他元老担任这个职位的机会。其次，他获得的权力和荣誉不太容易传给继任者，而奥古斯都需要一种可靠的方式提拔某个候选人，让他在自己死后继位。因此，公元前 23 年，又出现了第二次宪法地位确立（Second Constitutional Settlement）。这一次奥古斯都又获得了两项关键权力：

- 高于代执政官的统治权（*Imperium proconsulare maius*）。这让他有权指挥罗马军队，也令其地位居于所有行省总督之上。这意味着奥古斯都可以放弃执政官一职，但是仍然可以控制行省的各个军团。
- 人民保民官权力（*Tribunicia potestas*）。如名所示，这让奥古斯都具备了等同于人民保民官的权力，意味着他作为人民的代表，可以召开元老院会议，通过平民大会制定法律，并且可以否决任何法案。

这一次奥古斯都的权力大体上确定了。他后来还接受了一些其他荣誉：公元前 13 年雷必达去世时，奥古斯都接任了大祭司长；公元前 2 年他获得了"祖国之父"（*pater patriae*）的头衔。这暗示他与罗马人民的关系类似一位男性家长与他的家庭。

奥古斯都宣称他恢复了共和，而实际只是在表象上恢复了。他为自己量身定制了涉及方方面面的权力地位，大大超出了共和的传统制度（图 2.2）。然而，他拒绝了独裁官一职，也不担任任何容易让人联想到他是君主的职位，巧妙维护了共和的幌子。

图2.2 流传至今的奥古斯都像有数百尊之多。这座著名的大理石雕像是一件复制品,原作是公元前20年元老院献给奥古斯都的铜像。雕像庆祝他对帕提亚人取得的胜利,展现出元首作为军事统帅向部队致意的情景。脚边的丘比特暗示他的家族与维纳斯的联系(通过埃涅阿斯)

皇帝奥古斯都

在公元100年写作的历史学家塔西佗对元首制批评颇多,他这样评价奥古斯都与其支持者之间的关系:

> 他用赏赐笼络军队,用廉价粮食政策成功诱使民众上钩。他让人享受到了和平,因而赢得了每个人的好感。然后他逐步提升自己的地位,将元老院、各级官员乃至法律的职权集于一身。反对他的势力已经荡然无存。战争和刑罚已经将所有反对者消灭。上层阶级中的幸存者意识到,无论想升官还是发财,奴颜婢膝才是最便利的捷径。他们从革命中获得了好处,因此更喜欢能够保

障安全的新秩序，不会留恋那危机四伏的旧制度。除此之外，新秩序在各行省也广受欢迎。

(塔西佗，《编年史》，1.2)

《功业录》

奥古斯都在其纪念性质的自传中，以自己的视角为我们讲述了他如何带给罗马和平与安定。这篇自传就是《神圣的奥古斯都功业录》（后简称《功业录》），在他于公元14年去世后铭刻在其陵墓外。原始的版本没能保存下来，但是人们在土耳其安卡拉的一座奥古斯都神庙中发现了一件复制品，几乎是完整的。奥古斯都极力塑造自己将共和还给罗马人民的形象，他开篇明义：

> 为纪念神圣的奥古斯都为罗马人的帝国征服世界的功绩，为纪念他为共和国和罗马人民的付出与牺牲，他的功业刻在罗马树立的两根铜柱上，下面展示的是它的复制品。

(奥古斯都，《功业录》导言)

《功业录》是奥古斯都政治宣传的另一个杰作，不仅读起来引人入胜，同时也是记载第一位皇帝希望如何被人铭记的一手史料。

经历了几十年的动荡与战乱，我们自然可以理解罗马的大众（平民）和行省居民为何支持带来和平的皇帝。在罗马，人们似乎很乐意放弃自己的政治权力以换得安定。奥古斯都看出来了，只要提供给人们廉价的粮食，同时提供令人乐此不疲的公共娱乐，如角斗表演就可以让他们满意。一个多世纪以后，讽刺诗人尤维纳尔嘲笑地说，罗马人民所需要的一切就是"面包与竞技"。行省人民如今可以与罗马国家建立新的关系。在过去，他们不得不与不停变换的共和官员打交道，现在他们可以直接觐见皇帝本人，并期待他给予回复（这通常被称为"请愿与回应"模式）。

奥古斯都对元老院最为费心。他需要继续披着共和"外衣"，确保元老们的忠诚。其中一种方式是改组元老院。他一共做了3次（公元前28年、公元前18年和公元前11年）。恺撒统治时，元老的人数增长到1000人。那300名投靠安东尼以及其他支持安东尼的元老大多死于战争，或被奥古斯都褫夺了元老身份。奥古斯都将元老身份的财产资格从40万塞斯退斯提高到100万塞斯退斯，进一步削减了元老的人数，也让一般人更难跻身元老阶级。奥古斯都同样规定元老身份是可以继承的，因此形成了正式的"元老等级"。在每次审查元老名册时，财产不足或得罪过皇帝的人都可能失去元老的地位。与之对应，任何财富达到标准或皇帝中意的公民都有机会成为元老。

奥古斯都用元老帮助自己治理帝国。在罗马，他创建了一些新官职，负责维护公共建筑、道路、引水桥和发放谷物；元老们同样可以担任新设的市政长官，负责城市的日常行政工作。此外，他增添了两名法务官，这样法务官的总人数达到10名。元老们可以为奥古斯都分忧，管理那些没有重兵驻守的行省。然而，奥古斯都也采取了各种措施限制元老的权力：元老不得进入埃及；设立一个新的委员会监督元老；元老要交付5%的遗产税，这笔钱用作军资金。在新制度下，一个元老若想过上好日子，必须效忠皇帝。

奥古斯都同样将骑士提拔为特定的政治等级。他赐予骑士担任公共职务的权利（以前大多职位都不向骑士开放），确保他们忠于国家。奥古斯都任命他们担任行省的财务专使，或者出任某些行省的总督，包括埃及（埃及总督是个权力重大的肥缺，要避免有野心的元老染指）的。骑士等级的标准也固定下来：必须是自由出身，品行良好，拥有至少 40 万塞斯退斯财产，曾在军中服役。骑士等级可以获得公款提供的马匹，佩戴金戒指，身穿镶窄紫边的外衣（元老早就可以身穿镶宽紫边的外衣了）。元老的儿子们在 25 岁之前也属于骑士等级。

奥古斯都和平

奥古斯都致力于打造罗马世界的和平，而且颇见成效。截至公元 14 年奥古斯都去世，帝国一派和平与繁荣的景象。这种稳定的局面持续了两个多世纪之久，人们通常称之为"罗马和平"（*pax Romana*）或"奥古斯都和平"（*pax Augusta*）（图 2.3）。

近卫军

奥古斯都为确保自己在罗马能得到有力的军事保护，建立了"近卫军"（Praetorian Guard），包括 9 个大队，每队有 500 名士兵。近卫军的职责是保卫城市，其中一个大队时刻在皇帝宅邸执勤，3 个大队驻守在罗马，其他的驻守在郊外。近卫兵的服役方式和其他士兵有别。他们的服役年限比军团士兵短，后者一般要服役 20 年，近卫军则为 16 年。他们的工资也是普通士兵的 3 倍。

奥古斯都的继任者提比略在位时，在罗马城外建造了一座巨大的近卫军军营。也是在此时，近卫军有了一名指挥官，名为"近卫军长官"（Prefect of the Praetorian Guard）。从此以后，近卫军开始成为罗马的重大政治力量，无论哪位皇帝或哪股政治势力都不敢得罪近在咫尺的一股大军。历史上近卫军多次接受贿买，调转矛头去对付皇帝，甚至是罗马人民。其结果是，在皇帝统治的时代，近卫军长官通常都成为政坛上的重要人物。

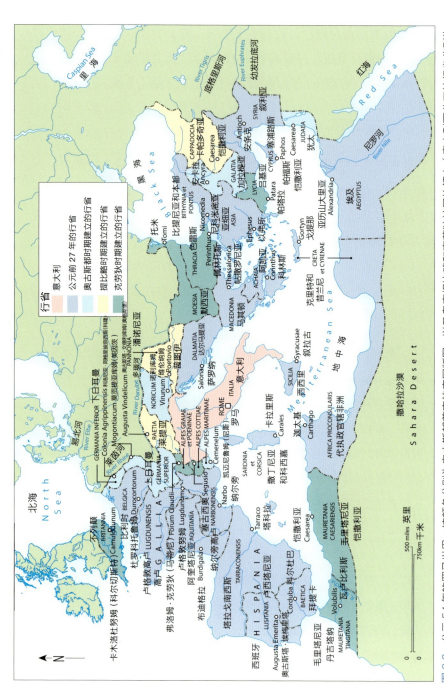

图2.3 公元54年的罗马世界。按颜色分别为奥古斯都都定的帝国版图，以及皇帝提比略和克劳狄扩展的领土（意大利西北三处行省分别为格赖埃利布西阿尔卑斯，科蒂安阿尔卑斯，滨海阿尔卑斯）

维系和平的关键在于控制军队。奥古斯都的改革中，最高瞻远瞩的一项便是将军队置于国家的掌控之下。这项措施预防了将领聚集个人力量，而军头的崛起正是共和晚期的动乱之源。因此，罗马军队第一次成为彻底的职业军队，他们发誓向皇帝效忠。各个军团部署在帝国的战略要地，尤其在多瑙河到莱茵河一带的领土重兵布防。此外，奥古斯都还在行省建立了一套有效的市政治理体系。

为将自己塑造成带来和平的人，奥古斯都同样煞费苦心。他在《功业录》中大书特书，称自己曾经3次复兴了古代的传统，关闭了雅努斯神庙的大门，表明整个帝国都没有战事。在之前罗马漫长的历史上，这种情况只出现过两次。而且，公元前13年，元老院建造了一座精致的纪念祭坛，称为"奥古斯都和平祭坛"（*Ara Pacis Augustae*，图2.4）。这座祭坛献给和平女神（Pax），此前在罗马人的观念中她的位置一直比较边缘。

图2.4　今天和平祭坛坐落在专属于自己的博物馆中。尽管它的保存情况相当良好，但有些浮雕还是没能保存下来，祭坛上的彩绘也全都褪色了

今天，人们在罗马仍然可以见到这座巨大的大理石祭坛。祭坛正面的两块展板上雕刻的很可能就是神话中罗马的建立者——埃涅阿斯和罗慕路斯，在宣传中他们当然也是奥古斯都的祖先（经由其养父的血脉）。祭坛后面的另两块展板中一块刻着罗马女神（Roma），另一块上的女神通常被视为和平女神。祭坛上半部分的外墙装饰以一组浮雕，刻画了将近 50 个人物正在参加一场庄严的宗教仪式。奥古斯都身穿托加，而不是像其他雕塑那样身着军服，借此展现他在和平时期同样是帝国的领导者。

道德与宗教

奥古斯都另一项治国方针，是鼓励罗马人重拾他构建的传统道德和宗教，这是他宣称的重建共和的一部分。奥古斯都的宣传一再强调，罗马人变得腐化堕落，只有重拾传统的价值观才能扭转风气。奥古斯都又展现了精明的政治手腕：他将自己的统治描绘为复兴传统，因此其各项改革也容易令人接受。

宗教显然是奥古斯都在复兴罗马中着重强调的领域。罗马人经常将他们在内战中遭受的苦痛归结为众神之怒。相比之下，奥古斯都能够重建和平，证明他得到了众神垂青。他在大兴土木时新建或修复的许多建筑都是神庙。在《功业录》中，奥古斯都称自己修复了 82 座神祠献给众神。元首同样成功地将自己添加到复兴宗教的事业中。他同时身兼 7 个祭司职务，包括公元前 12 年开始担任的大祭司长。在很多雕像中，皇帝都是一副用托加蒙着头部的罗马祭司形象（图 2.5）。奥古斯都更为突破旧制的一步在于建立元首崇拜。帝国东部长期以来就有将国王当作神明膜拜的习惯。公元前 30 年以后，东部行省恳请奥古斯都允许他们将其尊为神明崇拜。奥古斯都知道这么做在西部行省会有危险，于是他给出了巧妙的解决方案。人们可以将他的神格（genius）视为神明，

图 2.5 这尊奥古斯都像与图 2.2 的雕像有明显区别。此处奥古斯都的形象是一名祭司。将托加袍蒙在头上,表明他是一名虔诚的公民和大祭司长

元首家族的两位女性

帝制下有一种新现象,那便是皇帝身边的女性尽管不担任官职,却能在政治中直接发挥更为重要的作用。两位与屋大维/奥古斯都关系密切的女性的生平诠释了这一特点。屋大维的姐姐屋大维娅,因其忠贞、高贵、谦逊和坚守罗马妇女的传统道德而备受同代人尊敬。然而,她的一生非常坎坷。她的第一任丈夫是盖乌斯·克劳狄乌斯·玛尔凯路斯。屋大维娅与他生了 3 个孩子。玛尔凯路斯于公元前 40 年 5 月去世。同年 10 月,作为屋大维重建"三头同盟"策略的一部分,屋大维娅嫁给了马克·安东尼。她由此成了安东尼两个儿子的继母,之后又为安东尼生了两个女儿。公元前 40 年,屋大维娅跟随安东尼前往东方,并多次充当了弟弟与丈夫的调停人。然而公元前 36 年,安东尼已经与克利奥帕特拉厮混在一起,于是将屋大维娅送回了罗马。尽管安东尼在公元前 32 年与屋大维娅离婚了,但在他于公元前 30 年自杀后,屋大维娅仍然成为前夫与克利奥帕特拉所生的 3 个孤儿的监护人。

奥古斯都一生中另一位杰出的女性就是他的妻子,李维娅·德鲁西拉(图 2.6)。她生于公元前 58 年,在第一次婚姻中嫁给了提比略·克劳狄乌斯·尼禄,一名在公元前 1 世纪 40 年代加入安东尼阵营对抗屋大维的元老。李维娅与他有两个孩子:提比略和德鲁苏斯。公元前 40 年,屋大维与安东尼解决分歧后,说服克劳狄乌斯与李维娅离婚,随即迎娶了后者。当时李维娅正怀着德鲁苏斯。李维娅和屋大维/奥古斯都没有自己的孩子,但奥古斯都对于这段婚姻从未有过动摇。李维娅代表了罗马传统已婚妇女的典范——机智、庄重和美丽。而作为第一夫人,她也扮演了至关重要的角色。奥古斯都去世后,李维娅成了元首祭仪中的首要人物,并接受了尤利娅·奥古斯塔的名字。她同样对奥古斯都的后继元首们具有直接的影响:第二位元首提比略是她的儿子,第三位元首盖乌斯是她的曾孙,第四位元首克劳狄是她的孙子,第五位元首尼禄是她的玄孙。

图 2.6 这座大理石雕像将奥古斯都的妻子李维娅塑造成俄普斯（Ops）的形象。俄普斯是古罗马神话中的丰产女神，她手持的一捆麦穗和丰饶之角，都是丰收的象征

向其祷告。于是元首崇拜开始大量出现，而皇帝在去世后也可以升为神祇。帝国各地也建造了各种祭拜元首的神庙。

奥古斯都还试图纠正个人道德。根据苏埃托尼乌斯的传记记载，他对于道德与社会风气采取了严厉的态度，并在公元前18年通过了两项法案，希望提高合法婚配的生育率：《尤利乌斯丈夫职责法》和《尤利乌斯反通奸法》。元老和骑士阶层很不喜欢这两项法律，但是它们彰显了奥古斯都希望复兴自己心中罗马传统家庭价值观的决心。然而，奥古斯都个人因此家生祸事：公元前2年，他不得不将自己唯一的女儿以通奸罪流放。尤利娅的婚姻被判无效，她被送往一个名叫潘达特利亚的小岛上软禁5年，期间不许饮酒，也禁止任何男人出现在她面前。另一个因这些法律遭到流放的著名人物便是诗人奥维德。

为了提高合法婚生儿的数量，公元前 28 年，奥古斯都举行了中断 42 年的第一次官方人口普查。在公元前 8 年和公元 14 年他又做了两次普查，每次的结果都显示罗马的公民总数有所增加。

奥古斯都的建筑工程

奥古斯都致力于美化罗马城，使其成为广袤帝国名副其实的首都（相比雅典和亚历山大里亚等其他地中海大城市，罗马之前从来谈不上有多美观）。他发动了大规模的建筑工程。根据苏埃托尼乌斯记载，奥古斯都曾自夸："我接手了一座砖石的罗马，我留下了一座大理石的罗马。"有些建筑是全新的，还有大部分神庙得到了翻修，这也与奥古斯都重振罗马宗教的计划保持一致。

不过，某些工程还会带来额外的益处。奥古斯都将罗马划分为 14 个行政区（图 2.7），每个区由每年抽签产生的官员管理。每个行政区又细分为各个街区，由本地的监督员负责。马库斯·维普撒尼乌斯·阿格里帕依然是奥古斯都最亲密的朋友，他受命改善城市贫民的生活质量。其中包括公元前 1 世纪 30 年代中提高淡水供应的工程，立法禁止砖石建筑超过 18 米高，以及组建罗马历史上第一支消防队。消防队由 7 000 人组成，成员称为守夜人（*vigiles*），全天在城市巡逻（虽说他们有时也无法制止灾害发生）。台伯河的某些河段也得到了拓宽，以防止泛滥。阿格里帕还捐出了自己的大片土地作为公用，并围绕自己的庄园开放了剧场、公园、运动场和浴场。他同样修建了万神庙（Pantheon），祭拜全部神明。神庙曾两次毁于火灾（公元 80 年和约公元 110 年），我们今天看到的更为美观的万神庙是哈德良皇帝修葺的。

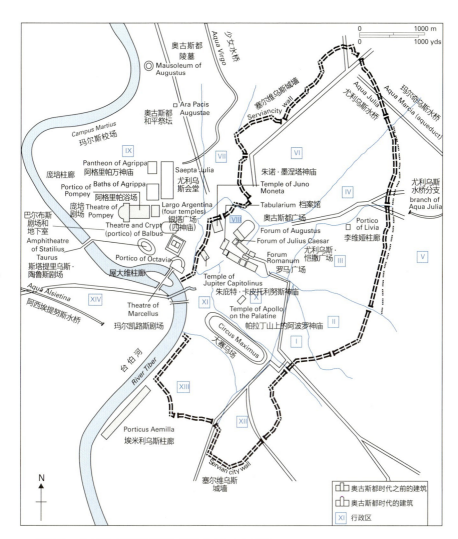

图 2.7　奥古斯都时代的罗马，划分为 14 个行政区

罗马广场

几个世纪以来，罗马广场（*Forum Romanum*）一直是这座城市的社会、政治与商业中心。奥古斯都同样让它焕然一新。一座献给尤利乌斯·恺撒的神庙已经建成；元老院会堂自公元前 52 年第一次得到重建，

按尤利乌斯·恺撒的名字命名为尤利乌斯会堂（*Curia Julia*）；埃米利乌斯柱廊（*Basilica Aemilia*）和尤利乌斯柱廊（*Basilica Julia*）为市民集会提供了宽阔的公共空间，譬如用于召开法庭，或者供商人和银行家谈生意。为强调广场象征着帝国的心脏，奥古斯都树立了一座金界碑，标记了从城市中心延伸到帝国各地的所有道路的起点。

今天的罗马广场只留下了稀疏的一部分（图 2.8），而且分属于罗马历史的各个不同时期。图 2.9 给出了奥古斯都时期广场的大致范围。广场由圣路（Via Sacra）一分为二，这条道路也是城市最主要的商业街。广场一头是维斯塔神庙和维塔斯贞女院，一旁是新建的尤利乌斯·恺撒神庙。元老们在会堂（*Curia*）内召开会议和商讨事务。政治家们在演讲台（*rostra*）上发表演说。演讲台的名字原意是"六个撞角"（战船撞角为 *rostrum*，复数即 *rostra*），它们是公元前 338 年罗马人在安提乌姆附近的海战中从拉丁人手里缴获的，装饰在演讲平台前面。

图 2.8　今天从卡皮托利山俯瞰罗马广场的景色

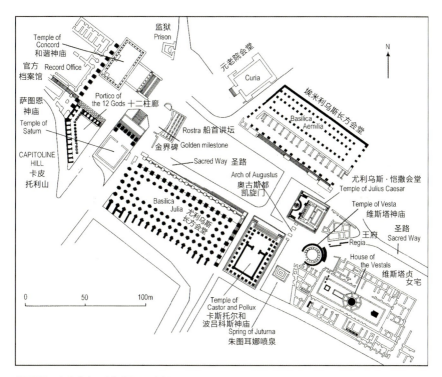

图 2.9 奥古斯都时代的罗马广场

三座凯旋门

今天的游客会在罗马广场的空地上看到 3 座纪念拱门。它们都是为纪念后世皇帝的功绩而建：提图斯凯旋门（公元 82 年）、赛普提米乌斯·塞维鲁凯旋门（公元 203 年）和君士坦丁凯旋门（公元 315 年）。现存的 3 座凯旋门建造时间相隔久远，生动地再现了罗马几个世纪以来城市景观的变迁。

当时，各种人群都会聚在广场上。除了政治家和商人，其他公民也会参拜神庙、聆听演说、旁观审判、购物或者会友。有时广场上还会举行更为正式的仪式，比如年轻人穿上托加袍的成人礼，或者重要人物的葬礼。

奥古斯都广场

遭到暗杀以前，恺撒曾经扩建过罗马广场，新增的部分称为尤利乌斯·恺撒广场。奥古斯都可能完成了工程的收尾工作，不过他同样认为，增扩后的罗马广场依然不能满足城市日益膨胀的人口。因此，他在附近建造了新的广场。工程开始于公元前20年，花了将近20年。新广场的中心建筑是一座巨大的神庙，用以敬奉复仇者玛尔斯（Mars Ultor）。在腓立比战役之前，奥古斯都曾经发誓，如果恺撒派获胜，他将建造一座神庙报答这位神明。新广场呈长方形，中心有一处庭院，两边各有一座柱廊，成排陈列着著名罗马人的雕像，奥古斯都的祖先们在一侧，共和时期的其他英雄在另一侧。西侧的柱廊同样有一尊著名的奥古斯都本人的雕像。

奥古斯都建造新广场的做法被后世的3位皇帝效仿。韦斯帕芗、涅尔瓦和图拉真都在城市中心另辟新地，建造了自己的广场，缓解了原罗马广场的压力，同时标榜了自己的统治。

奥古斯都时代的文学

我们已经看到，在共和的最后岁月里涌现出许多杰出的诗人。在奥古斯都的统治下，这场文学革命甚至更加热烈。皇帝致力于让才华横溢的作家们为自己的新事业添砖加瓦。他任命自己的密友盖乌斯·麦凯纳斯为文艺总管。麦凯纳斯赞助了一大群作家，他们的任务是讴歌奥古斯都的统治。不过与麦凯纳斯最亲近的作家也仍然保有一定独立性。其中的两位,维吉尔和贺拉斯,位居欧洲文学史榜首。

普布利乌斯·维吉利乌斯·马洛(维吉尔,图2.10)于公元前70年出生于意大利北部的曼图亚附近。公元前41年,在屋大维没收土地的运动中,这一地区饱受纷扰,维吉尔失去了自己家族的土地。不过他后来收回了土地(也可能是屋大维给了他一块更好的土地作为补偿)。他的第一部诗作《牧歌》(*Eclogues*)反映的就是这段遭遇。诗歌写于公元前42—前37年,体裁属于田园诗,模仿亚历山大里亚的希腊诗人泰奥克利图斯,用理想化的笔触描绘了田园生活。也就是在这时,维吉尔认识了麦凯纳斯。他的下一部作品是《农事诗》(*Georgics*),属于教谕诗,旨在给予农民生产上的建议;诗歌描述了理想化的质朴农业生活,罗马人认为从前正是这种生活构筑了国家的脊梁。公元前29年,维吉尔将《农事诗》读给屋大维(当时他还叫这个名字)听。屋大维大为赞赏,请维吉尔编写一部罗马的民族史诗。

图2.10 维吉尔和缪斯女神

公元前38年,维吉尔向麦凯纳斯引荐了昆图斯·贺拉提乌斯·弗拉库斯(贺拉斯)。贺拉斯是一个被释奴之子,于公元前65年出生于意大利南部的小镇维努西亚。他父亲将儿子送去罗马接受教育,之后贺拉斯继续前往雅典学习。恺撒遇刺后,贺拉斯也卷入内战,在公元前42年的腓立比战役中加入布鲁图斯和卡西乌斯的阵营。同维吉尔一样,他的家庭也在屋大维的没收土地的运动中失去了土地。然而他的诗才引起了维吉尔和麦凯纳斯的注意。麦凯纳斯赠予贺拉斯罗马城外萨宾山区的一座小农场,他在那里可以专心书写支持屋大维的诗篇,同样也写

维吉尔的《埃涅阿斯纪》

公元前 1 世纪 20 年代,维吉尔仿照创作于多个世纪前、希腊文学史上最伟大的作品——荷马史诗《伊利亚特》和《奥德赛》,编写了罗马人自己的民族史诗——《埃涅阿斯纪》。维吉尔通过这种方式,希望将罗马人与希腊英雄世界结合在一起,同时向罗马人宣扬他们自己的遗产、文化和价值观。史诗显然将埃涅阿斯和奥古斯都进行了类比。的确,奥古斯都的许多功绩据称都源自埃涅阿斯。而且,维吉尔多次直接提到奥古斯都,比如当埃涅阿斯参观冥府时,看到了未来的罗马:

> 现在转过双眼,看向这边,看一看你自己的家族,你后世的罗马人。这是恺撒和尤鲁斯的所有子孙,他们的功勋势要齐天。这是你在预言中常听到的那个人,奥古斯都·恺撒,神之子,他会让拉丁姆的土地重回萨图恩统治的黄金时代,罗马帝国的疆域将远达印度,远达群星下加拉曼特斯人的土地。
>
> (维吉尔,《埃涅阿斯纪》,6.788—795)

虽然多有此类赞美之辞,但《埃涅阿斯纪》不仅仅是政治宣传的产物。史诗充满了微妙的暗喻和模棱两可的话语,而维吉尔也无疑让读者意识到,罗马人取得成功必然以遭遇无数痛苦为代价。

据古代的语法学家多纳图斯描述,公元前 19 年维吉尔临终前并未完成诗作,还下令将遗稿烧毁,然而被奥古斯都阻止。罗马人很快将这部史诗视为拉丁文学最伟大的作品。它的影响犹如莎士比亚的作品之于现代英语。好消息是,史诗流传了下来,我们今天仍有幸一览它的风采。

了一些个人主题的诗歌。公元前 1 世纪 30 年代，他写下了《长短句集》（*Epodes*）和《讽刺诗集》（*Satires*），追随了卢齐利乌斯的传统，不过语调更为文雅。之后他写下了两卷诗体《书札》（*Epistles*），是写给朋友的书信集，主题关于生活和文学。他还写了一部讨论诗歌的散文《诗艺》（*Ars Poetica*）。为了公元前 17 年举行的世纪庆典（Centenary Games），他同样受委托编写了一部赞美诗《世纪颂歌》（*Carmen Saeculare*）。

然而，贺拉斯最伟大的作品要数他的四卷《歌集》（*Odes*）。前三卷完成于公元前 23 年，第四卷则于公元前 13 年完成。作品包括 103 首诗歌，以希腊抒情诗的形式，表达了诗人对生活方方面面的感慨：战争、政治、爱情、友谊、佳人与哲学。其中有些诗作赞颂了奥古斯都的统治，包括第三卷的前六首，这几首称为《罗马颂歌》（*Roman Odes*）。其中第二首留下了脍炙人口的名句"为祖国牺牲，甜蜜又光荣"（*dulce et decorum est pro patria mori*）。在另一首诗中，他甚至称奥古斯都是拥有人类外形的神明。在《歌集》第四卷第十五首中，有一节是这样的：

> 当恺撒护卫着国家，
> 内战以及内乱的疯狂都不会驱逐我们的和平；
> 愤怒也不会抽出它的利剑，
> 让城市对抗不幸的城市。

（贺拉斯，《歌集》，4.15）

然而，与维吉尔一样，贺拉斯可不仅仅是皇帝的拥护者。他虽然蒙受奥古斯都的大量恩赏，但创作的诗歌远比政治宣传范围广泛、思想深刻。很多诗篇聚焦于个人生活，包括我们现在熟知的俗语"把握当下"（*carpe diem*）就出自他的诗句。这类诗篇的基调反映出贺拉斯对伊壁鸠鲁哲学的偏爱。

奥古斯都时代还有其他重要的作家。我们已经在第一章介绍了史学家李维，他的鸿篇巨制帮助罗马人追忆往昔，激发同胞的民族自豪感。同时还有3位诗人，普罗佩提乌斯、提布鲁斯和奥维德，他们以一种特别的步韵——五步抑扬格来谱写爱情诗，这种体裁称为爱情挽歌。此类诗体很大程度上受了卡图鲁斯的影响，但是也发展出自己独特的风格。这些诗人聚焦爱情而非政治，尽管普罗佩提乌斯也尝试写过支持奥古斯都的作品。

爱情哀歌的繁荣只是昙花一现，仅仅持续了40年左右。奥维德（公元前43—公元18年）是最后一位爱情哀歌诗人。他大大扩展了自己的写作领域，成为罗马最伟大的诗人之一。他出生于意大利中部的苏尔莫纳，属于骑士阶层，但是放弃了政治生涯，专心投身诗歌创作。他写下一部爱情哀歌《恋歌》（*Amores*），之后写了两部向恋爱中的人们提供幽默建议的诗作：《爱的艺术》（*Ars Amatoria*）和《爱的疗愈》（*Remedia Amoris*）。他还创作了其他作品，比如《列女志》（*Heroides*），以神话中著名的失恋女性的视角，写下了想象中她们给爱人的信。奥维德作品中最认可奥古斯都统治的是《岁时记》（*Fasti*），描绘了罗马一年里的宗教节日。然而，他的爱情诗过于轻佻，挑战了奥古斯都的道德改革。公元8年，奥维德被流放到黑海，10年后死于当地（也有学者主张这次流放纯粹是文学上的虚构）。在托米斯（今天罗马尼亚的康斯坦察）孤寂的流放生活中，他写下了最后两部作品：《哀歌》（*Tristia*）和《黑海零简》（*Epistulae ex Ponto*）。

奥维德最伟大的作品当属《变形记》（*Metamorphoses*）。它对欧洲文艺复兴时期的许多艺术家和文学家产生了深远的影响。诗歌为六步抑扬格，属于史诗的格律，可谓是希腊罗马神话故事的选集，以世界诞生开始，以神化的尤利乌斯·恺撒变为星星结束。如题名《变形记》所示，诗歌描绘了各种变形的故事——通常是人类变成其他非人类的事物。奥维德是个讲故事的高手，文风根据故事内容的需要，或幽默风趣，或凄婉动人。在下面的片段中，他用哀伤的笔调，描写了猎人阿克泰翁撞见女神狄安娜沐浴，从而变成一只鹿的情景：

> 她（狄安娜）侧身而站，
> 目光越过肩膀，瞪着那误闯进来的青年。
> 她希望弓箭就在手边，
> 但只能就地取材，捧起水泼向那个男人的脸。
> 复仇的水滴洒向他的发间，
> 她说的话令人胆寒，灾难即将出现：
> "你可以说看到了狄安娜的裸体，
> 只要你有这个能力！"
> 无须多语。
> 她泼过水的头冒出了健壮的鹿角，
> 他的脖子越变越长，耳朵狭窄又带尖儿。
> 她把他的手变成鹿蹄，手臂变成又长又瘦的前腿，
> 她让他的身体披上长斑点的鹿皮。
> 最后，她给他注入了惊惧。
> 奥托诺厄的儿子（阿克泰翁）拔腿就跑，
> 惊讶自己怎么能这么快逃离。
> 当他经过池塘时，看到了自己的头和犄角，
> 他想说"哦神呐！"，但是出不来声。
> 他能发出的只有悲鸣，泪水淌过这张新的面孔。
> 没变的只有他的神智和感情。
>
> （奥维德，《变形记》，3.197—203）

诗人接着讲述了故事可怕的结局：阿克泰翁被自己的猎犬撕成了碎片。

从某种程度上讲，《变形记》在叙事文学中称得上杰作。然而，有些学者认为，在第一位皇帝的统治下，罗马国家已经发生了重大变化，此时奥维德创作这样一部主题为"变化"的作品，并非只是巧合。

继承问题

奥古斯都面临的一大挑战，是确保自己死后元首之位能过渡到继承人手中。对此他做了精心的准备。因为如果他直接任命继承人，共和的假象就会破灭。然而，像所有王朝一样，奥古斯都还是试图从自己最亲密的家族成员和盟友间挑选继承人。他很是不幸，自己没有儿子，选定的继承人又纷纷早于他死去。起初，他希望让选中的人与自己的女儿尤利娅（为区分她的同名女儿，一般称其为"大尤利娅"）结婚，从而自然而然成为继承人。大尤利娅先嫁给了奥古斯都一路提拔的外甥玛尔凯路斯①。但是后者在公元前23年病故，于是大尤利娅又嫁给了阿格里帕。他们生了5个孩子：盖乌斯、小尤利娅、路奇乌斯、大阿格里披娜和阿格里帕·波斯图姆斯。阿格里帕在公元前18年顺理成章地成为继承人，他与奥古斯都一道获得了人民保民官权力。当时元首还将两个外孙盖乌斯和路奇乌斯收继为养子。然而，阿格里帕在公元前12年去世了。奥古斯都年事已高，盖乌斯和路奇乌斯尚年幼，因此他只能靠两个继子提比略和德鲁苏斯处理战事。大尤利娅又改嫁提比略（为此他不得不与挚爱的妻子维普萨尼娅离婚）。提比略和德鲁苏斯成功地领导了北方边境的军团，然而，公元前9年德鲁斯苏也死于战争。

公元2年和公元4年，路奇乌斯和盖乌斯先后夭亡，奥古斯都再度受到个人悲剧的沉重打击。尽管他不怎么中意提比略，然而在他判定阿

---

① 指马库斯·克劳狄乌斯·玛尔凯路斯，屋大维的姐姐屋大维娅与前夫盖乌斯·克劳狄乌斯·玛尔凯路斯的长子，与奥古斯都血缘关系最近的男性家族成员。——译者注

格里帕·波斯图姆斯不适合做继承人后，前者已经是他唯一现实的选择了。公元 4 年，奥古斯都收养提比略为继承人。提比略获得 10 年人民保民官权力，并得到了北境的"统治权"，他正是在当地赢得了多次军事胜利。与此同时，皇帝命令提比略收养自己的侄子日耳曼尼库斯作为继承人（提比略有亲生儿子，由维普萨尼娅所生，也叫德鲁苏斯）。提比略在公元 13 年再度获得人民保民官权力，同时获得与奥古斯都共同率领军队的权力。当奥古斯都于公元 14 年去世时，他成了毋庸置疑的继承人。

日　　期	事　　件
公元前 30 年	安东尼与克利奥帕特拉自杀，埃及被并为罗马行省
公元前 29 年	屋大维举办 3 场凯旋式
公元前 28 年	屋大维第一次进行人口普查
公元前 27 年	第一次宪法地位确立；屋大维接受奥古斯都称号
公元前 23 年	第二次宪法地位确立；马库斯·克劳狄乌斯·玛尔凯路斯去世
公元前 18 年	阿格里帕获得人民保民官权力；奥古斯都颁布道德法律
公元前 12 年	奥古斯都担任大祭司长；阿格里帕去世
公元前 9 年	和平祭坛落成
公元前 2 年	奥古斯都接受"祖国之父"称号
公元 4 年	奥古斯都收养提比略；提比略收养日耳曼尼库斯；提比略获得 10 年人民保民官权力
公元 6 年	犹太成为罗马行省
公元 9 年	瓦鲁斯被阿米尼乌斯率领的日耳曼人击败，3 个罗马军团全军覆没
公元 13 年	提比略再次获得 10 年保民官权力并获得等同于奥古斯都的权威
公元 14 年	奥古斯都去世并得到神化；提比略继位

公元 1 世纪时期

接下来两个多世纪的元首制历史就是一系列王朝的历史。在每个王朝中断时，罗马总要陷入一段内乱和动荡，直到新王朝控制住局面。

尤利乌斯－克劳狄乌斯王朝

奥古斯都及其继承者的王朝成为尤利乌斯－克劳狄乌斯王朝。这个名称表明它的统治者们都与这两大罗马贵族家庭有关：尤利乌斯当然就是指尤利乌斯·恺撒的家族；克劳狄乌斯家族成为王朝的一部分要归功于奥古斯都的妻子李维娅，她之前嫁给过这个家族的一名重要成员——提比略·克劳狄乌斯·尼禄。这次婚姻所生的孩子提比略成了皇帝，也同时与两个家族有了联系。

当提比略获得大权时，他似乎是当之无愧的继承者：他是一名经验丰富、战功彪炳的军队统帅，赢得了部队的拥戴，直到公元 14 年为止一直扮演着奥古斯都的共治者。然而，大部分文献都将他描述成一个冷酷嗜血的家伙。塔西佗记载，当他第一次召开元老院会议时，面对元首之位显得有些不情不愿。这是新制度下统治权的第一次交接过渡，而提比略如同公元前 27 年的奥古斯都，再次假意拒绝权力。然而，当元老院正式确认他为元首，提比略立即向近卫军和各个行省总督发令，命他们向自己效忠。军团还生出了其他事端：多瑙河与莱茵河的部队因为迟迟领不到奥古斯都承诺的赏赐，挑起了兵变。

提比略派自己的儿子德鲁苏斯和养子日耳曼尼库斯平乱。他们制止了哗变，日耳曼尼库斯还率领部队攻入日耳曼人的领土，赢得了士兵

史　料

　　历史学家应感到幸运，因为有关尤利乌斯-克劳狄乌斯王朝诸皇帝的史料极为丰富。最重要的文献史料来自两名作家，科尔内利乌斯·塔西佗和盖乌斯·苏埃托尼乌斯。人们普遍视塔西佗为罗马最伟大的历史学家。他在公元100—120年发表了一系列作品。他的《编年史》涵盖了公元14—68年的大事，而《历史》则为公元69—96年。不过他的作品并没有完整保存再来。例如，《编年史》遗失了公元28—33年的内容，盖乌斯统治时期的记载一点没有留下，还有尼禄垮台的内容也失传了。塔西佗以元老的视角写史，笔调辛辣，对一人统治的制度并不赞同，渴望回归共和时代。

　　苏埃托尼乌斯是塔西佗的同代人，属于骑士阶层，在图拉真与哈德良手下担任了宫廷要职。他留下一种与众不同的写史传统：他的《恺撒传》是从尤利乌斯·恺撒到图密善12位皇帝的传记。苏埃托尼乌斯喜欢记录奇闻逸事和小道消息，而且经常不按年代顺序记叙。然而，他在皇帝手下担任要职，得以接触皇帝的私人信件、国家档案和帝国的财政记录。因此，他提供了非常有价值的信息，特别是可以补足塔西佗作品缺失的时代。

　　其他史料可以更好地为我们呈现这一时期的全景。例如，犹太史家约瑟夫斯与公元1世纪末弗拉维王朝的皇帝关系密切。卡西乌斯·迪奥是一名元老，他在公元3世纪早期用希腊语写下了一部《罗马史》。这一时期还有大量碑铭和铸币史料。碑铭让我们可以管窥政治与个人生活，铸币可以传达皇帝们希望如何向公众塑造自己的形象。

的尊敬。尽管日耳曼尼库斯依然对新皇忠心不二，提比略却开始将其视为威胁。他在公元17年将日耳曼尼库斯调离莱茵河，命令他前往东方处理叙利亚和犹太的战事。与此同时，提比略任命了新的叙利亚总督：格奈乌斯·卡普尔尼乌斯·披索，用以掣肘日耳曼尼库斯，蚕食他的人望和权威。公元 19 年，日耳曼尼库斯生了重病。他在弥留之际坚信是披索给自己下了毒，背后则有提比略指使。他最后警告妻子大阿格里披娜不要激怒那些掌权者。披索被传唤回罗马受审，当他意识到提比略不会帮助自己后自杀身亡。在塔西佗笔下，整个事件中，大众对日耳曼尼库斯的不幸悲恸不已，提比略却表现得十分冷血无情。当大阿格里披娜带着日耳曼尼库斯的骨灰回到意大利时，他甚至拒绝与儿媳见面。日耳曼尼库斯的遭遇表明，皇帝的继承者如果变得太受欢迎或权力过大，危险也将随之而来。

日耳曼尼库斯死后，继承者自然应是提比略的儿子德鲁苏斯。他在公元 22 年得到了人民保民官权力。然而，这时另一个关键角色开始崛起，取代了德鲁苏斯的地位。他就是近卫军长官谢亚努斯。正是他说服提比略将全部近卫军都集中到罗马城门外的一座军营里，从此加强了近卫军的势力。公元 23 年，德鲁苏斯暴毙，谢亚努斯的气焰日益嚣张。他开始勾引德鲁苏斯的遗孀李维拉，还试图劝说提比略让他俩结婚。提比略表示拒绝，于是谢亚努斯说服皇帝离开了罗马。提比略在公元 25 年去了坎佩尼亚，次年移居到那不勒斯湾的卡普里埃岛。此后他一直留在岛上，直到公元 37 年去世。提比略不在，谢亚努斯权倾罗马，行事残暴。他利用大逆罪（*maiestas*）除掉了一大批政敌。

公元 31 年，谢亚努斯当上皇帝继承人的目标几乎快要实现了。他得到了代执政官的统治权，与提比略一起出任了执政官，还即将迎娶皇帝家族的一名女性。现在他欠缺的只有人民保民官权力。然而在这个关键时刻，提比略开始行动了。毫无疑问他得知了谢亚努斯的阴谋和计划。提比略在写给元老院的一封信中严厉谴责了谢亚努斯，元老院随即判处他死刑。谢亚努斯在狱中被绞死，他的尸体被罗马民众撕碎。他的家人和密友都被处死。自此之后，提比略的统治显然开始堕落。他不再相信任何人，大批重要人物以大逆罪为名受审。罪名一旦成立，判罚结果就是死刑。提比略失去了元老院的信任，也不受民众欢迎。在继位之初，他就剥夺了民众的投票权，将选举官员的权力移交给元老院。人民失去了形式上最后拥有的民主权利。因此我们也不用惊奇，为何当提比略死后，民众会大喊："将提比略扔进台伯河！"

尽管提比略在史书中给人留下了糟糕的印象，但著史者的讲述也不全面。若为提比略辩护，我们可以说他是一位优秀的管理者，对财政十分谨慎，让继任者接手了一个充盈的国库。他厉行节俭，因此才能在罗马遭遇火灾后妥善处理后事，在亚洲行省发生地震时予以援助。帝国总体维持着和平局面。他在某些方面也追随了奥古斯都谦逊的榜样，比如拒绝了祖国之父的头衔。然而他也是第一个在帕拉丁山上盖起宫殿的皇帝，相比之下奥古斯都的宅邸要简朴得多。归根到底，奥古斯都的继承人免不了要被人拿来与他做比较。

提比略于公元37年3月去世，他在遗嘱中指明了两个继承人：他的孙子贾梅路斯，以及日耳曼尼库斯与大阿格里披娜27岁的儿子——盖乌斯。民众更多称盖乌斯为卡里古拉，意为"小靴子"，因为他幼时在日耳曼尼库斯的军营里经常穿着一身小号的军服。由于士兵依然爱戴他的父亲，盖乌斯很得民心。而近卫军长官马克罗设法让盖乌斯被宣布为唯一的皇帝。元老院支持这项建议，将提比略的遗嘱弃之一旁。盖乌斯立即获得统治大权和人民保民官权力。罗马人民欢天喜地地接受了盖乌斯，而他的统治也开了个好头：他赦免了政治犯，举办公共赛会，降低税率。他的母亲和哥哥在提比略统治时备受折磨而死，此时也得到了盖乌斯追授的哀荣。然而，据史书记载，公元37年10月，盖乌斯生了一场大病，此后性情大变。苏埃托尼乌斯在评价这次事件对其人格的影响时直白地说道：

> 有关皇帝盖乌斯就说这么多。接下来的历史是关于怪物盖乌斯的。
>
> （苏埃托尼乌斯，《盖乌斯传》，22）

此后盖乌斯沉溺于淫欲和暴行。他与自己的妹妹们乱伦，羞辱元老院，债台高筑，拿近卫军中的高级官员取乐，杀死或逼死了许多人。而且，他力图接受元首祭仪，这样便可以在世时就被直接当作神明崇拜。这些故事中哪怕只有一小部分是真的，我们都不必为他在公元41年1月遭到近卫军刺杀身亡而感到惊奇。不过我们很难弄明白，是否史书对他抱有成见。然而，他统治的故事毫无疑问表明，正是元首制，使得这样一个年轻的统治者在绝对权力的诱惑下走向堕落。

盖乌斯没有指名继承人，于是元老院立即聚集起来商议，准备回归共和政体。然而近卫军另有打算。他们在皇宫中发现盖乌斯50岁的叔叔克劳狄正躲在窗帘后，于是立即把他抬到近卫军军营。苏埃托尼乌斯这样描述后续的情况：

> 人群聚集在会堂周围，要求君主统治，指明了要克劳狄，于是他允许近卫军拥立自己为元首并宣誓效忠。他还答应给每个近卫军士兵150枚金币，因此他也成了第一个花钱购买部队忠心的皇帝。
>
> （苏埃托尼乌斯，《克劳狄传》，10）

克劳狄的继位清楚地表明近卫军的势力有多大。没有他们的支持，哪个皇帝也别想在宝座上坐稳。元老院权力的式微同样显而易见。

克劳狄是个最不像皇帝的皇帝——他童年患病落下残疾，走路脚跛，说话口吃，人们认为他是个内向的读书人，缺乏做统治者的自信。同对盖乌斯与提比略一样，史家对克劳狄也没什么好感，将他描绘成一个傀儡，受到野心勃勃的被释奴和工于心计的妻子操控。他的第三任妻子梅塞里娜在公元 48 年因为谋害他而被处死。他的第四任妻子小阿格里披娜说服他将自己与前夫的儿子尼禄列为继承人，排在克劳狄的亲生儿子不列颠尼库斯之前。当皇帝在公元 54 年死于中毒时，她显然也脱不了干系。然而，我们必须清楚这些记载可能存在偏见。文献的作家都是贵族，他们无疑不乐意看到被释奴和妇女在皇帝宫廷中得势。

实际上，克劳狄干得不错。他最主要的两项成就是征服不列颠和改进皇帝管理机构。入侵不列颠岛的决定源于公元 42 年一场未遂的军队哗变。克劳狄需要稳固部队对自己的忠诚和尊重，于是着眼于发动对外战争——这也是几十年来罗马帝国第一次对外开战。经过细致的准备，公元 43 年，4 个军团前往不列颠，成功地将岛屿南部三分之二的领土并为一个新行省。克劳狄在战争接近尾声时亲赴前线。他待了一小段时间，返回罗马时举办了盛大的凯旋式。

克劳狄改进皇室管理机构对整个帝国都有重大和深远的影响。奥古斯都曾让自己私家的奴隶和被释奴担任秘书和文员，提比略和盖乌斯也延续了这一做法。克劳狄意识到自己任务繁重，需要更高效的管理手段，于是进一步做出改革。他设立了专门的部门和办事处，且要求它们直接听命于他而非元老院。各个办事处由被释奴统领（毫无疑问，元老们认为在这种私人机构工作有辱尊严），工作人员的骨干则为奴隶。克劳狄手下有 3 名被释奴手握权柄：卡里斯图斯，负责请愿事务；纳奇苏斯，担任克劳狄的首席秘书，负责管理信件（他兼管拉丁文信件和希腊文信件两个部门）；帕拉斯，财务主管和首席会计。他们和皇帝的其他手下都有机会获得巨大的财富和权力。

克劳狄在其他领域也有建树。帝国的财政经盖乌斯挥霍实际已经破产，克劳狄建立了更稳固的财政基础。他确保了罗马的粮食供应，修建了两座新的引水桥，使罗马城的供水量几乎翻倍，还扩建了城外的奥斯提亚港。克劳狄同样恢复了授予行省上层公民权的政策，并且更进一步,他不顾旧元老家族的反对,允许高卢人加入元老院。这一做法为元老院注入了新鲜血液,使元老院更加成为全帝国的代表,并且打造了忠于皇帝的元老群体。公元 48 年,克劳狄举行了公元 14 年后第一次

除忆诅咒

当我们试图复原帝国时期某个关键人物的准确形象时,会遇到一个障碍,那就是"除忆诅咒"(damnatio memoriae)。这是一个公元 17 世纪新创的拉丁短语,意思是"诅咒记忆"。元老院通过宣布一个已死之人是国家公敌,然后逐步抹除有关他的全部记忆(哪怕这基本是不可能的),从而实现对该人的除忆诅咒。一般来说,定罪意味着这个人死后被钉在了历史记忆的耻辱柱上。一旦出现这种情况,我们就很难找到对此人公正客观的记载。元老院希望谴责盖乌斯,不过被克劳狄制止了。然而,后世有些元首,包括尼禄、图密善和康茂德,都在死后被定罪。

在一个人死后将其污名化并不需要元老院的正式法令。共和时期就有很多先例,奥古斯都在阿克提乌姆战役后针对安东尼的政治宣传就很具代表性。通常来说,如果皇帝登上大位的方式惹人争议,或者他是在上一位皇帝遭到刺杀后继位的,那么他通常会诋毁前任,以彰显自己统治的合法性。依照这种风气,有关盖乌斯的疯狂故事可能只是拥护克劳狄的人扭曲或夸大的,为的是巩固新皇的地位。同样,有关尼禄性格的骇人传闻也是后继的弗拉维王朝顺势编造的。相反,如果皇帝是在被选为继承人后和平上位的,那他就会称颂前任,将其神化,以证明自己得位正当。

因此,我们看到的文献习惯塑造出"好皇帝"和"坏皇帝"。实际上,他们的真实形象肯定远比简单的标签化要复杂。我们同样要记住,对一个帝国治下的普通人来说,即便皇帝们性格迥异,他可能也感受不到什么实质性的区别。

人口普查，全帝国的公民共有 5 984 072 人，相比奥古斯都统治末期的 4 937 000 人有了显著提高。

尼禄在公元 54 年继位时只有 16 岁。他的初期统治值得肯定。他得到了民众的爱戴和元老院的信任，谦逊地谢绝了"祖国之父"的称号。他继位后赠予每个近卫军士兵 15 000 塞斯退斯，赢得了他们的忠心。近卫军长官布鲁斯是新皇身边重要的顾问之一。尼禄还有两个老师，德高望重的哲学家小塞涅卡，以及他的母亲小阿格里披娜，正是她设法将尼禄扶上了宝座（图 2.11）。但是尼禄后来迷上了一个被释女奴阿克泰，母子感情破裂。阿格里披娜威胁尼禄，要让不列颠尼库斯取而代之，于是尼禄在公元 55 年杀死了不列颠尼库斯，更在公元 59 年谋杀了母亲。这桩罪行让民众大为震惊，然而小塞涅卡和布鲁斯仍然支持皇帝。

史书记载，尼禄从此以后展现出了各种有如盖乌斯般的兽性。公元 62 年，他与自己的第一任妻子屋大维娅离婚并将其放逐，后来又将她杀害。随后他迎娶了自己的情妇波佩娅·萨庇娜。公元 65 年，萨庇娜怀孕时被尼禄踢了肚子，流产而死。尼禄失去了元老院的支持，他处死了一些重要元老，任命被释奴和希腊人占据重要位置。然而，他最大的污

图 2.11　这枚奥里斯金币（*aureus*）发行于公元 54 年，正面是阿格里披娜和尼禄，他俩仿佛是两名共治者。硬币正面的文字为"阿格里披娜·奥古斯塔，神圣的克劳狄之妻，尼禄·恺撒之母"；反面是一顶月桂冠，文字解释了这枚硬币是根据元老院法令为尼禄发行的

点出现在公元 64 年罗马的大火灾中。尼禄极不明智地侵占了一片被火烧光的土地，在上面为自己建造了一座豪华的宅邸和配套的花园，称为"金屋"（domus aurea）；而就在这片土地上，大量贫民目睹了自己的家园被烧成白地。不出意外，人民开始反对他。很快有流言传播，称火灾的始作俑者正是尼禄本人，他放了火并放任火势扩大（文献对此的记载相互矛盾：苏埃托尼乌斯说，人们宣称尼禄一边弹着竖琴一边欣赏着罗马陷入火海，但塔西佗说尼禄赶回了城中监督救火）。尼禄需要一个替罪羊，于是把罪责甩给了一个东方新兴宗教的信仰者们——基督徒。

给尼禄捏造在火灾时弹琴的丑闻很容易，因为这位皇帝确实沉迷于艺术。他甚至发行了一种印有自己弹琴形象的硬币，将自己与阿波罗神联系到一起。根据罗马贵族的传统，从事音乐是有失身份的。更糟的是，尼禄甚至参加了赛车表演。在罗马，无论赛车还是表演都是下九流的贱业。公元 66—67 年，尼禄前往希腊，参加了为迎接他而打破 4 年一届惯例、匆忙召开的奥林匹亚赛会。这一切都让皇帝在精英阶层中饱受批评，他们抨击尼禄是个希腊爱好者。目光尖锐的元老塔西佗捕捉到了贵族对尼禄此举的厌恶感：

> 他长久以来就渴望驾驶驷马战车，另一个同样令人作呕的愿望是参加弹琴歌赛。

（塔西佗，《编年史》，14.14）

公元 65 年，一些不满尼禄的贵族密谋推翻他，然而参与者中有人叛变了。尼禄以这场阴谋为借口处死了大批元老和骑士。小塞涅卡也在牺牲者之列，军团对皇帝的忠诚也开始动摇。公元 68 年，一个高卢行省的总督、罗马化的高卢人文戴克斯率部反叛。统领一个西班牙行省的总督伽尔巴立即表示支持文戴克斯，他麾下的士兵则拥戴自己的统帅为皇帝。后文戴克斯兵败自杀，但是伽尔巴的威胁更大。近卫军被他收买，元老院也站在他一边，宣布伽尔巴为皇帝，判处尼禄有罪。尼禄逃出罗马，但游戏已经结束了。当他考虑自杀时，还在自恋地哀叹世界将损失他的艺术天赋，留下了这样的遗言——"多伟大的艺术家就要死了"（qualis artifex pereo）。

显然尼禄在死时是受人唾弃的，但是我们阅读相关史料时仍然要谨慎。尼禄死后的20年里，东方至少出现过3个冒名者，宣称自己才应该是皇帝。如果他们认为打尼禄的旗号是可行的，那么尼禄在东方必定还有不少支持者。

对于公元68年的局势，塔西佗做出了著名的评价，暗示了元首制的实质：

> 尼禄刚死时人们兴高采烈，但他的死同样在元老院、人民和城市的士兵间激起了不同的反应。不仅在罗马，地方军团和他们的统帅也都蠢蠢欲动。因为元首制的秘密已被揭开：在罗马之外同样可以拥立皇帝。
>
> （塔西佗，《历史》，1.4）

的确，行省的军团比元老院更有拥立皇帝的实力。在接下来的几个世纪里依然如此，皇帝往往需要确保各个军团的忠诚，特别是要确保3大边疆地区——莱茵河、多瑙河与幼发拉底河——驻军的忠诚。

四帝之年

罗马陷入了内战。公元69年，罗马出现了4名皇帝：伽尔巴、奥托、维特里乌斯和韦斯帕芗，他们全都有强大的军队做后盾。驱逐尼禄后，伽尔巴做得一团糟：他对自己的士兵很吝啬，拒绝给予赏赐以报答他们的支持。他同样疏远了自己最关键的支持者之一，马库斯·萨维乌斯·奥托，卢西塔尼亚总督，因为伽尔巴任命了另一名年轻的贵

公元 1—2 世纪的文学

文学经过奥古斯都时代的辉煌后,其后几十年鲜有出色的作家出现,原因多种多样。作家也许感到在奥古斯都的后继者统治时缺少表达自由(据说提比略因为两个小诗人在诗句中攻击自己而将其处死),同时修辞技艺吸引了人们的注意,使大家对于文学创作不再那么积极。然而,时至公元 1 世纪中期,新作家又开始涌现。

小塞涅卡(公元前 4—公元 65 年)是最早一批作家中的一员。他的作品种类多样,既有《论愤怒》《论幸福生活》等哲学作品,也有写给尼禄的散文《论仁慈》,劝导年轻的皇帝要具备这种品质。他同样写了关于克劳狄神化的讽刺诗,还有一系列悲剧,很多对欧洲文艺复兴时期的剧作家产生了重要影响。小塞涅卡的侄子卢坎(公元 39—65 年)是这一时期另一位知名作家。他最著名的作品是史诗《法萨利亚》,描述了公元前 49—前 48 年恺撒与庞培的内战。公元 65 年,卢坎同叔叔一样,因参与暗杀尼禄的罪名被逼自杀。同时代的作家还有佩特罗尼乌斯,他也是尼禄宫廷上"品味的仲裁者",但是最终也得罪了皇帝。他写了《萨蒂利孔》,一部讽刺小说,调侃社会上形形色色的人群。其中最著名的一段描绘了一名自大粗俗的被释奴特里玛奇奥举行的盛大晚宴。尼禄时代第四位作家是佩西乌斯,他以斯多葛主义的视角写讽刺诗。

接下来的几十年出现的作家非常重要,他们的作品直到今天还广为人知。我们已经提到了塔西佗和苏埃托尼乌斯,他们在公元 2 世纪初书写了著名的史著和传记。此外,这一时期的另一名希腊作家也不能不提——普鲁塔克(公元 50—120 年),他对于记录希腊和罗马历史有重要贡献。他最著名的作品是《平行传记》,将一个著名希腊人和著名罗马人并列作传以进行比较。老普林尼（公元23—79年）写下了《博物志》，共计37卷，这是一部探索自然世界的百科全书（后文中我们还将详述他如何在公元79年维苏威火山爆发时英勇殉职）。他的侄子小普林尼（公元61—112年）在罗马的仕途上一帆风顺，发表了10卷本书信集，内容讨论公共与个人事务，其中第十卷包括他在出任比提尼亚与本都总督时与元首图拉真的书信往来。

与小普林尼同时代的还有罗马最伟大的两位讽刺诗人：马提雅尔和尤维纳尔。马提雅尔（公元40—104年）在西班牙长大，青年时来到罗马，得到了小塞涅卡的支持。他最著名的作品是12卷的《铭辞集》，内容是调侃罗马日常生活的短诗。尤维纳尔（公元55—130年）用愤怒和辛辣的笔调写了16首关于城市生活的讽刺诗。他作品中的许多短语今天还在使用，譬如"健康的心智寓于健康的身体"（mens sana in corpore sano）。

公元2世纪晚期还有两位作家值得一提：阿普列乌斯和马可·奥勒留。阿普列乌斯（公元125—170年）来自北非的努米底亚，著有一部《变形记》（有时也称作《金驴记》），这是罗马世界流传至今的唯一一部小说。小说讲述了主人公路奇乌斯被魔法变成一头驴后惊险离奇的冒险。马可·奥勒留，公元161—180年在位的罗马皇帝，著有《沉思录》，这是一部关于人生的哲学随想，直到今天仍广受欢迎。

族为继承者，而没有选择奥托。5天之后，奥托赢得了近卫军的支持，后者拥戴他为元首，伽尔巴在广场被杀。与此同时，另一个竞争者出现了：维特里乌斯，莱茵河军团的统帅，已经率领手下反叛伽尔巴。帝国的军团此时大致分为奥托和维特里乌斯两个阵营：奥托赢得了近卫军的忠诚，还得到了许多东方、多瑙河沿岸和非洲士兵的支持。维特里乌斯背后有他的莱茵军团以及西班牙、高卢和不列颠的支持。双方在意大利北部开战,奥托在军队落入下风后选择自尽。他在位仅仅91天。

维特里乌斯的统治同样只有几个月。东方军团和他们的统帅——提图斯·弗拉维乌斯·韦斯帕芗,当时在镇压犹太的大规模起义。他之前宣誓效忠奥托,因此现在有借口讨伐维特里乌斯报仇。忠于韦斯帕芗的部队侵入意大利,而罗马城内的派系斗争也愈演愈烈,卡皮托利山上的朱庇特神庙都在动乱中被烧毁。12 月 20 日,维特里乌斯在罗马被杀,经历了 18 个月的动荡,韦斯帕芗成为罗马的第五任皇帝。

弗拉维王朝

韦斯帕芗建立了一个存续了 27 年的新王朝。他于公元 69—79 年在位,之后的皇帝是两个儿子提图斯(公元 79—81 年)和图密善(公元 81—96 年)(提乌斯是第一个以亲生儿子身份继位的皇帝)。"弗拉维王朝"以他们的家族名弗拉维乌斯命名。史书再一次两极化:他们将韦斯帕芗和提乌斯描绘成"好皇帝",而图密善则是典型的"坏皇帝"。

韦斯帕芗生于公元 9 年,因此他经历了所有的皇帝。他的仕途算得上成功。公元 38 年他在盖乌斯时期担任营造官,一年或两年后又出任法务官。克劳狄乌斯时期,在公元 43 年入侵不列颠的战役中,他作为一个军团的指挥官表现突出。公元 51 年他出任了执政官,但随后得罪了小阿格里披娜,一度退出了公共生活。然而,在尼禄统治时,他又在公元 63 年奔赴非洲做总督。他回到罗马后失宠于皇帝,但是公元 66 年犹太人爆发起义,他的将才再度派上用场。因此,当他在公元 69 年登上皇位后,已经对帝国的情况了然于胸,并且熟知如何令它正常运转。

在文献中，韦斯帕芗的形象是一名实用主义者，致力于让前一年动荡不安的帝国恢复秩序。他统治时期的一项关键举措在于拔擢骑士甚至元老到皇帝宫廷中担任要职。这得益于他将被释奴逐渐赶出权力中枢。尽管韦斯帕芗没有怎么改变元首制，但有一份重要的文件表明，共和主义的面纱开始被扯下。这份文件还有部分保留在一块青铜板上，是一份呈交到罗马人民面前的法案，内容是在韦斯帕芗就职皇帝时授予他各项权力。最后一部分是这样的：

> 无论何事，只要他判定对国家有利，有助于维护诸神与人类、公共与个人的事务的尊严，他都有法律权力去行事，一如神圣的奥古斯都、提比略·尤利乌斯·恺撒·奥古斯都和提比略·克劳狄·恺撒·奥古斯都·日耳曼尼库斯。
>
> （韦斯帕芗大权法，《拉丁铭文集成》，244）

文中有两点值得注意。其一，两位所谓的"坏皇帝"——盖乌斯和尼禄没有出现。其二，更重要的是，文中说作为皇帝，韦斯帕芗有权做任何他认为适合的事——他的前任奥古斯都、提比略和克劳狄也具有同样的权力，但是他们从未在公开场合这么表达过。

韦斯帕芗在罗马开展了大规模的建筑工程。他重建了卡皮托利山上的朱庇特神庙，建造了一座和平神庙，这是新广场上的中心建筑，还配有公共画廊和一座宏伟的图书馆。然而经常与韦斯帕芗联系在一起的建筑，还要数那座壮观的新剧场，也就是我们熟知的大竞技场（Colosseum），不过那时人们还称它为弗拉维剧场。他没能亲眼见到公元80年剧场开幕的盛大表演，当时是他的继任者提图斯主持的。在成为皇帝之前，提图斯因为战胜了犹太人而广受称赞。在他因自然原因死亡后，图密善建造了一座凯旋门纪念亡兄的功绩。这座拱门今天仍矗立在罗马广场的尽头，并成为后世许多凯旋拱门（包括巴黎的凯旋门)的模板。提图斯只统治了两年。他继位没几个月就赶上了维苏威火山爆发。在应对灾后的人道危机时,皇帝的表现给人留下了深刻印象。

在史书中,图密善是一个暴君,他也是第一个遭到官方"除忆诅咒"的皇帝。然而,他也是个高效的管理者,而且显然很受军队拥戴。他在帕拉丁山上建造了一座壮丽的新宫殿——这是他被拿来与韦斯帕芗做比较的最有力证据,后者大兴土木都是为了公众,图密善却只是为了满足自己的狂妄自大。他与元老院也关系不佳,在位末期以谋逆罪处死了一批元老,这被称为他统治的"恐怖时代"。塔西佗作为元老在图密善时代官运亨通,但心存愤懑。他提到图密善曾公开焚烧两名哲学家的著作,而元老院面对此等暴行时无能为力。

> 毫无疑问,他们设想这把火能让罗马人民的声音、元老院的自由和人类的良知从此绝迹。他们甚至驱逐了潜心哲学的人和一切可敬的技艺,为的是再没有任何正派的力量可以阻挡他们。我们真是树立起了卑躬屈膝的耻辱柱。老一代罗马人曾目睹过自由的极限,我们现在则深陷奴役的深渊,告密者甚至将我们谈话交流看法的权利都剥夺了。
>
> (塔西佗,《阿古利可拉传》,2)

没有文献为图密善辩护,但应该说军队依然支持他,因而在他遇刺后躁动不安。图密善在公元96年遇刺身亡,行凶者是他身边的小圈子,他的妻子可能也参与其中。

涅尔瓦-安敦尼王朝

图密善没有指定继承人,于是轮到元老院来提名人选了。他们选择了涅尔瓦(公元96—98年在位),一名备受尊敬、年事已高的律师。他经常定期回到元老院商议事务,并向元老院提交法案请求批准。然而，他的继位激起了忠于图密善的军团的不满。涅尔瓦凭借一手妙棋摆平了他们：他自己没有孩子，于是收养了上日耳曼总督、广受军队欢迎的图拉真，作为自己的继承人和共治者。

涅尔瓦此举建立了行之有效的继承模式的榜样，可谓对元首制的重大贡献。罗马帝国从此进入了一个所谓"五贤帝"统治的稳定时代。公元96—180年，在位皇帝分别是：涅尔瓦、图拉真（公元98—117年）、哈德良（公元117—138年）、安敦尼·庇乌斯（公元138—161年）和马可·奥勒留（公元161—180年）。像涅尔瓦一样，图拉真、哈德良和安敦尼·庇乌斯都没有孩子，所以可以选择收养适合且胜任的继承人。因此这个时代有时也称为"收养王朝"。

救济金制度

涅尔瓦可能是第一位建立慈善制度的皇帝。这项制度在图拉真时代大放异彩，持续时间超过200年。国家储备了大量资金，用以向农民提供低息贷款，意味着他们的生计将得到保障。更重要的是，这些贷款的利息是用以支持孤儿和贫民子女受教育的。这些贷款被称为"救济金"（*alimenta*，字面意为"食物/营养品"）。

意大利北部城镇维利亚的铭文展现了救济金制度的细节。在这里，图拉真买了46块农场，花费了100多万塞斯退斯（实际价值超过这个数字的12倍），然后要求地主将收益的5%充作当地的救济金。一年之内，55 800塞斯退斯发给了263名男孩、35名女孩和2名非婚生孩子。对当今的读者来说，这个数字可能会引起争议：救济孩子的制度固然可敬，但也难掩它极度偏向男孩这个赤裸裸的事实。

日　　期（均为公元）	事　　件
14 年	提比略继位
19 年	日耳曼尼库斯死于叙利亚
25 年	提比略移居卡普里埃岛；谢亚努斯在罗马掌权
约 33 年	耶稣基督在犹太被处死
37 年	提比略去世；盖乌斯·卡里古拉继位
41 年	盖乌斯·卡里古拉遇刺身亡；克劳狄继位
43 年	罗马征服不列颠
54 年	克劳狄去世；尼禄继位
59 年	尼禄谋杀小阿格里披娜
61 年	不列颠的布狄卡起义
64 年	罗马大火
66—73 年	犹太起义；韦斯帕芗在 66 年前去镇压
68 年	尼禄自尽
69 年	四帝之年；韦斯帕芗最后胜出
70 年	洗劫耶路撒冷
79 年	韦斯帕芗去世；提图斯继位；维苏威火山爆发
80 年	弗拉维剧场（大竞技场）举行开幕表演
81 年	提图斯去世；图密善继位
93—96 年	图密善的"恐怖时代"
96 年	图密善遇刺；涅尔瓦继位
97 年	涅尔瓦收养图拉真；创建救济金制度
98 年	涅尔瓦去世；图拉真继位

公元 2 世纪时期

公元 2 世纪的历史缺少传世的文献史料，我们只能依靠拜占庭时期对失传作品的概述以及钱币和铭文复原这段历史。不过也有少数作品存世：普林尼与图拉真的通信展现了皇帝与总督之间的关系；公元 2 世纪末有卡西乌斯·迪奥和赫洛迪安的历史著作，讲述了自康茂德时期起的情况。

图拉真生于西班牙并在当地长大，是第一个非意大利人皇帝。这反映出帝国的普世性日益增长。如今元老们来自帝国的各个角落，尤其是小亚细亚和其他东部行省越发重要，越来越多讲希腊语的人参与了帝国的管理。成为皇帝后，图拉真首先自西向东巡视了整个北部边境，然后回到罗马，赢得了元老阶层的支持。公元 101 年，他发动了远征，攻打远在多瑙河另一边的达契亚人（他们的居住地相当于今天的罗马尼亚）。我们不清楚他发动战争的动机是什么，但是达契亚最边远的地区富含金矿；此外，有些军团仍然为图密善遇刺而士气低落，他也许认为有必要借此重振军威。不管是什么原因，达契亚全境被并入帝国的一个行省并持续了 150 年。这也是帝国最后一次大规模的领土扩张。图拉真晚年还征服了帕提亚帝国的部分领土，不过继任者很快就放弃了。

图拉真也在罗马大兴土木，既是为了改进城市的基础设施，也是为了纪念自己的功绩。工程总监督是阿波罗多洛斯，来自大马士革的著名建筑师。工程包括世界第一座购物中心——图拉真市场，今天还可以在罗马中心看到它。工程围绕一座恢宏的新广场展开。广场配有分别保存希腊文与拉丁文书籍的两座图书馆，以及那座至今仍带有图拉真之名的标志性记功柱（图2.12）。它由3部分组成：大理石底座、大理石柱本体和顶端的图拉真青铜像。底座大约5米高，后来成了图拉真的陵墓。石柱高约30米，直径约3.7米，外侧是近200米长的带状浮雕，绕柱23圈，刻画了达契亚战争的情景。图拉真广场是最后一座帝国广场，也是最壮观的广场。200多年后，皇帝君士坦丁二世第一次到访罗马时，最令他惊叹的城市景观便是这座广场：

> 但当他进入图拉真广场——在我看来，那是一件天底下无可比拟的奇观，就连众神都要艳羡。他惊讶得久立不动，环视着周围壮观的建筑；它的宏伟壮丽令人的语言不能形容，再无凡人之力所能及。
>
> （阿米亚努斯·马凯利努斯，《英雄业绩》，16.10.15）

图2.12 图拉真记功柱今天仍矗立在罗马城。1587年教皇希克图斯五世下令替换顶端的青铜像，所以今天立在柱顶的是圣彼得像

图拉真还修建了两座新浴场。他的另一大成就是修建了连通罗马和布隆狄西乌姆的更便捷的大道。阿庇乌斯大道也连着两座城市,但新建的"图拉真大道"(Via Traiana)在阿庇乌斯大道到达贝尼文图姆后另辟新路,经过东海岸到达布隆狄西乌姆,路程更短。公元114年,贝尼文图姆城建造了一座凯旋门以庆祝图拉真的统治,今天它仍是罗马世界保存最完好的凯旋门之一。

图拉真的扩张战争不仅限于达契亚。公元107年,纳巴泰王国被并为一个罗马行省,称为佩特拉-阿拉伯,包括今天的约旦南部和沙特阿拉伯西北部(佩特拉是当地重要的贸易枢纽,被联合国教科文组织定为世界遗产)。公元113年,图拉真发动了攻打帕提亚帝国的战争。起因是一名支持帕提亚的国王登上了亚美尼亚王位,而亚美尼亚长期充当着罗马与帕提亚之间的缓冲国。关于图拉真远征的史料十分零散,但显然他穿过了美索不达米亚(今天的伊拉克),一路打到了波斯湾,宣布建立新的亚美尼亚行省、美索不达米亚行省和亚述行省。尽管这些新征服的土地没有在罗马人手上保留多久,但通常来说,公元117年图拉真去世时,帝国的疆域达到了极盛。当图拉真在东方作战时,离散的犹太人在昔兰尼加、塞浦路斯和埃及掀起大起义,史称基托斯战争(Kitos War),两年后罗马军团蒙受了重大损失后才将起义镇压下去。

图拉真收养了哈德良为继承人。哈德良与图拉真来自西班牙的同一城镇,是后者的表亲。哈德良将关注点放到保障帝国边境的安全上,认为罗马人扩张过度了。体现他政策的一个著名标志就是横贯英格兰北部的城墙。他还加强了莱茵河一线的防卫,撤出图拉真征服的帕提亚领土。哈德良以热爱希腊文化和大兴土木闻名。帝国各地都能见到哈德良时期的建筑,包括罗马重建的万神庙、他在罗马的陵墓和蒂沃利的别墅、雅典的奥林匹亚宙斯神庙以及杰拉什城(位于今天的约旦)入口处的纪念拱门。(图2.13)

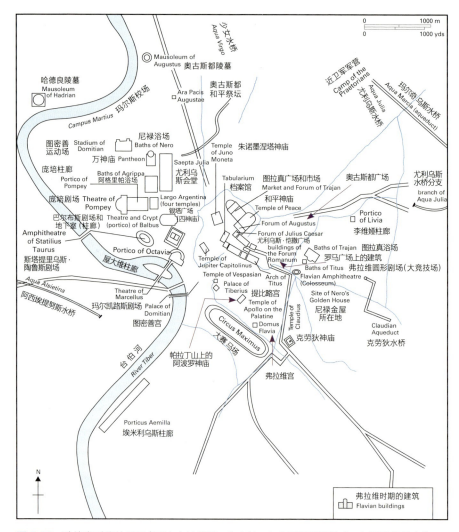

图 2.13 哈德良时代的罗马（图中央的建筑：朱庇特·卡皮托利努斯神庙，韦斯帕芗神庙）

哈德良在位时，有一半时间都在各个行省巡行，这使得他很受行省居民欢迎。公元121—127年，他大部分时间在西部巡视，一路远达不列颠，在当地开始修建城墙；公元128—131年，他基本上在东部。此时陪伴哈德良左右的是他年轻的情人安提诺斯，一名哈德良迷恋的比提尼亚青年。公元 130 年，安提诺斯在埃及溺亡，皇帝悲痛欲绝，将他神化。一场犹太人大起义同样毁了哈德良的东部之旅。起因是他希望推广希腊文化，在犹太禁止了割礼；更激化矛盾的是，他决定将耶路撒冷重建为多神教城市，将其命名为埃利亚·卡皮托利纳。起义由西门·巴尔·科赫巴领导，史称巴尔·科赫巴起义。战斗从公元 132 年持续到公元 135 年，双方都蒙受了重大损失，最后罗马人镇压了起义。数十万犹太人被杀或被卖为奴隶。这是自公元 66 年以来罗马人与犹太人之间爆发的第三次大冲突，也是最后一次。犹太行省此后改称为叙利亚－巴勒斯坦行省。

哈德良安排好了后续两代皇帝的交接。他收养了安敦尼·庇乌斯，然后让安敦尼收养了两个孩子：17 岁的马库斯·安尼乌斯·维鲁斯（后来的马可·奥勒留）和 7 岁的路奇乌斯·维鲁斯。有关安敦尼·庇乌斯时期的史料非常稀少，不过人们将这一时期视为黄金的和平年代。与前任截然相反，安敦尼从未离开过意大利。他基本没有改变管理制度，而且显然与元老院关系融洽。在很多方面上，他的统治似乎就是奥古斯都心中理想元首制的体现：整个帝国由一个"尽忠职守的元首"统治。元老院授予他"庇乌斯"（*Pius*，意为"虔诚的"）的称号可谓实至名归。

安敦尼奉行节俭的财政政策，所以能援助遭遇自然灾害的城市，并在死后留下 6.75 亿第纳里的盈余。不过他也不反对发展公共娱乐。公元 148 年为庆祝罗马建城 900 年，他举办了盛大的表演。他与妻子福斯蒂娜十分恩爱，在公元 140 年妻子去世后，他建立了一座收留无家可归的女孩的孤儿院，取名福斯蒂亚尼埃，以纪念亡妻。安敦尼以和平统治闻名。他最后的遗言是"平静"。一位传记作家如此总结他的一生：

> 他热爱和平，经常援引西庇阿的观点，表示相比杀掉一千名敌人，自己更愿意拯救一名公民。
>
> （皇史六家，《安敦尼·庇乌斯传》，9.10）

安敦尼的继承者是马库斯·奥勒里乌斯（马可·奥勒留），今天他以《沉思录》闻名于世。实际上，公元161—169年是他与路奇乌斯·维鲁斯共同统治的，这也是哈德良的安排。他们享有同等的权力，不过马可·奥勒留还担任着大祭司长，因此在两人中显得地位较高。这是罗马第一次出现共治皇帝，后世帝国将再度效仿这种统治形式。毫无疑问，这么做是为了分担皇帝独自管理庞大帝国的重任。

公元162—166年，罗马人再度与帕提亚人开战。他们返回西部时带回了可怕的瘟疫，造成了重大的生命损失，帝国居民有10%在疫情中丧生。与此同时，多瑙河一线面临着蛮族入侵的压力：大约6 000名蛮族人渡过多瑙河，进入潘诺尼亚。罗马人将他们赶了出去，但也被迫和11个蛮族部落签订了合约。这些事件是未来帝国边境危机的预演，最终境外的压力也导致了帝国的衰亡。公元168年，两位皇帝都前往北方前线应敌。维鲁斯于公元169年病逝，马可·奥勒留成为唯一的皇帝。

接下来的10年里，马可·奥勒留不得不在莱茵河与多瑙河一带的北部边境连年征战。他被迫增加税收，并征召了成千上万新兵加入军团。因为维系帝国需要大量钱财，他甚至决定在图拉真广场上拍卖皇宫的部分财产以筹集作战资金。有关他北方战役的文献依旧寥寥，但似乎罗马人大约在公元171年遭遇惨败，之后蛮族人涌入了帝国。马可·奥勒留在公元175年与他们达成和约。然而公元178年战事再起，皇帝再次前往北境。他于公元180年死于军营中（电影《角斗士》虚构了他在营中被害的情节）。

日后人们将马可·奥勒留统治时期视为罗马人的极盛时代，罗马此后再也没有重现当日辉煌。同时代的史家卡西乌斯·迪奥写道："我们的历史从此由一个黄金的国度沦为黑铁与锈渣之国。"实际上，马可·奥勒留统治时期已经出现了后世危机的前兆。

马可·奥勒留的《沉思录》

如今,马可·奥勒留最知名的事迹便是他所写的人生思考。这部作品用希腊语写就,分为12卷,今天以《沉思录》闻名。它最初的希腊文名字是"*Ta Eis Heauton*",直译为"写给自己的事"。《沉思录》在公元175—180年完成,体现了皇帝关于人生的斯多葛主义思想。斯多葛主义者鼓励人们在短暂的生命中过最好的生活:

> 不要像仿佛你能活1 000年那样行事。逃脱不了的死亡笼罩在你的头顶。当你还活着时,当你还可以时,去行善吧。
>
> (马可·奥勒留,《沉思录》,4.17)

《沉思录》至今仍深受欢迎。美国前总统克林顿曾表示这是他最喜欢的书,2002年的一部新译本也登上了美国畅销书榜。

马可·奥勒留在公元177年宣布,他的亲生儿子和继承人康茂德将与自己一起统治国家。公元180年父亲去世后,19岁的康茂德成为唯一的掌权者。他是自公元79年提图斯以后第一个以亲生子身份继位的皇帝,并且暴露了这种继承制度的缺陷。康茂德放弃了父亲将帝国领土维持在多瑙河之外的政策,返回了罗马。他远不像父亲那样对皇帝的职责上心,将很多事交给一个顾问团队决定。据说他极为狂妄自大,在雕像中将自己打扮成赫拉克勒斯(图2.14);公元192年罗马又发生了严重的火灾,对此他宣称自己是新的罗慕路斯,举行了重建城市并赋予其新名的仪式。

康茂德是个角斗爱好者,还喜欢自己亲自上场。据说他在位时参加过1 000多场角斗。当他宣布准备在公元193年1月1日打扮成角斗士就职执政官时，贵族们终于忍无可忍。公元192年的最后一天，康茂德遇刺身亡。密谋者之一、康茂德的情妇马尔齐娅给他下了毒，然而他喝了太多酒，把毒药吐了出来。密谋者最后唤来他摔跤的陪练纳奇苏斯，将他扼死在浴室里。

康茂德死后，罗马又出现了类似公元68或公元69年的动荡。公元193年1月，近卫军拥立了一名元老（也是被释奴之子）佩提纳克斯，但是有些近卫军士兵不再支持他，仅仅过了3个月就将他杀害。近卫军推选了另一名元老狄迪乌斯·尤利亚努斯，但是3个地区的军团也分别拥立自己的统帅为皇帝。最终，潘诺尼亚军团的统帅赛普提米乌斯·塞维鲁成为混战的赢家。

图2.14 这尊半身像大约造于公元190年，将康茂德塑造成赫拉克勒斯的形象。皇帝手持木棒，身披狮皮，这是希腊神话中那位英雄的装扮。底端的地球暗示他统治着整个世界。半身像印证了《皇史六家》中康茂德给自己树立了一座赫拉克勒斯形象的雕像的记载

日　　期 （均为公元）	事　　件
98 年	图拉真继位
106 年	罗马征服达契亚，将其并为罗马行省
107 年	建立佩特拉 – 阿拉伯行省
113—117 年	罗马侵入帕提亚帝国
115—117 年	基托斯战争；离散的犹太人在帝国东部起义
117 年	图拉真去世；哈德良继位
118 年	哈德良撤出帕提亚领土
122 年	开始建造不列颠的哈德良长城
125 年	重建万神庙
132—135 年	犹太爆发巴尔·科赫巴起义
138 年	哈德良去世；安敦尼·庇乌斯继位
148 年	罗马举办建城 900 周年庆典
161 年	安敦尼·庇乌斯去世；马克·奥勒留和路奇乌斯·维鲁斯作为共治皇帝继位
162—166 年	帕提亚战争
165—167 年	帝国爆发大瘟疫，病亡者众多
168 年	两位皇帝前往多瑙河边境抗击入侵蛮族
169 年	路奇乌斯·维鲁斯去世；马克·奥勒留成为唯一的皇帝
169—180 年	马克·奥勒留基本都在北方边境作战
177 年	康茂德成为马克·奥勒留的共治皇帝
180 年	马克·奥勒留去世；康茂德成为唯一的皇帝
192 年	康茂德遇刺身亡
193 年	赛普提米乌斯·塞维鲁成为皇帝

公元 3 世纪时期

塞维鲁王朝

赛普提米乌斯·塞维鲁（公元 193—211 年在位）开创了一个新王朝，存续到公元 235 年。塞维鲁来自利比亚的大莱普列斯，因此他也是第一个出身于非洲的皇帝（图 2.15）。他是一名能干的管理者，革除了许多康茂德时代的弊政。然而他最终还是以军人的身份闻名后世。塞维鲁在公元 194—195 年和公元 197—199 年两度发动帕提亚战争，将帝国扩张到美索不达米亚北部。他在一座凯旋门上将战役描绘成一项辉煌的成就，这座凯旋门至今仍醒目地矗立在罗马广场上。公元 208—211 年，他又前往不列颠发动了征服喀里多尼亚人（古苏格兰人）的战役，最后病死于帝国最北部的城市约克。

塞维鲁与元老院关系不佳，他削减了向元老开放的重要管理职位。不过对军队就是另一回事了，塞维鲁是他们的一员。他提高了军队的待遇，允许军团士兵结婚，自从奥古斯都下令禁止军人成家后，这是头一次解禁。他将士兵的年饷从 1 200 塞斯退斯提高到 2 000 塞斯退斯（军队已经有 100 多年没加过饷了）。他的妻子尤利娅·多姆娜人称"军营之母"（*mater castrorum*）。他任命自己的两个儿子卡拉卡拉和盖塔为共同继承人。也许我们从塞维鲁的遗言中就可以窥探他统治的特点。据说他临终前对儿子们说：

> 切记，让士兵们发财，别管其他人。
>
> （卡西乌斯·迪奥，《罗马史》，77.15）

然而大儿子卡拉卡拉很快就把父亲教诲[①]的前一半抛之脑后——没过几个月,他就杀死了弟弟盖塔,然后自己统治到了公元217年。盖塔遭到了除忆诅咒。图2.15便是一个例子。另一个例子是罗马广场的塞维鲁凯旋门,上面也抹去了盖塔的名字。

卡拉卡拉统治时也一直饱受边境危机困扰,特别是莱茵河和东部边境。然而,他最著名的事迹是授予帝国所有自由人罗马公民权。这一离奇决定的动机不得而知,但也标志着"公民权可以授予远离罗马城之人"这一观念达到了极致。然而,卡拉卡拉也以统治残暴知名,公元217年,他遭到自己手下的军官暗杀。

图2.15 这块木版画可以告诉我们很多信息。画上是皇帝一家:赛普提米乌斯·塞维鲁、尤利亚·多姆娜、卡拉卡拉以及被抹去的盖塔。它也象征着帝国惊人的多样性:皇帝生于非洲的大莱普列斯,他的妻子来自亚洲的叙利亚,他们生活在欧洲的罗马。这幅画大约创作于公元198年,但在卡拉卡拉于公元211年杀死盖塔后对弟弟进行了除忆诅咒,于是盖塔的脸被抹掉了

---

① 卡西乌斯·迪奥所记载的完整遗言为:"切记,要团结和睦,让士兵们发财,别管其他人。"——译者注

> ### 卡拉卡拉浴场
>
> 今天到访罗马的游客仍可以看到卡拉卡拉浴场的大部分遗迹。这座宏伟的建筑占地 13 公顷①（32 英亩），可以随时容纳 1 600 名洗浴者。像其他大型公共浴场一样，它也配有一座巨大的图书馆，分室藏有希腊文和拉丁文书籍。许多流传下来的罗马最著名的艺术品也出自这座浴场，譬如法尔内塞公牛像和法尔内塞赫拉克拉斯像。

接下来又是激烈的权力争夺。起初罗马由一名近卫军长官马克里努斯控制（他也是第一位非元老出身的皇帝）；在他被刺杀后，卡拉卡拉的远亲、15 岁的埃拉伽巴路斯（公元 218—222 年在位）取代了他的位置。他是在母亲和外祖母的扶植下上台的。埃拉伽巴路斯治国无方，却迷信叙利亚的太阳神，致使他被近卫军刺杀。他曾任命自己的 14 岁的表弟亚历山大为继承人。

自继位之始，亚历山大·塞维鲁（公元 222—235 年在位）就听命于自己的母亲尤利娅·马梅亚，后者的地位犹如女皇。他在位时帝国总体上和平稳定，此外还采取了一些进步的政策：补贴教师和学者，减免赋税，增加粮食供应。著名的法学家们监管着法律体系。此外皇帝也得到了一些知名人士（譬如历史学家卡西乌斯·迪奥）的建议。然而，亚历山大的稳定统治好景不长。尽管他平息了东部边境的一次危机，但莱茵河一带祸乱又起。他试图与日耳曼部落媾和，不满于他的士兵因此哗变，杀死了皇帝和他的母亲。

---

① 1 公顷 = 0.01 平方千米。——编者注

3 世纪危机

罗马帝国陷入长达 50 年的混乱。这一时期的史料十分有限，我们仅能依靠考古材料和钱币拼凑出完整的脉络。意大利和其他地方的城市遭受了一场持续 20 年的瘟疫，人口锐减。由于运输路线被阻断，饥荒也随之而来。公元 235—284 年，元老院至少任命了 18 名元首，而在部队拥立下僭称皇帝的人比这还多一倍，继承问题随着争夺皇位者展开激战而愈演愈烈。帝国同样饱受经济问题困扰。通货膨胀导致银本位的货币体系崩溃，普通人被沉重的赋税压垮。除了内部问题外，帝国还面临着新的边境危机。帝国之外的世界已经发生剧变，并将深刻影响后续的世代。（图 2.16）

公元 3 世纪早期，一支罗马人之前闻所未闻的族群——哥特人，从欧洲东北部移动到罗马人的领土，定居在黑海北部和多瑙河上游一带。还有一些欧洲东北的族群紧随其后，譬如汪达尔人。公元 3 世纪三四十年代，哥特人侵入了达契亚与潘诺尼亚。公元 251 年，他们在战斗中杀死了皇帝图拉真·德西乌斯，继任者特莱伯尼乌斯·伽路斯与他们议和。然而，新皇帝为了确保皇位赶回了罗马，致使多瑙河防线守备松弛。公元 267 年，哥特人进一步深入，从海上入侵，渡过黑海，袭击了小亚细亚、色雷斯和希腊的多座城市，包括雅典、德尔菲和以弗所在内的许多重要文化中心惨遭洗劫，这令罗马世界惊惧不安。

哥特人的迁徙也推动了其他日耳曼部落进入罗马领土。而且，这些部落的成分也变了：之前居住在莱茵河与多瑙河两岸土地上的是无数小部落，而今他们组成了新的部落联盟，诸如莱茵河一带的法兰克人、多瑙河一带的阿拉曼尼人和马科曼尼人，这些族群侵犯着帝国的领土。例如，公元 253 年，数万法兰克人渡过莱茵河，劫掠高卢和西班牙长达 5 年。公元 258 年，一名罗马将领盖乌斯·拉丁尼乌斯·波斯图姆斯将

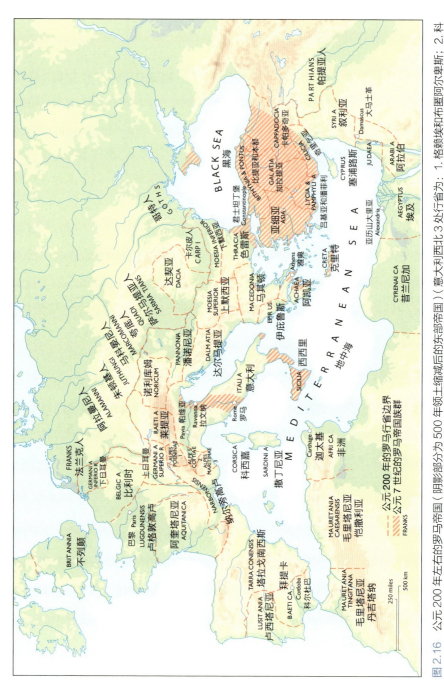

图 2.16 公元 200 年左右的罗马帝国（阴影部分为 500 年领土缩减后的东部帝国）（意大利西北 3 处行省为：1. 格赖埃和布匿阿尔卑斯；2. 科蒂安阿尔卑斯；3. 滨海阿尔卑斯）

他们赶了出去。而后他在公元260年率众脱离罗马独立,建立了"高卢帝国",控制着高卢、日耳曼和不列颠,还一度控制了西班牙。他的"帝国"拥有自己的元老院和官僚机构,且能有效地为边境提供保护,因此得到了广泛支持。

在东部,帕提亚帝国在赛普提米乌斯·塞维鲁的打击下元气大伤,几近垮台。一支帕提亚人的属民萨珊波斯人在公元3世纪20年代推翻帕提亚帝国,建立了新帝国,宣称自己在文化上继承了几个世纪以前的阿契美尼德波斯。这个新兴帝国信奉一神论的琐罗亚斯德教,对罗马的威胁远胜于帕提亚人。罗马人不得不将大量军队调往东方,双方展开激烈的战斗。也许罗马人最耻辱的一段记忆来自公元260年。是年,萨珊波斯入侵了罗马的东部行省,占领了重要城市安条克。不久之后,他们俘虏了皇帝瓦勒良(图2.17)。瓦勒良是第一个在战争中被俘的罗马皇帝,不久他就在囚禁中死去。

东方的一位本地统治者,叙利亚绿洲城市帕米拉的国王奥登纳图斯,也效仿了高卢人建立帝国。公元262年,他将萨珊波斯逐出罗马的领土后,率领东部地区独立,成立了一个新王国。公元267年他死后,王位由他年仅10岁的儿子赛普提米乌斯·瓦巴拉图斯继承,但实际的掌权者是孩子的母亲芝诺比娅(图2.18)。她发行了铸币,上面印有她的头像和奥古斯塔的称号。在她的统治下,王国控制了叙利亚、巴勒斯坦、阿拉伯、埃及和大部分小亚细亚。据说,她同样将宫廷打造成学术中心,邀请饱学之士和哲学家来到帕米拉,其中包括著名的文学批评家卡西乌斯·隆基努斯。和西方的情况一样,芝诺比娅因为成功保卫了边境免受波斯人入侵而广受拥护。

皇帝奥勒良(公元270—275年在位)重建了帝国的部分秩序。他是一名军事统帅,外号是"剑在手"。尽管他在公元271年将达契亚拱手让给哥特人,但收复了帝国其余领土。公元273年,他击败了芝诺比

图 2.17　皇帝瓦勒良跪拜萨珊波斯国王沙普尔一世。大约在公元 270 年，沙普尔命人在波斯波利斯附近的纳奇斯 - 伊 - 鲁斯塔姆的岩石上刻下了这一幕，展示他的罗马对手如何在自己面前屈膝求饶。浮雕中的瓦勒良仍然身穿军服和将军斗篷

娅的军队，公元 274 年又灭亡了高卢帝国。芝诺比娅被俘，但得到了宽恕。她作为战俘出现在公元 274 年奥勒良凯旋式的游行队伍上，但之后获许作为自由人生活，后来还嫁给了一名元老，定居在罗马附近。奥勒良最大的遗产便是环绕罗马城而建的巨大城墙。城墙总长约 12 英里，很多墙段今天还能看到。这些城墙表明，面临随时可能入侵的蛮族，罗马城需要防护。然而，当奥勒良在公元 275 年遇刺后，罗马又迎来另一个动荡的 10 年。

公元 3 世纪危机动乱的 50 年预示着罗马未来遇到的重大挑战。罗马国家经受了内乱的重创，边境又有新的外敌虎视眈眈。实际上，一直以来部署在边境的罗马军队只构成了一道单薄的防线——帝国能够维

图 2.18　在这块浮雕中,芝诺比娅打扮成了伊什塔尔(Ishtar)——巴比伦神话中执掌政治权力、战争和爱情的女神。旁边站着的侍女装扮成希腊的幸运女神堤喀(Tyche)

持如此长久的稳定反而有些不可思议。在这种背景下,当时两个独立王国的出现可视为进步的力量,它们表明地方更有信心处理好本地事务。这些独立帝国可谓罗马帝国西部崩溃后出现的众王国的前驱。因此,有些历史学家将公元 3 世纪视为一个剧烈变化的时期,将公元 200—700 年称为"晚期古代"。

戴克里先和四帝共治

戴克里先(公元 284—305 年在位)是一名军官,出身相对寒微,一路摸爬滚打到高位,称得上帝国结构剧变的里程碑式的人物。他认为一个人难以管理如此庞大的帝国,决定将其分为东、西两部分。每一半由一名皇帝统治,他俩共称为"奥古斯都"。戴克里先也试图解决继承问题,他让每个奥古斯都各任命一名副手继承自己的皇位,称副手为"恺撒"。每名恺撒也受命管理大片地区,因此,公元 293 年帝国实际上分成了四部分。这种制度被称为"四帝共治"(Tetrarchy,希腊词语,意为"四个人的统治",图 2.19)。

戴克里先成为东部的奥古斯都,他的驻地在小亚细亚的尼科米底亚。他的恺撒,伽列里乌斯控制着从潘诺尼亚的西米乌姆到希腊北部帖撒罗尼迦的多瑙河边境。戴克里先在军中的同僚马克西米安成为西部的奥古斯都。他的一个举动颇具象征性:将驻地定在米兰而非罗马。选择米兰无疑让他可以更迅速地抵达边境,但也标志着罗马开始不再成为帝国的权力中心(不过马克西米安在罗马建造了一座大浴场献给戴克里先)。他的恺撒弗拉维乌斯·瓦勒里乌斯·君士坦提乌斯驻守在莱茵河边境上的特里尔。与 3 个世纪前的奥古斯都一样,戴克里先希望复兴罗马传统宗教以重建秩序与道德。为此基督徒遭受了罗马史上的最后一次迫害。

戴克里先将皇帝的管理体系发展成更复杂的官僚系统,他的继承者君士坦丁也继续着这一进程。例如,公元 314 年帝国被重新规划为大约 100 个行省,数量是之前的两倍。戴克里先将军队扩充到约 50 万人,同时军种也分成了两类:机动部队和边防部队。机动部队主要

图 2.19 这组"四帝共治"的雕像创作于公元 300 年前后,由价值不菲的斑岩制成,暗示着 4 名统治者的权力与财富。有胡子的是奥古斯都,他们倚着自己的恺撒,抱着对方的肩膀。创作者将 4 人设计成一组互相紧贴的群像,强调了他们的团结;人物紧缩的眉头象征他们牵挂着帝国

军 人 皇 帝

公元 3 世纪的危机让各式各样的人得以染指皇位。一个军功卓著的统帅无须贵族背景便能直接崛起于行伍之间。"四帝"就是典例:戴克里先来自达尔马提亚,出身寒微;伽列里乌斯出身于一个达契亚的农家,参军前还在放羊;马克西米安是西米乌姆附近的一个小店主之子;伊利里亚的君士坦提乌斯的家世也无人知晓。这些皇帝的出生地表明,潘诺尼亚和巴尔干成为主要的兵源地,其中有些人得以登上权力之巅。

由骑兵组成,地位更高;步兵则大部分驻扎在边境线上的永久性要塞。戴克里先还试图解决经济危机,然而收效甚微。公元 301 年,他推出限价政策并试图打击通货膨胀,然而事实证明政策无法施行,最终以失败告终。

日　期 (均为公元)	事　件
194—199 年	赛普提米乌斯·塞维鲁两次发动帕提亚战争
208—211 年	赛普提米乌斯·塞维鲁攻打不列颠北部的喀里多尼亚人
211 年	赛普提米乌斯·塞维鲁去世;卡拉卡拉继位并杀害盖塔
212 年	帝国所有自由人获得罗马公民权
217 年	卡拉卡拉遇刺
218 年	埃拉伽巴路斯继位
222 年	埃拉伽巴路斯遇刺;亚历山大·塞维鲁继位
235 年	亚历山大·塞维鲁遇刺
235—284 年	帝国陷入危机;元老院任命了至少 18 名元首
260 年	萨珊波斯占领安条克
260—274 年	高卢和不列颠的"高卢帝国"独立
262—273 年	帝国东部的帕米拉王国独立
270—275 年	奥勒良收复部分领土并重建秩序;建造新的罗马城墙
284 年	戴克里先继位
293 年	戴克里先建立"四帝共治"

戴克里先的改革让帝制的专制色彩更加强烈。皇帝现在远离人民，奥古斯都创建的请愿与回应制度已然失效。皇帝现在获取信息要多经过廷臣一关。历史学家有时将戴克里先时代视为元首制的终结，取而代之的是一个新术语——多米尼特制（dominate）①，用以描述此后的罗马帝制。这个词昭示了皇帝的绝对权力，他们要求人们称呼皇帝为"我们的主人"（dominus noster）。

公元 4 世纪时期

戴克里先于公元 305 年退位。他说服另一位奥古斯都马克西米安效仿自己，以便让两位恺撒接班。然而仅仅过了一年多，新体制就开始破裂，皇位争夺再次演变成内战。西部的新奥古斯都君士坦提乌斯一世在公元 306 年死于不列颠战役。按照戴克里先的设计，他的位置应由西方恺撒弗拉维乌斯·瓦勒里乌斯·塞维鲁继承。然而不列颠的军团支持君士坦提乌斯的儿子君士坦丁，要拥立他为皇帝。公元 311 年，"四帝共治"彻底瓦解。在西方，元老院和近卫军任命了一个名叫马克森提乌斯的篡位者。君士坦丁率部进军意大利。公元 312 年，在罗马城外米尔维安桥上展开的决战中，君士坦丁击败了对手。据说在战斗开始前，君士坦丁看到了幻象，称自己将奉基督之名取得胜利。

君士坦丁成了西部的奥古斯都。他上台后的第一步便是解散近卫军，后者从此成为历史。公元 313 年，他与东部的奥古斯都李契尼乌斯一道发布了米兰敕令，宣布宽容一切宗教信仰。基督徒第一次获得了合

---

① 源自 dominus，"主人"。——译者注

法身份。没过多久，两位奥古斯都便关系破裂并发生冲突。经历了 10 年的紧张局势和数场战斗，君士坦丁最终在公元 324 年击败了李契尼乌斯，让帝国重归自己一人统治。虽说如此，戴克里先开创的东西分治模式日后还会复萌并产生深远影响。

君士坦丁也许是奥古斯都之后罗马史上影响最大的皇帝（图 2.20）。他延续了戴克里先的许多改革措施。公元 320 年帝国政府至少有 35 000 名官员，比两个世纪前多了不止 10 倍。他保留了戴克里先将军队划分为机动部队和边防部队的政策。然而，他开始将大量蛮族移民招入两种部队。这一时期的很多罗马军官都有个日耳曼名字。参军成了蛮族人参与社会流动的方式，这是以前未有的。这种变化是公元 3 世纪连年内战的结果，军中已经没剩下多少老兵能按传统方式训练新兵了。君士坦丁统治时期的帝国较之前更为安定繁荣。他淘汰了已经失信的银币，以金

图 2.20　这座君士坦丁巨像的头部大约 2.5 米高，最初是一座 12 米高的皇帝巨像的一部分，建于公元 4 世纪，位于罗马广场附近的马克森提乌斯会堂。皇帝的眼神很超然，也许暗示他关注神的世界

币为基础稳定了货币流通。在遥远的不列颠行省，考古证据表明，公元 4 世纪当地的物质财富和庄园数目都有了显著增长。

公元 324 年，君士坦丁做出一项重大决定，将帝国的首都迁往东部。他选择了博斯普鲁斯海峡旁的拜占庭，一座希腊人在 1 000 年前建立的城市。城市得到了扩建，以配得上第二罗马的地位。当君士坦丁于公元 330 年 5 月 11 日正式迁都时，这座城市被称为"新罗马"（Nova Roma），不过不久后人们更多称其为君士坦丁堡（君士坦丁的城市）。君士坦丁意识到帝国的重心已经东移：东部人口占帝国的三分之二，也拥有更多的财富。罗马依然保有它的声望，也仍是一座宏伟的城市，但它作为政治权力中心的日子已然终结。

蛮族与罗马精神

将"蛮族"移民纳入罗马军队是公元 4 世纪的一个主要特征。公元 332 年，君士坦丁与哥特人达成协议，对方受雇为罗马军队提供兵力，但是保留自己的军事组织。这种部队被称为"蛮盟军"（foederati），这一称呼源自拉丁语的"条约"（foedus）[①]。公元 4 世纪晚期，帝国军队的绝大部分都由蛮族人组成。然而，我们现在应该谨慎使用"蛮族"这个词。之前罗马人用它来指称帝国以外的人，现在它也同样适用于那些已经多多少少罗马化了的"蛮族"。一些蛮族出身或蛮族与罗马人混血的角色开始掌握帝国的权力。公元 5 世纪西部罗马帝国灭亡后，继承帝国的正是这种混合文化。在后续出现的王国中残存的罗马文化有时被历史学家成为"罗马精神"。

---

① 此拉丁语为译者添加。——编者注

从公元 324 年开始，君士坦丁开始更加公开地扶植基督教。帝国的税金充入教会的金库，主教开始成为市政的管理人员并能发挥重要影响。教会开始采用帝国的各种头衔、规则和规章制度。此外，君士坦丁援建了大量教堂，包括耶路撒冷的复活教堂（Church of the Resurrection）和罗马最初的圣彼得教堂。公元 325 年，他在比提尼亚城市尼西亚主持了一场基督教主教大会。大会第一次建立了基督教正统教义。此前各个教派之间对教义的阐释存在众多分歧。会后，尼西亚派被奉为正统，它的对手阿里乌斯派被斥为异端。然而，此后两大教派还在继续发展并彼此竞争。

君士坦丁死于公元 337 年。他的 3 个儿子和 1 个侄子都获得了恺撒头衔。是年 9 月，3 个儿子将帝国一分为三：君士坦丁二世控制西部行省；君士坦斯统治意大利、巴尔干西部和北非（因为他还未成年，君士坦丁二世是他法律上的监护人）；君士坦提乌斯二世握有东方。三兄弟关系紧密，杀死了所有潜在的竞争对手。然而，不久之后君士坦丁二世和君士坦斯就彼此交恶。公元 340 年，双方的军队在意大利北部相遇，君士坦提二世兵败被杀。君士坦斯控制了西部行省，支持尼西亚派。而君士坦提乌斯二世则支持阿里乌斯派。两名统治者因为宗教分歧险些兵戎相见，不过最终他们达成协议，允许对方在各自控制的半个帝国内扶植自己支持的教派。此时很多蛮族，包括哥特人，皈依了阿里乌斯派基督教。

君士坦斯在西部越来越不受欢迎，也逐渐失去了麾下军团的支持。公元 350 年，他手下的一名将领玛格奈提乌斯在莱茵河军队的拥立下称帝，君士坦斯在逃亡中被杀。君士坦提乌斯二世暂且与进攻东部的萨珊波斯罢兵，前来讨伐篡位者。公元 353 年，君士坦提乌斯击败了玛格奈提乌斯，但他的部队也损失惨重，东部的防线也变得空虚。君士坦提乌斯统治了全帝国。公元 4 世纪 50 年代末，帝国面临的危机更甚于公元 3 世纪

90年代。这一时期史家佐西莫斯如此总结君士坦提乌斯二世面临的压力：

> 他（君士坦提乌斯二世）看到蛮族从四面八方向罗马帝国发起侵袭：法兰克人、阿拉曼尼人和撒克逊人已经夺取了莱茵河岸的40座城市，将无数的居民和财物一掠而空，留下一片焦土；夸底人和萨尔马提亚人在潘诺尼亚和上默西亚横行无忌；波斯人此前一直按兵不动，如今不断侵扰着东方。
>
> （佐西莫斯，《罗马新史》，3.1）

君士坦提乌斯二世继续扶植阿里乌斯派基督教。很多皈依的蛮族越来越得到精英的接纳和认可，罗马军队中蛮盟军的数量不断增长。以往令罗马军队无往不利的传统训练方式和凝聚力已经荡然无存。而且，蛮盟军也时刻蠢蠢欲动。公元360年，君士坦提乌斯二世被迫去迎击萨珊波斯。他要求从西方征调更多的部队，结果对方掀起叛乱，拥立自己的统帅、君士坦提乌斯二世的堂弟尤利安为皇帝。公元361年，君士坦提乌斯二世回师平叛时病逝。

尤利安（公元361—363年在位）强烈反对基督教，因此史称"背教者"尤利安。他希望复兴罗马的多神教，认为传统信仰才能给予人们更多现实的关注。他的观念无疑受到了个人经历的影响。尽管他作为基督徒长大，但是目睹了父亲和其他家庭成员被忠于君士坦提乌斯二世的士兵杀害的惨剧。君士坦丁时代已经开始出现反多神教运动，这一运动在君士坦提乌斯二世统治时越发激烈。公元4世纪50年代，法律规定任何人如果参加异教仪式将判处死刑，许多异教神庙遭到关闭（也有些改造为教堂）；新的基督教精英对异教徒进行的迫害丝毫不亚于他们之前的遭遇。然而尤利安的统治仅仅持续了18个月，他试图倒转历史车轮的努力最终也以失败告终。

公元364年，新皇帝瓦伦提尼安（公元364—375年在位）重建了分治制度。他统治西部,并任命自己的兄弟瓦伦斯(公元364—378年在位)作为共治者统治东部。这些年最重大的事件便是一支强大的部落进入欧洲中部:匈人,来自中亚草原的游牧民族。他们所到之处无不惊起恐惧,公元4世纪晚期的历史学家阿米亚努斯·马凯利努斯的记载反映了罗马人对他们的偏见:

> 这些匈人……身体矮壮,四肢强壮,脖子粗壮。他们丑陋不堪,蜷身驼背,简直是两条腿的野兽……你永远无法和他们达成协议,因为他们完全不可信赖。一有风吹草动,别人许诺给予其他好处,他们就立即做墙头草。他们犹如不可理喻的野兽,完全受疯狂的冲动驱使。

(阿米亚努斯·马凯利努斯,《英雄业绩》,31.2)

公元4世纪70年代早期,匈人入侵了哥特人的领土,他们蹂躏了黑海北部和多瑙河流域,无数生灵涂炭。当时哥特人已经分成了两大部分:黑海一代的东哥特人,接下来的80年里他们臣服于匈人;靠西的是西哥特人,他们逃入罗马帝国境内以躲避匈人。公元376年,瓦伦斯允许10万名西哥特人作为蛮盟军在默西亚定居。这一时期其他蛮族也纷纷涌入帝国。他们没有毁灭帝国,相反分享了它的好处。

然而,罗马官方面对危机处理不力,引起西哥特人反叛。公元378年8月,他们在亚德里亚堡的大战中彻底击溃了罗马军队。三分之二的罗马士兵阵亡,包括皇帝瓦伦斯本人。西部的皇帝格拉提安(公元375—383年在位)任命狄奥多西一世(公元379—395年在位)为东部的皇帝。狄奥多西一世与西哥特人达成协议。公元382年,西哥特人返回故土,他们成为罗马军队的正式成员和一支不可小觑的力量。公元394年,狄奥多西一世与西部的新任皇帝尤金尼乌斯开战。他率军西进,赢得了全面胜利。他的军队中有两万名西哥特士兵,由富有领袖魅力的首

日　　期 （均为公元）	事　　件
305 年	戴克里先和马克西米安成为共治皇帝
306 年	君士坦丁被麾下部队拥立为西方皇帝
312 年	君士坦丁在米尔维安桥战役中击败马克森提乌斯
313 年	君士坦丁和李契尼乌斯公布米兰敕令
324 年	君士坦丁击败李契尼乌斯，重新统一帝国
325 年	尼西亚会议宣布尼西亚派为基督教正统
330 年	君士坦丁堡成为帝国的新首都
337 年	君士坦丁去世，君士坦提乌斯二世成为共治皇帝
353 年	君士坦提乌斯二世击败玛格奈提乌斯，成为唯一的皇帝
361 年	君士坦提乌斯二世去世；"背教者"尤利安继位
363 年	"背教者"尤利安去世
约 370 年	匈人入侵欧洲
376 年	瓦伦斯允许 10 万哥特人作为蛮盟军定居默西亚
378 年	西哥特蛮盟军在亚德里亚堡战役中击败罗马人；瓦伦斯阵亡；狄奥多西一世在东部继位
380 年	尼西亚派基督教被定为帝国国教
382 年	狄奥多西一世与西哥特人媾和，允许对方成为罗马军队正式成员
393 年	狄奥多西一世在阿拉里克率领的西哥特部队援助下击败西部皇帝尤金尼乌斯；多神教祭仪被定为非法
395 年	狄奥多西一世去世；阿卡狄乌斯和奥诺里乌斯分别继承东、西部帝国

领阿拉里克率领。西哥特人在战斗中损失过半，很多幸存者为自己的贡献得不到认可而愤愤不平。

狄奥多西一世重新统一了帝国。很多人将他的胜仗视为基督的胜利，因为冲突的起因之一就在于人们认为尤金尼乌斯同情异教。而狄奥多西一世不会受到这种责难，他和格拉提安一起重新祭出反异教政策。公元380年，尼西亚派基督教被定为帝国的官方宗教。公元382年，国家撤回了给予罗马多神教活动的资金，胜利祭坛也搬出了元老院。公元393年，多神教祭仪被定为非法，维斯塔贞女团遭到解散，罗马广场上维斯塔神庙中的圣火被熄灭，多神教神庙（包括著名的德尔菲神庙和奥利匹亚神庙）被关闭。为尊崇宙斯而举办了12个世纪的奥林匹亚赛会遭到禁止。在各地主教的默许下，多神教和犹太人的建筑屡受攻击。

罗马西部帝国的灭亡

狄奥多西一世于公元395年病逝，死后引发帝国动荡。他在遗嘱中指定18岁的儿子阿卡狄乌斯为东部皇帝，10岁的儿子奥诺里乌斯为西部皇帝。两位皇帝都有一群权倾朝野的廷臣。在东部，阿卡狄乌斯的妻子艾丽娅·奥多西娅就是其中之一，她获得了奥古斯塔的称号，形象印在了罗马铸币上。在西部，奥诺里乌斯的护卫长官斯提里科手握大权，他是一个半罗马半汪达尔的混血将军，其身份表明他得到了军中蛮族部队的支持。奥诺里乌斯的统治饱受蛮族入侵的困扰，后者不断侵入帝国在高卢、意大利和西班牙的领土。

然而，西哥特人此时构成了最严重的威胁。阿拉里克为自己没能在新政权中获得要职而心怀不满，率部反叛，蹂躏了色雷斯和希腊的土地。同时为两位皇帝效力的斯提里科与阿拉里克议和，于是西哥特人在公元397年来到伊庇鲁斯定居。尽管如此，他们还是很不安分，并在公元400年入侵意大利，寻找更好的土地。尽管他们吃了两次败仗，但造成了重大的冲击：奥诺里乌斯将宫廷从米兰迁至拉文纳，这座城市被沼泽地环绕，更易防守。他同样将不列颠的第二十胜利者·瓦勒里乌斯军团撤回，这标志着罗马在不列颠的统治进入尾声。

帝国灭亡的一个关键原因不在战争，而在于天气。公元406年12月31日，莱茵河结冰，大量异族部落跨河进入帝国。在公元409年的耶路撒冷，著名的基督教学者哲罗姆写下了帝国居民的绝望：

> 我现在要谈一谈我们目前的苦难……无数凶悍的部落占领高卢全境。阿尔卑斯山与比利牛斯山之间的全部领土、莱茵河到大海的全部领土，统统遭到了夸底人、汪达尔人、萨尔马提亚人、阿兰人、盖庇兹人、赫鲁勒斯人、撒克逊人、勃艮第人、阿拉曼尼人……甚至是潘诺尼亚人的蹂躏……沃尔姆斯的居民困守了很久，最终被消灭。兰斯、亚眠、阿拉斯加这样强大的城市，以及遥远的泰鲁阿讷、图尔奈、斯佩尔和斯特拉斯堡都被日耳曼吞并；而高卢行省——阿基坦、诺文博普拉纳、卢格敦和纳尔旁——除了少数城市外全都惨遭洗劫。人们要么在城墙外死于刀剑之下，要么在城墙内活活饿死。

（哲罗姆，《书信集》，123.16）

在这次入侵下，莱茵河防线全面瓦解。哲罗姆所列出的部落数量可能有所夸张，但是当时法兰克人已经进入高卢北部，勃艮第人进入高卢中部，汪达尔人、苏维汇人和阿兰人进入西班牙。

罗马统治阶层将此归罪于斯提里科，公元408年，奥诺里乌斯将斯提里科处死。罗马人与蛮盟军之间的紧张关系达到了顶点——罗马士兵屠杀了意大利的数千名蛮盟军，包括军属的妇女和儿童。忠于斯提里科的蛮盟军叛变，加入了阿拉里克，而后者正从自己意大利北部的根据地出发，向罗马进军。他的目标仍然是当上帝国的高官，以便安顿自己的人民。公元408—410年，他3次包围了罗马。最终，在公元410年8月，他洗劫了这座城市。阿拉里克并不希望将罗马城摧毁，下令只许手下掠夺财物。但对帝国的居民来说，这确实是令人震惊的一幕——800年以来罗马城首度遭到洗劫。哲罗姆再次记录下自己心灵受创的一刻：

> 我如鲠在喉，抽泣让我在口述时无法言语：这座征服了整个世界的城市如今被征服了。

（哲罗姆，《书信集》，127.12）

洗劫罗马后，阿拉里克率部撤退到意大利南部，几个月后他在那里病逝。他的妹夫阿索尔夫率领西哥特人回到意大利北部，并与帝国当局签订合约。公元411—418年，他们接受雇用成为蛮盟军，受托平定高卢和西班牙。他们得到了阿基坦地区的土地，并获许保留周边地区三分之一的税赋。此时，西哥特人实际上已经成为罗马帝国境内的独立国家。

西部帝国的灭亡是一个缓慢而痛苦的过程（图2.21）。公元429年，汪达尔人进入北非西部，并在公元430年包围了希波城。公元435年，西方的皇帝瓦伦提尼安三世被迫与他们媾和，但是汪达尔人在公元439年打破协议，入侵了北非行省，占领了迦太基。罗马西部帝国灭亡的丧钟敲响了。非洲是西部最繁荣的地区，它的失陷令拉文纳失去了三分之二的粮食供应。汪达尔人还控制了西地中海和海上的岛屿。公元442年，瓦伦提尼安三世被迫承认汪达尔人成立独立的国家。即便如此，公元

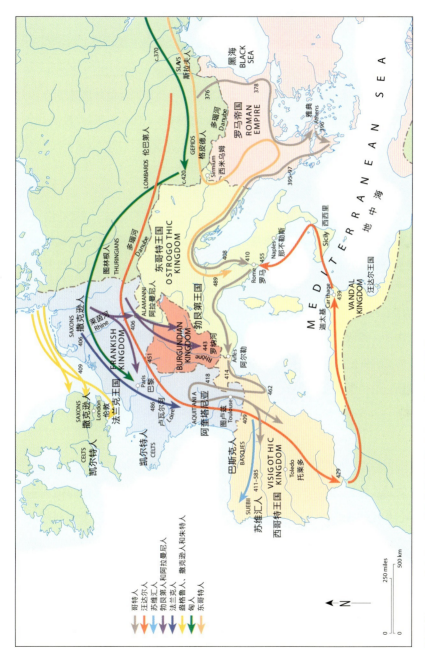

图2.21 5世纪的蛮族入侵和罗马帝国西部帝国领土上新出现的王国

希波城的奥古斯丁

在汪达尔人围攻希波城时，死难者包括城市的主教奥古斯丁（公元354—430年），他日后被尊为圣·奥古斯丁。他是早期基督教最活跃的人物之一，对基督教神学的发展产生了深远的影响。他的父亲是异教徒，母亲是基督徒。他在《忏悔录》中描述了自己皈依基督教的艰辛历程。《忏悔录》也被视为世界上现存的最早的自传。他在公元391年成为一名牧师，四年后成为希波城的主教。

奥古斯丁早年如饥似渴地学习希腊－罗马修辞学和哲学，深受新柏拉图主义者普罗提诺观点的影响。这部分知识构成也影响了他对基督教神学的解释。他阐述了有关原罪和正义战争理论等信条。他是一位极为多产的作家，著有另一部名作《上帝之城》。该书写于公元413—426年，创作初衷是回应异教信仰者的责难，后者称罗马之所以在公元410年遭到洗劫，是因为他们抛弃了多神教众神，转投基督教。《上帝之城》是一部影响深远的基督教经典，阐述了诸如不应得的痛苦、自由意志、救赎预定论和原罪论等思想。

455年汪达尔人再度洗劫罗马城，并且远比阿拉里克野蛮。

公元5世纪40年代，帝国又面临匈人的严峻威胁。可怕的匈人王阿提拉率领部族先攻打了东部帝国，但是公元451年他又盯上了西部的瓦伦提尼安。他开始进攻高卢，蹂躏了行省的大部分领土，但是在加泰罗尼亚平原的香槟地区被罗马与西哥特的联军击败。这场战役成为罗马与匈人战争的转折点。阿提拉继续觊觎着意大利，移动到波河流域，沿途劫掠。然而，他意识到自己将受困于后勤补给短缺，于是与罗马人讲和。当他于公元453年死后，匈人帝国迅速瓦解。

虽然取得胜利，西部帝国依然是日薄西山。公元476年，对帝国已经不抱幻想的蛮盟军在东罗马皇帝的鼓动下，占领了拉文纳并强迫西罗马皇帝退位。这位皇帝是罗马帝国西部的最后一位皇帝。讽刺的是，他的名字叫作罗慕路斯·奥古斯都。取代他位置的是奥多亚克，蛮盟军拥立他们的首领为"意大利国王"。奥多亚克的王国仅仅存在了17年，之后意大利落到了东哥特人和他们的国王提奥多里克手中。东哥特王国存续到公元540年，在很大程度上保存了罗马过去的文化。尽管提奥多里克出身于潘诺尼亚的日耳曼部落，但他是一名阿里乌斯派基督徒，曾在君士坦丁堡接受教育。作为新东哥特王国的国王，他任命著名学者波伊提乌斯为大臣，后者留下了很多著作，并翻译了亚里士多德的作品，确保古典文化流传到中世纪早期。如今西欧的政治结构已发生巨变，但文化大体上没有什么不同，东哥特王国可以算是一个典型的例子。

罗马帝国东部以首都君士坦丁堡为中心继续存在，直到1453年才灭亡，不过经过公元7世纪穆斯林的征服战争后领土已经大大缩减了。当1453年奥斯曼人洗劫君士坦丁堡时，城中讲希腊语的居民仍然视自己为"罗马人"。然而自公元5世纪起，西部历史学家就将罗马帝国东部称为拜占庭帝国，并将其发展视为另一段历史时期。罗马帝国的灭亡被视为古代世界的终结。

罗马西部帝国为何灭亡

任何试图回答这个问题的人，都必须考虑一个核心事实：在公元5世纪崩溃的不是罗马帝国，而是它的西半部分。实际上，罗马帝国东部在公元6世纪继续繁荣发展，甚至一度收复了意大利、北非和西班牙的部分地区。东罗马建造了令人印象深刻的公共建筑，包括君士坦丁堡著名的圣索菲亚大教堂，它可以与罗马帝国历史上的任何建筑媲美。因此，在分析西部帝国灭亡的原因时，我们必须找出在东方并不起决定性作用的因素。几个世纪以来,学者们一直为西部帝国衰亡的原因争论不休,而今天有些人更愿意将其称为转型而非崩溃。他们既强调公元 5 世纪后文化的延续性,也强调继承国家以罗马模式为基础对制度的发展创新。然而,不可否认的是,当这些继承国家在公元 5 世纪取代四分五裂的帝国时,政治结构发生了根本性变化。

  罗马帝国西部的衰亡是多种复杂原因造成的,这些原因总体来说可以分为两大类:内部因素和外部因素。大多数学者会说,外部因素造成了极大的影响。具体而言,帝国受到了蛮族大规模迁徙的巨大挑战,如公元 3 世纪的哥特人和公元 4 世纪的匈人。蛮族迁移产生了多米诺效应,导致其他民族也纷纷到帝国境内寻求土地。另一个外部因素是莱茵河和多瑙河沿岸的小部落合并成大部落联盟,譬如公元 3 世纪的法兰克人和阿拉曼尼人的合并。然而,这些外部因素是与政治和经济等内部因素共同发挥作用的。在政治上,继承问题一而再再而三地引发动荡,内战耗尽了帝国的金钱和人力。在经济上,帝国后期国家公职人员数量激增,冗官冗兵给普通民众造成了沉重的税收压力,而蛮族入侵的一个影响便是降低了西部帝国的税基。上述因素,连同其他原因,共同造成了帝国难以为继的局面。

日　　期 (均为公元)	事　　件
400 年	阿拉里克和哥特人入侵意大利
403 年	拉文纳成为罗马西部帝国的首都
406 年	各种野蛮部落渡过莱茵河
409 年	汪达尔人、苏维汇人和阿兰人入侵西班牙
410 年	阿拉里克和哥特人洗劫罗马城

(续表)

日　期 (均为公元)	事　件
418 年	西哥特人在阿基坦建立独立国家
429 年	汪达尔人入侵北非西部
435 年	瓦伦提尼安三世将北非西部割让给汪达尔人
439 年	汪达尔人占领迦太基
442 年	瓦伦提尼安三世承认北非的汪达尔王国
451 年	罗马-西哥特联军在加泰罗尼亚平原击败匈人
455 年	汪达尔人洗劫罗马；瓦伦提尼安三世遇刺
476 年	西罗马最后一位皇帝罗慕路斯·奥古斯都被迫退位

第三章 治理帝国

本章将考察罗马人如何治理一个囊括了如此多的民族和迥异传统的庞大帝国。我们从研究总督的角色开始,再看罗马军队对维持秩序的重要性,随后我们将看到总督和军团如何共同维持行省的稳定,最后看到罗马的基础设施和技术如何将帝国打造成一个贸易和商业中心。

行省总督

共和时期

从公元前264年西西里岛成为罗马的第一个行省开始,行省便由执政官或法务官管理。他们原本的统治权延长了一年或两年,并转移到海外地区。正如前文所述,总督因此被称为"代执政官"或"代法务官"。

事实上，帝国的扩张对罗马政治制度的发展产生了一定影响。从公元前3世纪下半叶开始，法务官的数量开始增加，部分原因便是为了确保有足够多的经验丰富的政治家担任行省总督。财务官的人数也增加了，因为每个行省会有一名财务官随总督同往，负责该省的财政事务。

虽然总督是一个行省的军事统帅，但也有一个非常小的班底协助他处理日常事务。除财务官之外，他可能还有一两个由元老院根据他的建议任命的副手，在他们之下可能还有其他军队指挥官。总督也会有其他助手，譬如抄写员和扈从卫队，因为他是拥有统治权的官员。总督的随行人员可能由年轻人组成，他们前往海外为的是积累治理行省的经验。总督的班底如此微小，说明总督将大部分管理事务留给了地方精英。罗马人希望他们像往常一样管理自己的本地事务，但在税收和军事等事务上要与罗马统治者合作。

我们很难确切了解共和时期罗马人如何统治行省，因为相关文献史料在很大程度上都依赖于西塞罗的著作。有时他将行省描绘成一个腐败的统治者与当地人离心离德的世界：

> 先生们，言语无法表达我们在海外遭受的憎恶，因为我们派去管理他们的人犯下了各种丑闻，以敲诈勒索为能事。在那里，找不到一块他们怀有敬畏的圣所，找不到一座他们未曾侵犯的城市，也找不到一处能够抵御他们侵犯的家园。这样的人为了满足自己掠夺的贪欲，遍寻能给自己提供借口的富裕繁荣的城市，然后故意对他们挑起战争。

（西塞罗，《推荐格奈乌斯·庞培》，22.65）

这段话出自公元前66年西塞罗在部落大会上的一次演讲，他劝说公民授予庞培东部地区的唯一指挥权，主张庞培会比现任总督做得更好、符合西塞罗的既得利益。然而，如果他的论据没有揭示出一些实际情况，肯定也不会让听众信服。

> ## 维 列 斯
>
> 公元前 70 年，西塞罗起诉盖乌斯·维列斯，这是前者最著名的案件之一。维列斯刚刚担任西西里总督 3 年，被指控在当地犯有重罪，包括滥征税款、从西西里的粮食供应中牟取暴利、诱奸和性侵年轻女性，以及从神庙和私人住宅中窃取艺术品。西塞罗代表一些西西里富人提起了诉讼。虽然我们不知道维列斯一方是如何辩护的，但他显然不相信自己能够胜诉。西塞罗在审判第一天发表演讲后，维列斯就逃出了罗马。他移居马赛，在那里一直流亡，直到公元前 43 年。
>
> 正是在这篇演说中，西塞罗第一次用了"噢时代，噢风俗！"（*O tempora, o mores*）这句话。这句俗语至今仍被用以表达（有时是玩笑性质地）对社会风气堕落的震惊。

共和时期的行省管理制度几乎没有任何制约，因此很容易出现滥用职权的情况。此外，总督的任期相对较短，通常为一年，也可能为两年，这也令总督没什么兴趣关注该省的长期需求。实际上，一名总督在当选后可以为自己谋取大量好处：毫无疑问，在许多人眼中，当一任总督是收回自己在竞选公职时投入巨额开销的良机。向当地部落发动战争可能会带来双重好处，一方面可以为总督赢得更多战利品，另一方面也能让他以更高的地位回到罗马，甚至可能获得一场凯旋式。罗马人借总督职位赢得军事荣誉的最著名例子，便是尤利乌斯·恺撒在公元前 1 世纪 50 年代征服高卢。

罗马人也曾试图制止最恶劣的渎职行为。我们已经看到，公元前 149 年，罗马人制定了《卡普尔尼乌斯法》，以确保行省居民可以起诉被控贪腐的总督。然而，这种审判的陪审团最初由元老组成，他们不太可能在外地行省人提起的诉讼中给自己人定罪。盖乌斯·格拉古在公元前2世纪20年代末试图用骑士取代原来的陪审员，这表明一些罗马人希望制度更加透明。但苏拉在公元前81年将这项权利还给了元老。然而，即使有了这项法律，总督和他们的手下依然很容易为所欲为。刺杀恺撒的马库斯·尤尼乌斯·布鲁图斯素以正直著称，然而让西塞罗备感震惊的是，布鲁图斯竟以48%的非法利率向塞浦路斯人贷款，并让塞浦路斯总督借给他一些士兵，以确保把这些钱收上来。

西塞罗本人很清楚总督的职责。他的第一篇哲学文章写于公元前59年，内容是向他的兄弟、从公元前61年起担任亚洲总督的昆图斯给予建议。文章探讨了诚实与正直，西塞罗认为这是一个总督应当具备的品质：

> 让全省都知道，你治下所有人的生命、子女、名誉和财产，对你来说都是最宝贵的……在我看来，统治他人者必须无时无刻将治下之人的福运视为最重要的事。
>
> （西塞罗，《致昆图斯》，1.1.13, 24）

然而，在同一封信中，西塞罗也承认事情没有那么简单。总督经常左右为难，一方面怀有对行省公平以待的愿望，另一方面又要面对必须与该省的税吏搞好关系的现实。当时罗马没有国家收税系统，所以收税工作通常都委派给私人包税公司。尤其是税收金额也经常变化——例如每年的粮食收成税。为方便国家，这些被称为包税人的税吏出现了。他们通常是骑士，先向元老院竞标，然后将固定数额的税款预付给国家。此后他们便能够随心所欲地按照自己的方式征税，为了榨取最大利润而随意改变税率。如果当地人付不起全部税款，就只能被迫贷款，通常是向同一批包税人以高得离谱的利率借钱。西塞罗在给昆塔斯的信中承认了包税人引发的问题，但也没有轻易提出一个解决方案：

> 如果我们反对他们（包税人），我们就会让骑士疏远我们和政府，而当前的政治秩序对我们非常有益，并且将他们与我们主导的政府紧密地联系在一起；但如果我们在所有事情上都向他们让步，我们就会坐视那些我们应该关心其安全与利益的人遭到毁灭。
>
> （西塞罗，《致昆图斯》，1.1.32）

尽管西塞罗对行省总督的职责发表了高谈阔论，但公元前 51 年他很不情愿地出任了奇里乞亚的省长，为不得不离开罗马后悔不已。他在任期结束时匆匆离开了该省，在接替者到来前只留下一个随员负责管理行省。

为应对腐败和管理不当，有迹象表明罗马人曾认真尝试妥善治理各个行省。除了《卡普尔尼乌斯法》，在意大利北部的乌尔比诺，我们发现了盖乌斯·格拉古在公元前 2 世纪 20 年代后期制定的赔偿法的零星记录。这表明为使行省得到良好治理，罗马人在立法时是多么谨慎和精确，并注入了大量法律思想。现存的文本相当于一本 10 页左右的现代书籍。关于诉讼案我们只有一个非常小的样本，刚刚超过 30 例，但其中几乎一半的结果是判决被告有罪。这些证据表明，罗马人曾认真考虑如何以最好的方式统治他们赢得的行省。

帝制时期

随着奥古斯都建立元首制，行省治理出现了很多变化。奥古斯都自己正式掌管许多行省（驻有大量军队的省份），并亲自任命一位总督，称为"奥古斯都的总督"（*legatus Augusti*）①，作为他在每个行省的代理人。元老院任命其他行省的总督。无论哪种类型的总督最终都要向皇帝本人负责，而新的制度不允许人们利用总督的职权来提升自己的政治地位。

科尔内利乌斯·伽路斯

盖乌斯·科尔内利乌斯·伽路斯的故事生动地说明了在新帝制政权中，总督试图为自己揽功将面临极大风险。伽路斯不是一般人。他出身卑微，后成为著名的爱情哀歌诗人，在公元前 1 世纪 30 年代加入屋大维的阵营，并成了屋大维的密友。公元前 30 年，屋大维征服埃及后，伽路斯被任命为埃及总督。第二年，他成功地镇压了一批反叛者，并建了一座纪念碑来颂扬自己的成就。据卡西乌斯·迪奥记载，伽路斯在当地建造了许多自己的雕像。结果，屋大维禁止他进入埃及并与他断绝了朋友关系。这个私人的决定产生了公共的后果：不久之后，元老院听取了针对他各种不当行为的指控。伽路斯在定罪前就自杀了。在新的世界秩序中，只有一个人能在帝国中竖立自己的纪念碑和雕像。

总督的班底仍然人很少，但增设了一个新职位——财务督察。他是一个行省的首席财政官员，直接听命于皇帝而非总督。因此他可以充当皇帝的耳目，监视总督的一举一动。这些职务的任期各不相同，但通常在 3 年左右，相比以前具有更大的连续性。除了最严重的案件（或涉及罗马公民的案件），司法事务仍在当地审理，由总督听审。不过，如今在"请愿与回应"的治理模式下，如果行省居民感到遭遇了不公对待，他们可以直接向皇帝申诉。奥古斯都十分关注这些上访。犹太史家约瑟

---

① 全称为"作为法务官的奥古斯都使节"（*legatus Augusti pro praetore*），在元首制时期是部分皇帝行省的总督或统帅的正式称呼。元老院任命的总督为代执政官总督（proconsul）。

夫斯记录了一个有趣的例子:

> 居住在亚洲和利比亚昔兰尼附近的犹太人,在当地的城市中饱受本地政府折磨。虽然他们的国王以前授予了他们平等的公民权利,现在却遭到希腊人的不公对待,后者甚至没收了犹太人的神庙资金,并在私人纠纷中歧视他们。他们苦难深重,他们看不到希腊人的恶意何时会停止。于是犹太人派出一个使团觐见恺撒,就这些事件向他诉苦。恺撒确认了他们已经拥有的平等纳税权,并为此给地方官员写了信。
>
> (约瑟夫斯,《犹太古事记》,16.160—161)

以前罗马人从未像这样参与和关心行省事务,这意味着新体制在意大利之外赢得了广泛支持。

从小普林尼与图拉真的通信中,我们得以详细了解了总督的职责。小普林尼自公元111年起出任比提尼亚与本都的总督,直到次年去世。毫无疑问,普林尼希望在信中展现自己是一位尽职尽责的总督。他是为出版而写下这些信的,但这些信件的确为他所涉及的各种事务提供了大量细节。其中的一个例子就是后文描述的关于如何处理基督徒的信件。在另一个例子中,普林尼写信请示图拉真在尼科米底亚遭遇毁灭性火灾后建立消防队的问题:

> 那里没有国家提供的水泵或水桶,总之,没有任何控制火灾的用具。现在我已经吩咐下去,必须备好这些救火用品。但是,大人,您必须考虑是否应该建立一支消防队,人数控制在150名以内。我将确保他们只被登记为消防员,令他们无法借此权利干别的事。控制这么一小群人并不难。
>
> (普林尼,《书信集》,10.33)

值得注意的是，帝国境内并没有关于消防队的普遍政策可供普林尼参考。这类问题显然是单独处理的。在回信中，图拉真给出了明确的指示：

> 你可以留意在尼科米底亚的公民中建立消防队的可能性，但我们要记住，这个行省，尤其是这些城市，已经饱受这种派系的骚乱之苦。对于那些为同一目的而聚集起来的人，无论我们出于什么原因赋予他们什么头衔，他们都会迅速演变成政治派系。因此，最好的办法是提供有助于控制火势的用具，并建议房屋的所有者使用这些设备，以及如果情况需要，雇佣旁边聚集的围观者。
>
> （普林尼，《书信集》，10.34）

如果图拉真要与自己所有的总督如此通信讨论各地事务，那么他一定是位大忙人。

罗马军队

罗马以军事力量统治了世界，军队是其最重要的组织。然而，随着帝国的扩张，军队已经远不止是一支战斗力量。它维持了各行省的和平，是当地罗马化的主要推动者，尤其是因为它参与了改造帝国各个地区的工程项目。

共和时期的军队

我们对罗马早期的军队知之甚少，但到了公元前300年，我们知道它由4个军团组成（每名执政官指挥两个军团）。每个军团约有3 000

名重装步兵、1 200名轻装步兵和300名骑兵。当时，罗马盟邦的贡献也非常重要。每个同盟城镇似乎都要提供一支大约500人的部队，盟军士兵的人数大致相当于罗马军团的人数。罗马之所以能在战争中坚持到最后，很大程度上归功于它源源不绝的人力资源，令其能够承受重大失败（如公元前216年的坎尼战役），并积蓄力量重整旗鼓。

波利比乌斯为我们提供了公元前2世纪罗马军队的详细目击记录。它每年春天成立，秋天解散（古代军队冬天一般不打仗）。所有符合条件的公民——年龄在17—46岁，拥有超过11 000阿斯的财产——必须在执政官指定的日期前往卡皮托利山报告，执政官会挑选合适的人参军。公民有义务作为步兵服役16年或作为骑兵服役10年，而实际上他们通常需要连续服役6年。这些士兵每年能得到120第纳里的补偿，但这不能弥补他们无法耕作而造成的损失。这个制度的另一个弱点是，士兵无法通过并肩作战积累经验，因为一个战季后军团便会解散。

共和晚期，罗马军队发生了巨大的变化，催化剂便是公元前107年盖乌斯·马略出任执政官。马略最重要的改革是让所有公民都有资格参军，而不考虑其财产是否合格，并由国家向士兵提供武器。我们已经看到，从这个时候起，贫穷的士兵开始依赖自己的统帅，希望将军在战役中为他们带来战利品，然后在退伍时得到一块土地作为补偿。军团现在也变成了一个永久性的组织，随时准备战斗。整个军队的训练、操演和装备都有了固定标准。人们认为，马略在军队建制上还做了一些调整，包括创建大队作为军团的主要分队。此外，他还引入了鹰旗（这种猛禽常与朱庇特神联系在一起）并将其作为军团的主要军旗。马略的改革使罗马军队朝着职业化大大迈进了一步，不过这一进程直到奥古斯都时代才最终完成。

凯旋式

罗马人取得军事胜利的至高荣誉是凯旋式。取得一场重大胜利或一系列胜利的将军才有资格获此殊荣：他必须杀死至少5 000名敌人并征服新的土地。只有元老院才能授予凯旋式，因为举办凯旋式的部分资金是由国家来出的。共和时期政治竞争非常激烈，所以将领举办凯旋式的要求有时会遭到拒绝，譬如公元前60年的尤利乌斯·恺撒。有时获胜的将军会得到规模较小的凯旋式，称为小凯旋式。如果罗马人认为战胜的敌人级别较低（例如，敌人由奴隶或海盗组成），或者敌人对罗马军队的威胁较小，就会授予将领小凯旋式。例如公元前71年，克拉苏在击败斯巴达克斯奴隶起义后，就获许举办一场小凯旋式。

举办凯旋式的日子在罗马可谓一场公共节日。神庙的大门敞开，以便众神分享快乐。鲜花铺满了城市。凯旋将军和他的士兵前一天晚上在玛尔斯校场安营，因为只有在庆祝式当天他才获许带领军队穿过罗马的神圣城界。第二天早晨，凯旋队伍从一座只用于这种场合的大门——凯旋门进城，慢慢地向卡皮托利山的朱庇特神庙行进，准备在那里献祭。沿途的人群疯狂欢呼。凯旋式似乎已经有了标准步骤：城市的官员领路，号手紧随其后，然后是运载战利品的货车以及描绘新征服土地和相关事件的绘画。接下来是祭司，他们牵着两头白色的公牛准备献祭。然后是身披镣铐的俘虏，领头的是他们的首领。他们会遭到沿途人群的嘲笑和唾弃——据说克利奥帕特拉就是为了避免在凯旋游行中受辱而自杀。

跟在俘虏后面的是乐师，他们奏乐迎入凯旋将军。将军乘着一辆由4匹白马拉着的战车，身穿金色和紫色的衣服，面部涂成红色，右手拿着一束月桂枝，左手拿着一根象牙权杖。这身打扮和卡皮托利神庙中的朱庇特神像一模一样。陪他站在车上的是一个奴隶，奴隶将一顶镶嵌着宝石的古老王冠——朱庇特王冠，举在将军头顶。有一种说法，这名奴隶会提醒将军："回头看看，记住你只是个凡人。"将军身后是他的士兵。他们戴着橄榄枝花冠，一边行进，一边高喊着"看这胜利"（*io triumphe*），并唱着军歌。当将军到达卡皮托利山时，人们将献祭牺牲，而主要的战俘则被押到监狱处决。

凯旋式的性质随着元首制的建立而改变。没过几年，这项荣誉便只授予皇帝或他的家族成员了。在独裁统治下，允许其他人接受这样的崇拜是非常危险的。

帝制时期的军队

公元前 31 年，当奥古斯都成为罗马世界唯一的统治者时，麾下有 60 个军团供其驱使（一个军团现在名义上有 5 000 人，然而经过内战的伤亡，实际数字会有所缩减）。但他很快将军团的数量减少到 28 个，并将大约 12 万士兵安置到殖民地。他保留了尤利乌斯·恺撒组建的军团，以及一些曾为安东尼效力的精英部队。军队现在完全专业化了。奥古斯都提出了明确的服役条款、军饷标准和退休福利。一名军团士兵现在按约定要服役 25 年。皇帝提高了税收以支付军饷。他实际上成为所有罗马军队的最高统帅：皇帝任命高级军官，决定士兵应在何时何地开战，并宣称一切胜利都属于他自己，哪怕他没有亲临战场。此外，军团也向皇帝本人宣誓效忠。

当时，罗马军队大约有 30 万人（其中大约一半是辅军），这对国库是一笔巨大的开支。军团士兵的年薪是 225 第纳里，一个世纪后，图密善将这个数字提高到 300 第纳里。如果一名士兵得到提升，他会获得加薪，因为百夫长的薪水比军团士兵高得多。然而，军饷在发放之前还会克扣一部分——士兵们需要自己支付食物、衣服和装备的费用，而且可能还需要支付一笔预付金，以确保自己死后能得到妥善安葬。因此，士兵实际拿回家的军饷比上面给出的数字少得多。如果一名军人以光荣退役的方式结束服役，他将得到一笔 3 000 第纳里的退休金或一份土地，不过分地后来逐步被取消了。

瓦鲁斯灾难

公元 9 年，3 个罗马军团及其辅军在日耳曼条顿堡森林被日耳曼部落联盟歼灭。罗马军团的指挥官是普布利乌斯·昆克提里乌斯·瓦鲁斯，因此这场战役通常被称为"瓦鲁斯灾难"。

从公元前 12—公元 6 年，罗马人征服了莱茵河以东远至易北河的土地，将其合并为日耳曼尼亚行省。公元 6 年，瓦鲁斯成为该省总督。一开始他握有 11 个军团，但在接下来的 3 年里，其中的 8 个军团被调往巴尔干半岛镇压叛乱。瓦鲁斯最信任的顾问之一是阿米尼乌斯。阿米尼乌斯的父亲是一位日耳曼部落首领，在公元前 9 年把儿子送到罗马做人质以示诚意。阿米尼乌斯在罗马接受了军事教育，他的罗马化程度很高，甚至获得了骑士身份。然而，当他回到故土后秘密策划了一场叛乱。公元 6—9 年，他将以往彼此敌对的部落团结起来，建立了一个反罗马的联盟。

公元 9 年，阿米尼乌斯向瓦鲁斯谎报有部落造反，并建议总督带领他的 3 个军团去平叛，然后阿米尼乌斯率领自己部落的辅军离开了。他假称要去招募更多部民前来助战，实际上是脱身之计。当罗马军队抵达条顿堡森林时，没有列队行进，营地的随员也夹杂在士兵中间。暴雨的到来令这条本来就泥泞湿滑的道路更加寸步难行。日耳曼联军向他们发起了进攻。阿米尼乌斯精通罗马战术，采取了一系列巧妙的策略。在他的指挥下，日耳曼人痛击罗马军团。罗马一方的死亡人数估计在 15 000—20 000 人。据说许多军官都选择了自杀，倒在了自己的剑下。

这 3 个军团（第十七、十八、十九军团）从未得到重建，所以当时的军团总数减少到 25 个。日耳曼人继续在莱茵河以东的罗马阵地上肆虐。自此以后，莱茵河实际上成了帝国的边界，这对欧洲的未来产生了深远的影响，因为莱茵河以东从未经历罗马化。根据苏埃托尼乌斯的记载，奥古斯都对这次惨败惊愕不已，他不停地用头撞墙，并大喊："瓦鲁斯，还我军团！"

军团建制

每个军团都有一个番号，但并不像1—28那么简单，因为在共和末期，很多敌对军团的番号是相同的。元首制出现后，这些番号也没有改变。这意味着军团通常也有自己的名字，这个名字可能来自军团的起源，也可能是为了纪念该军团的杰出成就。例如，奥古斯都时期的第四马其顿军团和第四斯基泰军团。前者在公元前48年由尤利乌斯·恺撒建立，驻扎在马其顿，因此得名；后者是安东尼于公元前42年组建，很可能是为了对付斯基泰人。

军团本身分成若干不同的分队（图3.1）。从最小的单位开始，分别为：

- 班组：由8名士兵组成的一个单位，他们共用一个帐篷，并处理自己的内部事务。
- 百人队：虽然叫"百人"队，但实际上一个百人队由大约80人组成。军团的第一大队例外，其百人队有160人。
- 大队：除了第一大队外，每个大队由6个百人队组成。军团的第一大队从公元1世纪70年代开始由5个双倍规模的百人队组成，每个百人队有160人。
- 军团：军团由10个大队组成。第一大队约为800人；其他9个大队每队480人，总计约4 320人。因此，一个典型的军团通常有超过5 000名普通军团士兵。

除了这些步兵单位，军团还有其他成员。每个军团有大约120名骑兵，他们充当侦察兵和通信兵。其他成员则为指挥各个单位的军官。

图 3.1 一支军团的示意图,各分队为大队和百人队

百人队

各个百人队由一名百夫长指挥。第一大队的 5 名百夫长称为"资深百夫长",是级别最高的百夫长。他们按资历排名,其中最年长的叫作"首席百夫长",在全军团中是一个相当重要的人物。百夫长负责军队的纪律,他们态度非常强硬,可以用藤条鞭打士兵,下手往往不会留情。百夫长渴望成为首席百夫长,通常 50 岁以上的老兵才有资格获得这个任期一年的职位。在那之后,百夫长将退休或晋升。

每个军团还有其他的官员。旗手负责保管百人队的旗帜,这是百人队的军事标志。旗帜通常是一套挂在旗杆上的奖章,由旗手带到战场上。此外,他还负责所在百人队的军饷和存款。每名百夫长还有一位副官。此外,还有发布口令的传令官,以及用声音向士兵发出指示的军号手。

统领军团

军团也有一些高级军官(图 3.2)。有些人来自元老和骑士等级,他们在军队服役的时间比普通士兵短得多。军团长是军团的指挥官,属于元老等级,由皇帝任命。军团长通常在 35 岁上下,之前可能担任过几

图 3.2 旗手、百夫长和鹰旗手

年"宽边袍军事保民官"(见下文)。他会统领军团三四年左右,然后转任帝国的行政官员。

军团长之下有 6 个军事保民官,其中一个地位最高,称宽边袍军事保民官,通常是一个年龄在 25 岁以下(但一般为 18—20 岁)、来自元老阶层的年轻人。因此,他获许穿着象征元老身份的紫色宽边托加袍(*laticlavius*,意为"宽条纹")。参加军团是宽边袍军事保民官政治生涯的起点,通常服役一两年之后便会返回罗马,从事经济和法律方面的管理工作,在行政部门继续自己的政治生涯。大约 10 年后,他可能会以军团长的身份重返军队。

其他 5 个军事保民官是"窄边袍保民官"。他们来自骑士等级，因此可以穿紫色窄边的托加袍（*angusticlavi*，意为"窄条纹"）。他们一般都是 30 多岁，富有并受过教育，担任过几年人民保民官。在这之后，其中一些人回到家乡，通常在帝国的行政部门任职；另一些人则留在军队，担任辅军的指挥官。这些军事保民官的主要职责是担任参谋，负责军队的行政工作，监管军队的福利和日常事务。

军团中另一位高级士兵是军营长。他是军团中级别最高的职业士兵，通常是前任首席百夫长。他是军团长的助手，负责军团的装备和后勤运输，就像今天的军需官。除了这些高级官员之外，还有鹰旗手。他的级别低于百夫长，但高于百夫长的副官。鹰旗手隶属于第一大队，任务是保护军团的鹰旗，并将其带入战场。鹰旗是军团的标志——它是一只黄金制成、翅膀展开的鹰，安放在旗杆顶端。鹰旗是军团最重要的宝物，象征着军团的精神。士兵们对鹰旗有着近乎宗教般的忠诚，在战斗中失去鹰旗将被视为可怕的灾难，也是奇耻大辱。

格奈乌斯·尤利乌斯·阿古利可拉：成功的军事生涯

塔西佗为他的岳父格奈乌斯·尤利乌斯·阿古利可拉写了一篇传记，我们从中可以了解到他的军事生涯。公元 40 年，他出生于一个元老家庭，18 岁时，被派往不列颠行省，担任宽边袍军事保民官。几年后他回到罗马，出任过帝国的各种职位。公元 70 年，也就是他 30 岁的时候，阿古利可拉再次奔赴不列颠，出任第二十胜利者瓦列里乌斯军团的军团长。他的任期于公元 73 年结束，此后他成了高卢总督。公元 77 年，他再度前往不列颠出任总督，直到公元 83 年卸任。在我们的记录中，他是唯一一个在同一行省担任过 3 次不同军职的人。

辅军士兵

辅军士兵通常来自帝国中的非公民，不过也有从外国人中招募辅军的记录。辅助部队是骑兵中队的骨干，还有一些辅军士兵因其特殊能力而被征召。某些地区的士兵以擅长某种技能而闻名（例如，弓箭手通常都来自叙利亚）。辅助部队驻扎在自己的要塞，与军团要塞分开。辅军要塞的规模比军团要塞小（见下文），却是罗马控制各行省边境地区的关键。

在辅军当兵对帝国非公民极具吸引力，原因有两点：它提供了一份稳定的工作，而辅助士兵退休后又能获得罗马公民身份，这意味着他的孩子也会自动成为罗马公民。辅助部队似乎经受了与军团相似的训练，因为他们具备不相上下的作战能力。然而，辅军士兵的饷酬要低得多，大约是军团士兵的三分之一。尽管如此，辅军步兵大队经常在战斗中首当其冲——他们最先被派上战线，因为指挥官认为，失去辅军士兵比失去军团中的罗马公民要好。

辅助部队组成了更小的战斗单位，与军团建制分离。他们的步兵支队通常有480人，但也有一些能达到800人。他们也称为大队，一个480人的大队分为6个百人队。所有的辅助部队都由骑士阶层的罗马公民指挥。辅助部队中有一个重要单位，叫作骑兵大队。一支骑兵大队人数略高于512人，分成每队32人的骑兵中队。每支骑兵大队都有一面军旗，每个骑兵中队也有一个军标。第三种辅助大队是步兵和骑兵的混成部队。

罗马海军

在帝制时期，罗马人基本不会面临任何敌人的海上威胁。经过公元前1世纪60年代庞培和30年代屋大维的剿灭，地中海海盗已经得到肃清（尽管在内战期间意大利海岸遭到了海军袭击——公元69年，一支原属于奥托的舰队在游荡中袭击了意大利沿海地区，阿古利可拉的母亲尤利娅·普洛奇拉在自己的庄园中遇害，财产也遭洗劫）。因此，罗马海军在开疆拓土和保卫帝国上的重要性远不如陆军。尽管如此，奥古斯都很清楚保有一支强大海军的重要性。他令海军变得专业化，建立了 3 个大型海军基地：一个在高卢地中海海岸的弗洛姆·尤利伊（Forum Iulii，直译为"尤利乌斯广场"，今天的弗雷瑞斯），控制高卢和西班牙海岸；另一个在那不勒斯湾的米赛努姆，监控地中海西南；第三个在拉文纳，保护亚德里亚海海岸。此外，莱茵河等主要河流上也有舰队驻扎。

舰队船员大多来自拥有悠久航海传统的帝国东部地区（如希腊、腓尼基和埃及）的非公民阶层，因此，他们获得了与辅军部队相同的地位。水手们要服役 26 年，退伍后获得罗马公民身份，以及一笔可观的退休金（尽管人们普遍认为罗马海军依赖于"舰船奴隶"，但没有证据表明罗马海军使用了奴隶劳工）。舰队由一名属于元老阶层的海军长官指挥（一位著名的海军长官是老普林尼，他死于公元 79 年的维苏威火山爆发）。单艘战船由船长指挥，而舰队中队由舰队指挥率领。与水兵一同作战的海军陆战士兵组成了自己的百人队，由一名百夫长和一名副官指挥。海军的主要职责是：运输陆战部队和支援陆战；保护沿海居民；打击海盗，为商船护航；击退入侵罗马水域的蛮族。

军团士兵

征召与训练

一名军团士兵必须是罗马公民（尽管在公民较少的帝国东部，有时也会授予应征入伍者公民身份）。申请人通常是年轻人，可能会带一封推荐信，然后由一个有经验的官员组成的审查委员会予以考核。一个名叫韦格蒂乌斯的作家记录了公元 4 世纪军团招募和训练的过程。韦格蒂乌斯向征兵官提出了以下建议：

> 一个年轻的新兵应该眼睛有神、头颅高昂，他应该胸部宽阔、肩膀有力、手臂强壮、手指修长，他应该有一个平坦的腹部和一个瘦削的臀部，他的小腿和双脚不能松弛无力，应该充满紧实的肌肉。
>
> （韦格蒂乌斯，《兵法简述》，1.6—7）

韦格蒂乌斯接着描述，面试官应该了解应征者之前从事的行业，木匠、屠夫、铁匠和猎人是最合适的人选。除了面试之外，通常还会有一段试用期，在此期间，申请人要接受仔细的体检。如果他最终获许入伍，会得到一笔钱作为前往军团要塞（也就是军团总部）的旅费。抵达后，他要进行军事宣誓并在每年年初重新宣誓，随后他会接受一段时间的训练。

正式在军中开始全职服役之前，军团新兵需要接受艰苦而全面的训练。第一课要学的是行军，因为普通士兵要在5小时内行军20英里。行军是训练的关键部分，有助于培养良好的纪律，即使是一个训练有素的军团士兵也必须每天训练一次。此外，练习者还要通过游泳、骑马、跑步和跳跃练习来增强体能和技巧，在进行后3项训练时都要背着沉重的背包。

新兵随后将开始武器训练。他将手持两倍重的柳条盾牌和木剑，学习如何攻击齐头高的木桩。他要学习用短剑捅刺敌人，这比用长剑劈砍造成的伤害更大——向上的刺击会直插敌人的要害。新兵还有一根木制标枪，用来练习向木桩投掷。他的另一项训练是学习在全副武装的情况下从任何一侧跳上或跳下马背。他也要学会用盾牌保护自己，以及用它当作进攻武器击打对手。训练的最后一个关键内容是学习如何建造营地，对需要在敌方领土上保护自己的军队来说，这是一项至关重要的技能。

装备

几个世纪以来，罗马人的军事装备不断变化，在帝国的不同地区也各不相同，以适应当地的情况。然而无论在什么时期，有一些核心装备，也就是军团士兵穿在及膝外衣之外的装备（图 3.3）是不变的：

- 头盔。面颊和颈部都有保护，盔顶还可以装饰马鬃或羽毛来表

图 3.3　一名罗马军团士兵

明士兵的军衔或单位。
- 盔甲。最常见的类型是学者称为环片甲的盔甲。它主要由铁制成，覆盖胸部和肩部。
- 盾牌。一块四方形的曲面盾牌。它由3层木头黏合而成，外面包裹牛皮，正面还铺有一层亚麻。盾的边缘通常用青铜加固。内侧的把手还会受到外侧的一个铁制或铜制凸起保护。
- 剑。刃长45—50厘米。士兵用剑近距离捅刺，剑鞘放在身体右侧。
- 投矛。通常为2米左右（一名军团士兵一般携带2支投矛），由一根长木杆和一个长65—75厘米的铁头组成。有效掷出的投矛可以刺穿盾牌或盔甲。即使它没有杀死敌人，也很难将其拔出来，因为铁头往往会在冲击下折弯。

军团要塞

军团要塞是军团的总部（图3.4和图3.5）。虽然没有哪两个军团要塞是完全一样的，但它们都有相似的构造。起初大部分要塞是木制的，但从公元2世纪初开始，要塞逐渐改为石制。要塞呈长方形，四角为圆角，周围有壕沟和围墙。沿着围墙建有很多瞭望塔。围墙每边都有坚固的城门，其中一条窄边上的门是正门。从这里，要塞三条主路之一的"指挥部大道"通往主要的建筑，包括指挥部和要塞总部（图3.6）。在总部前，指挥部大道与横贯要塞东西两门的另一主路"第一大道"汇合。第三条主路"第五大道"，横穿要塞另一边的主要建筑。

要塞总部是要塞的中心建筑。它分成两部分，一部分是一块庭院，三面有带顶的围墙；另一部分以一座长方形会堂为基础。会堂是一座大厅或有顶棚的建筑，许多军团成员可以在此集合。会堂有一个演讲台，

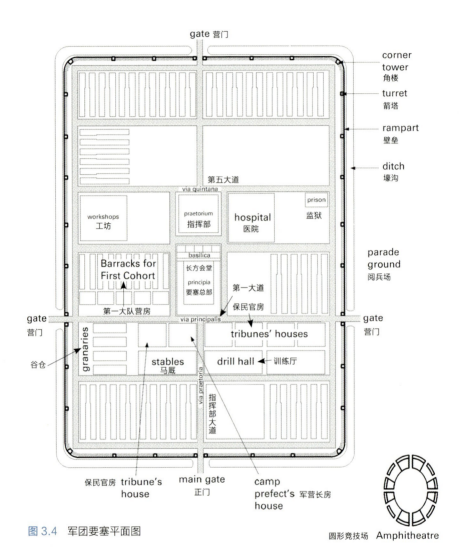

图 3.4　军团要塞平面图

供军团长向部队训话。会堂周围有 5 个小房间,包括行政办公室和一个存放该军团旗帜的神祠,神祠中间安放着一尊在位皇帝的雕像。会堂的一边是指挥部,也就是军团长的私人住所。这里就像罗马的别墅,可能拥有豪华的设施,譬如中央供暖系统和私人浴室。

要塞里还有许多其他建筑。既有医院和工坊,又有设计良好的粮仓，使粮食在任何天气状况下都能保持低温和干燥。还有一套浴室，可以让士兵们保持干净和健康，也可以用于社交。要塞里当然有许多

图 3.5　公元 1 世纪晚期罗马要塞的分布图。要塞名称：1. 英赫图梯（Inchtuthil）；2. 埃博拉库姆（Eboracum，约克）；3. 德瓦（Deva）；4. 伊斯卡（Isca）；5. 诺维奥玛古斯（Noviomagus，奈梅亨）；6. 维提拉（Vetera）；7. 诺伊斯（Novaesium）；8. 博纳（Bonna）；9. 摩根提亚库姆（Mogontiacum，美因茨）；10. 米尔博（Mirebeau）；11. 温多尼萨（Vindonissa，温迪施）；12. 卡努图姆（Carnuntum）；13. 阿昆库姆（Aquincum）；14. 普埃托维奥（Poetovio，普图伊）；15. 西米乌姆（Sirmium）；16. 维米那奇乌姆（Viminacium）；17. 辛吉敦努姆（Singidunum，贝尔格莱德）；18. 欧斯库斯（Oescus，吉根）；19. 诺维（Novae）；20. 萨塔拉（Satala）；21. 梅利泰内（Melitene）；22. 萨摩萨塔（Samosata，库尔德）；23. 泽乌玛（Zeugma）；24. 拉法奈（Raphanaea）；25. 耶路撒冷（Jerusalem）；26. 尼科波利斯（Nicopolis）；27. 泰贝萨（Theveste）；28. 莱吉奥（Legio，莱昂）①

---

① 译名大多为罗马时期的古地名。若该军团旧址发展成现代城市，则在括号中注明。
　　——译者注

图 3.6 巴尔干地区默西亚行省的诺维要塞复原图。右上角呈剖面展示的房间是会堂后面的神祠

兵营,按大队分开,下面细分为百人队和班组的营房。一个班组的营房有两间屋子,一间用来睡觉,另一间有壁炉,用作客厅和厨房。百夫长自己有一个更大的房间。要塞外通常有一座圆形竞技场。它必须大到足以容纳整个军团,并且主要用于军事目的:训练、集合和游行。当然,它也可以用于传统的角斗表演。

行省秩序

对于当地人如何看待自己臣服于罗马人之事,很难形成明确的观点,因为在我们的史料中听不到他们的声音。一方面,丧失自由、缴纳贡税和向外国主人提供军队的负担不可能不值一提。另一方面,作为帝国的成员肯定也有一些好处。例如，肃清地中海海盗有助于贸易和经济的繁荣。而在某些地方，事实证明罗马人还强于之前的统治者。马其顿人支付给罗马人的赋税只相当于支付给马其顿统治者的一半，而且，获得罗马公民身份的人拥有许多特权，他们得到了有力的法律保护。

此外，各行省可以将保卫自己土地的任务交给训练有素的罗马军队，非公民也可以加入他们的辅军。帝国也有统一的法律和秩序体系，罗马的中枢当局能够在危机时刻提供帮助。例如，公元17年亚洲发生严重地震后，提比略提供了1 000万塞斯退斯的救济金，并免除了此后10年的全部税收。公元79年，提图斯皇帝也对维苏威火山爆发的幸存者提供了援助。值得注意的是，在整个罗马帝国的历史上，我们很少能找到被征服民族掀起"独立运动"的记录。

东部行省

罗马人征服的帝国泾渭分明地分为东、西两部分。当罗马在公元前2世纪和公元前1世纪征服东方时，他们发现几乎不需要对已经城市化的市政结构做出调整，他们只需把自己"嫁接"上去。东方拥有长期形成的陆上和海上贸易路线，文化生活几个世纪以来一直受到巴比伦人、埃及人、波斯人和希腊人等民族影响。实际上，经过公元前4世纪二三十年代亚历山大大帝的征服后，整个小亚细亚、黎凡特和埃及都吸收了希腊文化，就像日后的罗马一样。

这并不意味着东方没有任何改变。例如，在公元1—2世纪，东方出现了一种典型罗马文化的产物——角斗、斗兽和处决的表演。一些作家对此表示厌恶，例如，希腊人菲洛斯特拉图斯写的一本关于提亚纳的阿波罗尼乌斯的传记中就有所表现。阿波罗尼乌斯生活在公元1世纪的雅典。菲洛斯特拉图斯描述了阿波罗尼乌斯如何在他的城市里禁止这些罗马表演：

> 他在雅典还纠正了另一个错误：雅典人涌向卫城下的剧场，一心想要屠杀人类。如今在雅典，人们对这种表演的热情远远超过了科林斯。通奸犯、男妓、窃贼、抢劫犯、绑匪以及诸如此类的人，都被大笔的钱买走，然后送到竞技场。人们把他们武装起来，让他们自相残杀。
>
> （菲洛斯特拉图斯，《提亚纳的阿波罗尼乌斯传》，4.22）

菲洛斯特拉图斯继续引用阿波罗尼乌斯的话，称他深感惊讶，因为女神雅典娜竟然没有因为厌恶流血而离开雅典卫城的家。

罗马人和犹太人

罗马人与他们在东方的臣属之一——犹太人之间的关系尤其值得研究。犹太是一个动乱频发的行省，公元66—70年的犹太起义是罗马帝国历史上最严重的叛乱之一。此外，正是犹太教孕育了基督教，并逐渐塑造了帝国晚期和未来欧洲数个世纪的历史。

犹太人历来是近东地区一个小而重要的群体。他们生活在埃及和美索不达米亚两大文明之间，此外还有相当数量的犹太人散居在地中海东部的其他城市，特别是埃及的亚历山大里亚。公元前1世纪中叶，罗马城也有相当规模的犹太人，也许在5万人左右（人们在奥斯提亚发现了欧洲已知最古老的犹太教堂，时间可以追溯到公元前1世纪中叶）。公元前63年是犹太人和罗马人关系的关键时刻，当时庞培在东方战役中征服了犹太并把它变成了罗马的被保护国。在攻占耶路撒冷之后，庞培进入了至圣所，也就是圣殿最里面的圣所，而这里只允许大祭司进入。因此，在日后庞培与恺撒的内战中，犹太人更乐意支持庞培的劲敌恺撒也就不足为奇了。作为奖赏，恺撒允许他们重建耶路撒冷的城墙。

策划这项工程的人是希律大帝，他在公元前37年被罗马人任命为被保护国的国王。希律王热爱希腊文化，重建圣殿是他宏大建筑计划的核心，此外，该计划还包括一座剧院和一座赛马场。公元前4年前后希律王死后，奥古斯都将犹太王国分给了他的3个儿子。然而，事实证明他们并不称职。公元6年，皇帝吞并了犹太，把它变为罗马的一个小行省，由一个骑士等级的军事长官市政官（后来演变为财务督察）管理。与此同时，奥古斯都开展了一次人口普查，由邻近叙利亚行省的总督普布利乌斯·苏尔庇奇乌斯·奎利尼乌斯主持。对此一些犹太人呼吁反抗，他们认为接受人口普查意味着自己的地位如同奴隶。

尽管如此，奥古斯都十分注意犹太人的习俗，并确保在罗马的犹太人享有宗教自由，一如他们在尤利乌斯·恺撒统治时那样。只要他们愿意为皇帝的安全祈祷，就无须在皇帝祭仪中献祭。然而，公元14年奥古斯都死后，尤其是公元26—36年庞提乌斯·彼拉图斯[①]担任市政官时，罗马人与犹太人的关系急剧恶化。彼拉图斯在很多方面激怒了当地居民。例如，他在耶路撒冷立起了罗马军团的军旗和镀金盾牌，这些都被犹太人视为偶像崇拜。他还挪用犹太圣殿的财富修建了一座引水桥。

公元37年，新皇帝卡里古拉试图平息动乱。他任命希律大帝的孙子希律·阿格里帕统治犹太的部分地区。这个"希律"是罗马化的犹太人。他在罗马长大，并与未来的皇帝克劳狄一起接受教育。然而，卡里古拉很快就在犹太失去了人心。他面对亚历山大里亚城中犹太人和希腊人的冲突时处置失当，还试图在耶路撒冷的圣殿里安放自己的雕像，希律·阿格里帕好不容易才避免了此事。公元41年克劳狄继位后，任命希律·阿格里帕为全犹太省的统治者，但当他在公元44年去

---

① 即和合本《圣经》中的本丢·彼拉多。——译者注

世时，犹太又归于罗马的直接统治之下。

犹太大起义

公元 66 年，犹太人和罗马统治者之间的关系已经势同水火，后来终于引发了暴乱，史称第一次犹太 - 罗马战争，或者犹太大起义。当罗马人在公元 70 年占领耶路撒冷时，起义基本被镇压下去，但有些反叛者在马萨达一直坚持到公元 73 年。

起义的导火索是财务督察盖西乌斯·弗洛鲁斯的行动。面对反征税的抗议，他派士兵闯入圣殿，从金库中抢走了 17 塔伦特。在随后的骚乱中，弗洛鲁斯杀死了数百人。许多骑士等级的犹太人被钉死在十字架上，其中有些是罗马公民，他们本不应该遭受这种耻辱的死刑。耶路撒冷爆发了一场大规模的叛乱，起义军很快占领了城内的罗马卫戍要塞。

邻省的叙利亚总督塞斯提乌斯·伽路斯率领一支规模可观的军队前来镇压。他前期进展顺利，直到部队在通过耶路撒冷附近的伯和仑时遭到伏击。犹太起义军杀死了 6 000 个罗马人，夺取了军团的旗帜，并在耶路撒冷建立了独立政权。起义惊动了罗马朝野。皇帝尼禄任命经验丰富的将军韦斯帕芗前去平叛，并将韦斯帕芗的儿子提图斯任命为他的副手，此次平叛他们得到了 4 个军团。

韦斯帕芗父子的军队在公元 67 年夏初进军犹太，沿行一路屠杀。他们的第一场大仗是对加利利的约塔帕塔展开的长达 47 天的围攻。提图斯领导了这次围城战，4 万名犹太人战死或自杀，1 200 名妇女和儿童沦为奴隶。公元 67—68 年，提图斯继续穿过加利利的其他地区，但当尼禄已死的消息传来时，他们暂停了军事行动。韦斯帕芗派提图斯去觐见新皇伽尔巴。直到公元 69 年底韦斯帕芗自己成为皇帝后，战事才继续展开。韦斯帕芗命提图斯统领罗马军队，并于公元 70 年初开始围攻耶路撒冷，这次围城持续了 140 天。

在过去的两年里，耶路撒冷的犹太人忙于派系内斗，但现在他们联合起来迎击罗马人的围攻。随着围城的进行，城市逐渐被摧毁，正如约瑟夫斯所描述的：

> 之前曾见过旧时犹太和这座城市优美市郊的外地游客，如今目睹眼前满目疮痍的景象，无不会为它的剧变扼腕叹息。战争摧毁了这座美丽城市的每一个角落，如果以前来过的人突然出现在此，他根本不会认出这个地方。
>
> （约瑟夫斯，《犹太战记》，6.7—8）

罗马人最终获胜并洗劫了这座城市。约瑟夫斯称，有110万人被杀，另有97 000人沦为奴隶。罗马人还洗劫并烧毁了圣殿——犹太人数百年来的信仰中心。

约瑟夫斯

约塔帕塔的犹太将领约瑟夫斯是罗马历史上最有趣的人物之一。在公元67年约塔帕塔城破后，他和其他40名起义者躲在一个山洞里，约定一起自杀。约瑟夫斯建议抽签，让一个人杀死身边的同伴，直到只剩下两人。约瑟夫斯幸存到了最后，然后说服另一名幸存者和他一起投降。他被带到韦斯帕芗面前，预言这位罗马将军将成为皇帝。韦斯帕芗饶了他一命，让他做奴隶和翻译。公元69年韦斯帕芗真的成了皇帝，他赐予约瑟夫斯自由和罗马公民的身份，并赐名弗拉维乌斯·约瑟夫斯。约瑟夫斯成了皇帝家族的忠实盟友，并在公元70年提图斯攻打耶路撒冷时担任翻译。约瑟夫斯后来成为弗拉维乌斯家族的御用史家，他写的两部作品流传至今：描述大起义的《犹太战记》和记录犹太人历史的《犹太古事记》。

公元 71 年，提图斯在罗马举行了一场盛大的凯旋式，庆祝他在犹太的胜利。从公元 82 年建立在罗马广场入口处的提图斯凯旋门上，仍然可以看到当时的场景。凯旋门上刻画着罗马士兵从圣殿中夺走的宝物，如图 3.7 所示的 7 枝烛台。起义遭镇压后，许多犹太人被带到罗马做奴隶。随后的几年里，犹太奴隶劳工成了建造大竞技场的主力。

犹太人有一个教派称为杀手派，其成员与他们的犹太同胞发生了冲突，在罗马人围城前被驱逐出耶路撒冷。他们逃到马萨达，一座位于犹太沙漠边缘某处大山顶的堡垒。他们的人数扩张到 960 人，由以利亚撒·本·亚伊尔领导。这座山顶易守难攻。公元 72 年，罗马军队开始攻打堡垒，并在第二年修建了一条通往山顶的坡道。当罗马人冲进要塞时，发现几乎所有的犹太人（男人、女人和孩子）自杀身亡，只有躲起来的 2 名妇女和 5 名儿童还活着。

图 3.7　提图斯凯旋门描绘了韦斯帕芗和提图斯公元 71 年凯旋式的部分场景。罗马士兵头戴月桂冠，扛着从耶路撒冷圣殿掠夺来的战利品：七枝烛台和银喇叭

正如我们在第二章所说，这次大起义并不是犹太人在罗马统治下的最后一次反抗。公元 115 年，流散在北非昔兰尼加行省的犹太人起身抵抗异教邻居和罗马统治者的迫害。起义远达埃及、塞浦路斯甚至巴比伦。罗马人费了好大力气才将其镇压下去。第三次起义于公元 132 年在犹太爆发，起因是哈德良禁止割礼。哈德良犯了和之前罗马统治者一样的错误，没有对犹太人的习俗和信仰给予重视和尊重。

西部行省

西部省份完全是另一番景象。罗马人在非洲和西欧征服的民族大多属于部落，也有些是游牧民族。在帝国的这一半，罗马人经过深思熟虑，制定了城市规划政策，并建立了交通基础设施。通过建立集市城镇并使其作为边远地区的行政中心，以及修建与这些地区相连的道路，贸易得到了发展。罗马人在非洲建立了 600 多个这样的市镇，并打造了复杂的灌溉系统，很多城镇周围的干旱土地变成了绿地和多产的农田。

这些城镇以其规则的矩形网格街道而闻名，这种模式参照了军团的营地。实际上，往往也是军队的技术专家，即测量师、建筑师和工匠负责建筑工程。阿尔及利亚的提姆加德遗址就是这种城镇规划的绝佳案例。如图 3.8 所示，今天的废墟展现了城市如何被精心布置在一个网格平面上，可以看到一座广场、一座剧院、道路和成片的街区。远离城镇核心的郊区无法让街道规划继续保持直线，因为主干道通往的邻镇位于不同角度。提姆加德这类城镇的另一个特点是，主要街道两旁都有柱子，用以拉起盖帘，可以在炎热的白天提供荫凉。

在不列颠，罗马人也实施了同样的城市规划政策。公元 43 年，征服该岛南部后，罗马人建立了 14 个主要城镇作为部落地区的枢纽。科尔切斯特是第一批建立的，由罗马的退伍老兵建于公元 49 年。到了公

图 3.8 提姆加德遗址的航拍照片

元 60 年，不列颠已经有了一座剧院、一座元老院会堂和一个祭拜皇帝的神庙（人称神圣的克劳狄神庙，以纪念这位皇帝征服不列颠）。其他建于公元 1 世纪下半叶的城镇包括莱斯特、圣阿尔班、坎特伯雷、温彻斯特、奇切斯特和埃克塞特。它们都有一众令人印象深刻的公共建筑，包括法院、议事会、税务局、澡堂，甚至还有剧院和竞技场。施行这项城镇建设计划的人是公元 78—84 年的不列颠总督格奈乌斯·尤利乌斯·阿古利可拉。他的女婿塔西佗解释了阿古利可拉的行省政策：

> 阿古利可拉不得不与分散居住又蒙昧无知、因而凶狠好战的人打交道。他的目的是给他们提供便利设施，令他们习惯于和平安宁的生活。因此，他分别以个人和官方的名义，鼓励和帮助当地人修建庙宇、广场和舒适的房屋……此外，他让首领们的儿子接受文化教育，表示相比高卢人训练出的技能，他更喜欢不列颠

人的能力。结果就是,他们不再讨厌拉丁语,反而渴望能讲一口流利的拉丁语。同样,我们民族的服装也开始流行,托加袍随处可见。因此,当地人逐渐迷上了拱廊、浴场和奢华宴会。毫无防备的不列颠人把这些新奇事物称为"文明",实际上这只是他们遭受奴役的特征。

(塔西佗,《阿古利可拉传》,21)

在最后的评论中,塔西佗流露出自己对接受罗马生活方式的外省人的轻蔑。尽管如此,这段话还是让我们得以管窥罗马人如何试图鼓励当地精英认同罗马统治者。

这些新城镇为周围农村的居民提供了一个中心。一些豪华的大别墅也建在农村(通常作为农场的基地),但大多数人像往常一样,依然过着农民生活。然而,可能他们过去自给自足即可,现在却不得不生产出剩余农产品,以便向罗马统治者缴纳贡粮。此外,他们现在有一个更大的贸易中心可以前往,有更多的商品可以交换、买卖。实际上,考古植物学家已经得出结论,罗马人将大约 50 种新食物和调味料带入不列颠,包括苹果、梨、豌豆、胡萝卜、芹菜、香菜、茴香,甚至还有鸡。这些并不是随罗马人一同来到岛上的全部新鲜事物:他们还带来了猫和荨麻。

文化多样性

很多例子表明,人们会在帝国的不同地区流动,开展工作和生活,最常见的是士兵或商人。这意味着帝国见证了不同思想和文化传统的广泛交流。

在英格兰东北部发现的一对墓碑上,我们找到了一个例子。墓碑可以追溯到公元 2 世纪。其中一个发现于科布里奇,上面写着:"纪念帕米拉的巴拉泰斯,军旗制造者,享年 68 岁。"巴拉泰斯可能是一名退伍军人，退伍后继续靠制作军标和军旗为生。他来自叙利亚的帕米拉，说明他曾随罗马军队被派往不列颠。这次调遣让他从帝国的一端来到了另一端，直线距离超过 2 000 英里，算上道路或乘船路途将更加遥远。

距离巴拉泰斯的墓碑 25 英里处，在南希尔兹的一处罗马要塞中发现了另一个墓碑（图 3.9）。这块引人注目的纪念碑的墓主是一位名叫雷吉娜的不列颠妇女。碑文上写着："致死者的灵魂，致雷吉娜，她来自卡图维劳尼亚部落，享年 30 岁，是帕米拉的巴拉泰斯的被释奴和妻子，是他建立了这座墓碑。"下方的帕米拉文字是："雷吉娜，巴拉泰斯的被释女奴，安息吧！"雷吉娜被描绘成一个善良和尽职的妻子：她拿着一根线棍和纺锤，左脚旁是一个装着毛线球的篮子。雷吉娜明显也有一些值钱物件：她戴着手镯和配套的项链，右脚旁边放着一个打开的首饰盒。

我们无从得知巴拉泰斯如何遇到雷吉娜并与之结为连理。雷吉娜可能是巴拉泰斯的女奴，为了娶她，巴拉泰斯给了她自由。无论如何，雷吉娜的墓碑是罗马帝国的奴隶实现社会地位向上流动的又一例证。我们或许也会思考，为什么巴拉泰斯在铭文最后用家乡语言又加上了一段话。这只是他的个人情感，还是说为了让其他在英格兰东北部工作生活的叙利亚人能读到它？

图 3.9 巴拉泰斯为雷吉娜竖立的墓碑，底部刻有拉丁文和阿拉姆语铭文

在重建罗马人对外省人的影响时，我们遇到的一个问题便是缺乏被征服民族自己的"声音"。我们几乎没有史料可以证明他们如何看待罗马主人。然而，在一段著名的描写中，历史学家塔西佗试图为我们展示硬币的另一面。他设想了一段不列颠北部喀里多尼亚部落叛军领袖卡尔加克斯的演讲，部分内容如下：

> 他们（罗马人）是世界的掠夺者，不分青红皂白地踩躏了每一处土地，现在又开始对海洋下手了。富有的敌人激起他们对财富的贪欲，可怜的敌人激起他们对权力的贪婪……他们抢劫、屠杀和掠夺，然后称这为治理；他们制造了荒芜，却称之为和平……我们的妻子和姐妹，即使没有被敌军士兵强暴，也会被冒充我们朋友和贵客的男人引诱。我们的货物和钱财被当作贡税收走，我们土地上的收成被掠去堆满他们的粮仓。在压迫者的鞭笞下，我们的手脚因在森林和沼泽中修建道路而致残。

（塔西佗，《阿古利可拉传》，30—31）

塔西佗显然不懂卡尔加克斯的语言。他试图给出"另一边"的视角，严厉批判罗马的帝国主义，实在是引人注目。然而，尽管卡尔加克斯的话似乎很振奋人心，罗马人却再次增添了彻底击败反叛部落的记录。

▎布狄卡大起义

罗马人一直依靠本地精英管理他们自己的部落。当罗马人与当地精英发生冲突时，动乱就会发生。公元60年发生在不列颠的布狄卡大起义很好地诠释了这一点。罗马人解决这一问题的方式，也显示出他们一手实用主义、一手残酷镇压的两手并用。

罗马人在公元43年征服不列颠时，已经在某些地方与一些不列颠部落结成了同盟。伊凯尼人就是其中之一，他们居住在今天英格兰东部的剑桥郡和诺福克地区。公元1世纪50年代，伊凯尼人的统治者是普拉苏塔古斯，正是他的死引发了起义。两位历史学家塔西佗和卡西乌斯·迪奥都记载了起义经过，不过关于起因的描述有所不同。在起义爆发几十年后写作的塔西佗记述得更加详细：

> 伊凯尼人的国王普拉苏塔古斯，在经历了多福多寿的一生后，决定将皇帝与自己的两个女儿列为共同继承人。普拉苏塔古斯希望这种顺从的姿态能使他的王国和家庭免遭攻击。但事与愿违，他的王国和家庭都被当成了战利品，一个被罗马军官掠夺，一个被罗马奴隶掠夺。一开始，他的遗孀布狄卡遭到鞭打，他们的女儿惨遭强奸。伊凯尼人的部落首领及酋长们被剥夺了世袭财产，仿佛罗马人受赠了整个国家似的。国王的亲属被当作奴隶对待。
>
> （塔西佗，《编年史》，14.31）

这个时期，所有罗马和行省的精英都必须将皇帝列为共同继承人，以确保遗嘱能得到认可。然而，普拉苏塔古斯将皇帝列为自己女儿的共同继承人，无疑是希望能为家族保留一些威望，并维持王国的独立。对此，罗马人却表现得野蛮而傲慢，由此不难看出塔西佗的语气是在谴责己方。

根据塔西佗的说法，伊凯尼人并不是唯一心怀不满的不列颠部落。特里诺文特人居住在现在的埃塞克斯地区。罗马人在卡姆洛敦努姆（今天的卡尔切斯特）的举动激怒了他们。特里诺文特人憎恨在那里定居并将自己赶出家园的罗马老兵，也厌恶在城镇中建起的祭祀皇帝的神庙。

然而，在150多年后迪奥写成的史书中，尽管仍然是布狄卡领导起义，但没有提到塔西佗给出的原因。迪奥称起义的原因是经济上的：

> 克劳狄之前赐予过不列颠上层人物一笔赏金，岛屿的财务督察戴奇亚努斯·卡图斯宣称，他们应该交还这笔钱和剩余钱款。没收这笔钱成了不列颠人挑起战争的一个理由。另一个原因是塞涅卡。他希望赚一笔利息，强行借给岛上居民4 000万塞斯退斯，哪怕对方并不愿要；之后他又一次性收回全部贷款，并使用强硬手段收钱。于是起义爆发了。
>
> （卡西乌斯·迪奥，《罗马史》，62.2.1）

正如我们所见，财务督察直接向在罗马的皇帝负责，而不是向本省总督负责。著名的哲学家、当时担任尼禄皇帝导师和顾问的小塞涅卡，在此被描绘成一个无情的放债人。

起义由布狄卡领导。她在丈夫去世后成为伊凯尼人的领袖（图3.10）。她起事的时机把握得很好：当时的行省总督盖乌斯·苏埃托尼乌斯·保利努斯正在威尔士西北海岸的安格西作战，该省的4支军团中有3支的主力都分散在威尔士各地，只有一个军团——第九西班牙军团离战场相对较近。最初布狄卡进展顺利，攻陷并烧毁了科尔切斯特、伦敦和圣奥尔班的城镇（考古记录显示，这3个城镇地下仍有带有焚烧痕迹的考古层），数千人丧生。然而，苏埃托尼乌斯率军回击叛军，并残酷地将其镇压，屠杀了成千上万人。

这场战斗后，不列颠人的苦难仍在继续。首先，当年他们没有耕作，而是依靠夺取罗马人的补给为食，所以此时遭遇了饥荒。其次，苏埃托尼乌斯一心要复仇。尼禄皇帝从日耳曼调遣了增援部队：2 000名军团士兵以补充第九西班牙军团，另有8个大队辅助步兵和1 000名辅助骑兵。但并非所有罗马人都赞同苏埃托尼乌斯的复仇计划，特别是行省的新任财务督察、前来取代戴奇亚努斯·卡图斯的尤利乌斯·阿尔庇努斯·克拉斯奇亚努斯，与总督产生了龃龉。

图 3.10 这组青铜雕塑正对着伦敦的国会大厦,展现出布狄卡和她的女儿乘坐战车的情形。雕塑由雕刻家威廉·桑尼克罗夫特造于 1883 年。布狄卡的故事在维多利亚时期十分流行,当时不列颠也由一位强大的女王统治

克拉斯奇亚努斯似乎明白,罗马人只有与当地人合作才能征服这个行省。塔西佗将总督和财务督察之间的冲突描述为私人不和:

> 克拉斯奇亚努斯……和苏埃托尼乌斯关系不睦,因此任凭自己的个人仇恨损害国家利益。他四处传话,称要等待一位新总督,他能够仁慈地对待投降者,既不会像死敌那样心怀仇恨,也不会像征服者那样盛气凌人。他还向罗马报告说,除非派人接替苏埃托尼乌斯,否则战争不可能结束。他把苏埃托尼乌斯的失败归结

于后者的残忍刚愎,把其成功归结于好运。

(塔西佗,《编年史》,14.38)

塔西佗在此对克拉斯奇亚努斯的评价似乎不太公平。也许他受了岳父阿古利可拉太多影响,因为后者可能更同情苏埃托尼乌斯。不管怎么说,克拉斯奇亚努斯看到了部落土地遭到的破坏,明白这对罗马的税收造成了灾难性的后果。

尤利乌斯·克拉斯奇亚努斯

盖乌斯·尤利乌斯·阿尔庇努斯·克拉斯奇亚努斯是罗马不列颠历史早期的关键人物。我们基本可以确定,他的祖先是凯尔特人,他的岳父是尤利乌斯·印都斯,一个日耳曼摩泽尔河附近特里尔地区的凯尔特贵族。在提比略统治时期,印都斯支持罗马人镇压了当地一场危险的叛乱。克拉斯奇亚努斯由于了解凯尔特部落,很可能被任命为不列颠的财务督察。果真如此的话,这次委任可谓颇具远见,因为在罗马历史的这个阶段,帝国几乎所有的行政官员来自意大利。克拉斯奇亚努斯受命前往不列颠,似乎表明罗马人决心在该省另行新政。

我们知道,克拉斯奇亚努斯在不列颠一直任职到去世。1852年,人们在伦敦塔山发现了他的部分墓碑,1935年基本发掘了其余墓碑。今天墓碑被陈列在大英博物馆。

尼禄派自己的被释奴波利克里图斯去调解两人之间的矛盾。这名被释奴向皇帝汇报时隐瞒了冲突的严重程度,苏埃托尼乌斯仍然留任总督。然而,过了一段时间,当苏埃托尼乌斯在海岸上损失了几艘船时,他被召回了罗马——这个小事件似乎被视为罢免他的良机。如果是这样，那么克拉斯奇亚努斯在争斗中笑到了最后。我们在此看到了罗马政策的两手准备：一方面毫不留情地镇压叛乱，另一方面也要解决引发叛乱的潜在不满情绪。

基础设施与交通

我们已经看到，每当罗马人建立一个行省，特别是在帝国的西半部，他们便会创立一套罗马的统治系统。这套系统的核心是基础设施：连接各地的道路，提供淡水的引水桥，以及神庙、法院和市议会等治理行省所需的建筑。这一切都有赖于罗马人的建筑技术。对那个时代而言，他们的技术十分先进和高超。

建筑技术

拱形结构

罗马人因善用拱形结构而闻名。有证据表明，早在公元前 6 世纪，罗马就出现了拱形结构。然而直到公元前 2 世纪，它的使用才开始普及。这一时期，拱形桥梁的数量大增。建造一个简单的拱门十分容易：将一个弯曲的半圆形木制框架放在两堵墙或两根柱子上，结合成一个拱形，然后在框架的顶部放置经过切割的楔形拱石。当添加最后一块拱心石后就可以移除框架，楔形拱石会自然地相互固定（图 3.11）。罗马工程师随后发展出一系列使用拱形结构的方法：拱廊并排起来便组

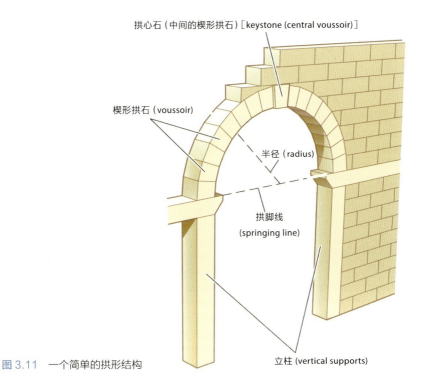

图3.11 一个简单的拱形结构

成了拱顶,相同大小的拱门排成圆圈便形成了穹顶。罗马世界最著名的穹顶就是万神庙的圆顶。

对罗马建筑师来说,拱形结构的最大优点在于它可以支撑极大的重量,经过结合可以跨越很大区域。由此工程师得以设计和建造更大、更多样的建筑。其中许多建筑的外观也十分宏伟,包括帝国的剧院和竞技场。此时桥梁已经很常见。公元105年,图拉真皇帝在多瑙河上建了一座大桥,为他在新的达契亚行省的军队提供补给。大桥的设计师是大马士革的阿波罗多洛斯,正是他设计了罗马的图拉真广场。桥长1 135米(横跨约800米宽的河流),宽15米,高18米,有20个拱洞,每个的跨度约43米。这座桥只被使用了几十年,但今天仍可看到它的部分遗迹。实际上,有500多座罗马桥梁保存至今,其中一些几乎是完整的。

图 3.12　这座瓜迪亚纳河上半英里长的罗马大桥今天仍在使用。它也是古代世界存续至今的最长桥梁

在西班牙的梅里达，有一座横跨瓜迪亚纳河的大桥，长约 0.5 英里，有不少于 60 个拱洞（图 3.12）。而阿尔坎塔拉的桥长 183 米，有 6 个巨大的拱洞，高出河床 45 米。桥上自信的铭辞仍然可见："我建造了一座能够历经数个世纪而不衰的桥。"（*pontem perpetui mansurum in saecula*）

混凝土

罗马人的技术和建筑之所以居于领先地位，很大程度上得益于公元前 3 世纪晚期混凝土的发展和使用。罗马人发现，混凝土的关键成分是意大利盛产的火山灰。它可以与标准的石灰砂浆、建筑石灰和水混合，形成一种高强度的水泥。水泥本身可以用作砖块之间的糊状物（就像今天的水泥一样），但罗马人更喜欢将其与砂砾、石块或大理石碎片等粗糙的材料混合，使其变硬成为混凝土（拉丁语混凝土一词"*concre-*

tus"的字面意思是"紧密结合在一起");或者,如果掺进赤陶土的碎片,那么做出的混凝土就可以防水,可以用来做蓄水池之类的东西。

混凝土的使用彻底改变了罗马建筑。潮湿的混凝土可以倒进由木板制成的模具中,制成任何形状。由此产生的硬化混凝土几乎是坚不可摧的,使建筑物变得十分稳固。因此,混凝土可以用于建造拱顶和穹顶,譬如大竞技场这样的建筑。然而,混凝土不太美观,所以罗马人通常会在建筑表面覆盖其他材料:大理石、石头或砖块。在许多现存的罗马建筑中,这些外层的装饰已经消失了,只剩下混凝土。罗马人的砖工水平也很高。从公元1世纪起,随着建筑数量和体积的急剧增长,罗马人开始以工业化的规模生产砖块。

道路

罗马帝国发展的另一个关键特征,尤其是在西方,要数罗马的道路系统。修建道路与帝国的征服行动有关。罗马军团征服到哪里,道路就跟着修到哪里,以便让部队尽可能快速行军,并提供补给线和贸易路线。第一条也是最重要的道路,是公元前312年由阿庇乌斯·克劳狄乌斯·凯库斯(他还建造了罗马的第一条高架水桥)修建的阿庇乌斯大道(图3.13)。它连通了相隔132英里的罗马和卡普亚,后来又延伸到布隆狄西乌姆等南部港口,开辟了通往地中海东部的贸易路线。随着时间的推移,帝国修建了总长超过50 000英里的要道。这些道路免费供公众使用。因此对帝国的居民来说,罗马的道路是一个巨大的恩惠。

施工方法

罗马人精心地修建道路,使之坚固耐用。虽然罗马道路的表面经常需要修复,但它的地基很牢固,很少需要进一步保养。

图 3.13　如图，阿庇乌斯大道仍有部分路段保存至今

铺设道路时，通常要先挖一条 1—2 米深的沟渠，用一层大石块紧紧地压合在一起（图 3.14）。在这上面是另一层更小的石头，有时会用水泥黏合。路面一般由砾石、压实的小燧石或其他当地常见的物质（如铁矿的矿渣生锈后会形成非常坚硬的表面）组成。在一些地区，因地形所限不能挖掘壕沟，必须将路基架高（如沼泽地上的道路）。如果是这种情况，就要先从坑里或沟里挖土，堆成一个土堆，然后把基石铺到上面。这叫作路堤，有的宽达 15 米，高 1.5 米。

良好的排水系统是罗马道路的另一个重要特征。为了防止积水，路面设计为从中心向两侧倾斜的缓坡，下降比例达到八分之一。一条道路通常宽 4.1 米（可以让两辆马车轻松通过），道路两旁修有排水沟。路上每隔 1 英里就会有一块里程碑（图 3.15），即一个建在坚固四方形基座上的圆柱，高 1.5 米。基座上刻有与道路相关的里程数，碑面上可能刻有负责修建或修复这条道路的官员的详细信息。因此，里程碑有时能

第三章 治理帝国 213

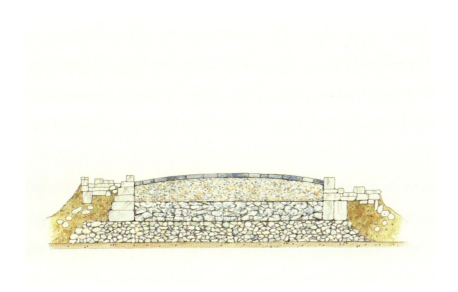

图 3.14 罗马道路剖面

图 3.15 一座保存至今的里程碑，位于坎佩尼亚的泰阿诺

提供很有价值的历史信息。

  罗马的道路以笔直的规划闻名，当然，它们有时也不得不改变方向，所以罗马道路网是由许多连接在一起的较短的直线路段组成。当道路必须改变方向时，下一部分将以一个角度与之相连。当道路需要绕过山丘，或是位于山谷的一侧，需要让斜坡不那么陡峭时，就会出现这种情况。对于罗马工程师如何规划道路，学者们看法不一。传统观点认为，测量员在高点瞭望，决定最佳的路线。如果周围没有高地，或是身处树林，他们就会生火，测量员通过观察上升的烟雾确定前进的方向。然而，最近有观点认为，罗马工程师具备测绘和制图技能，使其能够提前规划长途道路的整条路线。

高速公路

  公元 5 世纪罗马帝国灭亡后，当撒克逊人来到英格兰时，罗马道路当然还在。他们看到高出地面的路堤，称之为"高路"（High Way）。他们还用"铺石路"（Streat）这个词来形容铺石的道路。这就是我们今天所说的"高速公路"（High Street）的起源。在古时位于罗马帝国境内的许多地区，今天的公路和铁路系统依然沿袭着原来的罗马道路。

旅行

  人们徒步或乘坐马车旅行。比如轻型两轮马车（*cisium*），可以承载一两个人，一天可以走 25 英里；还有一种更大的四轮马车（*raeda*），可以容纳几个人和行李。此外，还有用马、骡子，甚至牛拉的货车。所有这些车辆的轮子都包着铁边，这意味着道路经常需要维修。

奥古斯都以道路系统为基础，建立了公务旅行的基础设施，使得国家的信使和高级官员得以快速移动。几个世纪后，史学家普洛柯比乌斯回顾了这套体系是如何运作的：

> 在一个轻装出行的人一天所能到达的距离内，他们（早期的皇帝）建立了驿站。有些道路上设有 8 个驿站，有些道路上较少，但很少少于 5 个。每个驿站配有 40 匹整装待发的马，并有相应数量的马夫。职业信使赶路时经常换马，这些马都是精心挑选的，每隔一段时间就要换一次。如果需要的话，他们可以在一天之内走完 10 天的路程。
>
> （普洛柯比乌斯，《秘史》，30.3—5）

因此，信使可以通过在每个驿站换马而长途奔驰。普洛柯比乌斯在此提到驿站间距估计为 7.7 英里（一罗马里相当于 0.92 英里）。这意味着，公共道路（cursus publicus）的信使每天或能行进 62 英里。在紧急情况下还可能更快：老普林尼记述，当皇帝提比略得知他的兄弟德鲁苏斯在日耳曼已经奄奄一息时，他在 24 小时内疾驰了 184 英里，在弟弟死前赶到了他的身边。

道路每隔 20 英里左右就有一个国家管控的服务站，以供官方旅客过夜。这些服务站称为驿馆（mansiones），由当地税收供养。驿馆通常修建得如同别墅，客人需要出示官方通行证才能入住。驿馆周围往往会有其他配套建筑。私人旅行者可以在客栈（tabernae）住宿或用餐。周边还出现了商店和作坊，因此驿站附近经常会形成一个聚落（图 3.16）。

尽管拥有这种成组织的交通系统，旅行者还是经常面临强盗的威胁。依照现代的标准，罗马世界的犯罪率很高，因为没有足够的资源施行有效管理（《路加福音》中，好心的撒玛利亚人的故事就是一个著名例子，表现出在人们心中旅行多么危险）。讽刺诗人尤维纳尔认为，对

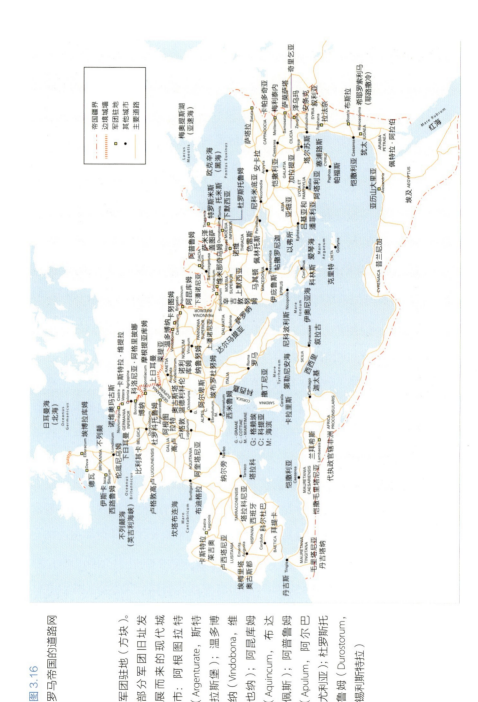

图 3.16
罗马帝国的道路网

军团驻地（方块）。部分军团旧址发展而来的现代城市：阿根图拉特（Argenturate，斯特拉斯堡）；温多博纳（Vindobona，维也纳）；阿昆库姆（Aquincum，布达佩斯）；阿普鲁姆（Apulum，阿尔巴尤利亚）；杜罗斯托鲁姆（Durostorum，锡利斯特拉）

付强盗最好的办法就是空手上路:

> 当你在夜间出行时,哪怕只带了一点财物,你也会把每一个晃动的影子、每一束月光下的芦苇当作刀剑或棍棒。但是两手空空的旅行者,却能吹着口哨从任何劫匪路霸身边走过。
>
> (尤维纳尔,《讽刺诗集》,10.19—22)

高架水桥

在地中海气候下,必须设法用可靠的方式,定期将干净的淡水输送到自然环境干燥的地区进行灌溉。水桥是最有效的方法,它是为输水而建造的人工水道。水桥从高于目标地的地方取水(譬如山泉),然后利用重力让水流向需要的地方。今天,当我们想到高架水桥时,脑中可能会浮现横跨山谷的壮观桥梁,但实际上这只是引水系统的一部分。水道也不得不流经山丘和山脉中的隧道,以确保水总是微微向下流动。

幸运的是,工程师尤利乌斯·塞克斯图斯·弗隆提乌斯为我们留下了关于罗马引水桥的描述。他在公元1世纪末撰写了一部关于水桥的两卷本官方报告。罗马的第一条引水桥是阿庇乌斯水桥,由阿庇乌斯·克劳狄乌斯建于公元前312年,无疑参照了希腊或伊特鲁里亚水桥的模式。公元前272年,罗马人修建了第二座阿尼奥·维图斯水桥。随着城市的发展,水桥的数量也随之增加,城市外的土地也可以得到灌溉。一些水桥也被用来转动水磨。公元前1世纪30年代,阿格里帕试图改善罗马城的供水,并得到了屋大维(即将成为奥古斯都)的同意。他为城市修建了3座新水桥,并成立了一个委员会来管理供水系统。在克劳狄统治时期,又修建了两条大型水桥。到了公元3世纪中叶,这座城市已经拥有11座水桥。据估计,这些水桥总长约有500英里,其中只有 30 英里位于地面之上。它们可以每天为城市提供大约 100 万立方米的淡水。

水桥不仅见于罗马城,也遍布整个帝国。它确实成了罗马帝国地位的象征。在意大利的坎佩尼亚有一条主要的水桥,建于奥古斯都时期,为附近许多城市提供了水源,包括罗马在米赛努姆的海军基地。同样知名的是北非为迦太基城供水的宰格万水桥。该桥大约 80 英里长,建于公元 2 世纪。它是罗马工程的杰作:在宰格万与迦太基之间的最后一段水道,水桥在超过 55 英里的长度中,高度仅下降了 264 米,平均下降幅度仅为 0.3%。保存至今的一些罗马高架水桥的桥段中,最著名的是法国尼姆的加德水桥(Pont du Gard)(图 3.17)和西班牙的塞戈维亚水桥。两座水桥展现了罗马人善用拱形结构来修建实用的建筑,也宣示着罗马人的力量和智慧。

图 3.17　今天加德水桥横跨了加德河。桥高 48.8 米,仅下降了 2.5 厘米,坡度为 1∶18241

水路贸易

尽管有完善的道路系统,但帝国的大部分贸易都走水路,因为水路是运输大宗货物的最佳方式。罗马商人在每个行省都很活跃。商船穿过地中海,北至高卢和不列颠海岸,向西甚至穿过了印度洋(例如,赫库兰尼姆显然从印度进口了大量黑胡椒)。东地中海的贸易路线与通往中国的陆路商道相连,意大利的货物在北至斯堪的纳维亚半岛也有发现。

运往罗马的货物将抵达港口城镇奥斯提亚。它位于台伯河口,离罗马约 15 英里。最初奥斯提亚港不够大,无法容纳大型货船,因此很多船只都得先停靠在那不勒斯湾北侧的布泰奥里,将货物重新装载到较小的船只上,然后驶往奥斯提亚。也有货船会停在奥斯提亚港外,在海上将货物卸载到小船。后来,克劳狄和图拉真在奥斯提亚附近修建了一座新港口,从而解决了这个问题。新港叫波图斯(Portus,"港口")。奥斯提亚本身是一座繁忙的城市,枢纽地位颇高,拥有谷仓等大型仓储设施(图 3.18)。货物在奥斯提亚装上驳船,由几队公牛沿着台伯河拉到罗马,之后在阿芬丁山西南的港口卸下,储存在巨大的仓库里,准备运往市场。

罗马的主要进口商品有谷物、橄榄油和葡萄酒。据估计,从公元前 1 世纪起,罗马每年要进口 20 万—25 万吨粮食来供养城市居民,而橄榄油和葡萄酒每年的进口数字分别为 2 000 万升和 1 亿升。今天,罗马台伯河畔有一座小"碎罐山"(Monte Testaccio),高 35 米,由 5 300 万个双耳罐的碎片组成。双耳罐是一种陶罐,每个能装 60 升橄榄油。在过去的 100 年里,这些双耳罐几乎全部来自西班牙。除此之外,还有大量异域商品从世界各地涌入这座城市。公元 2 世纪中叶,一张来自埃及的莎草纸上列出了一艘商船装载的货物。这艘船来自印度,很可能要驶往罗马。清单上的商品价值 600 万塞斯退斯,包括大约 100 对象牙、

图 3.18　奥斯提亚中心的企业广场（Square of the Corporations）周围的马赛克地板之一。它们描绘了这座港城所连接的各条贸易路线。这幅马赛克画提到了来自北非苏莱克托姆的货运商，还画有一座灯塔、两艘船、两只海豚和一只章鱼

成箱的油和香料。

希腊演说家埃利乌斯·阿里斯提德意识到罗马已然是全世界的贸易经济中心。他在公元 144 年写下的演说辞中赞美这座城市：

> 遥远和广阔的大陆与海洋，永远为你提供那些地区的产品。从每一片陆地和海洋带来的是各个季节的作物，以及每一片土地、每一条河流、每一座湖泊的特产，还有希腊的艺术品和野蛮人。如果有人想要目睹这一切，他要么必须走遍世界的每一处角落，要么直接来到这座城市……商船络绎不绝地抵达，每小时、每一天、每个人都运送着各种各样的货物。这座城市犹如整个世界共有的工场。

（埃利乌斯·阿里斯提德，《罗马颂》，11）

第四章　古罗马宗教

直到现在，宗教一直是人类社会的基石，对此，古罗马世界也像其他地方一样。本章首先考察古罗马的传统宗教，它与国家、人民日常生活的仪式和礼制密切相关。然后，我们将研究与传统宗教同时发展或取代传统宗教的其他信仰——哲学、秘仪，以及最终成为罗马帝国国教的基督教。

古罗马宗教的特征

英语中的"宗教"（religion）源于拉丁语"*religio*"，意思是"联系在一起的事物"。古罗马宗教的确将罗马人生活的方方面面联系在一起，而这种联系在现代西方社会中几乎已经消失了。

古罗马宗教与现代宗教最相似的地方，在于对信徒们的日常生活赋予了系统的安排。这在很多方面都很明显，例如：

- 家庭生活。宗教在家庭生活中具有重要地位。我们将在第五章详细讨论这一内容。
- 仪式。同今天一样，宗教仪式是诸如出生、成年、结婚和死亡等重要时刻的中心。这些问题也将在第五章详述。
- 节日。节日确定了罗马年的循环结构，就像现代宗教也会围绕其纪年方式过节，如印度教的排灯节、伊斯兰教的开斋节和基督教的圣诞节。

然而，古罗马宗教缺乏当今宗教的一些关键特征，了解其间的差异十分重要。尤其需要注意二者在3个方面的不同：古罗马宗教缺乏经书和道德准则，缺乏对来生的乐观主义，缺乏令其他宗教的信徒皈依本教的意愿。

经书和道德

古罗马宗教没有正式的经书（尽管前文中提到的西比尔预言书在某些领域也会提供一些建议），这意味着不存在每个人都必须认同的一整套信仰。事实上，对古罗马人来说，宗教就是"做正确的事"，如正确地向神明献祭和敬拜神明，而不是"相信正确的事"。

也许正因为如此，古罗马宗教不包含类似犹太教和基督教"十诫"之类的道德准则。古罗马人并不指望他们的宗教告诉自己如何对待彼此，他们只关心以正确的方式对待神明，希望能赢得神的眷顾。在此替宗教发挥作用的是法律，古罗马人依靠法律来指导他们的道德，如十二铜表中的有关规定。受过更多教育的古罗马人可能也会遵循哲学提出的伦理信仰，如斯多葛派哲学和伊壁鸠鲁派哲学。

来世

今天，大多数宗教的核心在于对来生抱有乐观期待，同时还有一种信念，即今生行善会在下一世得到回报，而作恶会遭到惩罚。例如，基督教和伊斯兰教都承诺虔诚行事的信徒将进入天堂。另外，印度教徒和佛教徒相信轮回，最终目标是获得解脱进入涅槃。

但古罗马宗教并非如此。古罗马宗教继承了古希腊人对死亡的悲观态度，即死者的灵魂会下到冥界，进入冥王普路托统治的"阴间"。在希腊、罗马神话中，行事邪恶的人（如西西弗斯和坦塔罗斯）会受到无尽的折磨，伟大的英雄们则生活在幸福的极乐净土。然而，绝大多数灵魂居住在灰暗的阴影中，那是他们生前自己的黯淡的影子。

这种观念的重点在于，现世的生活才是最重要的。希望死后的世界能更有盼头的人把目光投向了其他地方——神秘宗教或基督教，这些将在本章后面的部分讨论。然而，古罗马宗教的目的是帮助人们尽量更好地过现世生活。

皈依

古罗马人没有让别人皈依自己宗教的概念。他们通常对其他民族的宗教持一种宽容态度，认为他们崇拜的是相同的神，只是名字不同。在这一方面，古罗马人看待其他宗教的方式可能就像我们今天看待外语——你说什么语言取决于你成长在什么文化或国家中，但它最终也会像其他任何语言一样，达成相同的目标。例如，每种语言可能有不同的单词来表示"山"，但它们描述的都是同一件事物。

因此，古罗马人通常会接受其他的神。数百年来，古罗马社会引入许多外来的神明和祭仪。如果古罗马人觉得这些神明和祭仪可以帮助自己的话，他们会更加积极。此外，古罗马人经常将自己的神与其他文化的神结合在一起。一个绝佳的例子就是埃奎·苏利斯（Aquae Sulis，英国城市巴斯的罗马名）的一座神殿，该神殿是献给苏利斯·密涅瓦的，她是不列颠和古罗马治疗女神的融合体（图4.1）。由于古罗马人秉持这种态度，古罗马世界中因宗教引发的暴力和战争远远少于今天我们的世界。

古罗马人觉得难以接受的宗教只有一种，就是那些具有强烈排他性、声称他们独一无二的神是唯一真神的宗教，譬如犹太教和基督教。古罗马人希望帝国所有居民都能像崇敬其他神一样崇敬他们的神，畏惧他们的神会因得不到正确敬拜而降下怒火。

神与人的关系

古罗马人不应该"爱"他们的神，而应该"尊敬"他们。大多数古罗马人认为，世界由远比自己强大的生灵统治，这些生灵应当受到崇敬和尊重。作为回报，古罗马人希望他们的神会在生活的各个方面（无论是健康、婚姻、工作，还是战争）帮助自己。

图4.1　这尊镀金青铜头像来自埃奎·苏利斯（巴斯）的浴场（罗马帝国最大的浴场之一），是浴场中供奉的苏利斯·密涅瓦神像的一部分

确保神明支持的主要方法是给他们献上礼物。献礼可以有多种形式，但最重要的是血祭——用动物献祭，这也是所有古代宗教的共同特征。在供奉这种礼物时，一个人或一群人希望自己能获得神的恩惠。这有时看上去相当犬儒："你帮我挠背，我也帮你挠背。"［或者用拉丁语说：*do ut des*（我给你是为了你给我）］但这种观点并不能公正地反映罗马人对神的敬畏，他们相信这些强大的生物配得上他们的礼物。

古罗马宗教的一个重要特征是，它在古罗马国家的运作中处于中心地位。政治家和将军们绝不会不征询诸神的意见就做出任何重大决定。他们甚至还任命了一群祭司，以确保古罗马人发动战争时能得到诸神的支持。无论何时，古罗马人都小心翼翼地确保"众神的和平"（*pax deorum*），并避免"众神的愤怒"（*ira deorum*）。古罗马人对神的忠诚经常给外国人留下深刻印象，包括哈利卡纳苏斯的狄奥尼修斯在内的一些人甚至认为，这是古罗马人成功赢得如此庞大帝国的原因。

起源和发展

同罗马早期历史一样，我们对古罗马早期宗教的发展了解有限，而且材料都基于生活在数百年后的作家。然而，古罗马一开始只是一个寻求自我保护的小型农业社区，所以可以想象，它最早的神都与日常生活的核心元素相关：仪式、天气、耕作和战争。

古罗马宗教的一个特征在于，它属于多神信仰（polytheistic，源自希腊语。poly，许多；theos，神）。换句话说，古罗马宗教有许多神，每个神负责生活中某一特定领域。古罗马帝国晚期的基督教作家圣·奥古斯丁为了贬低传统宗教，如此嘲讽古罗马宗教的多神特征：

> 罗马人自己……认为把他们的土地托付给任何一个神都不合

适。因此，他们把乡村托付给露西娜，把山田托付给尤嘉提努斯，把山丘托付给科拉提娜，并把山谷托付给了瓦洛尼娅。

作为崇拜仪式的耕作

从一个具有两种含义的拉丁语动词中，我们可以窥见罗马早期农业与宗教之间密切的关系。"*colo*"作为词根有时为"*cult-*"，既指"我耕种"，又指"我崇拜"。这说明对罗马人来说，开展农事本身就是一种崇拜和祈福活动。有趣的是，它的双重含义在英语中依然存在。我们仍然用"agriculture"（农业）和"viticulture"（葡萄种植）来描述耕作方式；而"cult"（异教团体）则用来形容一群自成小圈子的宗教信徒。

另一个通过类似途径进入英语的单词是"pagan"（异教）。古代宗教通常被称为"异教"。拉丁词"*paganus*"的意思类似"村民"或"乡下人"，表明异教源于乡下人的信仰。

这说明古罗马人在自然界的每个部分都能看到他们的神，神明居住在森林、树丛、泉水和河流之间。然而，奥古斯丁继续用嘲笑的语气解释，称神明不仅存在于乡村：

> 每个人的房子都只有一个看门的，因为看门的是个男人，有他一个就足够了。但是罗马人在门上有3个神：弗库鲁斯管门，卡戴伊管铰链，李门提乌斯管门槛。也就是说，弗库鲁斯都没法同时管好门、铰链和门槛！
>
> （奥古斯丁，《上帝之城》，4.8）

对此古罗马人可能会反驳，称多神信仰有明显的优势。特别是因为每个神都有特定的职责范围，所以每个人都知道在哪种情况下应该祭拜谁。例如，男人或女人可能会向克瑞斯祈求丰收，向朱庇特祈求下雨，向玛尔斯祈求作战顺利，向尼普顿祈祷安全出海，向阿波罗祈祷在音乐比赛上获胜。此外，他或她可能会感到，在其生命中扮演重要角色的神与自己有一种亲密的个人联系。例如，水手可能会对尼普顿感到亲切。

古罗马宗教的另一个特点在于神是拟人化的（anthropomorphic，源自希腊语。anthrōpos，人类；morphē，形状）。换句话说，他们全都具备人类的外形。罗马世界有无数的神像，全都是人形的。事实上，这些神不仅仅在外表上是"人类"。罗马文学中描绘的神也具有人类的缺点和不完美之处：他们可能残忍，也可能善良；可能乐于助人，也可能睚眦必报。他们都有自己最爱的人类。

伊特鲁里亚和希腊的影响

我们很难将古罗马早期宗教与伊特鲁里亚宗教区分开来，伊特鲁里亚人的宗教显然对古罗马人产生了重大影响，古罗马人接受了一些伊特鲁里亚人的神和习俗。一些重要的神，如朱庇特、玛尔斯和密涅瓦，都起源于伊特鲁里亚文化。此外，罗马人不仅借来了神明，第一个古罗马神庙是仿照伊特鲁里亚神庙的风格建造的，也借用了有关占卜的信念。特别是肠卜，这是伊特鲁里亚人的技能。

另一个影响古罗马宗教的是希腊宗教。我们在第一章中已经看到，古罗马人很早以前就与希腊人产生了许多接触，特别是生活在意大利南部和西西里岛大希腊地区的希腊城邦。随着古罗马人受邻居的影响越来越大，他们开始将希腊众神接受为自己的神，或者将其与自己的神融合。因此，古罗马至高的天神朱庇特被比作希腊的众神之王宙斯，战神玛尔斯与希腊战神阿瑞斯联系到一起，农业女神克瑞斯相当于希

西比尔预言书

西比尔预言书是古希腊文化影响古罗马早期宗教的一个重要体现。在希腊宗教中,西比尔指具有特殊预言能力的女人。在意大利南部,临近那不勒斯湾北部的希腊人定居点丘迈就有一个西比尔。哈利卡那苏斯的狄奥尼修斯讲述了丘迈的女祭司如何把这些预言书卖给高傲者塔克文——尽管国王前两次拒绝了她的出价,并且每次都眼睁睁看着她烧掉9本书中的3本。他把剩余的3本书放在卡皮托利山朱庇特神庙下的一个墓穴里。

一群特殊的祭司负责翻译这些书。他们有两个希腊译者协助,因为这些书是用希腊六步格诗写成的。这些书并不是对未来的精确预言,但是对于在危机时刻应如何转移或克服灾难,它提供了必需的宗教行动的指导。狄奥尼修斯说,元老院是唯一可以下令查阅这些预言书的机构。只有当城市爆发严重内乱,或者他们在战争中遭遇重大灾难,或者当他们看到一些自己无法解释的预兆和幻景时,才可以查阅它们。

这些预言书经常建议将古希腊的神和祭仪引入古罗马世界。最早的一个例子出现在公元前496年,在一场毁灭性的饥荒爆发后,罗马人在阿芬丁山上建造了一座供奉德墨忒耳(古希腊丰收女神,后来与古罗马神克瑞斯融合)的神庙。在整个罗马历史中,人们一直在查阅这些预言书,据我们了解,这种现象一直持续到公元4世纪。

腊的德墨忒耳。

这一进程在公元前3世纪加速了。当时希腊文学和文化对罗马世界产生了深远的影响。公元前3世纪40年代,从李维乌斯·安德罗尼库斯首次将荷马的《奥德赛》翻译成拉丁文起,古罗马人开始更多了解到希腊神话。早期的古罗马宗教很少有关于神的故事(除了涉及罗马建城和福祉的故事），因为古罗马人仅仅关注神明有什么功能和他们存在于什么地方。古罗马人被希腊神话俘虏了，他们很快就将其当作自己的神明的故事。到公元前 1 世纪末奥维德开始撰写《变形记》时，罗马神话和希腊神话几乎已经别无二致了。

古罗马众神

从古罗马人将自己的神与古希腊的神融合在一起时算起，最重要的是 12 位奥林匹斯神。但不要忘记，除他们之外还有数百个神，有些只属于某一村庄或地区。

奥林匹斯神

他们之所以得名为奥林匹斯神，是因为人们认为他们住在希腊北部的奥林匹斯山上。然而，也有人认为奥林匹斯是天空中一个虚构的地方，就像今天一些人口中的天堂。

和古希腊人一样，古罗马人相信他们的神是不死、不老的。也就是说，在他们成年之后，每个神都永远保持同一年龄。朱庇特总是处于父亲般的中年盛年，而阿波罗永远是年轻男子。奥林匹亚有 12 位神，6 位男神和 6 位女神。他们都属于一个家族。家族中有很多内部通婚（例如，朱庇特娶了他的姐姐朱诺），这是所有多神教体系共同的特征。

每个神实际上负责生活中某一具体领域并被赋予一个形容词（称为绰号）来分别描述他们。例如，一个农民会向朱庇特·普路维乌斯（Jupiter Pluvius，指"赐雨者"）祈求降雨，政治家会崇拜朱庇特·奥普提姆斯·马克西姆斯（Jupiter Optimus Maximus，指"至善至高的"——掌握最高统治权的神），还有人会向朱庇特·拉庇斯（Jupiter Lapis，指"誓言之神"）祈祷。同时，人们可以称呼朱诺为雷吉娜（Regina，指"众神之女王"）、路奇娜（Lucina，指"分娩女神"）、墨涅塔（Moneta，指"罗马铸币的保护者"）或普罗努巴（Pronuba，指"婚姻的守护神"）。神庙通常会供奉特定的神。例如，卡皮托利山上的神庙会同时供奉作为统治者的朱庇特和朱诺，因此他们在这里呈现为奥普提姆斯·马克西姆斯和雷吉娜的形象。

下面将简单介绍每位神的特点和职责。

朱庇特（Jupiter）是奥林匹斯家族的族长（图 4.2）。他的名字由"Iou pater"（指"父亲""伊欧斯"，伊欧斯是他早期的名字）两个词合并而来。通常他也被称为朱沃（Jove）。他原本是天空和天气之神，所以被描绘成手持闪电的形象。他还经常手拿象征政治权力的权杖。朱庇特

图 4.2 这尊公元 1 世纪末期建成的朱庇特雕像现位于圣彼得堡的艾尔米塔什博物馆，其青铜披肩为后世之作

卡皮托利三重神

卡皮托利山上的朱庇特神庙实际上以卡皮托利三重神（Capitoline Triad）的居所闻名。三重神由三个至关重要的神——朱庇特、朱诺和密涅瓦组成。这样的"三重神"是印欧宗教的一个共同特征，在今天的印度教中仍然可以看到，最重要的三个神梵天、毗湿奴和湿婆也一起得到供奉。卡皮托利三重神从伊特鲁里亚宗教发展而来。在卡皮托利神殿里，每位神都有自己的神圣房间。随着罗马权力扩张到新的土地上，罗马人出现在意大利和更远地方的许多城市里，因此城市中心的神庙通常都供奉卡皮托利三重神。

相当于古希腊的宙斯，大部分有关宙斯的神话都移植到了朱庇特身上，其中许多是那些让他妻子朱诺妒火中烧的情史。

在罗马，卡皮托利山上的至善至高朱庇特神庙是城中最大最重要的神庙（图 4.3）。它与罗马国家密切相关。每年年初，新任执政官都要前往那里献祭，元老院每年会在那里召开第一次会议。

朱诺（Juno）作为众神之后，对女性尤为重要。她负责监管婚姻和分娩。讽刺的是，她自己的婚姻并不幸福：她的丈夫朱庇特四处拈花惹草，她也经常报复丈夫的情人。每年3月1日，古罗马妇女会举办一个节日，称为"母亲节"，以纪念朱诺，这是一个属于母亲和一般妇女的节日。然而，朱诺还有其他角色，其中最著名的是朱诺·墨涅塔（*Juno Moneta*，指"朱诺·钱币"）——罗马铸币的女神，职责是保护罗马帝国的财政。在早期，朱诺似乎代表着年轻的力量和成熟，因此人们将她的名字赋予了6月，庄稼成熟和收获的季节。

尼普顿（Neptune）与古希腊的波塞冬联系在一起。他是朱庇特的兄

图 4.3　卡皮托利山上至善至高朱庇特神庙的复原图

弟,作为海神,尤其受到水手和渔民的重视。他也是地震之神,在各种形象中经常手持三叉戟,用来摇动大地。随着古罗马帝国的发展,控制地中海对于罗马权力的巩固至关重要,所以尼普顿是一个需要重点安抚的神。他也和马有关,所以参加赛马的人会向他祈祷和供奉他。你可以在后文看到尼普顿和他的妻子安菲特律特的著名画像。

密涅瓦(Minerva)的名字源于伊特鲁里亚女神门尔瓦(Menrva),她被视为智慧女神、战争女神、艺术女神、学校女神和商业女神,因此她自然与希腊的雅典娜联系到了一起。在伊特鲁里亚、希腊和罗马的神话中,人们认为密涅瓦是从她父亲朱庇特的头颅中诞生的。作为智慧女神,密涅瓦的圣鸟是猫头鹰。她也被当作战争女神崇拜。她的军事象征之一是密涅瓦之盾(aegis),一个山羊皮盾牌,上面印着女妖戈尔贡的头像。作为纺织和手工艺的女神,工匠和在家中工作的妇女尤其希望得到她的保佑。同时她也是学校的孩子们的女神。

玛尔斯(Mars,图4.4)对古罗马人尤其重要,因为他被视为罗慕路斯的父亲。此外,战争是古罗马世界发展和安全的核心所在,因此古罗马人往往将玛尔斯视作仅次于朱庇特的重要神明。早期玛尔斯也是农业之

图 4.4　庞贝一座房屋墙上的湿壁画，玛尔斯站在一座花园中，赤身裸体，但手持武器

神，与伊特鲁里亚农耕神玛里斯（Maris）有关。农业和战争之间产生联系，是因为玛尔斯最初负责保护牲畜、田地和农民，如果有必要，就拿起武器自卫。因此，古罗马人把战神玛尔斯和古希腊战神阿瑞斯等同起来。在罗马，士兵操练的大型训练场被称为玛尔斯校场，即"玛尔斯之地"。

维纳斯（Venus，图 4.5）是早期罗马生育和多产之神，因此罗马人自然会将她与希腊爱神阿佛洛狄忒联系在一起。作为埃涅阿斯的母亲，维纳斯对罗马人的重要性可想而知。在维吉尔的《埃涅阿斯纪》中，她的地位非常突出。维纳斯经常与她的儿子丘比特一起出现在艺术作品中。丘比特可以用他的箭射中人类的心，从而燃起强烈的欲望。在神话中，维纳斯著名的逸事便是她虽然嫁给了乌尔坎，却与玛尔斯有婚外情。

乌尔坎（Vulcan）等同于希腊的赫菲斯托斯。他是火神和铸造之神，能把岩石打造成青铜武器和精美的珠宝。由于古罗马人非常依赖金属工

图 4.5 这幅大型湿壁画同样出自图 4.4 所属庞贝的房屋内。维纳斯斜卧在贝壳里，两边各有一个小水仙。传说维纳斯诞生于塞浦路斯附近的海中，成人后才乘着贝壳来到陆地上

具，因此乌尔坎的重要性不言而喻。人们认为他住在西西里岛的埃特纳火山下，并蒙受了维纳斯与玛尔斯通奸的耻辱。根据传说，每当维纳斯红杏出墙时，他就会怒气冲冲，用力击打炽热的金属，结果导致火山爆发。乌尔坎的节日火神节（*Vulcanalia*）在每年 8 月 23 日举行，此时正是盛夏，庄稼和谷仓着火的风险尤其严重。

阿波罗（Apollo）在古罗马早期宗教中没有明显对应的神。古罗马人只是将他作为古希腊众神的一员引进。阿波罗是古希腊罗马世界最重要的神明之一，是音乐之神、艺术之神、教育之神、健康和疾病之神、预言之神、射神和太阳神。他经常被描绘成一个英俊的青年，留着一头短卷发，手拿竖琴或箭筒。阿波罗与太阳的关系反映在他常用的绰号"福玻斯"（*Phoebus*）中，绰号的意思是"闪耀"。每年 7 月中旬，在罗马会举办为期 8 天或 9 天的"阿波罗赛会"（*ludi Apollinares*）。阿波罗

深受奥古斯都的青睐,皇帝希望将自己与他联系在一起,并通过节日和祭祀尊崇他。

狄安娜(Diana)最初是罗马的狩猎女神,与希腊女神阿尔忒弥斯和她的孪生兄弟阿波罗联系在一起,因此,她也扮演了月亮女神的角色。她的伪装形态通常称为"菲比"(Phoebe,Phoebus 的阴性态)。然而,她最常出现的形象为身穿狩猎装、腰挎箭筒并且身边伴着鹿等动物。狄安娜最重要的神庙在阿芬丁山上。根据传说,该神庙是罗马第六任国王塞尔维乌斯·图利乌斯建造的。据说塞尔维乌斯出身于奴隶,因此,在城市贫民和奴隶中有大量狄安娜的崇拜者,奴隶可以在她的神庙中得到庇护。

墨丘利(Mercury,图 4.6)与古希腊众神的信使赫尔墨斯有着相

图 4.6　在庞贝路奇乌斯·维图提乌斯·普拉奇都斯的酒馆里,一个家内神龛(lararium)上绘有这幅墨丘利和酒神巴克斯的画。正中心是杰尼乌斯(Genius,守护灵),其两侧是两个"家主神"(Lares)。再往外,左边为墨丘利,右边为巴克斯。这两个神的支持对酒馆老板至关重要——前者是商业之神,后者是酒神

同的禀赋。同赫尔墨斯一样，他的形象通常为穿着有翼凉鞋和有翼头盔，手持传令杖（caduceus）——一根由两条蛇缠绕的传令官节杖。墨丘利不仅是旅行者之神，也是商人和商业利润之神。他的名字与拉丁词 merx（商品）[参照其他英语单词，如"商人"（merchant）和"商业"（commerce）] 联系在一起。古罗马人还认为墨丘利会护送死者的灵魂前往阴间。

克瑞斯（Ceres）是掌管庄稼和丰收的女神。她的名字与"谷物"（cereal）、"创造"（create）和"增长"（increase）等词联系在一起。我们已经看到，人们认为克瑞斯在阿芬丁山上的神庙是共和初年建立的。这是她在罗马世界最重要的圣所。祭奠克瑞斯的"谷神节"（Cerealia）在每年4月12—19日举行，节日期间，主要由主导了粮食贸易的平民阶层对克瑞斯进行祭拜。

关于克瑞斯最著名的传说，是她的女儿普罗塞耳皮娜（Proserpina，希腊神话中的珀耳塞福涅）被绑架的故事。有一天普罗塞耳皮娜在田间摘花，亡者之神普鲁托从阴间来到地上，看上了她，将她抢回冥府。悲痛欲绝的克瑞斯在世界各地寻找失踪的女儿，难过得不吃东西。结果，地上的庄稼停止生长，出现了饥荒，直到朱庇特出面干预，说服普路托归还普罗塞耳皮娜。然而，由于她在冥界吃了食物（一种石榴籽），因此不得不每年在普路托那儿待几个月。克瑞斯会在这几个月里绝食，庄稼也不生长。因此，人们称这个季节为冬季。

维斯塔（Vesta）是灶台女神，对每个罗马家庭都不可或缺，因为灶台是一个家庭光亮、热量和厨火的来源。此外，维斯塔作为国家的保护者，在罗马的公共生活中也扮演着重要的角色。灶神节（Vestalia）于6月7—15日在罗马举行。关于维斯塔的神话很少。她原本是奥林匹斯十二主神之一，但后来为了照顾奥林匹斯山上的圣火，将位置让给了酒神巴克斯。

神　明	职　责	象　征
朱庇特	众神之王，天空与天气之神，旅行者之神	王座与权杖，闪电
朱　诺	众神之后，妇女与婚姻之神	孔雀
尼普顿	海神，地震之神，马与公牛之神	三叉戟和海豚，马
密涅瓦	智慧之神，纺织与手工艺之神，战争女神	猫头鹰，盾牌，头盔
玛尔斯	战神，农业之神	铠甲
维纳斯	爱与美之神	海贝壳
乌尔坎	火神，锻造之神，工匠之神	铁毡和铁锤
阿波罗	教育之神，音乐之神，艺术之神，太阳神，预言之神	竖琴或箭筒
狄安娜	狩猎之神，月神，分娩之神	月亮，弓箭，野兽
墨丘利	众神的信使，旅行和商业之神	有翼凉鞋，有翼头盔，传令杖
克瑞斯	庄稼和丰收之神	花，果实和谷物，丰饶之角
维斯塔	灶台之神	灶火

其他重要神明

古罗马人还引进了古希腊的酒神和戏剧之神狄俄尼索斯。他们经常用另一个名字"巴克斯"（Bacchus）称呼他，而且将他与古罗马早期司职生育、酒和生长的神利贝尔（Liber）联系在一起。巴克斯的祭仪，或称"酒神祭"（Bacchanalia），成为古罗马世界最受欢迎也最具争议的秘仪之一。在庞贝的"秘仪别墅"中，一间餐厅中的壁画便描绘了这种著名却诡秘的仪式。

雅努斯（Janus）是一个专属于罗马的神。他掌管大门和门道（图

4.7）。虽然他似乎不是特别重要的角色，但罗马人认为雅努斯是一个家庭的保护者，也是开始和结束之神。这在他的外貌上体现得很明显，他有两张朝向相反的脸，即一面朝向屋内一面朝向屋外，或者一面朝向过去一面朝向未来。因此，每年的第一个月以他的名字命名也就顺理成章了，因为1月是人们回顾过去12个月并展望来年的日子（见附录4有关古罗马历法的介绍）。雅努斯在罗马广场的两面神雅努斯（Ianus Geminus）神庙受人祭拜。根据罗马传统，神庙的大门只有在和平时期才会关闭。公元前29年，奥古斯都战胜对手后关上了雅努斯神庙的大门，这是罗马历史上神庙大门第三次关闭。

普路托（Pluto）是冥界的统治者和死者之神。他的名字可能源于希腊单词ploutos（意为"财富"）。对普路托来说，他的财富就是他统治的无数灵魂。他有时也被称为Dis Pater（意为"富有的父亲"），这是罗马早期冥神的名字。关于普路托的神话很少，因为他很少离开自己的地下王国。但是我们已经看到，在他偶尔来到地上的时候，就将普罗塞耳皮娜虏回冥界做妻子。他很少出现在艺术作品中，但他的象征通常是

图4.7 在伊特鲁里亚的沃尔奇发现的一尊雅努斯神像的头部

石榴——普罗塞耳皮娜在冥界吃的水果。

古罗马人还会将一些抽象的品质作为神明崇拜。例如，古罗马人把和平（Pax）、天意（Providentia）、和谐（Concordia）、福运（Fortuna）、正义（Iustitia）、健康和安全（Salus）等概念都尊为神灵。在古罗马的公共宗教中，这些神都有明显的一席之地。罗马广场上有一座和谐女神神庙，而福运女神的一种形象——福尔图娜·惠尤斯奇·狄埃（Fortuna Huiusce Diei，指"当日的福运"）——在城市里也有一座神殿。奥古斯都热衷于将自己与这些品质（皇帝崇拜）联系起来。祭仪时的称号"奥古斯塔"与抽象的天意女神、和平女神、和谐女神和正义女神紧密联系在一起。

元首崇拜

随着公元前31年奥古斯都成为第一位罗马皇帝，一种新的皇帝崇拜开始出现。公元前42年奥古斯都将他的养父尤利乌斯·恺撒神化。公元前31年，屋大维在阿克提乌姆取胜后不久，就在恺撒火化的地方建造了一座神庙，献给"神圣的尤利乌斯"（*divus Iulius*）。老普林尼引用过奥古斯都失传的自传中的一段文字，该文中元首将7月44日他主持赛会时出现的一颗彗星与恺撒的神化联系到了一起：

> 他写道："就在我庆祝赛会的日子里，一颗彗星出现在北方的天空，闪耀了整整一周。它在大约日落前一个小时升起，所有地方都能看到它明亮而清晰的光芒。普通人认为，这标志着恺撒的灵魂进入了永生之神的集会。为纪念这次事件，我们在不久前刚刚落成于广场的恺撒半身像上添加了一颗星星。"
>
> （老普林尼，《博物志》，2.94）

普林尼继续说道,实际上奥古斯都私下里认为,这颗彗星意味着他自己得到了神明的保护。

统治者崇拜在地中海世界的其他地方也有先例。埃及的法老被当作神来崇拜,希腊化世界的统治者如亚历山大大帝也是如此。对统治者来说,这么做可以有效地让臣民相信他们的权力是神圣的。在公元3世纪早期撰写史书的卡西乌斯·迪奥强调,皇帝崇拜有助于让整个古罗马世界统一效忠皇帝。然而,他很清楚皇帝神性的边界:

> 在首都和整个意大利,没有哪个皇帝敢这么做(即让自己作为活生生的神明接受崇拜),哪怕他已经实至名归。然而在他们死后,会有各种各样神圣的荣誉授予统治有方的皇帝,实际上很多神祠就是为他们而建的。
>
> (卡西乌斯·迪奥,《罗马史》,51.20.8)

因此,虽然在帝国东部的某些地区,人们会很自然地将皇帝当作神来崇拜,但在意大利,这种做法可是会引人侧目的。皇帝只有在死后才能得到神化。然而,我们不知道罗马人事实上是否严格遵循了这一

我是神吗?

古代作家记录了公元1世纪的皇帝们对于崇拜的不同态度。有些皇帝行事谦逊,在世时不愿让人把自己当成神。但是卡里古拉显然有将自己神化的野心。他曾公然斥责一个犹太使团仅是"为他"(for him)而不是"向他"(to him)献祭。然而他非常不得人心,死后没有得到神化。其他皇帝对这一问题的态度就没那么较真了。据说韦斯帕芗临终前曾打趣道:"噢,我想我正在变成神。"(*vae, puto deus fieri*)

原则。不过，皇帝的神格（genius，意思有点类似"守护灵"）在他活着的时候就可以得到崇拜。当一个皇帝死后，他的继承人将决定是否神化他。因此，在人们的憎恶中死去或经历过政变的皇帝（如提比略、卡利古拉和尼禄）都没有得到继任者的神化。相反，成功的皇帝，如奥古斯都、韦斯帕芗和图拉真都被继任者尊为神明。

节日

罗马人不像我们今天这样，一周 7 天，其中休息两天。他们的日历以 8 天为一个周期。第一日总是赶集日，因此也是休息日。令人困惑的是，这一天被称为"第九日"，好像这是将上一个集市日也算在内的第 9 天。然而，古罗马人并不是每 7 天休息一天。相反，他们一年中分散有许多宗教节日以及供人们放松娱乐的赛会。公元 1 世纪中叶，一年中有 159 天因为这样或那样的原因而被列为假日。

这些假日中大约有 40 天是用来庆祝宗教节日的，其中许多可以追溯到古罗马最早的时代。它们体现了季节的循环更替，这对农民和士兵都很重要，后者只在 3—9 月的"战季"作战（在冬季让军队远离家乡作战过于艰苦）。因此，当士兵们准备再次奔赴战场时，古罗马人会在 3 月 1 日举办战神玛尔斯节。4 月中旬，当天气开始变得温暖时，罗马人又会举行为期一周的谷神克瑞斯节。年末时分，当农民完成了下一年的所有播种时，就会为播种之神萨图恩举办节日。

前文我们已经提到了许多节日。此外，如良善女神节、祖先节和驱鬼节。下面我们将介绍另外两个主要节日——牧神节和农神节。

牧神节

牧神节于 2 月 15 日举行，目的是净化城市和促进生育。它的起源尚未确定，甚至罗马人也不清楚它的仪式从何而来。然而，人们认为它是为了纪念牧神卢柏库斯。他的名字显然与拉丁语中的狼有关，而这个节日也与罗慕路斯和雷穆斯的故事有关，他俩都被一只母狼喂养过。

当天的活动以一群贵族青年为中心，他们被选为"狼兄弟"——专门为牧神节指定的祭司。狼兄弟分成两队，每队由一名队长带领。这一天的活动始于帕拉丁山西侧的一个洞穴，而帕拉丁山也被称为牧神山。根据传说，母狼就是在这里给罗慕路斯和雷穆斯哺乳的。他们会在山洞里献祭山羊和狗。这些动物并不常用作祭品，但人们认为它们非常多产，所以适合在生育节上献祭。然后，两名队长会在脸上涂满祭物的血，然后用滴着奶的羊毛把血洗掉。这时，两个青年必须放声大笑。然后人们将举办宴会，狼兄弟们会喝很多酒。

接着轮到这个节日公共性的环节了。两队祭司会只穿着腰布，绕帕拉丁山脚跑一圈。他们一边跑，一边用祭祀用的羊皮抽打沿路的任何东西——树木、地面、建筑，尤其是围观的人。这被视为一种驱除邪恶和促进生育的仪式。正如一位古代作家所指出的，年轻女性十分渴望被打到：

> 他们（狼兄弟）把山羊皮切成条状，然后一边四处奔跑一边用山羊皮条抽打遇见的每一个人，身上只穿一块缠腰布。年轻的新娘争取被抽到，因为她们相信这能使她们生育，并能令她们顺产。
>
> （普鲁塔克，《罗慕路斯传》，21.3—5）

普鲁塔克的观察说明了古罗马人的宗教有多么迷信。

农神节

农神节在冬至前后举行。在世界各地的文化中，冬至历来非常重要，因为人们认为太阳将在此时"重生"。这个节日最初只在12月17日，但后来延长了好几天。节日是为了尊崇萨图恩，他最初是罗马的农业和播种之神，但后来与希腊神克洛诺斯联系到一起。克洛诺斯是宙斯的父亲，在神话中的"黄金时代"统治人类，当时所有的人都是平等的，生活在和平与和谐之中。

结果便是，农神节的庆祝活动常与各种观念联系在一起：冬至后太阳的重生，完成来年庄稼的播种，以及期盼有朝一日人们会迎来第二个黄金时代，再度和平共处。节日以在罗马广场的萨图恩神庙举行的隆重献祭开始，之后是一场免费的公共宴会。日常活动在节日期间一律停止：商店关门，学校停课，法庭闭庭，人们也暂时远离政治。街道上到处都是散步的人群，他们用"农神节快乐"互相问候。与平日不同的是，人们可以在公共场合赌博。

然而，这个节日最引人注目的一幕发生在家内。农神节的一个传统是主人平等对待他们的奴隶（至少有一天会这样），甚至在餐桌上伺候他们——这一切都是为了体现"黄金时代"的精神。人们脱下正式的托加袍，穿上聚会服装和被释奴才戴的软帽，以此象征自由。节日充满欢宴和庆祝的气氛。公元1世纪的诗人斯塔提乌斯捕捉到了这种氛围，当他不想写诗时，便请求学习的守护神（阿波罗、密涅瓦和缪斯）不要在12月打扰他：

> 父亲福玻斯，严厉的密涅瓦，还有欢庆的缪斯，请走开吧！新年那天我会再度召唤你们。但让我们尽情迎接萨图恩的出现和12月吧，让我们畅饮美酒，迎接开怀大笑的玩笑之神和嬉皮笑脸的机智之神吧！

（斯塔提乌斯，《诗草集》，1.6.1—7）

在这一段中，如同和平、公正等概念一样，"机智"和"玩笑"也被人格化为小神明。

赠送礼物也是农神节的核心环节。常见的礼物包括蜡烛和泥人玩偶，孩子们特别喜欢。诗人马提雅尔以农神节收到的礼物为基础写了一本诗集。这些礼物有的昂贵，有的又小又粗糙。它们包括骰子、梳子、存钱盒、牙签、球、香水、鹦鹉、写字板、杯子、勺子、书和宠物。在下面的诗句中，马提雅尔嘲笑朋友尤伯尔把自己收到的礼物都转送给了他：

> 尤伯尔，你把5天农神节收到的礼物全都送给我了：一打3页的写字板、7根牙签。此外我还收到了一块海绵、一张餐巾、一只杯子、半蒲式耳①豆子、一柳篮皮切努姆橄榄、一黑罐拉莱塔尼亚葡萄汁，还有一些小的叙利亚无花果、皱巴巴的李子和一整罐利比亚无花果。我猜，这些你派8个叙利亚壮汉送来的礼物，总共得值30塞斯退斯吧。你直接送我5磅银子该多省事，一个孩子都能不费劲地捎过来！
>
> （马提雅尔，《讽刺诗集》，7.53）

尽管这首诗是在讽刺尤伯尔的吝啬，但我们也能窥见农神节人们可能会互赠什么小礼物。

农神节与圣诞节

不难看出，农神节和圣诞节的庆祝活动有许多相似之处。这不太可能是巧合。当公元4世纪教会正式将12月25日定为圣诞节时，可能有意要包含各种由来已久的冬至节日的元素，包括互赠礼物和向所有人表达善意。此外，时间更近、起源于维多利亚女王时期的英国节礼日（Boxing Day），过节时富人会将礼物放到盒子里，留给他们的仆人和穷人。这可以与农神节的观念作比，即主人侍候奴隶一天。

---

① 一种体积单位，不同国家、不同作物的换算比例各不相同，在36升上下浮动。——译者注

神庙、祭司和献祭

神庙

拉丁文"*templum*"（神庙）最初指的是一块为众神辟出的圣地。随着时间的推移，这个词更多指建在这片圣地上的建筑，但神庙通常只是一个范围更大的圣所的一部分。有时这些圣所有围墙环绕，而神庙则用柱廊围起来——后文中介绍的庞贝阿波罗神庙就是一个很好的例子。

古罗马神庙的设计受到了伊特鲁里亚人和希腊人的影响（图4.8）。图4.9是一个典型的神庙平面图。通过此图可知，神庙一般呈长方形，

图 4.8　罗马屠牛广场的波图努斯神庙，是保存最完好的标准罗马神庙之一

建在一个很高的地台上，有台阶通往建筑里（也许这是为了给人一种神庙更高大、更接近神的感觉）。建筑正前方是一个门廊区，它通向主房间——内堂。神庙被一座柱廊的立柱环绕，其中有些柱子是独立的，有些则与正厅的外墙合并在一起。

内堂里安置着神庙所供奉的神的雕像。神像可能会饰以朝拜者进献的礼物，譬如鲜花、珠宝或其他珍贵的装饰品。雕像周围可能会焚香。除此之外，内堂里没有座位或其他家具，房间也因为没有窗户而十分昏暗。唯一的光线从前门照进来，而阳光可能会令雕像上的金银在白天灿灿生辉。大多数神庙也会有一个宝库，储存供奉给神的宝物。有些神庙的宝库是地下室，有些则是内堂后面的额外房间。

古罗马神庙扮演的角色与现代的礼拜场所不同。古罗马人认为神庙是神明的家，接受膜拜的神像代表了神的存在。神庙内不举行祭拜活动，拜神者进入内堂的原因是为了瞻仰神像，或者是敬献礼物或焚香。古罗马人拜神的关键行为是献祭，而献祭在神庙外面的露天祭坛举行。

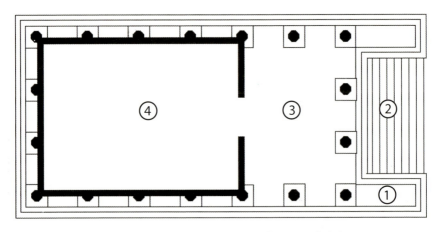

图 4.9　典型的古罗马神庙的平面图：①地台；②台阶；③门廊区；④内堂

万 神 庙

不是所有罗马神庙都需要遵循上述标准。我们今天仍然可以参观罗马最著名的神庙之一——万神庙（Pantheon）。人们认为它供奉着所有的神（Pantheon 在希腊语中意为"所有的神"）。它最先于公元前 1 世纪 20 年代由马库斯·阿格里帕负责修建，不过那座神庙毁于公元 80 年的火灾。后来哈德良皇帝下令重建，新庙大约在公元 125 年完工，也就是存续至今的万神庙。

神庙内部是一个巨大的圆形空间，拥有壮观的穹顶（图 4.10），正中央是通向天空的开口——"眼洞"（Oculus）。眼洞直径近 9 米，是神庙唯一的自然光入口。整个穹顶的直径为 43 米。这座神庙至今仍是世界上最大的无支撑拱顶建筑，自公元 609 年被改作教堂以来一直保存至今。今天的工程师们仍然惊叹于古罗马人如何建造了如此非凡的建筑，它让信徒们可以直望天空，感到更加接近神明。

图 4.10　万神庙的穹顶

祭司

古罗马祭司扮演的角色与现代神职人员大相径庭。今天，我们可能希望伊玛目、牧师或拉比在他们的教会中扮演牧者的角色，帮助自己度过个人困难时期，鼓励他们坚守信仰。然而，古罗马祭司只是一个纯粹的仪式性和功能性角色。祭司通常不专属于特定的寺庙，他们只是确保各种宗教仪式能够正确举行。在古罗马，祭司职位与政治紧密相连，往往由精英阶层垄断，因为这是他们提升权力和威望的一种途径。

古罗马有不同的祭司组织，称为"祭司团"。每种祭司团在国家的宗教生活中都具备不同的职能。人们认为，许多祭司团是早期国王努马·庞庇利乌斯创建的，主要有以下几种。

大祭司

"大祭司团"是古罗马最重要的祭司组织，由首席大祭司"大祭司长"（*Pontifex Maximus*）领导。"大祭司"（*Pontifex*，复数为 *pontifices*）一词最初意为"桥梁建造者"，目前还不清楚它如何与祭司职位联系在一起。在古罗马早期历史上，大祭司被视为国王的宗教顾问。在古罗马历史上的大部分时间里，新的大祭司都是当前的大祭司团投票选出的。根据年代的不同，大祭司的数量也存在变化，但最常见的人数是 15 名。大祭司们的职责多种多样，包括：

- 保护所有神庙。
- 制定有关葬礼和墓地的法规。
- 监管宗教历法。
- 监督有关遗嘱和遗产的法律。

此外，人们还经常要请教大祭司有关宗教律法的问题。大祭司必须把每年出现的宗教异兆（如晴天打雷或雕像流血汗）记录在专门的"大祭司书"上。

大祭司团也包括一些担负其他职责的祭司，如 15 名弗拉门祭司（*flamines*，复数为 *flamen*），他们隶属于某个特定的神。例如，迪亚利斯的弗拉门（*Flamen Dialis*，朱庇特的祭司①）负责对朱庇特的崇拜。这些职位源于罗马最早的时期，许多弗拉门与某些鲜为人知的神有关，例如法拉塞（Falacer）和弗瑞娜（Furrina）。② 公元前 42 年尤利乌斯·恺撒得到神化后，他的前副手马克·安东尼被任命为"神圣的尤利乌斯"的弗拉门祭司。这是数百年来新创的第一个弗拉门。

大 祭 司 长

大祭司长实际上是罗马宗教的最高祭司，负责领导大祭司团。他在广场有一个官方住所"国家之屋"（*Domus Publica*），位于维斯塔贞女堂和圣路之间。他的工作地点在附近的"王府"（*Regia*）。大祭司长享有极高的威望，因此共和时期的罗马政治家都觊觎这一职位。这是唯一一个通过公开选举产生的神职，但只是一个兼职，所以野心勃勃的人可以借助它为自己的政治或军事生涯镀金。正如我们在前文所见，随着元首制的出现，奥古斯都占据了这个职位，此后皇帝都将自动成为大祭司长。

公元 4 世纪基督教成为罗马帝国国教时，大祭司长的称号转给了教皇。今天的英语仍然称教皇为"Pontiff"。

---

① *Dialis* 源自 *Diespiter*，是朱庇特早期的名字。——译者注
② 两种神的起源和职能都已经不明确了。法拉赛可能是朱庇特的某种形象，弗瑞娜是一位可能和泉水有关的女神。——译者注

占卜官

"占卜官团"是重要程度仅次于大祭司团的宗教团体。他们通过寻找征兆来解读神的旨意。最早也是最著名的占卜方式便是观察和解释鸟的飞翔（我们已经在前文看到，这个技能也是罗慕路斯和雷穆斯产生冲突的故事核心），但他们也会使用其他技术，譬如观察电闪雷鸣和动物的行为。占卜的过程称为"释兆"，在古罗马人生活中的许多公共和私人仪式（如战争、商业和婚姻）里都十分重要。

李维描述了占卜官确认努马·庞庇利乌斯为国王的经过。虽然这里讲的是传说中的往事，但它无疑反映了李维时代的古罗马人如何占卜。文中特意强调了占卜杖，占卜官用它来划定自己解读预兆的陆地或天空的范围。

> 努马坐在一块石头上，面朝南边。占卜官坐在他左边，蒙着头，右手拿着一根没有结的弯曲棍子，他们称之为占卜杖。然后，他眺望着城市和乡村，向神祈祷并从东到西划出了一块土地，将靠南的定为"右边"，靠北的定为"左边"。他在自己的脑子里标出一块眼前地平线处的一个地标，然后将占卜杖转到左手，把右手放在努马的头上，祈祷道："父亲朱庇特，如果是天意让努马·庞庇利乌斯成为罗马的王，请你在我刚刚划定的范围里向我们发出毋庸争辩的预兆，以示批准。"然后他列举了自己希望看到的预兆。预兆出现了，努马被宣告为王，这道神旨出自占卜圣地。
>
> （李维，《建城以来史》，1.18）

尽管李维没有告诉我们出现了什么预兆，但很可能是某种鸟朝着特定方向飞了过去。

圣　鸡

罗马人经常在战争中带着"圣鸡"占卜。如果没有得到有利的预兆，他们绝不会开战；但如果需要立即采取行动，等待空中的飞鸟会浪费宝贵的时间。在这种情况下，他们会将神圣的鸡从笼子里放出来，然后把饼渣扔在它们面前。如果鸡不出来吃食，或者飞走了，或者拍着翅膀咯咯叫，就是凶兆。相反，如果它们急不可待地吃食，饼渣从鸡嘴里掉下来，则被视为吉兆。

一些罗马人显然比其他人更相信这个过程。公元前249年，在第一次布匿战争中，罗马人准备在西西里岛附近发起一场海战。罗马将军普布利乌斯·克劳狄乌斯·普尔凯因为鸡不吃东西而大发雷霆，他把鸡扔到了海里，说"既然它们不想吃食，那就去喝水吧"。随后罗马人打了败仗。这位将军因对神不敬而受到审判并被处以罚款。

其他祭司

除了大祭司团和占卜官团，其他两个主要的祭司团体是"主持祭仪的十五人团"和"负责宴会的七人团"。前者是西比尔预言书的守护者，负责根据西比尔书的推荐将希腊祭仪引入罗马宗教；后者的职责包括帮助大祭司监管公共献祭和随后的宴会，特别是在赛会期间。这个祭司团是在公元前196年建立的，当时罗马引进了许多新的公共祭仪。

此外，我们还将在后文中看到奥古斯都祭司，也了解过罗马人为特定的节日而组成的祭司团体，如牧神节的"狼兄弟"。在罗马早期，另一个重要的团体是费提亚祭司（*Fetiales*）[①]，负责准备开战的仪式。这

---

① 词源可能出自 *feti-*，"基础或地基"。——译者注

些仪式必须正确举行，以确保战争得到神的支持，并因此成为一场"正当的战争"。面向希腊读者的狄奥尼修斯写了一篇介绍，评论了罗马人在历史早期如何虔诚地对待战争：

> 由于希腊人没有费提亚祭司团，我认为有必要介绍一下他们的职权包括什么以及这些职权有多么重要。今天对罗马人当时的虔诚举动知之甚少的人，在发现罗马人所有的战争都拥有最成功的结果时，不必感到惊讶，因为这些战争的开端和动机显然都是最神圣的。正因为这个原因，在危难之际众神会对罗马人施以援手。
>
> （哈利卡纳苏斯的狄奥尼修斯，《罗马古事纪》，2.72.3）

维斯塔贞女

维斯塔贞女是罗马主要的女祭司团。她们是罗马国家最重要的人物之一，包括 6 名灶神维斯塔的女祭司，负责在罗马广场的灶神庙里看管圣火。灶神维斯塔对古罗马国家至关重要，因为她神庙里的火象征着"国家的壁炉"，因此也代表着国家的安全。古罗马人认为，如果圣火熄灭，对这座城市来说将是一个可怕的预兆。

维斯塔神庙是罗马城最重要的庙宇之一（图 4.11）。它没有遵从传统的设计，而是建成了圆形，而且比大多数寺庙要小。神庙里面也没有供奉神像，只有圣火（屋顶上开了一个洞，可以让烟散去）。根据罗马的传说，圣火是埃涅阿斯和他的追随者从特洛伊城的灰烬中带来的。神庙里还有一个储藏室，里面供有帕拉丁像——雅典娜女神的雕像，据说也来自特洛伊。此外还有名叫法奇努斯的法器，形象是勃起的阴茎，据说象征着生育能力。

当选为维斯塔贞女会被视为莫大的荣誉，不仅被选中的女孩是如此，她的整个家庭也脸上有光。因此，维斯塔贞女通常选自元老等级的

图 4.11　古罗马广场的维斯塔神庙遗址

家庭。当有职位空缺时，由大祭司长负责挑选新候选人。候选人必须是一个年龄在 6—10 岁的女孩，没有生理缺陷和心理缺陷，父母皆在世。一经选中，女孩就会离开家庭并发誓守贞。她要献身神职 30 年：头 10 年作为新手学习自己的职责，接下来的 10 年承担供奉灶神的大部分工作，最后 10 年将更多的时间用于教导新手。

维斯塔贞女有一些重要的职责：守护圣火，确保它永不熄灭；烘烤神圣的"盐渍面粉"，用于国家的献祭；参加某些重要的国家祭祀活动；担任重要文件的监护人，如遗嘱和国家条约（例如，尤利乌斯·恺撒和马克·安东尼都将自己的遗嘱放到维斯塔神庙保管）。作为回报，维斯塔贞女将享有一些特权：

- 外出时有一名扈从保护。
- 在罗马的赛会上享有荣誉专座。
- 可以自由拥有财产并订立遗嘱。①
- 可以在广场上灶神庙旁边的宏伟住宅居住。她们的住所有3层高，围绕一个优雅的露天庭院而建，庭院中间有一个水池。

然而，如果犯有过错，维斯塔贞女将受到严厉的惩罚。如果圣火熄灭了，她们将遭到鞭打；如果被发现违背了守贞誓言，她将被活埋（她的情人则会被当众鞭打致死）。虽然罗马人很少施行这一惩罚，但在公元1世纪80年代，皇帝图密善不止一次批准过这种处罚，包括对首席女祭司科尔内利娅行刑。普鲁塔克在努马的传记中讲述了处决一个维斯塔贞女的悲惨故事。虽然传记讲的是罗马的早期历史，但他很可能是根据自己在罗马图密善时期的亲眼所见写成的。他如此描述前往墓地的队伍：

> 他们把受罚的妇女放进轿子里，从外面盖住，用皮带固定，这样外面就听不到哭声。然后他们抬着它穿过广场。沿途让路的人都沉默不语，带着一种可怕的羞耻感默默跟着它前进。没有比这一幕更可怕的景象了，也没有哪一天更让这座城市感到不祥。
>
> （普鲁塔克，《努马传》，10.6）

---

① 普通古罗马女性的财产和遗嘱要受男性家长或监护人监管。——译者注

普鲁塔克解释，罗马人会把维斯塔贞女活埋到墓室里，但会留给她一点食物和水，这样罗马人可以不用因直接将她饿死而自责。

好例子和坏例子

李维讲述了罗马早期的两个故事，展现了两位截然不同的维斯塔贞女。正面的例子是莱亚·西尔维娅，罗慕路斯和雷穆斯的母亲。我们已经看到，人们认为她是与战神玛尔斯结合生下了孩子。因此，她也被视为罗马人的母亲。

还有一个负面的例子，是关于一个名叫塔庇娅的维斯塔贞女的传说，也被罗马人当作一则警谕。在罗慕路斯时代罗马人与萨宾人的战争中，罗马指挥官的女儿塔庇娅来到萨宾人的营地，表示愿意把他们放进城里，以交换"他们左臂上的东西"，希望得到对方佩戴的金手镯。然而，萨宾人后来用盾牌将她砸死了，因为盾牌也是他们左手所持之物。罗马人将她的尸体从卡皮托利山的峭壁上扔了下去，后来他们称这里为塔庇娅岩——罗马历史上用来处决最臭名昭著的叛徒的刑场。

维斯塔贞女在保佑生育和城市健康的节日中尤为突出。维斯塔贞女自己的节日灶神节就是一个例子。另一个例子是12月4日举行的只允许妇女参加的良善女神节。我们对良善女神知之甚少，但她似乎与生育、治疗和女性有关。在一年一度的节日上，她的秘密祭仪将在罗马由一位高级官员的妻子主持，由维斯塔贞女在旁协助。这些仪式在高级官员的家里举行，在任何情况下都不允许男性在场。尽管人们不清楚当时会做什么，但一般认为祭仪的核心环节是献祭一头猪。

公元前62年的良善女神节震动了罗马政坛。秘仪在新任大祭司长尤利乌斯·恺撒的家中举行，由他的妻子庞培娅主持。贵族青年普布利乌斯·克劳狄乌斯·普尔凯男扮女装想混进去，但被人发现并被赶了出去。由于仪式遭到了玷污，她们不得不改天再补办。后来，西塞罗拒绝为克劳狄乌斯提供不在场证明，两人结下了仇怨。为了报复，公元前58年克劳狄乌斯设法将西塞罗流放。甚至有传言说庞培娅和克劳狄乌斯有染。恺撒因此与她离婚，并不是因为谣言一定属实，而是因为，用他自己的话说，"我的妻子必须不受怀疑"。

献祭

献祭是古罗马宗教的基础。各种公共和私人事件，如节日和成人式都少不了献祭。献祭背后的原则是，一个人通过放弃一些有价值的东西来崇敬神。献祭可能是为了请求神的帮助（如为即将出发的旅程），为已经得到的好处（如好收成）感谢神，或者仅仅为了庆祝和崇敬神（如在神自己的节日献祭）。

最常见的献祭形式是血祭——宰杀动物作为献给神的礼物。虽然这在现代社会已经很少见了，但放弃一些有价值之物的原则仍然存在。例如，犹太人和穆斯林分别在赎罪日和斋月禁食，而基督徒的传统是在大斋节期间放弃一些娱乐。

除了血祭外，罗马人还会用其他方式向神进献礼物：

- 罗马人经常把谷物、奶酪、水果和蛋糕等食物祭品供给祭坛或神像，尤其在喜获丰收时，人们往往以此来感谢众神赐给他们好收成。
- 供奉饮品（称为奠酒），罗马人会将葡萄酒、牛奶和蜂蜜等洒在地上献给神。
- 将贡品留在神庙里。例如，退休的人可能会留下自己曾经使用过的工具——士兵献上他的武器，渔夫献上他的渔网，牧人献上笛子，诗人献上竖琴，等等，以此感谢众神在他们工作时给予的支持。

罗马人相信，进献这些供奉可以拉近自己与众神的距离。

血祭

一个准备献祭的罗马人会先去神庙，和神庙的官员预订一个日期。他还需要预约相关的工作人员，如助祭（图 4.12）和执刀手。在指定日期当天或前一天，他要在市场上买一只没有任何缺陷的动物。献祭哪种动物（通常是家养的）一方面取决于所要祭拜的神，另一方面取决于献祭的理由。这些规则写在由大祭司持有的手册上。每座神庙都有一份名单，列出它的神会接受哪些祭品。

有些规则很简单：雄性动物总是供奉给男神，雌性动物供奉给女神；白色动物献给朱庇特和朱诺，黑色动物献给冥界的神明或灵魂。接下来的规则会变得更加适用于特定事件。我们已经看到，牧神节要供奉山羊和狗；在尊崇玛尔斯的"十月马节"会举行战车比赛，获胜队伍的座驾中最外边的一匹马将被献祭①。

节日当天，人们会在动物的尾巴和角（如果有角的话）上绑上丝带，富有的人也可能会给这些部位镀金，然后游行队伍会把祭牲牵到神庙外的祭坛前。如果动物主动愿意走，就是好兆头；如果它拼命挣扎或试图逃跑，则是一个非常糟糕的迹象，人们不得不换一只动物重新开始仪式。

一旦安全抵达神庙，仪式将交由一位主持人负责。在国家祭祀和其他重要时刻，主持人由一位大祭司担任。然而，一个普通公民很可能

---

① 比赛的战车由两匹马拉动，一般会献祭右边的马。——译者注

人　祭

人祭在古罗马世界十分罕见，虽说它可能是罗马人早期宗教仪式的一个侧影。事实上，角斗的起源很可能就是奴隶在主人的葬礼上搏斗至死。

历史上，罗马人通常认为人祭是野蛮的，只有外族人才会这么做——高卢的德鲁伊正是因为这种做法而遭到罗马人鄙视。然而，这并不是说罗马从未发生过任何形式的人祭。例如，公元前216年，当罗马军队在坎尼遭遇惨败时，罗马人查阅了西比尔预言书，结果将两名高卢人和两名希腊人在广场上活埋，以安抚众神。

图4.12　庞贝韦斯帕芗神庙祭坛上的浮雕。一名助祭牵着一头公牛去献祭，一名祭司在等候，背景还有一个吹着笛子的男子。在祭司身后，另一个人似乎拿着一篮盐渍面粉

亲自主持自己的献祭。此外，规则还规定了什么人可以出席、可以邀请哪些朋友。不过，女性禁止参加赫拉克勒斯或玛尔斯的献祭，奴隶和外国人禁止参加除少数血祭以外的所有祭祀活动。所有参与者都要确保身体洁净，穿上最好的长袍。在仪式开始前他们还必须用圣水洗手。

随着一声要求众人肃静的呼喊，献祭开始了。唯一可以出现的声音是笛声，它将掩盖任何其他不需要的噪声（因为它们被视为不好的预兆）。祭司或主持人会用长袍的褶边盖住头部，将葡萄酒倒在祭品的头上，在其背上撒上盐渍面粉，最后将祭刀从它的脊柱上划过。此时，祭司念出一句祷文，将这只动物从人类手中移交给神。助祭用棍子击打祭品的后脑，将它击昏。当动物倒在地上时，执刀手将割断它的喉咙。

随后，祭品将被肢解并由肠卜师检查其内脏。如果预兆可以接受，仪式将继续以烹煮内脏的方式进行。这些内脏将在祭坛上焚烧，供奉给神。祭品的其余部位也会做熟，然后分给参与者，作为祭祀宴会菜肴。大型的国家祭祀会宰杀许多动物，祭肉将分给人们。

肠卜师

肠卜师是一种特殊的祭司。他们检查祭品动物的内脏（尤其是肝脏），寻找任何可能被视为不祥预兆的瑕疵（颜色、形状或大小）。图4.13是在意大利北部发现的一块羊肝的青铜复制品。人们认为这是肠卜师用来"解读"祭品肝脏的工具。肠卜是伊特鲁里亚人发展起来的技艺，最受尊敬的肠卜师直到帝国时代仍然来自伊特鲁里亚地区。尽管罗马人很重视他们的知识，但在罗马肠卜师并不是正式的祭司，他们从未像大祭司和占卜官那样拥有官方的权力。

似乎一些受过教育的罗马人确实开始担心江湖骗子是否会利用肠卜为自己牟利。西塞罗对他那个时代的伊特鲁里亚贵族家庭表示担忧，认为他们过去提供了最好的肠卜师，如今却忽视了这项技艺，主张应该

图 4.13　这块羊肝的青铜模型发现于意大利北部的皮亚琴察,上刻有伊特鲁里亚文。人们认为肠卜师用它解释献祭中的预兆

鼓励他们重新学习这门技术,"以防如此伟大的技艺由于人类的弱点而失去它真正的宗教威严,让位给赚钱的手段"。他还说过,老加图想知道两个肠卜师如何能做到看着对方而忍住不相视一笑。

"当心 3 月 15 日"

那句著名的"当心 3 月 15 日!"出自莎士比亚的《尤利乌斯·恺撒》,实际上却是基于罗马作家的记载。根据苏埃托尼乌斯和普鲁塔克的说法,一个肠卜师预言了尤利乌斯·恺撒的死。苏埃托尼乌斯说,当恺撒在遇刺前几天献祭时,肠卜师斯普里纳告诉他会有危险出现,而且"不会晚于 3 月 15 日"。普鲁塔克说,在那一天,恺撒在元老院的路上遇到了那位肠卜师,愉快向他打招呼,说:"怎么样,3 月 15 日已经到了。"斯普里纳轻声回答道:"是的,到了,但还没过去。"几分钟后,恺撒到达庞培剧院后便遇刺身亡。

仪式重开

古罗马的迷信观念规定，如果仪式的任何一部分出了差错，则仪式必须重新开始，外加为刚才的错误道歉。这个过程被称为"重开"。仪式可能出错的原因有很多，有些我们已经提到过——动物不肯前往祭坛，或者它的内脏预示着凶兆。而诸如一个讨厌的噪声，如打喷嚏，或者一个小事故，都可能引起问题。有时动物没有被干净利落地杀死，在割喉后还设法逃跑。

祷告

在祷告的时候，祭司或主持人会朝向神庙里供奉的神像。祈祷的形式往往非常教条，这从老加图在《农业志》中给出的建议便可见一斑。加图谈到了当农民需要砍伐一片小树林时，应当安抚住在树林中的神明，无论他们是谁。他建议的祷词如下：

> 无论您是这块圣地的什么神或女神，既然占用这块圣地的人应当献祭猪来赎罪，那么，希望我所做的或别人根据我的指示做的一切能够正确施行。因此，为你们宰杀这头赎罪猪的时候，我以虔诚的祷词祈祷，希望你们愿意赐福于我、我的房屋、我的家庭和我的孩子。为此，请接受宰杀这头赎罪的小猪吧。

（老加图，《农业志》，139）

第一句说明，罗马人并不总能清楚每一个神的确切身份，因此祷告时通常都称呼对方"神或女神，无论你是谁"。祷词接着指出这种情况所需要的合适供品（一头猪）表明农民在认真遵守宗教规则。文中称献祭贡品是在"赎罪"，这是因为农民准备破坏树林，神可能会因此动怒，贡品就是为了平息神的愤怒。接下来又说，虽然献祭通常应由地主完成，但许多富有的罗马人居住在城里，将农场委任给管家管理，对此应谅解由他来替主人祷告。

最后，祷告请求神明赐福作为回报——来自神的善意和支持。祷告提到"家庭"时，指的不仅仅是他的家属，而是地主的整个家庭，包括他的奴隶。

誓约

与祷告在概念上相似的是向神起誓。一个人会发誓，如果神允许一些对他有利的事情出现，他会献给神一个特定的贡品作为回报。许多誓约都是国家级别的，例如，每年的1月3日，整个帝国都要为皇帝的健康而立誓。一年中的任何时候都可以许下类似这样的誓言，它们都是从公元1世纪末流传下来的。下面的例子记录在一块铭文上，是阿尔莱斯兄弟祭司团的祭司长盖乌斯·马提迪乌斯·帕特鲁伊努斯于公元78年1月3日为韦斯帕芗的安全立下的誓言：

> 他以在卡皮托利献上的祭品兑现了前一年祭司长的誓约，并在路奇乌斯·维拉提乌斯·夸德拉图斯的指示下为下一年立誓，誓词准确记录如下：向至善至高朱庇特供奉一头公牛，向朱诺·雷吉娜供奉一头母牛，向密涅瓦供奉一头母牛，向萨鲁斯①供奉一头母牛。
>
> （《阿瓦莱斯兄弟誓约书》，44a）

另一个关于起誓的著名例子来自公元前42年的屋大维。在腓力比战役之前，他向战神玛尔斯发誓，如果获胜他将在罗马为玛尔斯建造一座神庙。多年后，屋大维（当时已经成了奥古斯都）履行了自己的誓言，在罗马中心的新广场上建造了一座供奉复仇者玛尔斯的神庙。

---

① 保佑个人和国家健康安全的女神。——译者注

其他信仰

后来，两种信仰的发展削弱了传统国家宗教的影响。一种是从外国传入的祭仪，称为秘仪，它们提供了更重视精神层面和更给人以希望的宗教观点。另一种是对神日益增长的怀疑主义，这在受教育程度较高的人中间越来越流行。古希腊哲学对他们越来越有吸引力。

哲学

从公元前 2 世纪开始，一些受过教育的罗马人越来越为希腊哲学所吸引。希腊哲学试图审视一些生命中最深刻的问题（例如，生命的意义是什么，一个人应该怎样过良善的生活）。从传统上讲，罗马人是一个非常务实的民族，不赞成哲学观点，历史上曾多次将哲学家们逐出城市，只因他们挑战了传统的观念。公元前 161 年，当希腊化革命迎来高潮时，就有罗马人驱逐哲学家的记录。这种情况在皇帝统治时期也有出现。然而，公元前 2 世纪末，希腊的两大哲学学派在受过教育的上层阶级中赢得了一群人数不多但坚定的追随者。这便是斯多葛学派和伊壁鸠鲁学派。它们都教导追随者如何过上免除焦虑和不安的生活，两派实现这一目标的途径却迥然有别。

斯多葛学派由基提乌姆的芝诺创立。他一直在雅典教学，直到公元前 263 年去世。[他曾在城市中心的一座大柱廊（stoa）下教导学生，因此他的追随者被称为斯多葛主义者（stoics）。]小塞涅卡就是一个斯多葛主义者，他为我们提供了了解罗马斯多葛主义最好的材料。斯多

素 食 主 义

对罗马世界的几乎每个人来说,献祭动物都是日常生活的一部分,只有少数被视为异类或有威胁的小团体才拒绝动物祭祀,其中包括毕达哥拉斯学派——公元前 6 世纪末生活在意大利南部的希腊哲学家毕达哥拉斯的追随者。他们相信轮回,认为杀死的动物实际上可能是一位死去亲戚的转世。在《变形记》中,奥维德给出了毕达哥拉斯反对献祭和吃肉的论据:

> 凡人啊,不要用肮脏的食物玷污你们的身体,
> 你们有庄稼可以吃,还有沉甸甸缀满枝头的果实,
> 有葡萄挂满藤枝,
> 还有芬芳的野菜和菜蔬,经火烹调变得柔软可口,
> 香甜的奶和蜂蜜也定会让你满足。
> 大地慷慨地提供了丰饶的物产,
> 让你们无须杀戮或流血便可饱餐……
> ……一种生物的内脏消失在另一种生物的内脏里,
> 吃下其他生物的身体以养肥自己贪婪的身体,
> 一种生物的活要以另一种生物的死为代价,
> 这种罪行是多么令人发指!

(奥维德,《变形记》,15.75—90)

成为素食者需要很大的勇气。因为肉通常是在献祭动物后吃的,所以毕达哥拉斯主义者拒绝吃肉,实际相当于令自己游离在罗马的社会规范之外。不过毕达哥拉斯并不是唯一提倡素食的哲学家。哲学家波菲利(约公元 234—305 年)也基于道德理由反对吃肉,还写了一篇名为《论禁食动物》的文章流传至今。

葛主义认为，宇宙中有一种指导精神，有时称为理性（也有自然、宿命、神、命运或天意等说法）。宇宙的一切尽在理性的计划之中，一个人只有遵循这个计划，令自己与宇宙和谐相处，才能实现幸福。这要通过过一种合乎道德的生活才能实现，并强调责任、纪律和抑制情感。另一个关键之处在于平静地接受命运给你的一切，对此小塞涅卡如此解释：

> 为什么好人会备尝艰辛？真的坏事不会落到好人头上……无论遭遇了什么，都是为了他好，对此他要保持坚定。因为他比一切外在的事物更强大。他不是感觉不到这些，而是克服了这些，而且得到了升华，能够平静沉着地面对他遇到的一切。他把所有困难都看作学习的机会。
>
> （小塞涅卡，《论天意》，2.1—2）

斯多葛学派认为人是由肉体和灵魂组成的。死亡时，灵魂将离开肉体，在大气中停留一段时间，然后又化归于宇宙的伟大精神。

伊壁鸠鲁学派的名字得自希腊哲学家伊壁鸠鲁。他也在雅典教学，直至公元前270年去世（因此他和芝诺是同代人）。他自己的作品少有存世，我们对他哲学的了解主要来自罗马诗人卢克莱修（公元前99—前55年）。卢克莱修写了一首长诗《物性论》，是一部体现伊壁鸠鲁世界观的哲学文本。

伊壁鸠鲁的基本观点是：生活中最好的一面便是快乐。然而，伊壁鸠鲁的"快乐"并不意味着感官享受，更多是指心灵的平静和免于焦虑。为做到这一点，生活应该有节制。例如，喜欢在宴会上痛饮美酒的人，第二天将会付出宿醉的代价。相比之下，明智的伊壁鸠鲁主义者会适度饮酒，使自己既能享受宴席之乐，又能在第二天早上感觉良好。

小塞涅卡

路奇乌斯·安奈乌斯·塞涅卡是古罗马斯多葛派知识精英的主要代表人物之一。他通常被称为小塞涅卡,以区别与他同名的父亲。小塞涅卡大约公元前4年出生在西班牙南部科尔杜巴的一个骑士家庭。不过他年幼时就来到罗马,并开始了杰出的教育生涯。公元41年,他因涉嫌通奸被克劳狄皇帝流放到科西嘉岛,一直留在当地,直到公元49年克劳狄的妻子阿格里披娜将他召回。阿格里披娜让小塞涅卡去教导她的儿子,即未来的皇帝尼禄。公元54年尼禄成为皇帝时,小塞涅卡依然是尼禄的顾问。但到了公元62年,他失宠于皇帝并退出了公众生活。公元65年,他因涉嫌参与刺杀皇帝的重大阴谋而被迫自杀。

小塞涅卡作为哲学家和作家留下了非凡的遗产。他的大部分散文作品都在探讨哲学,是理解古罗马斯多葛主义的重要史料。例如,我们从小塞涅卡的一封信中了解到斯多葛学派的思想,即所有人——无论罗马人或外国人,奴隶或自由人——都是宇宙的平等公民,应该一视同仁。在这封信中,小塞涅卡鼓励朋友对自己的奴隶人道一些,这符合斯多葛主义的原则(值得注意的是,斯多葛主义者从未呼吁废除奴隶制,他们将奴隶制作为世界的一种自然状态予以接受,但是强调人无论处于哪种身份状态都应得到善待)。然而,小塞涅卡自己远非践行斯多葛美德的典范,他虽然提倡简朴,自己却在尼禄的宫廷中过着奢华的生活。

小塞涅卡的才能不仅仅体现在哲学上,他创作了一系列拉丁悲剧,包括《美狄亚》和《淮德拉》等。他也是已知的唯一一位将戏剧分为5幕的古代作家,而这种做法在几个世纪后变得很普遍。小塞涅卡对莎士比亚、马洛和本·琼森等欧洲文艺复兴时期的剧作家产生了深远的影响。T.S.艾略特曾这样评价:"小塞涅卡对伊丽莎白时代的思想和悲剧形式所产生的影响,其深度和广度无人能及。"

卢克莱修如此解释他的世界观：

> 当海中狂风大作，波涛汹涌，在岸边看着别人在海中拼命挣扎，是何等的乐事。这并非因为我们对别人幸灾乐祸，而是因为能意识到自己远离了何等的麻烦，实属令人欣慰。
>
> （卢克莱修，《物性论》，2.1—4）

伊壁鸠鲁主义者认为他们应如何避免生活中的麻烦呢？除了生活节制，他们还教导人们要远离政治和公共生活，投身于学习哲学的沉思式生活。

伊壁鸠鲁主义的另一个重要信条是不要畏惧死亡。它主张灵魂会随肉体而死，因此卢克莱修和其他伊壁鸠鲁主义者谴责宗教，认为宗教会让人害怕神以及死后可能发生的事。为了获得内心的平静，一个人必须让自己从这些烦恼中解脱出来：

> 如果人们看到他们的烦恼终将结束（即死亡），他们就能找到一些有力的方法，抵御预言家的骗术和恐吓。然而他们没有抵抗的力量，因为他们对于死后将遭受无尽痛苦的恐惧总是挥之不去。
>
> （卢克莱修，《物性论》，1.107—111）

卢克莱修用另一句名言——"宗教能够煽起这样的恶行"（*tantum religio potuit suadere malorum*）警告世人，宗教能够造成巨大的伤害。然而，这也并不代表伊壁鸠鲁主义者不信神，他们只是不相信神能以任意方式影响人类的生活。

秘仪

随着罗马人见识到了古希腊世界，古希腊宗教的一个明显特征也在意大利流行起来：秘仪。"神秘"一词源于希腊语①，意思是"开始接受"。秘仪的一个核心元素，即它的追随者开始了解它的秘密，而这些秘密会向他们揭示世界的奥秘。这些秘仪通常有一个关于死亡和复活的核心神话。神话给入教者以希望，让他们认为死后将获得新生，迎来幸福的新生活。秘仪具有吸引力的地方还包括：

- 强调道德规范，行为必须遵守道德准则。
- 人与神的密切关系。
- 祭司的教牧。
- 对边缘群体（如妇女和奴隶）一视同仁。
- 相比国家宗教，秘仪的崇拜仪式更加充满激情和生命力。

然而应该强调的是，这种秘仪并不是国家宗教的替代品。前者具有公开性，后者则更加私密。秘仪的信徒同样希望崇拜所有国家的神明并会像往常一样虔诚。

由于秘仪神秘的特性，我们很难了解它们关于信仰和崇拜的各种细节。不过我们还是会简要介绍一些最具影响力的秘仪。

西布莉崇拜和巴克斯崇拜

公元前 2 世纪初，两个重要的秘仪来到了罗马。第一个是西布莉崇拜。公元 205 年，当罗马人无法击败迦太基人时，查阅了西比尔预言书。书中告诉罗马人将大母神的崇拜引入罗马。大母神是西布莉的另一个名字，她是来自小亚细亚的"大地母亲"女神，被视为一切生灵之母。

---

① 英语的"神秘"为 mystery，源自拉丁语的 *mysterium*，后者又源自希腊语的 μυστήριον（mustērion），μύστης 意为"被接受的"。——译者注

然而，罗马统治者了解了这种新宗教的情况后，很快便陷入惊愕。它的核心神话是关于西布莉的凡人伴侣阿提斯的，他曾与一位国王的女儿有婚约。西布莉出现在他们的婚礼上，于是阿提斯在狂乱中阉割了自己并随后死亡。然而西布莉保护了他的身体，将他复活。为了纪念这一幕，西布莉的每一任祭司加鲁斯在侍奉西比尔前会阉割自己。此外，在罗马人眼中，西布莉信徒行事时似乎处于一种情绪狂乱的状态，在尖利刺耳的音乐中陷入癫狂，这与国家宗教平静有序的特征形成了鲜明对比。因此，罗马当局立即对这种秘仪进行了严格限制，包括禁止公民成为西比尔祭司。

同一时期，罗马出现了对酒神巴克斯的崇拜。与西布莉崇拜相反，酒神崇拜并没有被正式引入罗马，我们也不清楚它究竟是如何传入罗马的，也许是随东部移民或意大利南部希腊城市的奴隶而来的。人们认为，巴克斯是与死亡和重生有关的护佑神。最明显的证据是，他能让葡萄藤在春天起死回生，从而提供葡萄酒，让饮酒者在沉醉中感到喜悦，从生活的烦恼中解脱出来。饮酒显然是酒神崇拜的核心元素。

巴克斯的节日酒神祭很快招致了行为放荡和酗酒狂欢的恶名，还伴有堕落和悖德的恶毒传言。我们很难弄清楚这些谣言中包含了多少真相（早期基督徒也遭到了类似的诽谤）。然而可以肯定的是，这种对于社会下层极具吸引力的新崇拜令罗马上层极为警惕。公元前186年，元老院认为它对公共秩序构成了威胁，于是出台了严格的限制措施：在意大利各地禁止酒神集会，捣毁酒神的圣所。然而，私下里对酒神的崇拜仍然允许，这种宗教在意大利流行了几个世纪，从庞贝秘仪别墅的壁画便可以看到。

伊西丝崇拜

埃及强烈吸引着希腊人和罗马人，他们中有许多人相信，埃及的古代文明具有特殊的神圣洞见。因此，埃及诸神引起了他们极大的兴趣，伊西丝女神尤为如此。伊西丝是埃及神话中处于核心地位的女神。她富有爱心和同情心。据说每年夏天，当看到土地干旱、尼罗河缺水时，伊西丝便会为她的人民哭泣，从而令河水泛滥，这样就可以灌溉农田，让庄稼得以再度生长。

另一个关于伊西丝的重要神话与她的兄弟兼丈夫奥西里斯（在希腊、罗马世界通常称其为塞拉比斯）有关。根据神话，奥西里斯发现埃及人残忍蒙昧，于是教给他们法律、农业和宗教。但他后来被自己邪恶的兄弟、混乱之神塞特杀害。塞特将奥西里斯的尸体撕成碎片，撒到大地上。伊西丝收集了奥西里斯的遗体，将他复活。从那以后，奥西里斯成为死者仁慈的判官。伊西丝和重生的奥西里斯生了一个儿子——生命之神荷鲁斯。

这两则神话说明了伊西丝女神为何如此受欢迎：她被视为母亲，关心她的人民，保佑着庄稼的多产和再生，拥有令人起死回生的能力。因此她的追随者相信伊西丝会赐予他们一个幸福的来世。伊西丝崇拜似乎在公元前1世纪早期传入罗马（图4.14）。它不时遭到罗马国家的打压，特别是公元前1世纪30年代的屋大维，因为它属于屋大维的对手克利奥帕特拉的国家。然而，皇帝卡利古拉解除了禁令。公元2世纪初，伊西丝崇拜已经融入了罗马人的生活，以至于在罗马的玛尔斯校场建造了一座供奉伊希斯和塞拉比斯的巨大神殿。

对于伊西丝崇拜最好的描述来自公元2世纪阿普列乌斯的奇幻小说《金驴记》，由书中主角路奇乌斯讲述。他对伊希斯崇拜者队伍的描述给这个丰富多彩的秘仪增添了一些趣味：

> 护佑女神自己的游行队伍也开始行进了。打头的是身穿洁白长衣的妇女，骄傲地展示着身戴的各种标志配饰，头戴春天的鲜花编成的花冠。她们从长袍的褶皱中将鲜花撒向神圣的队伍沿途

图 4.14 这幅描绘伊西丝崇拜的壁画出土于赫库兰尼姆。一位大祭司站在神庙的入口，俯视着下面由剃光头发的祭司主持的仪式。画中可以看到埃及的两个象征物：伊西丝的圣物朱鹭鸟以及两个斯芬克斯雕像

经过的街道上……其他人在街道上泼洒节日的香膏和其他香水。还有一大群男男女女，都拿着灯、火把、蜡烛和各种人造的发光之物，用来纪念天上的星星从她那里升起。接下来是奏着优美音乐的乐队、笛手和记录员。

（阿普列乌斯，《金驴记》，11.9—11）

路奇乌斯接着讲述了自己如何在科林斯成为伊西丝秘仪的一员：一位祭司从圣书中给他指示，他必须经过一个净化和斋戒的过程，在此期间他每天都在伊西丝的神庙里服务。之后，入教的日子到来了。路奇乌斯小心翼翼地不透露秘仪的秘密，但他声称自己去冥界走了一遭，然后又活了过来。

密特拉崇拜

密特拉崇拜（或称密特拉教）与伊西丝崇拜截然不同。其中一个原因在于，妇女一般不能参加密特拉秘仪（虽然有些证据表明也存在妇女参与的例子）。其次，密特拉秘仪的仪式和崇拜是私下举行的，缺少伊西丝追随者所举办的公开庆祝活动。

密特拉最初是一位波斯神，但他在已有很多秘仪的地中海东部影响很小。相比之下，似乎对他的崇拜主要是在意大利发展起来的。密特拉在意大利的特征与早期波斯宗教中的形象明显有别。实际上，密特拉崇拜属于罗马人对异国文化中古老神的再解读。罗马人口中的密特拉神话是善与恶之间的永恒斗争，英雄通常与太阳神联系在一起，而太阳神在许多文化中都象征着好的一面。根据这个神话，密特拉早年历经艰难困苦，终于取得了胜利。他最终抓住了原始牛，将它拖回自己的洞穴后杀死，释放了它的生命力以造福人类：牛的身体长成有用的植物和草药，血液长成葡萄树，精液长成所有有用的动物。因此，杀死这头圣牛带来了生命和正义战胜邪恶的胜利。

很少有关于秘仪的书面记录保存下来，但我们可以从用于入会仪式的神庙中了解到一些情况。一座密特拉神庙会设计成密特拉杀死公牛的洞穴的样子，因此神庙往往建在地下，比如洞穴或地窖。房间内黑暗无窗，一条主过道上排列着长凳，过道尽头有一个圣所，通常在一个壁龛里，祭坛就在那里。密特拉神庙中最重要的象征是"屠牛"——一个表现密特拉杀死公牛的石雕，通常伴有一只狗、一只蝎子和一条蛇（图4.15）。人们认为这些动物代表着黄道十二宫的符号，而星相学似乎对秘仪十分重要，密特拉神庙的屋顶经常绘有占星术的符号和星星。

密特拉秘仪主要或专门由男人信奉。尤其是，它似乎对商人和士

图 4.15　这幅表现"屠牛"的湿壁画保存在意大利南部卡普亚的密特拉神殿遗址中

兵很有吸引力，因为他们可能特别为秘仪强调真理、荣誉和勇气的特征所吸引。士兵们似乎将它传到了帝国的各个角落，在边境尤其明显，包括在罗马治下的不列颠（1954年在伦敦发现的密特拉神殿引起了轰动）。入会者似乎属于一个特定的密特拉神庙。记录显示，它的成员人数在10—36人。仪式餐似乎是供奉密特拉的一个关键环节。除了这些个人信奉者外，密特拉秘仪似乎没有任何宗教组织或等级制度。

　　入会者的目标是通过入会仪式的7个阶段，每个阶段都有一个名字：(1) 乌鸦；(2) 新郎；(3) 士兵；(4) 狮子；(5) 波斯；(6) 逐日者；(7) 父亲。秘仪信徒们认为通过这7个等级的过程象征着灵魂一步步通往永生。关于入会仪式的唯一记载来自一个对秘仪充满敌意的基督教评论家：

　　　　他们在山洞里蒙着脸，在滑稽地模仿什么？有的像鸟一样拍着翅膀，学乌鸦叫；有的像狮子那样咆哮；还有一些人的手被鸡肠绑起来，然后被扔到满是水的坑里，接着来了一个自称"解放者"的人，用剑割断了上面提到的鸡肠子。这对自称有智慧的人来说真是一种耻辱啊。

(伪奥古斯丁，《关于旧约与新约的问题》，113.11)

在前面提到的不同等级的秘仪信徒中，似乎第一等级乌鸦只能旁观。最常见的等级似乎是狮子，因为我们听到的最多。更高等级的人可以在密特拉神庙中享有一个更具影响力和祭司性质的身份。

密特拉秘仪并没有在古代世界留存下来。公元 4 世纪基督教成为罗马帝国国教后，密特拉秘仪逐渐减少。文学和考古学都表明，基督徒出于排斥其他宗教的目的，破坏了密特拉神庙。因此在公元 5 世纪，随着西罗马帝国的灭亡，密特拉秘仪似乎也一同消失了。

基督教

公元 4 世纪，基督教成为罗马帝国的官方宗教，并在数个世纪中继续左右着欧洲文明。一个小小的犹太教派如何成长为帝国国教，实在是一个引人注目的故事。

我们在前文介绍了罗马人与犹太人的关系。在两个关键方面，犹太教与罗马宗教有着本质上的区别：其一，它属于一神信仰；其二，它的核心是给予伦理和仪式指导的圣经。犹太人也会通过遵守特殊的饮食规则和自己的历法、以安息日为休息日，来将自己与非犹太人区分开来。尽管罗马人认为犹太人的宗教很古怪，但他们通常允许犹太人拥有礼拜的自由，只要他们愿意为皇帝的安全祈祷。此外，由于犹太教并不劝人皈依，所以它从本族传播出去的危险很小（尽管也有一些人皈依了犹太教）。

一种新兴宗教

根据福音书,耶稣是一个来自拿撒勒的犹太拉比。公元1世纪30年代初,在犹太宗教当权者的挑唆下,耶稣以煽动宗教和民间叛乱的罪名被罗马人处死。耶稣的死本将对其使命造成致命打击,然而他的追随者相信他死后复活,决心与他人分享耶稣的教谕。在耶稣的信徒中,传播新信仰最有力的是塔尔苏斯的保罗,通常被称为圣·保罗。他拥有罗马公民身份,并以走遍帝国各地的传教旅行而闻名。

《圣经》以外的文献第一次提到耶稣的地方与公元64年罗马重大火灾的后续事件有关。根据史家塔西佗的记载,当时罗马流言四起,盛传是尼禄皇帝自己放的火。尼禄马上寻找替罪羊,而基督徒则是一个很容易被针对的目标:

> 为了压制谣言,尼禄捏造出替罪羊并以各种手段变着法地惩罚这些恶名昭彰的堕落的基督徒(人们通常这样称呼他们)。他们的创始人,基督,在提比略时期被犹太总督庞提乌斯·彼拉图斯处死。但是,尽管暂时得到了遏制,这种致命的迷信再度死灰复燃,不仅在犹太(这种灾祸的发源地),甚至在罗马……首先,尼禄逮捕了承认自己是基督徒的人。然后,根据他们的招供,又有许多人被定罪——罪名与其说是因为纵火,不如说是因为他们反社会。他们被以滑稽可笑的方式处死。他们被裹上兽皮,被狗撕成碎片,或者钉死在十字架上,或者做成火把在天黑后点燃以供照明。
>
> (塔西佗,《编年史》,15.44)

这里提到的"无耻行为"涉及对基督徒的诽谤,并且将在几代人之间重复出现。罗马人仇视基督徒,似乎在很大程度上是出于恐惧和误解:他们怀疑基督徒献祭婴儿,会吃婴儿的肉和血以代替面包和葡萄酒；基督教的仪式餐被称为"爱的盛宴"，与各种各样的乱交有关；基督徒也被控乱伦，因为他们称呼彼此为"兄弟"和"姐妹"，哪怕他们彼此结婚也是如此。

在这种背景下，不难理解为什么罗马人会认为这个新兴宗教是颠覆性的和"邪恶的"。此外，基督教招人仇视还有其他的社会和政治原因：

- 基督徒拒绝敬拜传统众神，让很多人认为这会触怒他们的神明，从而威胁到"众神的和平"。
- 基督徒拒绝吃传统的祭肉（例如，圣保罗在《哥林多前书》第十章中说："异教徒的祭祀是供奉给魔鬼的，而不是供奉上帝的。"），因此游离在宴会和社交场合之外。
- 基督教总在谈论一个"新王国"即将到来。虽然这是从精神层面上讲的，但很容易被解读为反对皇帝的阴谋，尤其因为基督徒拒绝参加皇帝崇拜的祭仪，更会引起误会。
- 基督徒倾向于私下聚会，让人怀疑他们可能在密谋反对政府。相比之下，罗马宗教大多在公共场合举行。

尽管面临遭受迫害的威胁，基督教仍然具有强大的吸引力，特别是对那些边缘群体，如穷人、妇女和奴隶。同秘仪一样，强调集体感和平等的观念肯定强烈地吸引着众多受众。此外，基督教清晰地向追随者承诺了来世的幸福。这意味着许多人自愿赴死，他们相信任何痛苦都只是永恒幸福的序幕。

然而，要说在公元 4 世纪早期基督教合法化之前，基督徒一直受到迫害，却也不准确。公元 111 年，比提尼亚和本都（一个位于今天土耳其北部的行省）总督小普林尼与图拉真皇帝之间的通信，很好地展示了罗马政府如何对待基督徒。小普林尼写信给图拉真，阐明自己将对基督徒采取什么政策。图拉真如此答复：

> 亲爱的普林尼，你审查那些指控基督徒的案件时，是在按照正确的程序进行，因为不可能将普遍原则确定为固定形式。不能把这些人赶尽杀绝。如果他们被带到你面前且指控成立，那就必须受到惩罚。但对于那些否认自己是基督徒的人，如果他通过敬拜我们的神来证明这一点，那么鉴于他已经悔改，就应该宽恕他，哪怕他过去的行为值得怀疑。但匿名散发的小册子不能用于任何指控。此举开创了最恶劣的先例，而且与我们时代的精神格格不入。
>
> （普林尼，《书信集》，10.97）

某种程度上，图拉真的政策相对开明。他坚持对基督徒既不一网打尽，也不以匿名指控定罪，而是应该给他们机会放弃原来的信仰。然而，皇帝也明确了基本的法律立场，即信仰基督教将被视为一种罪行，会受到惩罚。

这种政策盛行了将近150年。在此期间，基督教从未受到罗马政府的正式迫害，不过地方组织如果愿意的话仍可以起诉基督徒。因此，可能地方上存在基督徒被迫害的情况。然而当后来的基督教作家在那些为信仰殉道的故事中寻找灵感时，那一时期的受迫害者依然相对较少。

这种情况在公元3世纪的社会与政治危机中恶化了。罗马遭遇瘟疫和外敌的威胁，到公元249年，皇帝德西乌斯决定以迫害基督徒来逃避批评，并为帝国陷入困境寻找替罪羊。在随后的几年里，瓦勒良和奥勒良又对基督徒展开进一步的迫害。但下手最狠的是戴克里先，他在公元303年发动了对基督徒长达8年的"清洗"。

官方承认

公元3世纪的迫害也许表明，基督教的力量正在日益增长，由此引起罗马国家的严肃关注。它从来不是一个只属于边缘群体的宗教，因为总有富有影响力的人物至少对基督徒表示了同情——例如，康茂德皇

秘密符号

为应对迫害，基督徒将自己的宗教信仰隐藏起来。从他们设计的秘密符号便可见一斑。一个是象征耶稣受难的十字架，另一个是一条鱼：希腊语的"鱼"（ichthus）包含了希腊语"耶稣基督""上帝之子""救世主"几个词的首字母。另一个希腊符号是希腊字母 α 和 ω（希腊字母表的第一个和最后一个字母）的组合，为的是体现上帝的全能。还有一个词框，隐有单词"我们的父亲"（Pater Noster）两次。而"χ-ρ"符号中含有希腊语单词"基督"（χριστός，christos，图 4.16）的前两个字母。

图 4.16　这是一幅大型马赛克画的中央嵌板，发现于英格兰南部多塞特的欣顿圣玛丽。它的创作时间可以追溯到公元 4 世纪，被视为现存最古老的基督像之一。他的头后面是希腊字母 χ 和 ρ，希腊语"基督"的前两个字母

帝的情妇马尔齐娅利用自己的影响力，从矿场中释放了基督徒囚犯。

君士坦丁的母亲海伦娜也是一名贵族基督徒。她与儿子的关系很亲密，一定对他走近基督教产生了影响。公元312年10月，君士坦丁在罗马城外的米尔维安桥战役中击败了对手马克森提乌斯，这场战役标志着这位皇帝开始皈依基督教。

很多学者认为君士坦丁看到幻象的故事是基督教的宣传，并指出君士坦丁继续推行国家祭仪，直到公元337年临终前才皈依基督教。然而，战争结束几个月后，君士坦丁就和东部的共治皇帝李契尼乌斯签署了《米兰敕令》，令基督教成为罗马帝国的合法宗教。在这之后，他开始积极支持基督教组织。

什么是君士坦丁的幻象？

两个主要的资料来源：基督教编年史家拉克坦提乌斯（约公元240—320年）和尤西比乌斯（约公元263—339年），对君士坦丁在战役之前所见的异象给出了不同描述。拉克坦提乌斯在战役后的4年内写作，他说在战前的晚上，皇帝做了一个梦，梦见自己被命令在士兵的盾牌上"写下上帝的神圣标志"。第二天，他们带着画有基督教符号（要么是十字架，要么是 χ-ρ 符号）的盾牌投入战斗，并赢得了胜利。

尤西比乌斯讲述了故事的另一个版本。他声称皇帝在战役结束多年后亲口告诉他，自己在战前看到的一幅幻象：天空中出现一个十字架和一行希腊语——"你将凭它胜利"。根据尤西比乌斯的说法，君士坦丁将这场战役视为基督教的胜利，并在罗马竖立了一座自己手持十字架的雕像。

学者们仍在为君士坦丁为何戏剧性地转向基督教而争论不休，并且始终无法确定他做出如此重大决定是出于什么动机。皇帝还试图在自己的统治期间明确基督教的正统地位，因为他看到基督教组织内部产生了互相敌对的分裂。例如，在北非，戴克里先施行迫害后，出现了两个派别，分别支持两名敌对的主教。君士坦丁偏爱其中一个主教凯奇里安，并宣布另一个派别多纳图斯派（他们的主教叫多纳图斯）是异端。

基督教实现制度化的最重要时刻在公元 325 年，也就是君士坦丁重新统一帝国并成为唯一皇帝一年之后。他想要解决东方教会关于如何界定耶稣基督神性的严重教义分歧。亚历山大里亚的牧师阿里乌斯主张，耶稣的地位上不可能与上帝平等，而基督教所信仰的三位一体正好与之相悖。君士坦丁在比提尼亚的尼西亚召开了一次会议，并亲自主持了其中一些讨论。这次大会制定了一项声明，概述了基督教信仰的核心原则——"尼西亚信经"（至今仍被主流基督教会采用）。阿里乌斯和他的支持者被判为异端，并遭到放逐。

尽管如此，"阿里乌派基督教"仍然存在，并与尼西亚基督教分庭抗礼 200 多年，据说君士坦丁本人也接受过阿里乌派主教尤西比乌斯的施洗。君士坦丁的儿子君士坦提乌斯二世就是一个阿里乌派基督徒。在他统治期间，尤西比乌斯派遣一个皈依了阿里乌派的西哥特人乌尔菲拉斯向自己的同胞传教。乌尔菲拉斯率人将《圣经》翻译成哥特语，很快便完成了使命。公元 4 世纪晚期，西哥特人都皈依了阿里乌派，直到公元 589 年才转向尼西亚派。

公元 4 世纪下半叶也充斥着基督徒和多神教徒之间的知识与政治权力斗争。前者在狄奥多西一世统治时取得了最终胜利。公元 380 年，皇帝宣布尼西亚基督教是帝国唯一的合法宗教。随后的几年里，多神教信仰者发现自己陷入一种窘迫境地，他们不得不恳求宽容和敬拜自己神明的权利。罗马政治家叙马库斯是他们的主要代言人之一，他的请愿中包括这些著名的话：

> 所以我们为父辈的神祈求和平，为祖国的神祈求和平。我们每个人无论崇拜的是什么，实际上他们都应被视为同样的神，这合情合理。我们仰望同一群星辰，为同一片天空笼罩，为同一个宇宙环绕。我们在寻求真理的过程中选择什么道路又有何妨？通往如此巨大的奥秘并非只能走一条路。
>
> （叙马库斯，《文书集》，3.10）

然而，叙马库斯的请愿为时已晚——他的悲剧在于，尽管罗马人一直在接受其他宗教，但从未对基督教报以同样的宽容之心。如果他们这样做了，历史也许会是另一个样子。实际上，这种新宗教在公元410年哥特人阿拉里克洗劫罗马城时幸存了下来（阿拉里克自己也是基督徒），并在未来的世纪里成为欧洲的法定宗教。梵蒂冈至今仍是教皇和罗马天主教教廷的所在地。

第五章　古罗马社会

我们谈论的"古罗马社会"指的是什么？这个词会涉及1 000多年的历史，在此期间罗马文化传到了3个不同的大陆。罗马人在公元前6世纪和公元4世纪的生活方式当然不可同日而语。同样，在任何一个相同的时间点，帝国天南海北的生活也是千差万别。今天，我们不会指望英国、葡萄牙和叙利亚的人们遵从同样的生活习俗。而且，因为社会地位不同，人们的生活经历也会迥然相异。我们的史料有限，能看到的材料大多只体现了男性精英公民的观点。想要了解构成罗马社会主体的其他群体（如妇女、穷人和奴隶）的看法则要困难得多。

本章主要关注公元前1世纪到公元2世纪罗马城的生活，不过也会提到其他地方和时间点的情况。这几个世纪是史料最丰富的时期。罗马文学在公元前1世纪开始蓬勃发展，而在公元前1世纪末，石刻和铜刻铭文的数量出现了爆炸式增长，其中很多是身份相对卑微的平凡之人的墓志铭，墓主既有男人也有女人。它们为我们提供了管窥罗马社会的更广泛的视角。

住房与家庭

罗马的"家庭"(*familia*)一词,含义比英语"家庭"(family)丰富得多。因为在罗马术语中,"家庭"包含了所有依附于男性族长[我们称为"家长"(*paterfamilias*)]的人和财产,包括血亲、奴隶、房屋、农田和土地。这个"家庭"的基础是家——家庭所居住的物理空间。

居住空间

罗马房屋给人的经典形象是宽敞且经过精心设计的,内部有花园,装饰着精美的艺术品,还有大量招待客人的生活空间和房间。然而,这种被称为家宅的房子只属于富有的精英阶层。实际上,在罗马这样的城市里,大多数人都住在公寓楼里。文学资料表明,这些公寓楼往往十分拥挤和危险,尽管临近罗马的奥斯提亚也有证据表明,它们的大小和质量各有差别。这些公寓楼称为"岛屋"(*insula*,字面意思为"岛屿"),最初是一个巨大的独立建筑,后形成一整片城市街区。一份公元4世纪的史料记载,罗马城只有不到2 000座家宅,却有超过4万座岛屋。其他地方也能看到居住空间:一些房子楼顶的房间会租给租客,在临街商店工作的人通常住在商店上面的一个小房间里,很可能与他众多的家庭成员挤在一起。

岛屋

罗马城本身基本没有岛屋保存下来。最好的遗存来自罗马城20英里外的港口城镇奥斯提亚。公元前 1 世纪，这些建筑已经变得非常危险，容易坍塌，为此奥古斯都不得不制定一项法律，禁止岛屋楼超过 18 米。因此一座岛屋楼通常有 3—5 层，不过也有人无视法律——我们知道一些岛屋有六七层高。人们从通向街道的外部楼梯上楼，其中一些楼梯拥有醒目的大门。有时人们也会利用内部的楼梯上下楼。

从奥古斯都时代起，岛屋楼通常用混凝土砖建造。屋顶架设木梁，上面铺着平的陶瓦。在楼的上层也发现了一些房间拥有大玻璃窗。面向街道的底层房间往往是商店，通常上面有一个夹层作为存储空间，甚至用来当作生活空间。在奥斯提亚，有几个街区显然是为富有的住户设计的。有一些大公寓可能有两个宽敞的接待室和一些其他小房间，包括一个厨房和一些厕所。然而，这并不是标准的公寓。这座城市有更多的公寓拥有 2—4 个房间，包括一层和上层在内都是如此。狄安娜岛屋也是一个有趣的例子，它在一个公共起居区拥有很多属于个人的小房间。

狄安娜岛屋（图 5.1）是罗马世界保存最完好、重建最完整的岛屋楼（它的名字源自内庭院墙上画着的狄安娜女神像）。它建于约公元 150 年，占地约为 39 米 × 23 米。南面和西面的墙壁面向街道，另外两面背靠其他建筑物，因此没有门窗。岛屋中央有一个用于采光的无顶中庭，配有一个蓄水池为居民供水，因为每间公寓房内没有供水系统。一楼有几家店铺，开在面向街道的南面和西面。每个房间都有夹层，有的还有一间小后屋。一楼的另外两侧是公寓房，其中一些有精心设计的装饰：一面墙上的残存部分仍然可以看到用红色和绿色描边的黄色镶板。一楼有公用厕所，可能对所有房客开放。

这栋岛屋有 3 个楼梯，两个在外面，一个在里面，通向高层——岛屋总共可能有 4 层。二楼只有最低处几厘米的墙壁保存下来，但是我们从中仍然可以清晰地了解到房屋的布局。它的南面和西面是一些较大

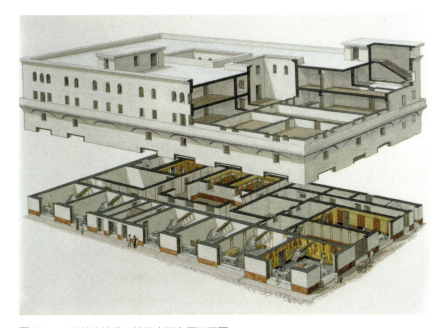

图 5.1 一张外墙被分开的狄安娜岛屋还原图

的 4 室公寓；另一边是一个公共生活区，包括一条长走廊，走廊两侧是光线很差的小房间，走廊一端是一个大一点的房间，可能也是一个公共生活区。这层楼估计也有公共厕所，就在一楼厕所的正上方。

我们只能推测什么人会住在狄安娜岛屋。岛屋是富人的房产，大部分用于出租。屋主可以从租金中获得丰厚的利润。4 室公寓的租户可能是所谓中等富裕的人，他们的租约可能签了 6 个月或一年。相比之下，公共区域的小房间可能是按天或按周出租的，租户最有可能是路过这座繁忙港口城市的旅人，或者是在那里打短工的人。

许多文献资料都提到了岛屋非常不安全。这些资料往往集中在两个问题上：一是建筑质量差，容易倒塌；二是失火风险很高。尤维纳尔作为一名讽刺诗人，无疑为了增加喜剧效果而有所夸张，他如此描述公元 2 世纪早期的罗马住宅：

> 我们居住的城市很大程度上由脆弱的支柱支撑:
> 这就是我们的房东推迟交房的原因,
> 在掩盖了古老建筑上的巨大裂缝后,
> 才确保租客可以在房子摇摇欲坠时安然入睡,
> 至于我自己,我更喜欢住在没有火灾和半夜恐慌的地方。
> 当烟雾蔓延到3楼时,你还在睡觉,
> 楼下那位英勇的邻居正一边吼着要水救火,
> 一边把他的东西搬到安全的地方。
> 如果警报在一楼,
> 那最后被烤熟的就是挨着鸽子窝住、和天空之间只隔了一层瓦片的可怜家伙。
>
> (尤维纳尔,《讽刺诗集》,3.193—202)

的确,正如尤维纳尔所指出的,在岛屋上住得越高,生活条件就越差。楼上没有活水,所以那里的住客不得不把水搬上好几层的楼。而且他们不能从窗户往街上倒垃圾(包括人的便溺),而是应该把垃圾搬下来,在街道上处理掉。西塞罗在给阿提库斯的一封信中对此开过玩笑,如果他的评论具有典型性,那么似乎富有的房东并不太关心如何为租户提供良好的生活条件:

> 我有两栋楼塌了,其余的也严重开裂。结果,不仅住户搬出去了,连老鼠也搬出去了!
>
> (西塞罗,《致阿提库斯》,14.9)

火灾也是一个切实的隐患。岛屋中唯一的取暖和烹饪设施是火盆,它一旦靠近建筑的木制材料,岛屋就十分危险。我们知道,有位罗马的大人物把火灾视为有利可图的投资机会。公元前1世纪的贵族富豪马库斯·李契尼乌斯·克拉苏,曾以极低的价格买下即将烧毁的建筑和毗邻的建筑，从中获得巨额利润。然后他会扑灭大火，在烧毁的废墟上建造新的岛屋，收取高昂的租金。实际上，克拉苏热衷于以此道赚钱，甚至买了 500 多名熟练的建筑工奴隶随时备用。

家宅

虽然在任何罗马城市中，豪华的家宅式房屋相对来讲都不多见，但它们在日常生活中扮演了一个不太对等的角色。富人会利用自己的居所招待朋友和门客，开展政治活动。一般来说，罗马没有供人上班的办公室。关于家宅的最好史料来自庞贝城和赫库兰尼姆城。

罗马房屋的布局变化很大，但作为一个模板，我们有必要考察一下庞贝的悲剧诗人之屋。这是一个相对较小的家宅，位于城市广场北部。这座房子建于公元前 1 世纪末，考古学家最初以在那里发现的一幅马赛克画为房子命名。当时他们认为，那幅马赛克画描绘了一位悲剧诗人向听众背诵自己作品的场景（现在人们认为这是某出戏剧中的一幕）。

图 5.2 展示了这所住宅的布局。人们通过一个 3 米高的大门，从街道进入被称为门廊（*fauces*，字面意思为"喉咙"）的入宅通道。地板上镶嵌着一只看门狗，上面写着"当心恶犬"。与门廊两边相连的是两间同样临街的房间，被用作商店，也就是商铺间。它们可以出租，或者由家内奴隶经营，为家庭提供额外的收入。门廊通向房子中最大的房间，中庭（图 5.3）。在中庭的中心是一个矩形的接水池，雨水从屋顶上特别设计的开口天井落下。这是房屋的水源，因为接水池与下面的蓄水池相连。中庭外是一些小隔间，可能被用作卧室，不过它们并不像我们现代房屋的卧室那样属于重要的私人空间。中庭两侧还各有一个厢房，可能保存着用于仪式的蜡制祖先面具。

维特鲁威的遗产

维特鲁威是生活在公元前 1 世纪的罗马作家,他写了一本《论建筑》,在书中定义了自己理想的家宅的布局和特点。他的作品对现代考古学家产生了很大影响。多年以来,现代作家都根据维特鲁威的描述界定罗马家宅的布局。然而,最近的考古学家对此表示了反对,强调我们不应该认为一位罗马作家的作品能代表所有罗马房屋,还有其他资料表明,这些房间还具有其他各种功能。

因此,尽管家宅的房间是根据维特鲁威的系统命名的,但我们应该谨慎一些,不要断言每个房间的实际用途是什么。有证据表明,许多房间可以有多种使用方式。实际上,这和今天的房屋没有太大区别:一个现代的客厅可以用来工作、休闲或吃饭,而卧室也不仅只用于睡觉。

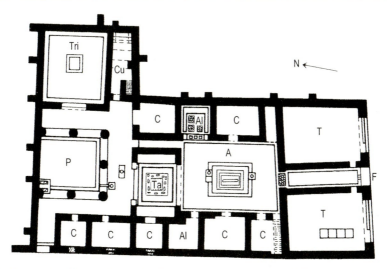

图 5.2 庞贝悲剧诗人之屋的平面图。F. 门廊(*fauces*);T. 商铺间(*taberna*);A. 中庭(*atrium*);C. 隔间(*cubiculum*);Al. 厢房(*ala*);Ta. 堂屋(*tablinum*);P. 柱廊花园(*peristylium*);Cu. 厨房(*culina*);Tri. 餐厅(*triclinium*)。

图 5.3 庞贝凯奇里乌斯·尤昆都斯之家的入口。屋顶已不存在,但标准的布局仍很清楚:大中庭后面是堂屋,然后是环柱内庭。入口处的地板上有一幅看门狗的马赛克画

中庭的后面是堂屋,通常被视为主人的书房。堂屋里可能摆满了书,或者是存放家族财富或祖先遗物的柜子。堂屋后面是柱廊花园(也称列柱围廊),一个有柱廊环绕的花园,旨在给住宅提供乡村的感觉。这体现在花园的后墙上,墙上画着花园格栅和树叶花草。后墙上还有一个供奉家神的神龛。花园西侧有一扇后门通向边道。边道东侧有两个房间,分别是餐厅和小厨房。厨房也是宅邸厕所的所在地,里面有一个木制便椅,下面连着通往污水坑的排水沟。厕所可能跟厨房其他部分隔开,但没有分隔的门。庞贝的住宅经常能在厨房里找到厕所,说明罗马人对基本卫生知识的了解实在有限。

这些房间显然可以发挥多种功能。中庭是住宅的主客厅,主人可以在这里接待客人和门客,但它也是储水和取水的关键区域。此外,这里很可能也是妇女架设织机的地方。虽然一些古代文献提到了堂屋是主人的书房,但也有记载那里是放婚床的。隔间可能用于聚会或储存东西,也可能用来睡觉。而且,在这所宅邸里进行的活动可能会扩展到其

他地方。例如，厨房太小了，无法用来准备晚宴，所以奴隶们可能会在花园里准备食物，宴后也可能在花园清洗餐具。同样，奴隶们不太可能有自己睡觉的空间，所以他们很可能就躺在房屋的角落里。

我们很难了解这座宅邸中的生活的某些其他方面。例如，罗马家宅通常有更高的楼层，但庞贝中的家宅都没有保存下来（不过赫库兰尼姆确实提供了一些例子）。悲剧诗人之屋有两条通往楼上的楼梯，但上层已经荡然无存。楼上的房间并不宽敞，可能是用来睡觉或存放东西的。它们甚至可能当作客房出租。我们也只能猜测整座宅邸住着多少人，但几乎可以肯定，它包含着最广义的家庭——一个核心家庭，连带近亲以及奴隶和依附于这个家庭的被释奴。因此，可能有20个或更多人住在这座房子里。

我们了解到，家宅的一大特点是装饰以众多艺术品和家具。这多亏了庞贝和赫库兰尼姆保存下来的房屋。这些房屋里的壁画色彩鲜艳，最常见的是红色、橙色和蓝绿色，也有黄色、紫色和黑色。壁画上绘着许多场景，通常取材于希腊神话。例如，悲剧诗人之屋的中庭装饰了6幅巨大的希腊神话壁画。其他常见的题材为乡村风景或花园，也有描绘花、水果和动物的静物场景。在许多房子里，画家会描绘一些体现建筑特色的元素，比如建筑物和柱子，以便让画面的视角更开阔，使得房间显得比实际更加宽敞。

至于家具，庞贝和赫库兰尼姆的证据表明，房屋中有许多家具，通常是木制的，我们今天在家里可能也会用到：桌子、椅子、床、屏风、架子、箱子和橱柜。在庞贝的维纳斯之屋（以在房屋中发现的维纳斯女神像命名），中庭里有一个大柜子，里面放着铜罐和铜盘，一个铜盆和蛋糕模具，两个青铜图章戒指和其他珠宝，9个骰子和一些游戏用具以及一些金币、银币和铜币。换句话说，这里存放着各种日常用品，和今天人们的家如出一辙。

家庭宗教

家庭守护神是联结整个家庭的纽带，他们有时也被称为家神。家神与国家宗教中的奥林匹斯神不同，罗马人主要是在家中祭拜他们。人们认为，为了让家庭兴旺发达，正确地祭拜家神至关重要。家神主要分两类：家主神和家食神。

家主神被视为家族祖先的守护灵，保护着整个家庭及其财产和土地。每家每户都有一个专门供奉家主神的神龛，也就是家主神龛，通常位于家中的显眼位置。家主神龛前面通常是一个小型神庙的样子。它就像一个小橱柜，有一个架子，上面放着家主神的雕像。在它的后墙上可能有家主神的绘画，如图 5.4 所示的维提乌斯家的家主神龛。虽然我们不清楚罗马人祭祀家主神的频率如何，但有一种说法称，全家人每天早上都会聚集在神龛前，为家主神祈祷，也许还会留下熏香、食物或饮料。

喜剧作家普劳图斯的戏剧《一坛金子》就是以家主神的出现开场的：

> 没人在乎我是谁，那我得说道几句：我是这个家——就是你们看见我出来的那家——的家主神。如今，我已经在这所房子里住了好多年了，为现在主人的爸爸和爷爷照看这所房子。但是他爷爷向我祈祷，把一堆金子交给我保管——没人知道这笔金子的事。他把金子埋在壁炉中间，求我替他看管。
>
> （普劳图斯，《一坛金子》，1—8）

在这段情节中，家主神提到他的特殊任务是保护家族的宝藏（就是戏剧名所指的一坛金子），这很好地说明了家主神的角色：世世代代保护家族，以此与他们的祖先建立联系。

图 5.4 维提乌斯家的家主神龛。两个跳舞的家主神举着饮酒的角杯，在他们之间是家长的守护灵，正在献祭。下面是一条蛇，通常被视为守护家庭的象征

家主神在哪儿，家就在哪儿

罗马人口中的"家主神"通常只是"家"的另一种说法。庞贝的一面墙上有一幅涂鸦，似乎是一位思乡的罗马人所写："我们很高兴来到这里，但更高兴的是离开。我们渴望再次看到，哦，罗马，我们自己的家主神。"

然而，有时家主神的概念可能会扩展，让他们成为街道甚至一座城镇或城市的祖先守护灵。庞贝广场上有一座神庙，可能一直在祭拜"公共家主神"，或者说是这座城市的祖先守护灵。

第二类神是家食神（Penates），被视为保护家族食品柜或仓库的神灵（Penates 一词源于拉丁语 penus，意为储藏柜）。这些神得到如此重视似乎有点奇怪，但应该记住，对罗马世界的很多人来说，贫穷和饥饿都是一个持续的威胁，尤其在罗马历史早期，城市的粮食供给完全依赖于

本地的农田。

在《埃涅阿斯纪》中,维吉尔也赋予家食神一个更有公共色彩的角色,类似于"公共家主神"。因为当埃涅阿斯逃出特洛伊城的废墟时,带走了城市的家食神雕像和一尊灶神维斯塔雕像。他把这些东西带到了意大利。经过几代人之后,当罗马建立时,它们被放置在象征罗马"炉灶"的维斯塔神庙。维斯塔也是一位对于国家和家庭都十分重要的女神。作为灶神,她守护着炉灶,而罗马家庭正是通过炉灶取暖、照明和烹制食物的。

此外,还有两个与家庭宗教有关的神。一个是灵,或者说是家长的"守护灵"。事实上,灵可以是任何东西(甚至是一个地方)的守护灵,但在家庭意义上,它指的是一家之主的灵。家长的守护灵在艺术作品中通常用蛇表现,蛇在古代通常是健康和繁荣的象征。在维提乌斯家的家主神龛壁画上,蛇是其中的一个关键元素(图5.4)。另一个神是门神雅努斯,保护着房子的入口。

因此,罗马的房屋具有丰富的宗教象征意义。在流放期间,西塞罗位于罗马的房子被政敌烧毁了。他强烈表达了家的重要性:

> 在所有的圣地中,还有什么比每个公民的房子更神圣、更不可侵犯?他的祭坛,他的炉灶,他的家神像,他的宗教,他遵守的仪式,他的典仪,都在这所房子里。在所有人的眼中,它是如此神圣的地方,将它从主人身边夺走是一种亵渎。
>
> (西塞罗,《关于他的家》,61.109)

食物和宴客

同今天一样,我们很难三言两语说清罗马人怎么吃、何时吃、吃什么。因为饮食习惯会因时代、地域和社会地位的不同而各有差异。然而，通常来说，一天的正餐是晚餐，而早餐和午餐相对比较简单。马提雅尔说，他早餐只吃了一点面包和奶酪，午餐也许还包括冷肉、水果或蔬菜，可能是前一天晚餐剩下的。

对富人来说，晚餐可能是一场有许多美味佳肴的盛宴。然而，绝大多数人吃得比他们少得多。居住在岛屋的人可能会坐在椅子和凳子上，吃他们能负担得起的东西。穷人无疑以烹煮的谷物为主要食品。因此，典型的一餐可能是粥或杂粮粥——一种小麦粥，类似粗麦粉，加上奶酪、大蒜或香草调味。我们也知道一些穷人吃的便宜食物，如豆类、韭葱或羊唇。

外出就餐也很常见，尤其因为大多数家庭或公寓没有炉灶。在庞贝、赫库兰尼姆和奥斯提亚发现了许多小吃店，它们为人们提供相对便宜的热快餐。人们也会在这里喝酒——除了富人，大多数罗马人只能喝廉价的葡萄酒或醋水。醋水是一种醋和水的混合饮料，罗马人认为喝它有益健康，它在士兵中也很受欢迎。

晚宴

对上层阶级来说，罗马的宴会是一个重要的社交场合，因为它给了家长招待朋友和增进联系的机会。此外，他还需要时不时邀请门客共进晚餐。晚宴通常在下午3点左右开始，可能会持续好几个小时。罗马人在餐厅里享用这顿正餐。餐厅可能会用独特的马赛克地板或壁画装饰，以给客人留下深刻印象。餐厅（*triclinium*）一词的字面意思是"3张躺椅的房间"。客人们斜卧的3张躺椅通常装饰精美，尾端可能是象牙或金属材质的。

座次安排反映了客人的地位。图5.5为3个躺椅的布局，分为"高""中""低"3个位置。从人们看向躺椅的右边开始数，躺椅上的3

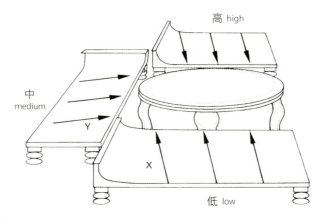

图 5.5 餐厅躺椅的布局

个座位也分"高""中""低"。最尊贵的上座是 Y 位置，在中躺椅的尾端。毫无疑问，这是因为中间的躺椅面朝餐厅入口，而且客人斜倚在左肘上，这里通常是欣赏对面花园或艺术品的最佳视角。主人通常坐在贵宾旁边的 X 位置，这让他可以和最重要的客人交谈。坐在躺椅低位的通常是主人的门客或被释奴。其他的客人会斜卧在中位或高位的躺椅上，贵客可能有自己的门客或被释奴在身边。

食物和酒当然是晚宴的重点。主人首先要决定是呈上本地还是进口的食材。给客人留下深刻印象的一种方法是用高端食材做常规菜品，比如用野猪代替家猪。葡萄酒可能来自本地，也可能从希腊某地进口（开俄斯岛的葡萄酒被视为最上乘的）。有时根据身份地位的区别，不同的就餐者会得到不一样的食物和饮品。在下面这段话里，尤维纳尔想象一个门客参加他的保护人的晚宴，席间被当作二等公民对待：

看那只龙虾的个头，装了一大盘，那是给老爷准备的。请注意那道孔雀，它周围堆着高高的做装饰的芦笋，当它端上来的时候，高大的侍者把它举在空中，让它的孔雀尾巴俯视着客人！但你只能得到半个鸡蛋，里面塞着一只小虾，装在一个小碟子里，活像是葬礼上的祭品。老爷给鱼淋上最好的油，而你那无色的煮白菜（真可怜！）却有一股灯油味。

（尤维纳尔，《讽刺诗集》，5.80—88）

一份罗马菜谱

我们还是知道一些罗马菜谱的。特别是一份可以追溯到公元 4 世纪晚期或公元 5 世纪早期的菜谱，列出了各种各样的菜品，比如"糖醋猪肉""肝肠"和"水果酱兔肉"。其中最受欢迎的食材是一种叫作加鲁姆（garum）或利夸门（liquamen）的鱼酱。大量鱼酱被运往罗马帝国各地。下面是"努米底亚鸡"的做法。可惜，如果你想在家尝试，它却没有给出调料的量。

鸡肉洗净，煮熟，然后捞出。撒上阿魏粉和胡椒粉，烤熟。将胡椒、孜然、香菜籽、阿魏根、芸香、大枣和坚果一起磨碎。倒上醋、蜂蜜、鱼酱和橄榄油。搅拌。煮沸后，加入淀粉增加黏度。把这些都倒在鸡肉上。最后撒上胡椒粉即可上桌。

（阿庇奇乌斯，《菜谱》，6.9.4）

并非所有主人都这么无礼。普林尼承认，给宴会上所有客人都上好酒会花费太多，但他说："我的被释奴不喝和我一样的酒，我喝和他们一样的酒。"

菜单

一场标准的晚宴有 3 个环节：

1. 开胃菜：包括少量的开胃小菜，如鸡蛋、橄榄或沙拉蔬菜。然后

图 5.6　这幅静物画出土于赫库兰尼姆的雄牡之屋。左边是桃子和一罐水，右边是一个银托盘，里面放着梅子干、无花果干、枣和一杯葡萄酒

是加了蜂蜜的甜酒。

2. 正餐：如果是朴素的简餐，可能就只有一道肉或鱼（或蔬菜）；更昂贵的晚餐此时可能会上各种各样的菜品，可能包括各种肉类。

3. 甜点：通常包括水果、坚果或只有甜蛋糕（图 5.6）。

在客人到达时，会有一个奴隶宣布他们的到来。客人将穿着正式的晚宴服。他们会被带进餐厅，并被领到各自的座位上。人们用餐时倚靠在躺椅上，用左臂支撑着身体。他们用右手吃饭，主要是直接用手，虽然可能吃某些食物时也会用到勺子和刀（罗马人不用叉子）。他们从面前的小桌子上取食物（还有些房子里的躺椅会嵌有一个小架子）。奴隶们不断上菜，也会四处走动斟酒，并提供水盆供用餐者洗手。

席间娱乐

主人还会想在餐中或餐后安排些娱乐活动（图 5.7）。一种可能是会饮，即餐后的正式酒会，由一位司仪主持。司仪可以是主人，也可以是

图 5.7　庞贝中一幅描绘晚宴的壁画。画中体型较小的人物代表奴隶,他们在照顾客人。右边的男人喝醉了,由一个奴隶搀扶着

主人指定的客人。他的工作是确定葡萄酒的浓度,因为罗马人喝酒时会掺水,酒和水的比例可能达到1∶4。然后,他来判定客人需要喝多少杯。客人通常必须一次喝完。在这一阶段,舞者、杂技演员和小丑也会进行表演。

以上并不是唯一的娱乐形式。客人们会玩类似骰子和双陆棋的游戏,甚至奥古斯都皇帝也会玩其中一种叫作"骰子骨"的游戏。苏埃托尼乌斯记载了一封奥古斯都的信:

> 用餐的时候,我们一直像老头一样赌博,直到昨天变成了今天。谁掷出了"狗"(两个一)或一个六,就得往盘子里为每个骰子骨扔一枚银币。掷出"维纳斯"(每个骰子骨的点数都不同)的

人就能把钱全部赢走。

（苏埃托尼乌斯，《奥古斯都传》，71.2）

更有品位的主持人可能会组织诗歌朗诵或哲学讨论。尤维纳尔称他晚宴上的娱乐很有品位："我们将聆听荷马的特洛伊故事，还有他的竞争对手，维吉尔那首屈一指的史诗。"

就餐者的言行可能更多取决于他们的品格，而非其社会地位。在庞贝萨鲁斯特之家的餐厅墙上，写着如下的楹联，明确指出了主人对宾客的要求：

> 收起淫荡的表情和轻浮的眼神，
> 别对他人妻子放浪，愿你举止端庄。
>
> ……推迟你们烦人的争吵
> 要么做到，要么离开，回家去闹。

（《拉丁铭文集成》，IV.7698a—c）

从出生到成年

这一节我们将考察罗马人的成长，关注他们从婴儿期到童年再到成年的成长经历、教育情况，以及作为工作的成年人如何生活。我们的重点将放在男孩身上，不过有些方面同时适用于女孩。在后文中我们会详细描述女孩的成长经历。

幼年

婴儿一出生,助产士会检查他/她是否有畸形,然后把婴儿放在地上。若父亲把孩子举到空中,则象征他接受了孩子。然而不幸的是,并非总能如此——有时家长不想要这个婴儿,父亲会让奴隶将孩子带出房子遗弃。

弃婴

出生时未被家长接受的婴儿会被带到城外遗弃,可能死亡,也可能获救。遗弃婴儿的原因多种多样:也许这个家庭无力多供养一口人,也许这个孩子是意外怀孕的结果,等等。我们无法得知像这样遭到遗弃的婴儿有多少,但可能不在少数。弃婴率通常和婴儿性别有关,因为人们认为女孩只会消耗资源。公元前1世纪,一个住在埃及的罗马公民给怀孕的妻子写了一封信,信的内容说明了这种态度:

> 我还在亚历山大里亚……求你照顾好我们的孩子,等我收到工资,马上寄给你。同时,如果你生出孩子(愿你好运!),是男孩就养育,是女孩就遗弃。
>
> (《俄克喜林库斯纸草文书》,744.G)

遗弃并不一定意味着死亡,因为有些孩子会被人捡到并被抚养长大,然后通常会做奴隶,但有时也会成为被疼爱的孩子。有趣的是,罗马文学的一个常见主题便是弃婴长大后缔造了一番伟业。最著名的例子便是罗慕路斯,传说他和孪生兄弟雷穆斯一起遭到遗弃。这也是罗马喜剧中常见的主线情节,如普劳图斯的《卡西娜》。

假如婴儿被父亲接受，如果是女孩，人们就在房中为朱诺准备一张躺椅；如果是男孩，就为赫拉克勒斯准备一张桌子。这是为邀请神明到家里来，在孩子降生的第一天（死亡的风险很高的时候）保护孩子。罗马人尤其会为生儿子感到高兴，因为他可以继承家族的姓氏和财产。相比之下，女儿将来要嫁出去，还要出一笔昂贵的嫁妆。

接下来的仪式是"取名"，在女儿出生后的第 8 天或儿子出生后的第 9 天举行。这一天是宗教上的洁净日，人们会在家中进行不流血的献祭，并且邀请密友和亲戚前来聚会。客人们可能会带来礼物。然而，最重要的礼物是护身符——一种幸运符，人们认为它可以辟邪。罗马人童年时要一直戴着这个吊坠。

幼儿的最初几年在家里度过。罗马早期奴隶比较少，父母承担了养育孩子的大部分工作。老加图（公元前 234—149 年）在生活中遵从共和国早期"过去的好日子"的标准，他以积极参与养育幼子闻名：

> 加图的儿子出生后，没有任何事情，能紧迫到让他在妻子给婴儿洗澡和裹襁褓时离开，除非是国家大事。他的妻子亲自给婴儿喂奶。
>
> （普鲁塔克，《老加图传》，20.4）

最后的评论很有趣，因为在公元 2 世纪早期普鲁塔克的时代，母亲往往让奶妈给孩子哺乳。有一位作家显然对这种风气不以为然，在公元 1 世纪 70 年代，一篇探讨修辞学的对话中，他发表了很保守的观点：

> 很久以前，每个公民的儿子不是在雇来的奶妈的房间里长大，而是在母亲的膝头和怀抱里长大。母亲最大的光荣就是关心家庭，为了子女做出奉献……但是今天，每个新生儿都被交到希腊小女

奴手里，还有一两个奴隶来帮她。这些奴隶往往是最不适合接受这项严肃任务的人选。

(塔西佗，《演说家对话录》，28—29)

同今天一样，对于怎样才能最好地抚养孩子，似乎有不同的理论和争论。然而千万别忘了，贫穷的家庭用不起奴隶，因此对穷人来说，主要的育儿工作将落在母亲和其他女性亲属身上。

教育

罗马早期没有我们所理解的学校。孩子只能在自己的家里学习，通常由他们的父亲教导。他们可能会学习阅读和写作的基础知识，以及父亲从事的职业的技艺。然而，对他们来说，学习罗马的价值观也同样重要，比如虔诚和祖先的美德。普鲁塔克描述了老加图试图用传统方法教育儿子，强调他不想让奴隶教儿子：

> 他亲自教育儿子：教他阅读和写字，教他法律，训练他的身体；除了教他怎么扔标枪、穿着盔甲战斗、骑马，还教他如何拳斗、如何忍受炎热和寒冷，并将他训练成一名足够优秀的游泳者，能够强行渡过河流（即台伯河）中湍急和危险的河段。他还说，他自己写了一部历史书，字体很大，这样他儿子就能在自己家里学习祖先的历史，并从中获益。

(普鲁塔克，《老加图传》，20.5—7)

老加图的例子似乎是个例外，但这段描述确实让我们看到了那个时代的父亲如何为儿子的成年生活做准备。

然而，罗马社会从公元前3世纪开始经历了希腊化，吸收了希腊教育体系的许多方面。希腊教育强调文学、历史、数学和哲学等学科。尽管像老加图这样保守的罗马人对此嗤之以鼻，其他人却予以接受，并且融合了新式与旧式的教育。其中一人就是曾两度出任执政官的名将埃米利乌斯·保卢斯，他与老加图几乎是同时代的人：

> 他致力于自己祭司的工作和儿子们的教育。他确保孩子接受希腊教育以及自己曾接受的本地的传统训练。这对他非常重要，因此他不仅找来希腊人教孩子们语言、哲学和修辞，甚至还让希腊人教孩子雕塑和绘画，负责孩子们的小马驹和小狗，以及教他们狩猎。
>
> （普鲁塔克，《埃米利乌斯·保卢斯传》，6.8—9）

埃米利乌斯·保卢斯跟得上时代。从公元前2世纪起，罗马的教育制度便以希腊模式为基础，包含3个阶段。第一阶段，孩子在7—11岁接受读写教师的初级教育。在这之后，学生们继续接受语法教师的中级教育。在16岁时，学生们将接受高等教育，由修辞教师传授他们公开演讲的技艺。

学校和教师

罗马没有我们所熟知的学校，即拥有教室、礼堂和操场的独特建筑，也没有国家教育系统。学费相对便宜，所以教师必须寻找任何可用的地方授课。他们通常会在公共场所租一个房间——可能是在商店后面（罗马早期两个指"学校"的单词 *taberna* 和 *pergula* 本意都是"店主的摊位"）。房间内家具很少，也许只有一些木凳或长凳，可能还有些名人的半身像，但在墙上几乎没有其他展示物。我们也听说有些教师会在街道和广场等公共场所与学生见面，这些地方教师的声音肯定很难压过周围的噪声。

谁去学校？

我们很难确切知道孩子中有多少会去上学。罗马的教育不是强制性的，所以父母只有自己愿意并且负担得起才会送孩子上学。大多数男孩可能都参加了第一阶段的教育（富有的家庭也许会为他们的儿子请私人家教），不少女孩可能也参加了至少一部分初级教育。然而，第二阶段和第三阶段的教育主要是给富人的儿子们准备的——到14岁时，女孩就要结婚了，贫困家庭的男孩也要开始工作。诗人贺拉斯感谢自己的父亲，虽然父亲只是一个被释奴，但想办法弄到钱带他来到罗马，并把他送到了一个叫作奥庇利乌斯的语法学家的学校：

> 但如果我的缺点不是太严重或太多，
> 如果除了这些缺点外，我的天性在其他方面尚属健全，
> ……那要归功于我的父亲。他是个穷人，只有几亩薄田，
> 但他不愿意送我去弗拉维乌斯的学校（当地的初级学校）……
> 相反，他勇敢地把儿子带到罗马接受教育，
> 这是骑士或元老才会为子女做的善举……
> 我父亲是能想象得到的最值得信赖的监护人，
> 他陪我去上所有的课……
> 因此，我更应该对他表示尊敬和感激。
>
> （贺拉斯，《讽刺诗集》，1.6.65ff）

贺拉斯父亲的付出当然得到了丰厚的回报，贺拉斯后来成了奥古斯都皇帝圈子里的主要诗人之一。

教师的收入很低,因此往往来自社会下层——有些教师是被释奴或外国人。他们不需要任何特殊的资质,理论上任何人都可以担任这个角色。但似乎教师的生活并不轻松。尤维纳尔再次拿自己周围的世界开玩笑,对很多语法学家的命运表示同情:

> 无论怎样博学,无论怎样成功,
> 教师的辛苦又能否得到相应的回报?
> (父母)要求教师塑造这些娇弱的头脑,
> 就像艺术家用拇指捏出蜡像的容貌。
> 他们坚持教师应做所有学生的父亲,
> 有责任阻止他们嬉戏打闹,
> (尽管紧盯那些飞快的眼神和手指的生活并不容易),
> 他们告诉你:"务必做好,
> 学期结束时,你会得到酬劳,
> 这点钱一个赛车手一场比赛就能挣到。"
>
> (尤维纳尔,《讽刺诗集》,7.215ff)

这些诗句表明,同今天一样,老师们必须面对"咄咄逼人的家长",对方对自己的孩子抱有不切实际的期望;而教师微薄的薪酬与顶级运动明星的巨额收入无法同日而语。

其他作家对教师的评价就不那么恭敬了。他们经常把教师描绘成乏味、严厉、动不动就用手杖的家伙——贺拉斯给他的老师起了个绰号,叫"鞭答者奥庇利乌斯"。讽刺诗人马提雅尔抱怨道,有天早晨他被一个在自己公寓外上课的教师吵醒了:

> 该死的教师,男孩和女孩都厌恶的人,你跟我们有什么仇什么怨?刚长冠的小公鸡都还没有打破沉默,你却用刺耳的咆哮和

鞭笞声在这儿搞雷鸣闪电……放过你的学生吧。喋喋不休的话匣子，买你说话的人出了多少钱？如果你愿意，我愿意掏同样的钱买你闭嘴。

（马提雅尔，《铭辞集》，9.68）

上课的时间一般在清晨（有时像马提雅尔诗中说的一样，在天亮之前），为的是让教师充分利用白天的时光，也可能是因为周围区域就这段时间比较安静。课程至少会持续到午餐时间，有些老师的课甚至一直上到下午。较富裕的学生将在一名教仆的陪同下去学校。教仆是受过教育的家内奴隶（通常是希腊人），他将监督男孩的学习：与他一起坐在学校里，辅导他做家庭作业，甚至可能教他一点知识，此外可能还要帮他拎包。

读写教师

读写教师的课程仅限于 3 个科目：阅读、书写和算术。他有整整 5 年的时间教学生读、写、算，因此他的教学似乎总是非常无聊。课程内容有大量重复，学生不停地练习写字母。一旦掌握了字母，学生就得抄写各种有用的短语，比如 "laborare est orare"（工作就是祈祷）（图 5.8）。

学生练字时一开始用的是蜡版。蜡版是一种覆盖着蜡的薄木片，学生可以用铁笔在上面写字。铁笔一端锋利，用来在蜡上写字，另一端扁平，用来抹平字迹，重新准备好蜡版（图 5.9）。当学生有能力书写时，便可以继续用羽毛笔和墨水在古埃及发明的莎草纸上写字。

语法教师

父母供得起的孩子会在大约 12 岁时前往语法学校。语法学校的教

图 5.8　这幅公元 2 世纪的浮雕出土于特里尔附近的纽梅根。一位教师两旁各有一名学生，他们都坐在精致的扶手椅上，而一个迟到的学生试图道歉。学生们正在阅读莎草纸卷轴

图 5.9　一幅湿壁画，画中是罗马人的读写工具

学内容是希腊文学和罗马文学。早期罗马文学当然乏善可陈，但在共和末期之后，人们开始研究西塞罗、卢克莱修、维吉尔、贺拉斯和奥维德等作家。特别是维吉尔的《埃涅阿斯纪》，它是一份标准文本，地位相当于英语世界中莎士比亚的作品。

此外，罗马学生在这一阶段也会学习希腊语。希腊语被视为受过教育的人的语言，部分原因是希腊文明产生了如此众多的伟大作家——以荷马为代表的史诗诗人、以柏拉图为代表的哲学家、以希罗多德和修昔底德为代表的历史学家，以及德摩斯蒂尼这样的演说家。此外，学习希腊语也很重要，因为罗马帝国的东半部分主要讲希腊语。因此，罗马的行省官员如果能精通希腊语将会有很大优势。

语法教师的教学风格似乎并不比读写教师更有趣。学生们不是学习如何欣赏那些伟大作品的主题和文风，而是受训练去关注更平凡的问题，如语法、修辞或诗人如何使用神话。一个典型的问题可能是"这首诗里有多少动词和名词"，同时学生们也被要求背诵课文。然而，由于罗马文化主要是口头的，人们听的比读的多，因此培养博闻强记的能力非常必要，而这也似乎是语法教育阶段的重点之一。

修辞教师

到了16岁，少数享有特权的人会继续跟随修辞教师学习。修辞教师会向他们传授许多领域的知识，包括历史、法律、音乐、哲学和几何。然而，他最重要的任务是教学生修辞学，也就是公众演说的技艺。今天我们对报纸、电子邮件、互联网、广播、电视和社交媒体习以为常，但在这些交流媒介都不存在的世界，演说是一项至关重要的技能。在罗马，成功的公众人物必须能在一大群人面前流利地讲话。

学生们要学习编写演说词。演说词分为两类："建议词"和"辩论词"。在建议词中，一个学生必须支持或反对一个特定的论点，无论是历史上存在的还是虚构的。老塞涅卡给出了建议词的例子：

> 在奥利斯，预言家卡尔卡斯警告阿伽门农，称他必须杀死自己的女儿伊菲革涅亚作为祭品，然后再出航，否则将忤逆神意。

> 阿伽门农陷入深思：他应该杀死伊菲革涅亚吗？
>
> （老塞涅卡，《建议词集》，3）

学生们要写一篇演说词，赞成或反对牺牲伊菲革涅亚。这个例子清楚地展示了希腊世界对罗马教育的影响，因为这个案例取自特洛伊战争的一个著名瞬间。不过也有其他让学生们讨论罗马历史事件的建议词，比如"苏拉是否应该放弃独裁统治"。

另一方面，辩论词要求学生就一个特定的法律案件进行辩论，案例通常是假设的、现实中不可能出现的，比如下面的例子：

> 法律规定：女祭司必须贞洁。
>
> 一名年轻女子被海盗俘虏并出售。她被一个皮条客买去当妓女。她说服那些上门的男人把钱作为礼物送给她（即没发生任何性行为）。然而，她无法说服一个士兵。当士兵抓住她并试图强迫她就范时，她杀了士兵。她接受了审判，被判无罪释放，回到了祖国和家人身边。她申请当一名女祭司。她的请愿遭到了拒绝。
>
> （老塞涅卡，《辩论词集》，1.2）

学生必须准备一篇演讲，讨论是否应当接受这名女子担任女祭司。他不仅要给出出色的论辩，还要注意演讲风格，关注发音、语气、面部表情和手势等。这种训练在某种程度上有点像今天的律师培训，难怪罗马许多重要的政治家也都是技艺高超的律师。

然而，如果佩特罗尼乌斯的讽刺小说《萨蒂利孔》开头的一段话可信，那似乎并不是所有人都赞成修辞学训练。书中的讲述者恩科庇乌斯这样说：

> 在我看来，年轻人在学校里会变成彻头彻尾的白痴，因为他们看不到也听不到在日常生活中用得上的东西。他们学的都是海

盗戴着镣铐站在沙滩上,暴君发布一道命令让儿子砍掉自己父亲的头,神谕建议献祭3个或更多的处女来制止瘟疫这些内容。要么就是学如何在用语上撒蜂蜜,就像厨师给食物撒香草一样。

(佩特罗尼乌斯,《萨蒂利孔》,1)

虽然这是一种夸张的讽刺,但它肯定也多少反映出某些人的想法。在这部小说的后半部分,一个被释奴进一步强调了这一观点,称这种教育毫无意义,而真正重要的是实用教育,它会教给一个人开展成功事业所需的技能:

我没学过几何学,也没学过批判学或者这种愚蠢的垃圾,但我能读懂布告栏上的字,也识得清数、算得清重量、数得清钱。

(佩特罗尼乌斯,《萨蒂利孔》,58.7)

虽然这个角色是要供读者嘲笑的,但在今天关于教育目标的争论中,他这种观点依然存在。

我们很难搞清楚上过学的学生取得了多大进步(因为没有考试,所以我们无法检查他们的成绩),也不知道与受教育程度较低的学生相比,他们获得了多少优势。然而,这种教育体系存续了几个世纪,而且相对而言没有受到质疑,说明父母们认为学校教育教给了孩子开展成功的成人生活所需的技能。

成年

罗马的男孩和女孩的成年方式有所不同。从结婚那天起,女孩就被视为成年人了。然而,男性往往结婚较晚,因此会有一个特殊的仪式来纪念他们成年。当男孩年满16岁时,人们就会选择一个日子,通常是公共假日。比如3月17日的自由节,罗马人经常在这一天举行成人礼。自由神利贝尔相当于希腊的酒神狄俄尼索斯,他很适合这种场合——根据诗人奥维德的说法,他是一副男孩和男青年的形象。

在成人礼当天,年轻人会第一次穿上成人托加袍。在此之前,他在正式场合穿的是镶边托加袍,有紫色的宽边,而成年男性的托加袍是纯白的(参见附录2的古罗马的服饰)。他也会把自己的护身符献给家庭之神。接下来,他会和父亲、男性亲属和朋友一起前往广场,在那里被登记为正式公民,他的名字将被列入所属部落的名单。随后这群人前往卡皮托利山献祭,之后回家参加聚会。从此,这位青年将以年轻男性和正式公民的身份进入公共生活。

工作

和今天一样,罗马世界的工作种类繁多。例如,庞贝出土了54种不同职业的考古证据。我们对职业类型的了解大多来自考古发现(图5.10),但从普劳图斯的《一坛金子》的一段话中,我们也能了解罗马人的工作。在这段话中,一个富人麦加多鲁斯抱怨有一大群工匠找他索要工钱:

> 漂布的、绣花的、打金子的、织羊毛的都来了;编流苏的、缝内衣的、织面纱的、给布染紫色和黄色的、缝袖子的、织亚麻的、做香水的;做鞋的、做拖鞋的、做凉鞋的和给皮革染色的,都在等着拿薪水;还有修衣服的、做束腰的、做腰带的。当打发走他们以后,又来了300个催账的。大厅里满是缝纫女工、木匠、制袋工……这就完了吗?没有。还有好多染工……这些烦人鬼的口袋都等着填满呢。

(普劳图斯,《一坛金子》,507—519)

图 5.10 一块大理石浮雕,展示的是铜匠作坊。上方的架子上摆的是成品——桶、盘子和碗

罗马的社会精英往往看不起所有形式的手工业和商业,就像这里的麦加多鲁斯一样。元老甚至禁止涉足这些领域,因为这些领域由骑士掌控。最富有的人都是靠农场和城里的地产来赚钱,这让他们有时间投身于法律和政治。

然而,时至公元前 2 世纪晚期,随着被迫离开土地的穷人涌入罗马城,城内人口不断增长,失业成为罗马城的一个严重问题。正如前文所述,罗马成功的对外扩张在一定程度上要为此负责,因为许多奴隶被带到意大利,接手了以前由自由人所做的工作,例如农事。下面是一个穷人墓碑上的碑文,用语诙谐,凸显了许多人共有的困境:

> 夫复何求!我的骨头在甜蜜地休息,我不担心突然间缺少食物。我不用遭受关节炎之苦,也没有因为拖欠房租而负债。事实上,我的住所是永久而且免费的!

(《拉丁铭文集成》,7193a)

除了饥饿和健康的问题外,墓志铭还提到了租金和住宿问题。所有向穷人开放的地产都必须付租金,很少有人表示同情拖欠房租的住客。此外,租赁合同只有很短的一段时间——也许只有一个月,所以贫穷的家庭经常担心自己是否会被从家中轰走。

也许关键在于,许多罗马人的工作生活都没有安全保障(除了救济粮),而在今天的西方世界里普遍存在保障制度。罗马人没有工会,没有社会保障金,没有退休金计划,没有工人权利。因此,罗马人要尽可能保住工作。例如,瓦罗在公元前1世纪写道,在伊利里库姆,妇女往往在工作的田间生下孩子,然后直接回去工作。

救济粮

国家向穷人提供援助的一种方式是每月发放粮食,这些粮食可以用来制作面包等主食。这被称为救济粮,或"阿诺纳"(*annona*),以罗马的富裕女神命名。基本上可以确定,它使许多贫穷的罗马家庭免于饥饿。我们已经看到,公元前122年人民保民官盖乌斯·格拉古首次为救济粮(当时称为补贴粮)立法。公元前58年,人民保民官普布利乌斯·克劳狄乌斯更进一步,规定救济粮免费供应。许多人开始依赖它度日,尤维纳尔嘲笑道,罗马人需要的只是面包与竞技。然而,每年可获得多少粮食取决于产粮国(如西西里和埃及)的天气和土壤条件。在歉收之年,罗马的救济粮不足可能会引起严重的社会动荡。

保护人与门客

保护人与门客制度是罗马社会结构的基础。这套制度指一个人将自己作为"受保护人"依附于比他更富有的人,为后者效力。后者被称为他的"保护人"(patron)。这个词与拉丁语父亲(*pater*)和家长(*paterfamilias*)有关。像对待家庭成员一样给予门客同样的保护,是保护人应尽的法律职责。在没有任何社会保障体系的情况下,它是一种为人们提供某种安全保障的网络。它源于自由公民之间的一种关系,但被释奴也自动拥有为以前的主人服务的义务。

每天清晨天一亮,门客就应该来到保护人家里,和其他门客一起向他问候。他会身穿托加袍排队等候,排队顺序根据他的社会地位而定。当他被叫上前时,保护人可能会让他为自己做一些工作。作为回报,保护人可能会答应帮门客解决一个问题。然而最重要的是,门客会希望得到一份施舍,这个词最初指的是盛食物的"小篮子",不过后来它的意思变成了施舍的现金。到公元2世纪初,每人每天获得的施舍似乎达到了六又四分之一塞斯退斯。

门客需要尊敬他的保护人,称呼他为"主人"。讽刺诗人马提雅尔写了一句有趣的短诗,说他忘记这样做,并为此付出了代价:

> 今天早上问候您时,我不小心称呼了您的真名,凯奇利亚努斯,我也没有说"我的主人"。您想知道为这样的自由我要花多少钱吗?它让我损失了100个铜币(*quadrantes*,合六又四分之一塞斯退斯)。
>
> (马提雅尔,《铭辞集》,6.88)

然而,罗马社会对保护人也有相应的要求。他要欢迎门客到家里来并不时邀请他们共进晚餐。然而,虽然保护人看起来必须付出大量的时间和金钱,但他也会从这种关系中获益。因为男人的社会地位在一定程度上可以从他的门客数量来判断。他的门客也会为他服务——干点零活儿,做点小任务,早上陪他前往广场,或者在选举中为他投票。

将这种关系简单视为穷人依附于富人是不正确的。事实上,很多保护人自己也是别人的门客,因为整个罗马社会就是一道通往最富有阶层的阶梯。在一首诗中,马提雅尔抱怨自己辛辛苦苦走了很久的路去保护人家,却被告知他的保护人去拜访自己的保护人了。

女性的生活

因为几乎所有的书写材料都来自男性,所以我们很难了解罗马世界中普通女性的生活。这意味着我们往往要通过男性的角度来了解女性——无论是戏剧、诗歌、史书还是法庭案件。因此,我们关于罗马女性的史料几乎完全基于男人如何看待他们生活中的女人。另一个障碍是,我们普遍听到的故事都是关于嫁入社会上层家庭中的富有女性的,而大多数女性一定都过着简单且艰苦的贫困生活——无论是在城市还是在农村。她们都不会引起受过教育的男性作家的兴趣。

当然,在一个跨越了诸多世纪和数个大洲的文明中,要概括女性的生活是非常困难的。然而,如果我们只能确定一个事实,那便是罗马女性的社会地位低于男性,就像历史上绝大多数社会中的女性一样。毫无疑问,女性在生活中的主要目的是结婚生子,其他主要任务则是操持家务,如照顾孩子、做饭、打扫和缝纫。在罗马历史的任何阶段,妇女都没有任何政治权利,而每个女性都生活在家长(通常是她的父亲或丈夫)的权力之下。

童年

摆在女孩面前的路与男孩不同。尽管一些女孩从读写教师那里接受了识字、书写和算术的基础教育,但她们也要在家里学习"女人的工作"——纺织、做饭和处理家务。此外,凭下面的两段碑文判断,有些年轻女孩似乎是被迫到外面工作的:

> 纪念维奇凯娜，一个非常可爱的女孩，一名金匠。她活了 9 年。
>
> 纪念皮埃里斯，一名理发师。她活了 9 年。她的母亲希拉利娅立了这个墓碑。
>
> （《拉丁铭文集成》VI. 9213, 6.9713）

这些墓志铭表明，尽管罗马女性的"理想"工作是操持家务，但实际上许多女性为了帮家里挣钱，只得在很小的时候就外出工作，别无选择。然而，即使女孩们像上文的两个人一样学会了手艺，她们成长过程中最重要的任务还是学会如何做一个好妻子。对于一个女孩来说，结婚是她的"成年"仪式，就像男孩第一次穿上成人托加袍一样。从这一刻起，她踏入了成人世界。

了解女孩青春期如何开始是个有趣的话题。遗憾的是，一个女孩成为年轻女性这一关键阶段的信息非常少。有一两个男性医学作家偶尔会提到这个问题，其中包括以弗所的鲁弗斯——一名公元 1 世纪的希腊医生：

> 当她们（女孩）岁数增长和几乎停止长大后，当小女孩因为不好意思而不再想玩幼稚的游戏时，你必须更多地持续关注她们的饮食，控制食物的摄入量，不要让她们再碰肉或其他特别有营养的食物。
>
> （以弗所的鲁弗斯，转引自奥利巴西乌斯《佚名书》，18.10）

有趣之处在于，现代科学已经表明脂肪和生育能力之间存在关系，身体脂肪过少往往会阻碍女性怀孕。因此，限制青春期的女孩摄入脂肪，可能是为了抑制年轻女性的生育能力，直到她结婚为止。

结婚

从罗马早期开始，婚姻就有 3 种不同的类型。麦饼婚是为富裕家庭准备的,仪式中要在大祭司长面前庄严献上一块麦饼。在平民中更常见的是买卖婚,即父亲以名义上(和象征性)的价格将女儿卖给新郎。最后是时效婚,类似今天的事实婚姻——如果一对夫妇在一起生活了一年,那么可以宣布他们已经结婚了。

  令人惊讶的是,罗马人结婚没有必要向国家或宗教当局登记。只要一个男人和一个女人向大家承认他们想结婚,然后他们就可以作为丈夫和妻子生活在一起。不过,在大多数情况下会举办婚礼和庆祝活动,怎么办主要取决于具体情况。贫穷家庭负担不起奢华的婚礼,而第二次(或更多次)结婚的人可能会选择低调的婚礼。

"有夫权婚"还是"无夫权婚"?

  在上文提到的前两种婚姻中,父亲会将对新娘的合法权利转交给新郎。据说新娘将被交到丈夫"手里",因此这种婚姻被称为"有夫权婚"(*cum manu*,字面直译为"有手")。对于这种婚姻,女方家需要给新郎一笔嫁妆,如果他想离婚就必须归还这笔钱。然而,到了共和时代晚期,另一种形式的婚姻"无夫权婚"(*sine manu*,字面直译为"无手")已经成为定式。在这种婚姻中,妻子仍然处于自己父亲的法定权力之下(如果父亲去世了,通常在她的家族中另行指定监护人,对她保有其父亲之前所有权力),也不需要将嫁妆交给丈夫。这样做的好处是,女性在管理自己的财产和处理事务等方面也许会有更大的发言权;但另一方面,离婚对她丈夫的经济惩罚也要小得多。

订婚

  罗马的婚姻制度本质上是一种社会经济上的安排,目的在于养育合法的子女。今天，西方社会普遍接受了"爱情婚姻"，但在罗马婚姻所需的各种要求里，"爱情"往往不在其列。婚姻是由新娘的父亲（也许也有他妻子的帮助）和新郎家庭来决定。父母总是热衷于寻找能够维持或提高女儿社会地位的伴侣。我们很难知道女儿自己能有多少发言权——卡图卢斯为婚礼创作的诗句表明，有时她的影响力非常小：

> 年轻的女子啊，不要与这样的丈夫斗气。是你父亲亲手将你交给他，与他和父母斗气是不讲道理。你应该服从他们。你的贞洁不完全属于你一人，还有一部分属于父母。三分之一属于你父亲，三分之一属于你母亲，只有三分之一属于你。不要与双亲斗气，他们已经将自己的权力随着嫁妆交给了女婿。
>
> （卡图鲁斯，《歌集》，62.59—65）

尽管这些话可能会让现代读者感到震惊，但一个明智的父亲会确保他的女儿赞成这门婚事——但我们不知道有多少父亲对此能做到明智。由于缺乏来自女性自身的史料，我们只能猜测有多少女性可能会对自己的前景感到恐惧或觉得不幸福。

一些女性很小的时候（也许小到六七岁）就订婚了，尽管她们要等到十七八岁才会结婚。新娘的贞洁价值很高，所以很多家庭都希望在女儿身体发育成熟后就尽快将她嫁出去。相比之下，新郎一般都是25岁左右。小普林尼40多岁时娶的妻子卡尔珀尼亚只有大约15岁。

一旦达成婚约，罗马人可能会举办订婚宴会。他们会邀请朋友和亲戚，未婚夫会送礼物给未来的妻子。其中最引人注目的是一枚戒指，未婚妻会戴在左手无名指上，因为罗马人认为有一根神经联结这根手指和心脏。有趣的是，尽管罗马人一般不会出于爱情结婚，但他们却将心与婚姻联系在一起。在罗马婚姻中，也许人们认为爱情应该随着时间增长，而戒指和心之间的联系象征了这一点。

婚礼

尽管如我们所见，罗马时代会有一个"传统的"婚礼，但我们不应该设想每一个婚礼都符合这种类型。现代社会也是如此——在教堂举办的"白色婚礼"可能被视为基督教背景下的传统，但实际上婚礼具有多种形式，既有宗教的，也有民间的，新人也喜欢在婚礼上加入自己的风格。我们下面描述的是"传统的"罗马婚礼。

迷信的罗马人会认真选择一个良辰吉日。6月下半月特别受欢迎，因为朱诺是婚姻女神。婚礼从前一天晚上开始。新娘将儿时的玩具献给家主神。那天晚上，她还会穿上一件特别的连衣裙——白色的直束腰外衣（因为由直立的织布机织成而得名），戴上一个黄色的发网，这两件服饰都是她自己织的。新娘穿着它们睡觉，早上再在束腰外衣上系一条母羊羊毛腰带（象征生育）。腰带会打一个紧密的结——"赫拉克勒斯之结"，由新郎在结婚夜解开。这个结是生育能力的另一个象征，因为在希腊神话中，赫拉克勒斯据说生了70个孩子。

新娘的朋友继续帮助新娘着装。毫无疑问，这些朋友也会提供建议和精神上的支持。她们把新娘的头发编成六绺，然后用长矛分开（罗马人自己似乎也已经忘记了这一传统的起源，图5.11）。随后，新娘会戴上由自己采摘的花编成的花冠，然后披上亮黄色的婚纱，象征她将获得成年女性的新身份——成年女性在公共场合应该戴上面纱。

现在婚礼的主要仪式要开始了。新郎到达以花环装饰的新娘家时，人们将举行主要的宗教仪式。为了确保诸神的眷顾，他们要获得神的支持。祭品不是猪就是羊。专门为婚礼指定的祭司婚礼卜官将检查祭品内部以寻找预兆。如果卜官宣布是吉兆，那么在10名证人的见证下，双方将签订婚姻契约，以确保他们的结合具有法律效力。一名由已婚妇

图 5.11 这幅壁画来自赫库兰尼姆,画上左边的两个女人正看着另一个女人做发型。她们都精心打扮,所以壁画表现的可能是一个罗马新娘正为婚礼做准备

女担任的媒人会将新人的右手握在一起(握手在罗马世界普遍象征着诚信,特别是在商业交易中,图 5.12)。在这之后,人们通常会在新娘家举行宴会。

婚礼游行

婚礼结束后,新娘将游行前往她的新家。游行也充满了象征意义。她要表演出从母亲怀抱中被夺走的样子,纪念劫掠萨宾妇女。然后 3 个父母尚在世的男孩将点着火炬在街上引领游行队伍,其中一人手持的火炬是在新娘家的炉灶点燃的,另两人会在前面引路。新娘本人手持一根卷线杆和纺车,象征她在新家庭中的角色。喧闹的人群也会高呼"祝好

图 5.12 这座在罗马城附近发现的石棺可以追溯到公元 3 世纪。它描绘了婚礼的重要时刻——新娘和新郎在媒人的注视下握手

运",并讲粗俗的笑话或唱下流的小曲儿来驱赶恶灵。

新郎已经走在前面,回到了也装饰着鲜花的家里。队伍到达新郎家后,新娘会用油和羊毛涂抹门道,然后由旁人抬着她跨过门槛。这是为了确保新娘不会绊倒,因为如果她第一次进新家门时绊倒了将是一个可怕的凶兆。在新家中,丈夫交给妻子水和火(以火把的形式),这是罗马家庭的两个基本要素。新娘这样问候丈夫:"*ubi tu Gaius, ego Gaia.*"〔字面意思为"你在哪里是盖乌斯,我(也就在哪里)是盖娅";或者更自然的说法为"你作为丈夫去哪儿,我就作为妻子跟去哪儿"。〕随后,她将得到房子的钥匙。婚礼的最后一个阶段是新人步入洞房,完成婚姻的结合。

主妇

新娘现在成了主妇——一名应该管理家庭的已婚妇女。在富裕家庭中，她有时也被称为家母，象征她对奴隶和孩子的权威（图 5.13）。罗马男人对他们眼中一名理想的主妇应如何表现有着清晰的设想。这同样基于罗马历史早期的例子，如卢克莱提娅。下面的文章由普鲁塔克写于公元 2 世纪初，他在文中讨论了理想的夫妻关系：

> 当两个声音和谐地结合在一起时，旋律由较低的声音决定。同样，在一个明智的家庭中，一切都是在双方的同意下进行的，但要体现丈夫的领导和选择……如果丈夫心情愉快时，妻子哭丧着脸；丈夫心事重重时，妻子无忧无虑、肆意欢笑，那么妻子就是自私轻率、举止欠妥。前者令人不快，后者令人讨厌……妻子不应该有自己的

图 5.13　这幅马赛克女子像绘于公元 1 世纪初，被发现于庞贝的一所房子内。这名妇女显然是她的家庭的重要成员，也许就是家母

感情，而应该分担丈夫的严肃、轻松、焦虑和欢笑。

（普鲁塔克，《道德论集》，139D—140A）

在今天看来，妻子"不应该有自己的感情"的观点十分荒谬，但在历史上的众多文化中，这却是一种普遍现象。也就是说，我们几乎可以肯定，罗马时代的婚姻生活表现了在理想和现实之间存在差距。普劳图斯的喜剧《卡西娜》让我们看到了不同的一幕。它围绕着丈夫吕希达姆斯试图背着妻子克利奥斯特拉塔勾引他们的女奴卡西娜而展开。事实证明，克利奥斯特拉塔往往有本事对付她的男人，正如下面的对话所示：

> 克利奥斯特拉塔：你都躺到什么鬼地方去了？
>
> 吕希达姆斯：鬼地方？我？
>
> 克：别以为我不知道！
>
> 吕：你什么意思？你知道什么？
>
> 克：在所有的老家伙中，你是最没用的。你要去哪里，你这个废物？你最近都跑到哪个地方鬼混去了？你去哪儿喝酒了？以卡斯托尔的名义，你喝醉了！看你的斗篷都皱了！
>
> 吕：如果今天有一滴酒进过我嘴里，就让诸神诅咒我俩！
>
> 克：那就走吧——随你的便！喝！吃！浪费我们的钱！

（普劳图斯，《卡西娜》，242—247）

虽然这是喜剧中的一幕场景，但如果它没有以罗马人在日常生活中见得到的事例为基础，观众肯定不会觉得它有趣。

职责

女性的生活方式很大程度上取决于她的社会地位。富有的女性可能会负责管理大量的家内奴隶，并负责晚宴等社交活动。然而，大多数女性活得更加卑微和艰难，她们不得不照顾孩子、做家务，比如做饭、打扫和尽可能多地为家庭织布。贫穷的女性通常也不得不工作以维持生计——她们可能会做保姆、小贩（图 5.14）或裁缝。

然而，也许对所有女性来说，她们最重要的职责还是生孩子。在古代生孩子的风险比现在大得多，因为当时的医疗技术还很原始。因此会有大量流产和死产，而妇女本身也会因为并发症而面临死亡的危险。最糟的是，在没有现代麻醉药的情况下，女性不得不忍受分娩的痛苦。在下一段中，小普林尼写信给卡尔珀尼亚的祖父，告诉对方妻子流产了：

> 我知道你有多么渴望我们给你生一个曾孙，所以在你听说你的孙女流产后，会更加难过的。由于年轻又缺乏经验，她没有意识到自己怀孕了，没有采取适当的预防措施，做了几件不该做的事情。

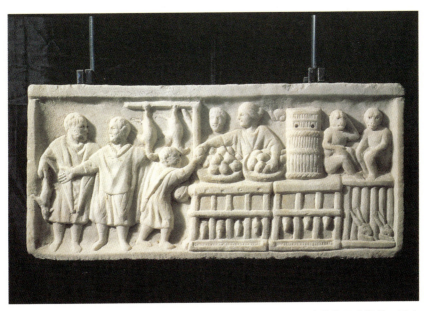

图 5.14 这幅浮雕描绘了一位女商贩和各种各样的动物——最左边的男人提着一只小猪，架子上挂着家禽，笼子里养着兔子，还有被当作外国进口的稀奇货饲养的两只宠物猴

她得到了严重的教训,并为自己的错误差点付出生命的代价。

(小普林尼,《书信集》,8.10)

卡尔珀尼亚显然对自己在妇科上的健康状况和如何识别怀孕迹象一无所知。她的流产更让人难过,因为很明显,她面临着生育后代的压力,而这是罗马家庭普遍关注的大事。然而,从另一个层面看,卡尔珀尼亚又是幸运的——许多女性都无法从流产中幸存下来。

离婚

与结婚一样,离婚是个人与个人之间的私事,不需要得到国家或宗教当局的批准,需要做的就是一方走出婚姻——尽管在实际情况中,丈夫更容易这样做,如果有孩子的话更是如此,因为孩子会自动留在父亲身边。离婚的一个常见原因是不孕,人们总认为这是女人的错。

离婚在社会上层中十分常见,因为婚姻是建立政治联盟的重要方式。有时丈夫和父亲会强迫女性离婚,再把她们许配给合适的对象——例如,独裁者苏拉曾让他怀孕的继女埃米利娅·斯考拉与丈夫离婚,让她改嫁给自己的新政治盟友庞培。她在婚礼后不久便死于难产。庞培自己结过5次婚,包括与尤利乌斯·恺撒的女儿尤利娅。尽管这段婚姻是出于政治动机,但庞培一直忠于尤利娅,直到她去世。

很少有史料能表明离婚对家庭生活产生的影响,因为罗马人似乎不怎么关注这一点。不过西塞罗确实写信给他的朋友阿提库斯,告诉对方自己的侄子昆图斯得知父母离婚后十分痛苦:

我看到那个男孩非常难过,他一边哭泣一边向我哀叹。事实上,我在他身上看到了非凡的责任感、善良和人性,因此,我变得更加有信心,相信事情不会出现令他失望的结果。

(西塞罗,《致阿提库斯》,6.3.8)

同庞培和苏拉一样,西塞罗也出身于社会上层。对于社会其他阶层,离婚可能不会这么普遍,因为这些阶层的人不需要组成政治联盟。

我们不应该认为包办婚姻阻碍了夫妻之间产生深刻的爱情。许多墓志铭都证明了夫妻之间的爱。例如,下面一段罗马城的墓志铭是一位妻子为她的丈夫写下的:

> 弗里娅·赛普斯,森普罗尼乌斯·菲尔姆斯的被释女奴,为她深爱的丈夫献上这座墓碑。当我们还是小男孩和小女孩时,我们一见面就为共同的爱所缚。我和他在一起的时间如此短暂。我们本该继续幸福地生活,却被残忍的手分开。因此,我祈求最神圣的地下神灵照顾我的爱人,我将他托付给你,希望你在夜晚能好好安顿他,善待他,这样我就可能看到,也愿他可以说服命运,允许我不久之后便能温柔地与他重聚。
>
> (《拉丁铭文集成》,VI.18817)

我们不清楚弗里娅希望怎样与丈夫相见——也许是在梦中,也许是看到丈夫的幻影。

下面这段墓志铭是由一个公民身份相对卑微的丈夫留在卢格敦努姆(现代的里昂)的:

> 永远怀念布兰迪尼娅·马尔提奥拉,一个完美无瑕的女孩。她活了18年9个月零5天。庞培乌斯·卡图萨,赛夸尼人公民,泥水匠,献给他的妻子。她无与伦比,待他很好,和他生活了8年6个月18天,没有任何过错。他在有生之年为自己和妻子竖立这座墓碑,他献上它时它还没有完成。读到这段话的人,去阿波罗的浴场洗浴吧,就像过去我和我妻子那样。希望我还能再去。
>
> (《拉丁铭文集成》,XIII.1983)

除了向我们展示出一幅温柔而悲伤的画面外，这段铭文还有另外两个地方值得注意，让我们可以一窥他们的生活：布兰迪妮娅13岁就结婚了，而他们两人可以一起去洗澡，而不用像罗马世界常见的那样男女分开洗浴。

毫无疑问，在社会的各个不同阶层中，婚姻的质量也相差甚远。许多证据表明，许多人的婚姻像上述两人一样幸福；另外，也有很多配偶出轨与丈夫家暴、虐待妻子的故事。换句话说，像今天一样，我们对罗马婚姻的质量无法做出单一的评价。

政治

在罗马历史上的任何时期，妇女都没有政治权利——她们既不能竞选公职，也不能投票。实际上，唯一在公共生活中拥有正式地位的女性是女祭司，比如罗马的维斯塔贞女或庞贝的欧玛琪亚女祭司。因此，如果女性希望获得政治影响力，主要途径便是依靠她们的男性亲属（尽管在庞贝，有些女性会通过竞选广告来表达自己的政治观点）。

尽管如此，罗马历史上还是有一些妇女不时影响政治的例子。公元前215年，罗马人在坎尼惨败给汉尼拔后，颁布了一项史称《奥庇乌斯法》的法令，严格限制妇女购买和穿戴珠宝及昂贵服装等奢侈品的权利。法律旨在将节省下来的钱用于战争。20年后，迦太基人被打败了，两名人民保民官在部落大会上提议废除《奥庇乌斯法》。大会就这项提案展开了激烈的辩论，妇女们挤满了广场周围的街道，以求说服她们的男人投票赞成废除法令。提议通过了，但李维记载了极端保守的老加图的一篇演说，他十分厌恶妇女们的行为：

> 我的公民同胞们：如果我们每个人都下定决心，维护自己作为丈夫对于妻子的权力和地位，那么我们与作为一个整体的女性之

间的问题就会少一些。事实上，在我们自己家里，我们的自主性也遭到了女性情绪的打击，而在这里，它也在广场上碾压和践踏我们的自主性。我们无法控制作为个体的女人，现在我们就得害怕作为一个整体的女人了。

(李维，《建城以来史》，34.2.1)

遗憾的是，对废除这项法律投了赞成票的人，我们不知道他们以什么观点来与加图的保守立场针锋相对。

霍腾西娅是一位给人留下深刻印象的女性，她以高超的演说技巧闻名。霍腾西娅出身于贵族家庭，父亲曾是罗马的执政官，也是罗马首屈一指的演说家。公元前42年，"后三头"正在想办法筹集资金。当公敌宣告都不能满足他们的需求时，"后三头"决定对罗马1400名最富有的女性征税。这些妇女被激怒了，她们推选霍腾西娅代表她们向"后三头"进言。公元2世纪的希腊历史学家阿庇安按照他认为霍腾西娅所说的话重写了她的演说词（用希腊文，而不是原始的拉丁文），其中包括下面的请求：

> 你们要是说，我们做了对不起你们的事，就像我们的丈夫那样，那就像对待我们的丈夫那样，把我们也判为公敌吧。但是，如果我们女人没有把你们中的任何一个投作公敌，没有拆毁你们的房屋，没有消灭你们的军队，也没有率领另一支军队对抗你们，没有剥夺你们的公职或荣誉……我们没有犯同样的罪行，那为什么要分担同样的惩罚？我们不竞选公职，不争夺荣誉，不参与指挥，不参加政府，是你们为了这些事你争我夺，导致了灾难性的后果，凭什么要我们纳税？

(阿庇安，《内战史》，4.32)

霍腾西娅的抗辩成功了。第二天，"后三头"将需要纳税的女性减少到 400 人并颁布法令，要求身家超过 100 万塞斯退斯的男性也要交出一部分财产。

随着元首制的建立，女性变得有可能在皇帝的宫廷中发挥政治影响力。在第二章中，我们已经见到了许多这样的女性：奥古斯都的姐姐屋大维娅与妻子李维娅；克劳狄的妻子、尼禄的母亲小阿格里披娜；安东尼·庇乌斯的妻子福斯蒂娜；亚历山大·塞维鲁的母亲尤利娅·马梅亚；君士坦丁的母亲海伦娜。此外，芝诺比娅曾一度成为帝国东部一个分离王国的统治者。和之前一样，我们必须意识到古代史料描述这些女性时潜在的偏见。例如，像塔西佗这样的作家，经常把女人描绘成诡计多端和善于操纵的人，就是为了凸显她们影响下的男人的无能。

受教育的女性

从史料中可以清晰看出，森普罗尼娅和霍腾西娅都是受过良好教育的女性。这反映了一种趋势：从公元前 2 世纪开始，富裕的女性能够更多地追求知识。其中一个原因可能是罗马城中奴隶数量激增，使富裕女性拥有更多时间接受教育和享受休闲。此外，无夫权婚的增加使妇女在财务上获得了更大的自由，受丈夫的干预有所减少。

科尔内利娅（约公元前 190—前 100 年）是这种新型女性的一个典型代表。她是西庇阿·阿非利加努斯的女儿，格拉古兄弟的母亲。一方面，她是践行罗马传统价值观的典范，其言行经常被奉为主妇的榜样。另一方面，她监督儿子们的教育——著名的修辞学家昆体良称格拉古兄弟的口才都要归功于她。在两个儿子都横死后，科尔内利娅在面对悲痛时维持住了尊严，赢得了人们的钦佩，正如普鲁塔克所说：

> 此外，据说科尔内利娅以一种高贵和节制的态度忍受了所

有不幸。她在儿子们遇害的地方献祭时显然曾说过，现在他们的尸体已经葬在他们应得的坟墓里了。她住在米赛努姆的房子里，但没有改变自己的生活方式。她的朋友圈很广，也热情好客，这意味着她的晚宴上从不缺客人。她身边围绕着希腊人和学者，她还经常与世界各地的国王交换礼物。客人和拜访者特别喜欢听科尔内利娅讲她父亲阿非利加努斯的故事。最令他们印象深刻的是，她提到自己的儿子们时，能毫不流露出悲伤，也不会有一滴眼泪。

（普鲁塔克，《盖乌斯·格拉古传》，19）

在此我们可以看到，科尔内利娅将新旧文化融合到了一起——面对悲伤时她表现出传统的克制，同时也招待了重要的、受过教育的外国客人，并且喜欢与他们一起阅读和讨论文学。

公元前1世纪，精英女性接受音乐、诗歌和哲学教育已经成为一种时尚。这一时期有许多年轻女性用笔抵住唇边的肖像（图5.15）流传下来，同时我们听说女性也组成了文学圈子，诗人卡图鲁斯和普罗佩提乌斯都称赞自己诗中的情人才智出众。可悲的是，几乎没有女性作家的作品留存下来，但我们还是有几首女性创作的诗歌，它们的作者是一位名叫苏尔庇奇娅的妇女。她在奥古斯都时代写了爱情哀歌，其中有6首流传下来，因为人们之前错误地将其归到男性爱情哀歌诗人提布鲁斯名下。苏尔庇奇娅出身高贵，她的叔叔马库斯·瓦列里乌斯·梅萨拉·科尔维努斯是著名的文学赞助人。她的诗专注于描写她与情人赛林托斯的情愫，包括下面这首诗，苏尔庇奇娅为自己过生日时情人不在身边而悲伤：

我该死的生日到了，我却得在可怜的乡下度过，
没有赛林托斯陪伴！
还有什么比那座城市更甜蜜？

图 5.15 这幅庞贝的壁画描绘了一名戴着金色发网的女性,她一手拿着笔,一手拿着蜡版。一些学者认为她就是古希腊女诗人萨福

乡间别墅,托斯卡纳田野里冰冷的河水,
真的适合一个女孩吗?
梅萨拉,严厉的叔叔,
让您对我的关心停止一下吧,它们实在太多了。
现在不是旅行的季节。
即便您把我带走,即便您不允许我有自己的意志,
我也要将心和感情留在罗马。

(苏尔庇奇娅,《歌集》,2)

　　苏尔庇奇娅的 6 首诗能流传下来实属偶然。如果能知道其他消失在历史长河中的女性诗人的作品,该有多么令人着迷。巧合的是,我们仅知的另一位女诗人也叫苏尔庇奇娅。她在公元 1 世纪晚期创作了一些讽刺作品,我们有一些片段。后来罗马的一位修辞教师奥索尼乌斯说,作为讽刺作家,她与尤维纳尔不相上下。第三位女作家是普罗巴,生活在公元 4 世纪的贵族基督徒。她以耶稣的生平为基础创作了一首近 700

图 5.16 文德兰达木板中的一块,克劳狄娅·塞维拉在上面邀请苏尔庇奇娅·雷必蒂娜参加她的生日聚会。信的最后一行是克劳狄娅自己写的

行的长诗,但只使用了早期罗马诗人(如维吉尔)的诗句,这是一种名为"拼合诗"的文学体裁。

幸运的是,还有其他证据表明女性是识字的。在不列颠,曾有妇女在苏利斯湖写下诅咒板,保存至今。在哈德良长城附近的文德兰达发现的木板上,保存着女性向抄写员口授信件的记录。如图 5.16 所示,其中一封信是公元 100 年一位罗马军官的妻子克劳狄娅·塞维拉写给朋友苏尔庇奇娅·雷必蒂娜的,后者也是一位军官的妻子。她在信中说自己期待着生日的到来,并邀请她的朋友来一起庆祝:

克劳狄娅·塞维拉问候她的雷必蒂娜:

姐妹,我很高兴地邀请你务必在 9 月 11 日我的生日那天来家里做客,你的光临将使这一天更加愉快。

问候你的凯利亚里斯。我的埃利乌斯和小儿子也向你们问候。

我等你来,姐妹。

祝你一切安好,姐妹,亲爱的灵魂,也愿我一切安好。再会。

(文德兰达木板,2.291)

最后一行用斜体标出的字,是克劳狄娅亲手写在信件末尾作为补充的。这是已知的最古老的女性用拉丁文书写的确切证据之一。

奴隶与被释奴

每个古代社会,奴隶制都是现实生活中的一部分。仅仅在过去的两个世纪里才产生了轰轰烈烈的废奴运动(大英帝国直到1833年才废除奴隶制,美国则是在1863年才废除奴隶制)。今天,人们认为奴隶制是不人道的,我们对于曾经有这么多人遭受奴役的事实和他们的境遇感到震惊。然而,在审视罗马人的时候,我们应该意识到,今天世界上的很多地方仍然存在被视为"奴役"的行为。

事实上,罗马人对待奴隶的方式在古代民族中十分少有,他们会为自己的大部分奴隶提供自由的前景。被解放的奴隶拥有被释奴的地位,并享有罗马公民的许多权利。因此,在罗马世界生为奴隶或被掳为奴隶,并不一定意味着你将一生为奴。实际上,在帝制时期,有相当一部分公民的祖先必然是奴隶。这使得罗马社会相比古代世界的其他许多地方更有希望,也相对更为进步。

罗马奴隶制

虽然我们不可能确切知道罗马世界有多少奴隶,但据估计,在帝国早期,人口中有20%—30%是奴隶。罗马这样的城市中的奴隶比例比帝国的农村地区的更高,但这个数字很可能在整个帝国的城市中都普遍适用。

奴隶来源

罗马奴隶的数量从公元前3世纪开始激增。当时罗马开始征服意大利以外的领土。据估计，在公元前2世纪早期，每年来到意大利的奴隶数量约为8 000人。当时罗马成年男性公民大概有30万。在这一时期，奴隶最常见的来源是战俘。对奴隶贩子来说，在战争中抓捕俘虏是一笔大生意，他们通常会紧跟在一支军队后面，随时准备行动。据粗略估计，到公元前1世纪中叶，意大利有150万—200万奴隶，约占其总人口的20%。

除了在战争中被俘，还有其他途径可能沦为奴隶，特别是在公元2世纪初罗马的扩张达到极限后。正如我们之前看到的，遭到遗弃的婴儿可能被捡走并当作奴隶养大，而在一些绝望的情况下，父母甚至可能把自己的孩子卖为奴隶。罗马世界的旅行者也面临着绑匪的威胁，而绑匪会把俘虏卖给奴隶贩子。此外，我们也听说罗马人会用葡萄酒与高卢等外国部落交换奴隶。被定罪的罪犯也可能成为奴隶，他们也许会被判为角斗士到竞技场上一决生死。

奴隶的另一主要来源是生而为奴的人。作为奴隶的母亲生下的任何孩子都自动归为奴隶。对许多罗马人来说，这是获得新奴隶最便宜的方式，即使这意味着在最初几年他们要多喂饱一张嘴而得不到回报（图5.17）。这些奴隶称为家生奴隶。有证据表明，家生奴隶在家庭中的地位往往比买来的奴隶更高，因为罗马人认为他们更容易管理。一些罗马人通过培养家生奴隶并将其出售而大发横财，他们可能会在奴隶年幼时就发现了他们的天赋，然后训练他们学习特定的工艺和技能，以便将其高价出售。

图 5.17 公元前 1 世纪的雕像，表现了一个熟睡的小奴隶，他的右手提着一盏油灯

奴隶贸易

奴隶市场遍布整个罗马世界。最大的奴隶市场位于罗马和以弗所等大城市。此外，希腊小岛提洛也以其奴隶市场闻名，这个市场一天可以交易 10 000 名奴隶。然而，并不是所有奴隶都是在这些大型市场上买到的，一些奴隶贩子可以在公共场所（比如广场）建立自己的临时销售处，而其他人可能同样依赖私人交易买卖奴隶。

在奴隶市场，奴隶们会在平台上陈列展示，买主可以让他们脱下衣服以便更仔细地检查。新来的人脚上涂了粉以作标记。奴隶们脖子上挂着牌子，介绍他们的"质量"，包括出身、健康状况和逃跑的可能性。关于奴隶价格的记录相对较少，但价格取决于每个奴隶的年龄、健康状况和技能水平。下面是公元 129 年埃及的一个女奴隶的买卖合同，写在莎草纸上，展示出奴隶作为财产被买卖时是多么冷酷无情：

> 阿加托斯·戴蒙，狄奥尼修斯和赫尔迈厄尼之子，居住在俄克喜林库斯城，在这份文件中，他与盖乌斯·尤利乌斯·多米提亚努斯的儿子盖乌斯·尤利乌斯·日耳曼努斯达成协议，承认他们关于女奴隶狄奥斯考鲁斯的手写买卖合同有效。这名奴隶大约 25 岁，

没有明显的标记。阿加托斯将她转让给尤利乌斯·日耳曼努斯。除非她得了癫痫或欠下债务，否则不可退货。她的价格为 1 200 德拉克马银币，当合同写成时，阿加托斯·戴蒙已经从尤利乌斯·日耳曼努斯手中收到全款。尤利乌斯·日耳曼努斯为此支付了上述奴隶的销售税。根据销售合同中的所有要求，阿加托斯·戴蒙已经为该奴隶提供了担保。

(《俄克喜林库斯纸草文书》, 95)

在庞贝的凯奇里乌斯·尤库杜斯档案中也发现了类似的合同。

奴隶的类型

奴隶劳动被用于许多今天可以由机器替代的工作。因此奴隶广泛用于各种场合。古罗马世界的奴隶主要有 3 种类型：

- 家内奴隶，与家庭成员生活在一起，完成家内所有相关的任务。最富有的家庭可以使用奴隶充当保姆、教仆、厨师、园丁、理发师、秘书和清洁工等。然而，大多数家庭不得不让奴隶承担多种多样的任务。
- 工业奴隶，用于矿山、工场、舰船和大农庄。这些奴隶生活和工作的环境往往最为恶劣。大庄园里的奴隶会受到监工的监督，监工很可能也是奴隶，但他对待工业奴隶可能非常残酷，因为如果农场产量不够，他会遭到降职或受到惩罚。
- 公共奴隶，为国家所有，在城市中扮演多种角色。有些奴隶可能会参与修建道路或公共建筑的建设项目，有些可能会清洗神庙和浴室等公共建筑。其他公共奴隶有更具体的角色，如维护公共水桥。

这3种类型并不包括所有类型的奴隶。例如，一些男性奴隶可能被迫成为角斗士，而女性奴隶可能被迫充当妓女为她们的主人赚钱。

权利与境遇

在罗马法中，奴隶被视为主人的财产。他们没有任何法律上的权利，所生的孩子都会自动成为主人的财产。新成为奴隶的人被剥夺了他们以前的身份，通常会被赐予一个带有羞辱色彩的新名字，如"爱比克泰德"（"额外获得的"）或"帕索欧萨"（"受苦的她"）。即使当奴隶参与法律事务（如作为证人出庭）时，也只有在经受拷打后，他们的证词才会被接受。因为人们认为，这样做会令他们比起畏惧主人更畏惧法律。

然而，奴隶的境遇几乎完全取决于他们所处的环境。与仁慈的主人生活在一起的家内奴隶有希望与主人一家保持良好的关系，同时他们的食物和住所也有保障。然而，在大庄园或矿山工作的工业奴隶往往生活和工作条件恶劣，和主人也没有任何私人关系。在下文中，一位历史学家描述了在西班牙矿山工作的工业奴隶的状况：

> 但继续来看矿山，在那里工作的奴隶为主人创造的收入多到难以想象，但他们夜以继日地在地下的矿洞中劳动，严重损耗了身体，造成大量死亡，因为他们的处境极其恶劣。他们在工作中没有喘息或休息的机会，在监工的鞭笞下只得被迫忍受繁重的劳动，并以这种悲惨的方式丢掉性命……的确，在他们看来，比起苟活他们宁愿一死，因为活着就必须受苦受罪。
>
> （狄奥多罗斯·西库鲁斯，《历史集成》，5.38.1）

这就是古罗马世界成千上万的奴隶的悲惨命运。这篇文章实际上非常少见，因为古代作家很少谈及工业奴隶，他们通常提到的都是家内奴隶,这种奴隶是他们日常生活的一部分。

然而,有些家内奴隶的境遇也大相径庭。许多奴隶反复遭到虐待——鞭打是最常见的,而史料中也提到烙印和伤残肢体(图 5.18),如断腿和剜眼。此外,许多奴隶会定期遭到性侵。实际上,伤害肉体是罗马人区分奴隶和自由人的特殊方式。殴打一名自由人被视为可耻行为,但殴打奴隶是正当的,正如修辞学家昆体良所说:"鞭打是可耻的,只适用于奴隶。"似乎有些主人会从目睹奴隶受苦中获得一种施虐的快感,正如下文这个著名的故事所暗示的:

> 维迪乌斯·波利奥是一名罗马骑士,曾是已故皇帝奥古斯都的御前会议成员,他用这种生物(七鳃鳗)来证明自己的残忍:他把有

图 5.18 这幅公元 3 世纪的马赛克画来自迦太基附近的哈德鲁门图姆,展现了一个喜剧场景。右边较小的人物是一个被绑起来的奴隶,他恳求中间的主人不要惩罚自己;左边的信使似乎是前来阻止主人惩罚奴隶的

罪的奴隶扔进养着七鳃鳗的水池,并不是因为陆地上的野兽无法执行惩罚,而是因为只有用七鳃鳗,他才能看到一个人被彻底撕成碎片。

(老普林尼,《博物志》,9.39.77)

在一次晚宴上,奥古斯都是波利奥的客人。一个奴隶打碎了一只水晶杯,波利奥立即命令把他扔到七鳃鳗池里去。但奴隶跪在奥古斯都面前请他说情。奥古斯都对波利奥的暴行感到震惊,并试图说服他宽恕奴隶,但波利奥拒绝打破自己立下的规矩。于是皇帝命令把房屋内所有的杯子都拿出来,在他面前摔碎。这样,波利奥就无法惩罚他的奴隶,因为奥古斯都的过错比他严重得多。然而,许多奴隶所遭受的不仅仅是身体上的折磨,他们肯定也经常受到恐惧的折磨,例如,主人可能会威胁要把奴隶的孩子卖给别人。

除了这幅令人感到压抑的画面,我们还是可以看到一些主人和奴隶之间关系良好的例子,他们对待彼此的方式值得赞许。西塞罗和他的秘书泰罗建立了亲密而互信的友谊,他最终也给予了泰罗自由。小普林尼也承认,自己为忠诚的奴隶的去世感到悲伤。此外,斯多葛学派的哲学教导人们,所有人——无论奴隶还是自由人,都拥有灵魂,都应该被当作人类同胞一视同仁。小塞涅卡在给朋友卢齐利乌斯的信中对这一观点表示赞同:

我从刚刚拜访过你的人那里得知,你和你的奴隶们相处融洽,对此我感到高兴。对你这样有见识且受过良好教育的人来说,这样做很合适。有人说:"他是一个奴隶。"但也许他在灵魂上是一个自由的人。"他是个奴隶。"这是看不起他的理由吗?让我看看谁不是奴隶:有人是欲望的奴隶,有人是贪婪的奴隶,有人是野心的奴隶,我们所有人都是恐惧的奴隶。

(小塞涅卡,《书信集》,47.1, 17)

也许是受这些观念的影响,在帝制时期,对待奴隶的法律变得越来越人道。早在公元 2 世纪,皇帝哈德良就通过了一系列法律,禁止主人不经法院审理就杀死奴隶或将奴隶卖作妓女或角斗士。公元 4 世纪晚期,罗马人甚至颁布了一项法律,禁止主人将奴隶儿童与他们的父母分开。然而,古代世界并没有呼吁废除奴隶制的声音,即使是那些被释奴或被释奴的后代也没有提出这种主张。

罗马被释奴

赐予奴隶自由的行为被称为"解放"(manumission),这个词源自拉丁语的"手"(manus)和"送"(mittere),所以其字面意思是"从某人手里送出去"(图 5.19)。合法解放奴隶有两种常见方法:奴隶和主人一起来到一名官员面前,官员用一根棍棒触碰奴隶,于是奴隶就将获得自由;或者是主人在遗嘱中声明将解放自己部分或全部的奴隶。通过赫库兰尼姆城的路奇乌斯·温尼迪乌斯·尤恩尼库斯和佩特罗娅·尤斯塔的故事,我们能看到依法解放奴隶的复杂且有趣的案例。

解放奴隶的主要目的之一是激励奴隶努力工作,让他们希望能以自由的身份结束一生。在作为奴隶生活的岁月里,一些奴隶被允许赚点小钱〔称为私产(peculium)〕。这是一笔特殊的钱,奴隶可以用它从主人那里赎买自由。在其他情况下,主人也许会更加慷慨,如果他们的奴隶长期服务或有杰出表现,主人就会赐予他们自由。如果主人爱上了自己的女奴,也可以解放她们并与她们结婚。如果他们与女奴生了孩子,也可以解放这些孩子,让这些孩子成为自己的继承人。同样,一个刚刚获得自由的奴隶可能会攒钱买一个女奴作为"伴侣",这样他也可以使她得以解放。

另有些主人会出于更私人的理由解放奴隶。对一些人来说,解放

图5.19 一名被解放的奴隶。浮雕展示了他身份的变化：一开始他是卑躬屈膝的奴隶，后来成为可以与前主人握手的被释奴

奴隶是一种向朋友炫耀的方式，因为任何人如果能负担得起解放奴隶并购买新奴隶，那他一定财大气粗。还有一些奴隶主面临严重的控诉，所以要解放所有的奴隶，以防止他们受到拷打后揭发自己的罪证。一些无情的奴隶主还会解放因年老体弱或生病而不能工作的奴隶，这些奴隶没有转卖价值，所以解放他们比继续养他们到老要省钱。这些奴隶通常没有办法养活自己，其中许多人得到解放后会被饿死。

权力与地位

获得自由后，被释奴获许戴上"自由帽"，一种象征自由的毡帽。被释奴是罗马公民，但他们不许竞选公职或成为元老或进入骑士阶层，即使他们赚到了足够的钱（不过他们的后代不受此限，而是拥有完整的

逃亡与起义

奴隶主总是要提防企图逃跑的奴隶。为了防止这种情况发生,逃亡奴隶如果被抓到会遭受严厉的惩罚。他们可能会被钉死在十字架上,或被活活烧死,或被丢到竞技场上喂野兽。一些奴隶主甚至给他们的奴隶打上烙印,通常是在面部。另有些奴隶主会给奴隶戴上金属项圈,有些项圈保存了下来。一个项圈上刻着这样的字:"我逃跑了,抓住我。把我送还给我的主人佐尼努斯,你会得到报酬。"

此外,罗马人一直生活在奴隶起义的恐惧中。在家庭层面,我们偶尔会听到有奴隶反抗他们的主人,比如前法务官拉尔奇乌斯·马凯多被自己的一些奴隶谋杀。小普林尼讲述了他遭到谋杀和惩罚奴隶的故事,按照罗马法律,他家里的所有奴隶都要被处决,包括那些与阴谋毫无关系的无辜者。马凯多是一个非常残忍的主人,而可能令人更惊讶的是,他自己就是被释奴之子。塔西佗也记载了一个类似的故事:公元61年,市政官佩达尼乌斯·塞昆杜斯被自己的一个奴隶所杀。他的朋友们要求将塞昆杜斯的400名奴隶全部处死(包括女人和孩子)以作惩罚。元老院对此进行了辩论,最终投票支持这项决定。这一决定在城市中引发了大量骚乱,以致皇帝不得不在处死奴隶时派出士兵沿街维持秩序。

罗马历史上记录了3次大规模奴隶起义。它们都发生在60年之内,当时罗马的奴隶数量迅速增长。前两次起义爆发于西西里,分别在公元前135—前132年和公元前104—前100年。最著名的斯巴达克斯起义发生在公元前73—前71年。

公民权)。然而,帝制时代设立了一个公共部门,即奥古斯都祭司团,通常由被释奴组成。奥古斯都祭司遍布整个帝国的城镇和城市(罗马城的祭司团有21人,而外省城市通常只有6人),他们与维护皇帝的尊严和荣誉有关。奥古斯都祭司可以佩戴官员的象征物，包括身穿镶边托加袍。作为回报，他们需要修缮建筑物、竖立雕像和掏钱举办公共赛会。他们也履行宗教职责，因此有时也被视为祭司。

被释奴仍然与从前的主人有联系，他将成为前主人的门客，每年为其工作几天。事实上，许多被释奴继续为前主人做全职工作——不过他们现在有了报酬，而主人也不再需要为他们提供住宿、衣服和食物。其他被释奴会在不同行业工作，比如当教师、建筑工或屠夫。少数被释奴的事业会非常成功，成为他们领域中的杰出人物，如庞贝的盖乌斯·穆纳提乌斯·浮士图斯和奈沃莱亚·堤喀，我们将在后文描述他们的故事。

被释奴做出一番事业的案例并不普遍，属于少数特例。但他们的成功和影响力往往会激怒一些罗马人，从而招致怨恨。这些罗马人反而会怀念城市中还没有这么多外国人的旧时光，渴望回到过去的好时代。尤维纳尔的一篇讽刺作品充分表达了这种观点。在这篇作品中，罗马人翁布里奇乌斯厌倦了城市生活，决定搬走，并表示他对罗马受到希腊文化影响感到厌恶：

> 现在让我来谈谈那个种族，
> 他们跟我们的富人打成一片，
> 但仍然最被我讨厌，
> 对此我不会故作腔调、遮遮掩掩。
> 公民们，我不能忍受满罗马城全是希腊人，
> 然而这些渣滓中的真希腊人能有几分？
> 多年来，东边的奥伦特斯河（叙利亚境内的一条河流）已经向台伯河注入——
> 它的言行、笛子和奇特的竖琴，

> 它的横弦和当地的铃鼓，
>
> 还有在赛马场周围拉客的娼妇。
>
> （尤维纳尔，《讽刺诗集》，3.58—65）

我们不清楚这种观点在当时有多普遍。在尤维纳尔写下这首诗的时候，很可能绝大多数罗马公民的祖先中都有一些奴隶。事实上，这是罗马社会最令人印象深刻的一面，它能够给那么多作为社会底层来到罗马的外国人（及其后代）以机会和希望。

死亡与葬礼

与现代西方社会相比，在古代世界更能清晰地看到死亡（图5.20）。同今天一样，在罗马世界，死亡随时都可能发生，但在生命的某些阶段会更为集中：儿童时期、成年早期、妇女分娩时以及50岁（到这个年纪即被视为老人）之后。据估计，新生儿中大约有一半活不到5岁，因此丧子是父母要面对的常态。值得思考的是，这一切对社会的影响。例如，孤儿会更多，祖父母会更少，人们会更加意识到生命的短暂。

虽说罗马人因此更习惯于死亡，但这并不是说他们不会像今天的人们一样深感悲痛。在失去孩子的父母中，西塞罗是一个著名的例子。公元前45年，他的女儿图利娅在分娩时去世，年仅30岁出头。西塞罗痛不欲生，甚至无法回到女儿长大的乡村别墅，因为那份回忆令他不堪忍受。相反，他去了意大利的另一个乡村，在那里写信给好朋友阿提库斯：

> 在孤独中，我不和人说话。每天清晨，我都会躲进茂密的森林，直到傍晚才出来。除你之外，我再没有比孤独更好的朋友了。

> 在孤独中，我所有的交流都是与我的书进行的，然而眼泪甚至让我连书也看不下去。我尽我所能克制它们出现，但我还是做不到。
>
> （西塞罗，《致阿提库斯》，12.15）

社会各个阶层的父母一定都体会过这种感觉。坟墓上大量的碑铭证明了痛失亲人者的悲伤以及他们对死者的爱。西塞罗写这篇文章时已年过五旬，已经在个人生活和政治生涯中经历了许多磨难。然而，女儿的死依然令他伤心欲绝。

葬礼

我们看到的关于葬礼的信息主要属于精英们，他们的葬礼当然是大事件——即使是在死亡中，你的待遇也将由社会地位和财富分出

图5.20 死亡的寓言。代表死亡的骷髅悬挂在建筑工的铅垂线上，托在一只蝴蝶（象征灵魂）和一个轮子（象征命运）上。吊在天平两臂上的东西象征财富和贫穷：右边是乞丐的口袋，左边是皇家的权杖和染成皇室紫色的布。整个画面暗示了生命的脆弱和不可预测

三六九等。然而，大多数葬礼可能要简单得多。死者去世后，大约一天后就会在晚上下葬（孩子的葬礼往往在晚上举行，仪式很少，也许是为了不让人们注意到这个家庭的损失）。可能会有一个简单的送葬队伍从家前往墓地，尸体将在墓地火化或埋葬。

传统上，一个罗马人在临终之际，最亲近的家人会试图在他吐出最后一口气时亲吻他，然后为他合上眼睛和嘴。所有在场的人都要喊死者的名字，葬礼的准备工作也随之开始。人们会给尸体进行清洗和涂油，以防止腐烂，然后为其穿上死者最好的衣服。之后人们会将一枚小硬币放进尸体口中。人们认为，这是必须付给卡戎的钱。在希腊、罗马神话中，卡戎是护送死者渡过斯提克斯冥河的摆渡人。

如果死者是富人，他的尸体将在中庭的躺椅上放置8天，脚朝门，周围有鲜花、花环和蜡烛。在这段时间，妇女们要一直恸哭，捶打胸口，撕扯头发和衣服。同时访客也会上门吊唁。房子外面挂着柏树或松树的树枝，以示家庭的不幸损失。

富人的葬礼会在死后第8天举行。仪式的核心环节是送葬队伍前往公共火葬场或私人墓地，这两个地点都在城外。和大多数古代社会一样，罗马禁止在城墙内埋葬或焚烧尸体，以免传播疾病。这意味着坟墓和墓场一般会沿着城墙外的街道扩展，比如罗马城外的阿庇乌斯大道以及庞贝的"坟墓街"。

送葬本身可能是一件热闹事。吹笛子和吹圆号的人走在前面，吹奏庄严的曲调，后面跟着雇来的哭丧妇，她们用歌声赞美和哀悼死者。然后可能会有演员和小丑，包括一个笑剧领班，他要表现出死者的特征，模仿他的言行。接下来是被死者解放的奴隶，头戴着自由帽。后面是躺在敞口棺材里的尸体，棺材通常由他的奴隶或被释奴扛着。

死者的亲属在死者身后哀悼。儿子蒙着头，女儿露着头，头发要蓬乱。这些亲属携带或佩戴着代表家族祖先的面具。这象征着祖先们对死者的尊敬，并欢迎他加入逝者的行列。人们可能会为特别杰出的人举办一场公共葬礼，在这种情况下，他的遗体将被抬过广场，他的儿子（或另一名近亲）将在广场发表演讲，宣扬他的成就，赞扬他的品格。在共和时期，这样的荣誉仅限于男性，但从帝制时代早期开始，杰出的女性也可以得到奢华的公共葬礼。

葬礼协会

罗马人认为能够得体地下葬非常重要。他们继承了希腊人的信仰，即如果尸体处理不当，那么死者的灵魂将无法进入冥界，从而将永世不得安息。因此，许多贫穷的罗马人加入了"葬礼协会"——一种葬礼保险组织。这些协会的会员先支付入会费，然后按月缴纳会费。他们死后，协会将为他们支付葬礼费用，其他会员将参加他们的葬礼。葬礼协会还为活着的人提供社会服务，每月举办一次聚餐，穷人可以在那里结交朋友和拓展关系网。

然而，最贫穷的公民和大多数奴隶都负担不起葬礼协会的会费。他们死后，尸体通常会被移出城市，在没有标记的公共坟墓下葬。

坟墓

富裕的家庭可以建造一座巨大而华丽的坟墓——庞贝城外有各种各样风格的坟墓，配套设施从祭坛到半圆形的座位和长凳应有尽有，有时甚至带有围墙环绕（图 5.21）。这些坟墓将安置每个家庭成员的骨灰瓮，也许还包括得到主人善待的被释奴甚至奴隶的骨灰。其他许多家庭就像今天一样，只需要一块墓碑，上面通常会留下简短的墓志铭。实际上，墓志铭是关于罗马人生活的至关重要的史料——在 75 万份拉丁铭

图 5.21　这些精致的坟墓位于庞贝纽凯里门外的墓地里

文中，大约有四分之三是墓志铭。其中许多铭文都为人们提供了一个了解罗马人个人生活的窗口，例如下面这段在罗马发现的铭文，是公元前 2 世纪晚期一位鳏夫纪念妻子的献词：

> 陌生人，我要说的不多，请站近点儿读一遍。这是一座坟墓，并不美丽，但属于一个美丽的女人。她父母给她取名克劳狄娅。她全心全意地爱着她的丈夫。她生了两个儿子，一个留在人间，另一个已埋在地下。她的演讲很动人，她的举止很得体。她持家并纺羊毛。我说完了。走吧！
>
> （《拉丁铭文集成》，I.2.1211）

这位鳏夫强调了他妻子的善良和尽责，而且似乎有点歉疚，因为他买不起更大的坟墓。这样的墓志铭通常是最近的亲属留下的。然而，在下面的例子中，我们看到一位主人在向他忠诚的被释奴致敬：

献给马库斯·卡努莱乌斯的灵魂。他活了28岁。他的主人为他的被释奴竖立了这座墓碑，这是他应得的。在他的一生中，他没有说过任何人的坏话；未经主人同意，他什么也不会做。他经常经手很多黄金和白银，但他从不想据为己有。他雕刻银版的手艺是业内最好的。

(《拉丁铭文集成》，VI.9.222)

墓志铭再一次强调了死者的诚实和尽职。值得注意的是，一个主人竟然会如此尊重和喜爱他的被释奴。

纪念死者

在埋葬或火化死者后，人们相信死者的灵魂会进入冥界，在那里与其他死者的灵魂会合。这些灵魂统称为"地下神灵"（Manes，字面意思是"好的"）。这种灵魂也会被当作家族的家主神的一员来崇拜。在富裕的家庭里，人们会制作死者的半身像，放在房子里展示。死者去世后第8天，房子将被进行净化，并向家主神献祭。男人现在要停止哀悼（这可能是西塞罗感到羞耻的地方，因为他在图利娅去世一个月后还不能停止哭泣），而女人将允许哀悼一年。

然而，即使在这之后，家庭仍然有责任照顾逝者。罗马人认为，地下神灵在坟墓中需要"滋养"，所以在下葬时，人们通常会在尸体旁边放上饭食。此外，在父亲或母亲去世的周年纪念日，儿子要在父亲或母亲的墓前留下一顿饭，还可能会将酒倒在附近的土里。根据古代的信仰，如果地下神灵没有得到这样的喂养，他们可能会变得一无所有，或者开始折磨活着的人。诗人奥维德讲述了一个传说，早年罗马人曾忙于打仗，忽视了地下神灵，结果引发了灾难：

这遭到了惩罚：他们说，从那个不祥的日子起，
罗马城附近的葬礼之火令城市变得炎热。
我几乎不相信，但他们说祖先的灵魂，
在夜深人静时会从坟墓中发出呻吟，
怪异的灵魂，没有身体的人群，咆哮着，
穿过城市的街道，穿过广阔的田野。
后来人们将遭到忽视的尊荣献给坟墓，
这些预兆和葬礼才告终止。

（奥维德，《岁时记》，2.549—556）

奥维德是一位受过教育的诗人，他写的是古代的历史，甚至表示自己几乎不相信这个故事。但对许多受教育程度较低的罗马人来说，他们迷信地下神灵的力量肯定也是事实。尊敬祖先是罗马人的基本生活方式。

死者的节日

在罗马历法中，有两个与安抚死者有关的公共节日：祖先节，用来祭拜祖先；死灵节，在家中举行的私人仪式，用来安抚不安的灵魂。

祖先节从2月13日持续到2月21日，在此期间神庙关闭，不举行婚礼。头8天为私人纪念，家人会前往祖先的坟墓。他们会用花环装饰祖先的坟墓，并留下食物和饮料，如小麦、盐、葡萄酒和牛奶。21日将举办一个公共纪念日，而第二天，家庭成员将在家中举行宴会。根据传统，这是解决家庭纠纷的时间，就像家人在节日期间与死者和解一样。

死灵节则聚焦于别的方面，它是安抚不安的灵魂的节日，这些灵魂被统称为死灵。根据传说，罗慕路斯为了安抚死于己手的兄弟雷穆斯的灵魂，创立了这个节日。因此，它旨在安抚所有不满的灵魂，无论是因为他们生前没有得到善待还是因为死后没有得到妥善安葬。在5月9

日、11日和13日的3个晚上，人们在家中默默地祭拜。同祖先节一样，这段时间内寺庙将关闭，也不举行婚礼。每个家庭都必须进行一个私人仪式，劝说死灵不要在家中出没。奥维德讲述了这个奇怪的仪式：

> 记得古老的仪式，敬畏诸神的人，
> 站起身来（双脚都不穿鞋），
> 用拇指和并拢的手指发出声音，
> 唯恐有个无形的幽灵在寂静中与他相遇。
> 用泉水洗净双手后，
> 他转身先拿了一些黑豆，
> 一边扔一边说：
> "凭我扔出去的豆子，救赎我和我的家人。"
> 他不回头地说了9遍。
> 人们认为幽灵会在后面收集豆子，看不见。
> 他再次触水，弄响塔迈萨的青铜，
> 并请求死灵离开他的家。
> 当他喊完第9次"祖先的灵魂，走吧"后，
> 他回头看去，相信神圣的仪式已经完成了。
>
> （奥维德，《岁时记》，5.429—444）

同样，我们很难知道受过教育的罗马人是否也会举行这种仪式，或者说，如果他们做了，是否会拿它当回事儿。然而，对于迷信的大多数人来说，避开不安宁的灵魂肯定是极其严肃的问题——这种信念在今天世界上的许多文化中仍然存在。

第六章　古罗马的娱乐与休闲

赛车、角斗、观戏和洗浴——这些活动都是古罗马世界的代名词。今天，人们只需要穿过罗马市中心，就可以看到位置突出的娱乐场所，例如剧场、浴场、赛马场和圆形竞技场。它们一起揭示了古罗马人生活的方方面面，既有公共的也有私人的，既有好的也有坏的。

娱乐休闲中的政治

在古罗马，提供娱乐和休闲设施与政治密切相关。在共和时期，雄心勃勃的政治家，尤其是那些竞选营造官或法务官的人，都会竞相承诺在公共节日上举行更加壮观的演出。主持演出的地方官员称为展出人，他们将自己掏出一大笔钱来准备表演。与此同时，这些活动场所为人们提供了一个表达观点的重要空间。公元前56年，在为普布利乌斯·塞斯提乌斯辩护的演讲中，西塞罗称人们在3个地方可以公开表达自己的意愿："公共集会、公民投票大会以及举行表演和角斗的集会。"

随着元首制的建立，形势发生了变化。公元1世纪初，提比略剥夺了民众选举官员的权力之后，娱乐场所（剧场、圆形竞技场和赛马场）为大众表达自己的意见提供了主要的机会。然而，民众和展出人（现在的展出人是皇帝或他的代表）之间的关系较之以往有根本性的区别。精心打造的赛会不再是为了讨好选民，而是为了取悦大众，以便平息民间的骚动，维持皇帝的支持度。这些场所为皇帝提供了一个在公开场合露面的宝贵平台：当他参加一场盛大的演出时，人们可以看到他与民同在并且与民同乐。

公元2世纪早期，讽刺作家尤维纳尔曾哀叹这种变化影响了罗马人民的政治意识：

> 过去人民曾拥有一切权力——行省由谁治理、公民由谁领导、军队由谁指挥；但现在他们堕落了，只渴望两件事：面包（即救济粮）与竞技。

（尤维纳尔，《讽刺诗集》，10.77—81）

大约过了一代人之后，尤维纳尔的观点得到了演说家弗隆托的呼应。他称赞图拉真皇帝为民众提供免费粮食和表演体现了"对政治智慧的最高理解"。

因此，我们也许不必惊讶，为何这些表演在元首制时期突然变得流行起来。奥古斯都亲自将角斗发展到前所未有的规模。他在《功业录》中吹嘘自己举办了8场角斗，每一场角斗的成本可能高达72万塞斯退斯。后来的皇帝举办了更壮观的"一次性"表演。公元80年，提图斯为大竞技场举办了100天的开幕表演。公元108年，图拉真为庆祝他在达契亚的胜利，举办了123天的表演，期间使用了10 000名角斗士和11 000只动物。奥古斯都还做了限制，规定法务官每年只能举行两次角斗表演，最多使用120名角斗士，每次花费不得超过10万塞斯退斯。

这是为了确保其他展出人的风头不能盖过皇帝。

在地方和行省，官员仍然是选举产生的，壮观的表演也依然是地方显贵赢得选民支持的一种方式。这方面最好的证据来自庞贝，那里的记录显示，许多竞选人都会在城市的圆形竞技场举行表演，以履行竞选承诺。然而，由于这些官员是罗马政权的代表，所以他们仍然在替皇帝和他的统治做宣传。

本章涵盖4个主题——赛车、角斗、戏剧和浴场，其中浴场和前3个稍微有别，因为它们不涉及前来观看表演的大众。尽管如此，在帝制时期，它们也成了政治赞助的同义词：从奥古斯都时代开始，这些活动变得非常受欢迎，官方也会为大众观看表演提供公共补贴。此外，一些皇帝还为罗马的民众建造了规模巨大、设施豪华的综合浴场，以此来赢得支持和推广他们的帝制意识形态。

赛 车

赛车在地中海地区十分流行。公元前2000年希腊青铜器时代的陶器碎片上就有关于赛车的记载，它是公元前7世纪古代奥林匹亚赛会上最早出现的比赛项目之一。在意大利，有记录表明，在公元前5世纪的伊特鲁里亚人和公元前4世纪意大利南部的卢卡尼亚人之间也有赛车活动。此外，赛车属于传说中罗马早期传统的一部分，因为据说罗慕路斯选择了一个有赛车的日子来抢夺萨宾妇女。

恶 名 之 徒

在公共场合表演的人：演员、赛车手和角斗士，被视为社会地位最低的阶层，仅高于奴隶（如果他们不是奴隶的话）。他们在法律上属于"恶名之徒"（*infamis*，复数 *infames*），英语中"恶名昭著的"（infamous）一词便由此而来。*Infamia*，字面意思为"坏名声"，指的是一种法律地位。恶名之徒被剥夺了罗马公民的全部权利：如果发现他们通奸，可以直接杀死他们而不受惩罚；他们可能会遭到公开殴打（这通常是只适用于奴隶的做法）；他们 4 代之内的后人都不能与元老阶层通婚。其他被视为恶名之徒的群体包括皮条客、妓女和舞者。这些人都是通过身体来提供某种表演以供人娱乐。观看者（热衷观看表演的罗马公民）和被观看者（被认为是可耻的恶名之徒）之间在社会和法律上有着严格的区别。

正因为如此，如果皇帝过分喜欢竞赛和表演，罗马的贵族会感到非常震惊。批判尼禄的一个焦点便在于他喜欢表演和驾驶赛车，而一个多世纪后，据说康茂德也曾在角斗场上格斗。这些皇帝如此行事，颠覆了整个罗马社会的秩序。

大赛马场

赛车的场地被称为赛马场 [*circus*，英语的"环道"（circuit）和"圆圈"（circle）都与这个词有关]，因此罗马人把他们的战车比赛称为环道赛马（*ludi circenses*）。罗马世界中最大的赛马场是大赛马场（Circus Maximus，意为"最大的赛马场"），位于罗马中心附近的帕拉丁山和阿芬丁山之间的谷地（图 6.1）。早期人们依据天然地形将这块土地用作赛

图 6.1 大赛马场的复原图

车的跑道,观众坐在周围的斜坡上。

几个世纪之后,大赛马场发展为有历史记录以来最大的体育场馆。它多次遭到火灾的严重破坏,但每次罗马的领导人都会抓住机会对它扩建和翻新。公元前 46 年,尤利乌斯·恺撒对大赛马场进行了全方位的升级,增加了座位区,使其可以容纳 15 万人。接下来的一个世纪里,它进一步发展到可以容纳 25 万人——大约是今天世界上最大的体育场的两倍(后来,一份公元 4 世纪的材料甚至声称它的容量达到了 385 000 人,但这肯定有所夸大)。

大赛马场长 600 米,宽 118 米。纵向插入沙地跑道中间的是一个狭窄的隔挡,罗马人称为"脊柱"(图 6.2)。"脊柱"的两端是转弯处,最早由一根木制的柱子标记。公元 1 世纪早期,克劳狄皇帝用 3 根镀金的青铜柱取代了转弯处原有的柱子。在两端的转弯处之间,"脊柱"两侧有各种各样的纪念碑和神的象征。例如,奥古斯都立起了一座拉

图6.2 今天在罗马仍然可以看到大赛马场的轮廓和它的"脊柱"

美西斯二世时代（公元前13世纪）的方尖碑，以纪念他征服埃及。还有各种神像，比如海神尼普顿像，他也是马之神。此外还有7个大木蛋，赛车每跑完一圈，它们就会降低，以显示比赛完成了多少圈（在帝制时期，罗马人又添加了7只铜海豚以作标记）。然而，这些纪念碑有一个缺点，即它们最后变得太多了，以致座位较低的观众看不到另一边的赛况。

赛马场的另一个重要特征是起跑的笼子，称为"监仓"，类似今天赛马中使用的起跑门闸。它们最初由木头建造，但在公元前46年先是改用石头重建，几十年后在克劳狄皇帝统治时又改为大理石材质。"监仓"建在弯道的末端，以便让战车交错出发（因为有些笼子的起步位置比其他笼子更有利）。赛马场里共有12个笼子，每个笼子都有一个用弹簧顶住的起跑门。比赛开始的信号一发出，所有起跑门同时打开，赛车飞驰而出。

其他3面座位环绕赛道，由3层组成。最底层的座位由大理石制成，专为重要人物预留：国家祭司（包括维斯塔贞女）、元老和骑士。再上一层是石头座位，任何人都可以坐——赛马场在这一点上不同于圆形竞技场，似乎没有什么隔离，意味着来自社会不同阶层的男人、女人和孩子都可以坐在一起（图6.3）。顶层可能只有站着的空间。座位区最后一个重要区域是皇家包厢，或称垫座，位于赛马场靠近帕拉丁山一侧的顶层。所有观众都可以看到包厢中的皇帝。垫座也包括一个供奉神明的神龛。

大赛马场设计有许多楼梯和出口，观众可以安全快速地进出。场馆外，座位区下面的拱门容纳了许多商店和酒馆。根据史料，这些地方经常活跃着各种人群，包括厨师、占星家和妓女。

图6.3　观众在赛马场里观看赛车

狂奔的大象

那些后来更常见于圆形竞技场中的活动，起初也会在大赛马场中举行。尤其是猎兽表演，之前经常在大赛马场举办，一直持续到公元 64 年。是年罗马发生大火灾后，作为重建场馆的一部分，赛道周围的壕沟被填上了。此后罗马人就不在大赛马场举行猎兽表演了。

那条壕沟建于公元前 46 年。就在 9 年之前，庞培举办了一场近乎灾难性的猎兽表演。这是一个很好的例子，说明如果政治家的表演出了问题，可能会损害他的声誉。庞培让来自北非盖图利亚的俘虏拿上武器，与 20 头大象搏斗。比赛开始时很顺利，但随后大象试图冲出去。面对这群猛兽的冲击，赛道周围的铁栅栏有多处被掀翻，在人群中引发了恐慌和骚乱。

接下来发生的事情也很有启发。据老普林尼所说，过了一段时间，大象"失去了逃脱的希望"，发出了像吹喇叭一样的声音，仿佛是在哀号，以求获得群众的怜悯。人们确实很同情这些野兽并咒骂庞培的表演。这个故事动摇了表演功能的核心：为了让表演发挥作用，竞技场内的动物或人本该被视为理应去死的，观众不应该同情他们。所以当上述一幕发生时，整个表演就崩溃了。

准备比赛

和今天的职业运动一样，罗马人为了比赛也会投入大量的时间和金钱来准备马匹和赛车手。只有 4 个队伍（称为 *factiones*，"派系"）会参加罗马的赛马节。记录中最早出现的是红队和白队，不久后又出现了蓝队和绿队（图密善皇帝曾尝试引入两个新队伍，金队和紫队，结果失败了）。由于每场比赛最多可以有 12 辆战车参加，所以每队最多可以派 3 辆战车参加比赛。因此，这与今天的 F1 方程式赛车或印地赛车自然形成对照。在 F1 方程式赛车或印地赛车中，车队经常派出两辆或两辆以上的赛车，车手们有时可能会互相帮助。

每个车队都由一个老板监督。他将决定团队中战车和马匹的外观，并雇佣各种各样的工作人员，如马童、驯马师、兽医、马夫、警卫、马鞍师、梳妆师和饮马人。然而，他最重要的雇员毫无疑问是赛车手。他们可以更换车队，而老板通常会花高价签下最好的车手。

赛车手

赛车手出身低贱，要么是被释奴，要么是奴隶。他们可能获得几场胜利后就有能力为自己赎回自由。与今天的著名体育明星一样，一个好的车手能够获得巨大的财富和名望。一场比赛的奖金高达 60 000 塞斯退斯。讽刺诗人尤维纳尔曾抱怨道："100 个律师的收入只相当于红队的拉凯塔一人。"不过也应该记住，赛车是一项危险的运动，赛车手每次参赛都冒着生命危险。此外，与律师不同，赛车手仍然属于恶名之徒，因此社会地位很低。

也许罗马历史上最著名、最成功的赛车手当属路西塔尼亚（现在的葡萄牙）的狄奥克勒斯。他在公元 122 年首次参赛，当 24 年的职业生涯结束时，已经在 4 257 场比赛中取得了 1 462 场胜利。他去世时 42 岁，积攒了超过 3 500 万塞斯退斯奖金。另一些人活得没那么久：星光闪耀的拉凯塔在 26 岁时于比赛中丧生，共赢得了 2 048 场胜利。马提雅尔为他写了一篇充满诗意的送别词，通常只有皇帝和将军才会享受这种待遇：

> 让悲伤的胜利女神折断以土买的棕榈。恩惠女神，用残忍的手拍打你的胸膛。让荣誉女神披上丧服。悲痛的荣耀之神啊，将你那

戴着冠冕的头发投进无情的火焰。啊，邪恶！拉凯塔，英年早逝，你死了。你这么快就给死亡的黑马套上了马轭。你总是架着飞速的战车，抵达你的终点——你人生的终点，为什么也如此近在眼前？

(马提雅尔，《铭辞集》，10.50)

马提雅尔还在其他地方提到，在罗马全城都能看到斯考普斯的镀金半身像。这听起来是真的，因为在庞贝和奥斯提亚等城市的街道和建筑的墙壁上，已经发现了许多赛车手的画像。这些人受欢迎的另一个证据来自苏埃托尼乌斯的评论，他说，在尼禄统治之前，赛车手早就能够"欺骗和掠夺公众来取乐"而不用遭受惩罚了。

赛马

与今天的赛马行业一样，罗马人在饲养马匹时也非常小心。赛马（通常是种马）是从帝国各地（特别是北非和西班牙）的育马场购买的。马在3岁时开始接受训练，5岁时准备参加比赛。随后人们用特殊的船只将它们运到罗马。赛车的支持者们统计着名马的名字、品种、血统和胜利情况，其中，最成功的马在整个罗马帝国都很出名——马提雅尔抱怨说，尽管自己作为诗人在整个罗马世界可谓家喻户晓，但他不如拉凯塔的赛马安德拉蒙有名。今天，从陶器和马赛克上的许多铭文中可以看出罗马人有多喜欢马。例如，其中一条铭文描述了一匹名叫维克多的马，它赢了429次，而另一条铭文记载了一匹叫作图斯库斯的马赢得过386次胜利。

比赛当天

一旦观众涌入赛马场，这一天便将由入场游行开始。最先出场的是展出人，他身后跟着赛车手和马匹，还有乐师和士兵，他们手持一些

> ### "疾足者"
>
> 如果苏埃托尼乌斯所言不假,那么尼禄并非唯一一个对赛马抱有病态热情的皇帝。根据这位传记作家的说法,人们诋毁卡里古拉的一条罪责是:他是绿队的狂热支持者,痴迷于一匹名为"疾足者"的赛马。据说他送给马许多礼物,如大理石马槽、紫色马毯、钻石项圈和一群奴隶。在比赛前夜,他甚至会派出士兵到"疾足者"马厩附近的街道上戒严,保持街道安静,以免它睡觉受到打扰。苏埃托尼乌斯甚至声称,皇帝想"让它当执政官"。然而,这可能只是卡里古拉侮辱当政阶层的一种方式——暗示即便是一匹马也能比他们做得更好。

神像,罗马人认为这些神明将会光临比赛现场。神像将被抬到包厢的神龛里。

接下来比赛即将开始。每一场比赛将沿着赛道逆时针跑 7 圈(大约 6.5 英里或 4 英里)。在帝制时代,通常一天会举行 24 场比赛,每场比赛持续 10—15 分钟。四马战车是最常见的赛车类型(图 6.4),但也有两马战车的比赛。偶尔也听说过有 6 匹、8 匹甚至 10 匹马拉的战车。随着比赛的临近,赛车手们会抽签决定他们在"监仓"的位置。赛马一准备好,展出人就准备发出开始信号。他会松手扔下一块白布,起跑门随即猛地打开。

比赛一旦开始,战术就非常重要了。赛车手身穿长袍(衣服会根据所属派别标记为不同的颜色),头戴皮革头盔,同时还会携带一根马鞭。他们把缰绳绑在身上,通过将身体的重量从一边移到另一边来控制左右方向。如果他们跌下来,就面临着被缰绳拖着跑的危险,所以他们随身

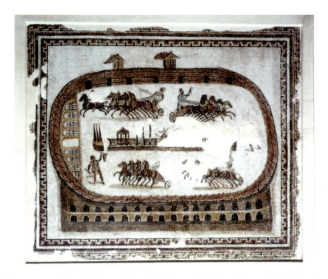

图6.4 这幅公元3世纪早期的马赛克画被发现于迦太基,描绘了在当地赛马场里举行的战车比赛。4辆战车代表4个派系

带着一把刀,以备必要时割断缰绳。四马战车的马匹也要精心安排:中间两匹马的马轭会绑在一起,但外侧的两匹马会仅用一根绳子连接,以便增加它们的灵活性。队伍中最重要的马(也是大多数铭文中所指的那匹马)是赛车手左手边的那匹,因为当赛车绕过转弯处时,它将起到支点的作用。

赛车手并不一定希望以过快的速度出发,因为他需要为后面的赛程给赛马确定步调。虽然他不得不时刻注意其他赛车,但最难的部分还是绕过转弯处。一方面,他不想离"脊柱"太远,因为这可能会让竞争对手超过自己;另一方面,如果他靠得太近,就可能会撞上"脊柱",或者被外面的队伍撞到"脊柱"上。大多数事故(被称为 naufragia,指"海难")都发生在转弯处附近。

赛事结束后,展出人会送给获胜的赛车手一根棕榈枝,并付给他和他的车队当天比赛的报酬(图6.5)。

受　伤

赛车手如果能在事故中幸存，可能也将身受重伤。在下面的段落中，老普林尼描述了如何治疗受伤的赛车手：

> 他们用野猪粪便来治疗扭伤和外伤，这些粪便是在春天收集并晾干的。同样的治疗方法也适用于被拖行或被轮子碾压过的赛车手以及遭受其他重伤的人。在紧急情况下，可以用新鲜的粪便。有人认为，用醋煮粪会更有效。他们还说，把粪便碾成粉末就水服用，对治疗骨折和肌肉拉伤有很好的疗效；对于在车祸中受伤的人来说，最好兑醋饮用……如果弄不到野猪粪便，那么次优的选择是家猪粪便。
>
> （老普林尼，《博物志》，28.237）

马在比赛中也很容易受伤。有史料记载，马可能会出现脑震荡、骨折、被对手的鞭子抽到眼睛、因为咬马勒太用力而咬掉舌头以及为飞出的车轮所伤。

爱好者

古罗马世界的赛车爱好者就像今天最狂热的体育迷。"金嘴"迪奥在公元 2 世纪初曾对亚历山大里亚的人们致辞，如此评论他们观赛时的所作所为：

> （观众）不断地上蹿下跳，叫嚷咆哮，互相殴打，口吐恶语，经常辱骂神明，扔掉自己的物品，有时甚至会赤裸着离开赛场。
>
> （《演说集》，32.89）

图6.5 一幅公元3世纪的马赛克画,描绘了赢得胜利的一名蓝队的车手

和今天一样,很多赛车迷都穿着自己所支持队伍的颜色的衣服,不同队伍的支持者之间肯定也有很多争吵。赛车迷们热情高涨的另一个原因在于,比赛伴随着大量赌博行为,这意味着比赛的结果比质量更重要。事实上,一些赛车迷会尽其所能去帮助他们的队伍,甚至诅咒对方的车手。人们发现了各种各样的诅咒板,包括下面这个:

> 我召唤你,恶魔,不管你是谁,我请求你,从这一小时、这一天、这一刻开始,折磨并杀死绿队和白队的马,杀死和彻底消灭驾车手克拉鲁斯、菲利克斯、普利姆鲁斯、罗马努斯,不给他们的躯体再留一口气。

(《拉丁铭文选集》,8753)

有一次,队伍的命运也成了一个关乎爱好者生死的问题。老普林尼记载,在一名红队车夫的葬礼上,一位红队的支持者悲痛欲绝,"纵身跳进了火葬堆"。

角　斗

我们不清楚角斗确切源于何地。一些史料显示它与伊特鲁里亚人有关，而其他人则认为它出现于坎佩尼亚。无论是哪种情况，似乎曾经有一种习俗，是在贵族的葬礼上让他的两个奴隶战斗到死。在罗马，第一次有记录的角斗发生在公元前 264 年，一个名叫尤尼乌斯·布鲁图斯的人为了纪念死去的父亲，让 3 对角斗士在罗马的屠牛广场对战至死。这种角斗被称为穆努斯（*munus*，复数为 *munera*，原意为"义务"）：死者亲属对死者负有的纪念义务（*munus* 这个词与"报酬"有关）。过了很久以后，角斗已经不再与葬礼联系在一起，但人们仍用 *munus* 这个词称呼它。

随着公元前 3 世纪罗马人卷入与迦太基人的冲突，角斗逐渐流行起来。在葬礼或其他场合举行演出，使罗马精英们表现出人们对死亡能有某种程度的控制，并能在公众极度焦虑的时候寻求神的支持。公元前 2 世纪初，罗马帝国的扩张促使精英阶层以各种方式展开争夺胜利的竞争。例如，马库斯·弗拉维乌斯·诺比利奥在公元前 187 年举办凯旋式，庆祝他战胜了埃托利亚人并举行了为期 10 天的比赛，其中包括罗马有记录以来的第一次猎兽表演。主办角斗成了一种形式。与赛马不同，国家不会为角斗提供资金，所以政治家必须自掏腰包来支付相关的全部费用。但这并没有阻止一些雄心勃勃的政治家去追逐自己的目标。公元前 65 年，尤利乌斯·恺撒以营造官的身份向人们许诺，将举办有史以来最盛大的表演——他提供了 320 名角斗士，而且还想投入更多。然而，元老院看到他越来越受欢迎，深感不安，于是通过了一项法律，规定一名公民在罗马拥有的角斗士不能超过 320 人。

当我们试图复原角斗时，史料留给我们的问题比答案更多。历史学家必须尝试将各种形式的史料组合在一起，比如综合研究马赛克画和绘画上的形象、雕像、文献记载以及保存下来的武器和盔甲（其中大约 80% 都来自庞贝），而它们告诉我们的一切可能是自相矛盾或令人困惑的。例如，在庞贝发现的角斗士头盔似乎太重了，无法有效地在战斗中使用（它们的平均重量大约是军团士兵头盔的两倍）。它们的用途可能是用于展示，而非实际使用。因此必须意识到，我们不可能对角斗给出一个完全清晰的描述，尤其是因为它们曾在众多不同的地点举行过，时间跨度也有大约 7 个世纪之久。

角斗士

角斗士主要有 3 个来源：战俘（这在共和时期和帝制时代早期特别普遍）；犯有特定罪行的奴隶，如逃亡奴隶；罪犯。此外，在帝制时代，也有一些自由人自愿报名参赛的例子。他们被称为雇佣角斗士，很可能是不满于自己的运气和赌命谋生的人。尽管他们变成了恶名之徒，但角斗士学校将为他们提供食宿和报酬。

角斗士学校称为角斗士训练场。公元前 73 年斯巴达克斯起义后（他最初从卡普亚的一所角斗士学校中逃出），罗马人颁布法律，规定了较大的角斗士学校的选址地点、组织方式和所有权归属。在帝制时代，罗马有 4 所角斗士学校，全部归国家所有，由皇帝的代理人管理。在其他地方，学校由人称角斗士训练师（*lanista*，这个词与动词 *lanio* "我撕碎"有关，所以 *lanista* 用来形容"鼓动暴力"的人）的培训者经营。当有地方官员希望以展出人身份资助角斗时，训练师会把自己的角斗士出租给他们。训练师对角斗士拥有生杀大权。据一份史料记载，所有新成员都必须宣誓准备"被火烧,被捆绑,被殴打,被刀剑杀死"。

在庞贝出土的角斗士训练场可以容纳大约100人。它的设施中还包括一间惩罚室,天花板很低,让人无法站起来。训练非常艰苦。角斗士会花费大量时间用钝木剑练习格斗,同时也会被教导如何在死亡来临时表现得高贵不屈。然而,对训练师来说,角斗士是昂贵的商品,因此需要好好照顾他们。角斗士可以获得高质量的治疗、定期按摩以及含高能量的饮食,如大麦、豆类、燕麦、水果和草木灰(人们认为食用草木灰可以强健身体)。角斗士们可能比现代运动员体态更丰腴,因为额外的脂肪层让他们面对刀剑时能更好地保护自己。

训练场的角斗士们知道他们可能会在表演上自相残杀,因为举办一场表演往往会从同一所训练学校雇用角斗士。他们将要在赛场上互相残杀的对手,可能就是与自己共同生活甚至建立了友谊的伙伴。然而,角斗士之间仍然可能形成亲密的关系。训练场里的角斗士群体甚至被称为"家庭"。此外,还有一些之前的战友为死去的角斗士竖立了墓碑,碑铭如下:

> 家庭立下这块墓碑,纪念萨图尔尼洛斯。
>
> (《罗伯特铭文集》,241)

> 纪念赫尔墨斯。派特莱泰斯和他的室友为纪念他立下此碑。
>
> (《罗伯特铭文集》,109)

角斗士的种类

共和时期有许多类型的角斗士,如"色雷斯人""高卢人""萨莫奈人"和"希腊重装斗士",他们都是按种族命名的,表明罗马人在战争中征服了这些民族(尽管角斗士本身并不一定来自这些地区)。然而,在帝制时代,当这些民族已经融入罗马帝国时,对应的角斗士也经常会被重新命名。新名字往往具有戏剧性，突出了角斗士的装备或风格特点。例如，奥古斯都皇帝通过了一项法令，要求萨莫奈人应该重新命名为"追击者"，因为到了他的时代，意大利南部的萨莫奈人已经是罗马帝国的忠诚成员。不久之后，被称为"高卢人"的角斗士被重新命名为"鱼人斗士"。

角斗士（gladiator）这个名字来自拉丁语的"短剑"（gladius）。然而，角斗士并非全部使用相同的装备。根据他们的盔甲、武器和战斗风格，角斗士分为不同类型（图 6.6）。观众喜欢看到不同的角斗士互相较量，各自使用独特的技能和武器。同样，我们很难确切弄清楚角斗士具体分多少种，但他们通常可以分为两类：重装角斗士，保护严密；轻装角斗士，动作灵活。根据现有史料，以下是一些最常见的角斗士类型：

- 鱼人斗士（*murmillo*）：重装角斗士，酷似罗马军团士兵。他戴着一顶鱼冠头盔（*murmillo* 一词来源于希腊语的"鱼"），腿戴短护胫，配有罗马军团士兵的弧形长方盾牌和短剑。
- 希腊重装斗士（*hoplomachus*）：重装角斗士，像希腊重装步兵一样全副武装——身穿重甲，头戴头盔，手持圆形盾牌。在重现罗马人与希腊人的战争时，他们经常和鱼人斗士对战。
- 追击者斗士（*Secutor*）：相对轻装的斗士，头戴一个独特的头盔，全面包裹，只留出两个小眼洞，可以保护他的脸免受三叉戟的攻击——他最常见的对手是渔网斗士（见下文）。他左腿上还穿着一块护胫，胳膊上戴一个护臂，配有一个军团式的盾牌和一柄短剑。
- 色雷斯斗士（*Thracian*）：轻装斗士，头戴有帽舌和顶冠的头盔，双腿戴有护胫，持武器一侧的手臂和肩膀上有护甲，手持小盾和弯曲短剑，用以划开对手的肉体。

图6.6 这幅公元3世纪的马赛克画被发现于特里尔附近的一座别墅里,展示了一名轻装角斗士和一名重装角斗士在裁判的紧盯下搏斗的场面

- 渔网斗士(*Retiarius*):装备有一张大网、一柄三叉戟、一个护臂、一个护肩和一把匕首。所有角斗士中他装备最轻,也只有他暴露出了头和脸。因此,他比大多数角斗士更灵活,但也更容易受重伤。他必须避免近距离作战,尝试等待机会抛出渔网,然后用三叉戟捅刺。

角斗士的观点

只有在极少数情况下,史料给出了角斗士的观点。毫无疑问,为了让表演发挥作用,角斗士应被视为死不足惜之人。不过,普鲁塔克的记载是一个例子,他提到了角斗士在表演前一晚举行"最后的晚餐"时的行为。令他印象深刻的是,一些希腊角斗士并没有抓紧机会大吃大喝,而是花时间嘱托他们的朋友,请对方在自己战死后照顾遗孀。在另一个例子中,斯多葛学派的小塞涅卡对一个选择自行了断以摆脱这种屈辱生活的角斗士充满钦佩:

> 最近在一场斗兽赛上,一个准备在上午表演的日耳曼人,退出赛场如厕——这是他唯一获许在没有警卫在场的情况下私密做的事。他趁这个机会,抓住了那根顶端有海绵的木棍——用来做最肮脏之事(擦屁股)的东西,然后把它插进了喉咙,堵住了自己的气管,让自己的身体窒息。
>
> (小塞涅卡,《书信集》,70: 20—27)

在同一封信中,小塞涅卡提到了另一名角斗士。他在被马车送到竞技场时,把脖子伸进了转动的轮辐,结束了自己的生命。我们不知道这样的故事有多少未被记载,也不知道这些故事在一般的角斗士中有多大代表性。然而,绝望肯定是许多角斗士共同的感受。

圆形剧场

早期的角斗比赛在公共场所举行,比如在广场或赛马场。然而,公元前1世纪,罗马人引入了一种新型的场馆,专门用来举行角斗表演——圆形剧场。罗马世界发现的最古老的圆形剧场位于庞贝,建于公元前1世纪70年代。在罗马,第一个永久的圆形剧场建于公元前29年。最终,罗马帝国建有超过200座圆形剧场,它们也成了各个行省罗马化的象征。

"圆形剧场"（amphitheatre）之所以叫这个名字，是因为它实际上是由两个半圆剧场（theatre）组成的（*amphi* 的意思是"双面"，所以"圆形"的意思是"双面的剧场"）。事实上，在公元前 53 年的一个特例中，一位名叫小库里奥的保民官候选人正是这样做的。他希望在同一个地方先举办剧场演出，再举行角斗表演，于是下令背靠背搭建起两个木制剧场，每个剧场都有一个转盘。上午，两个剧场分别上演戏剧；到了下午，每个剧院会转过来，组成一个圆形剧场。

大竞技场

罗马最著名的圆形剧场当然是大竞技场（图 6.7）。它建于公元 1 世纪 70 年代，由韦斯帕芗皇帝下令建造，然而他在公元 80 年春天剧场落成前几个月去世了。事实上，罗马人从未称它为大竞技场，而是称它为弗拉维圆形剧场，因为弗拉维乌斯是韦斯帕芗的家族名。"大竞技场"（Colosseum）一词很可能来自附近"巨大的"（colossal）尼禄铜像。韦斯

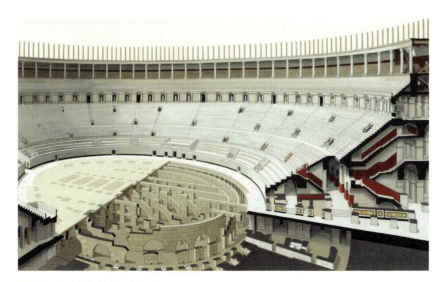

图 6.7　大竞技场的复原剖面图

帕芎将铜像重新命名为太阳神像。这座雕像一直矗立到中世纪。等到它最终倒下时，人们也习惯于用"巨像"（colossus）这个词形容它旁边的圆形剧场。

建造大竞技场的背后故事说明了角斗表演的政治本质。公元 64 年，罗马遭遇了历史上最严重的火灾，城市大部分被烧毁，包括后来建造大竞技场的地方。然而，当时它是罗马城人口最密集也最贫困的地区。尼禄皇帝占领了那片地区的所有土地并下令建造一座宏伟的宫殿，即他的"金屋"。这座宫殿四周环绕着美丽的花园，在现在大竞技场的所在地还挖了一个壮观的人工湖。随着尼禄在公元 68 年自杀，韦斯帕芎在公元 69 年继位，金屋大部分都被新皇帝拆毁了。人工湖被填平，韦斯帕芎下令在上面为人们建造一座宏伟的圆形剧场。他在公元 70 年征服耶路撒冷时洗劫犹太圣殿宝库所获得的战利品，为建造大竞技场提供了大量资金。

这座场馆是罗马世界最大的圆形剧场。它由台伯河附近坚硬的石灰华岩石建造，整体呈椭圆形，周长 545 米，4 层的墙壁高达 48 米。它有 80 个入口，其中 4 个是为贵宾准备的。虽然没有门票留存下来，但其他史料表明，观众会领到门票，按票上的指引前往适合的区域落座。他们通过大通道（vomitoria，与英语单词 vomit "呕吐"相关）进入座位区。大通道是前往座位层的入口通道，就像今天的体育场馆里的一样。它用于让观众迅速进入或离开场馆，同时也允许人们在紧急情况下快速撤离。大竞技场的另一个显著特征在于配有巨大的可伸缩的遮阳篷（velarium，与英语的 veil "面纱"有关），可以拉开以保护三分之二的观众免受日晒和雨淋。它由固定在建筑顶部的柱子支撑，由拴在外面柱子上的绳子升到合适的位置。

大竞技场的座位大约有 5 万个。观众似乎是按照社会阶层就座的（虽然很难知道他们是否会严格遵守规则）。地位越高，座位越靠近表演区。最低的座位位于搏斗区上 4 米高的地方，有一个露台供元老们就坐。

在这一层的北部和南部末端也分别为皇帝和维斯塔贞女准备了特殊的包厢。露台后面有3个主要的座位层区。骑士坐在最前面,后面是普通民众,最上层是社会的边缘群体——妇女、奴隶和穷人。

竞技场的场地直径为86米×54米。地面上覆盖着沙子,用来吸收死者的血(实际上,拉丁语中的 harena 是"沙子"的意思,这也是英语中 arena "竞技场"一词的起源)。场地外围绕着一圈金属栅栏,弓箭手也在严阵以待,以防动物逃跑。竞技场的地板下面是地下空间(hypogeum,字面意思为"地下区域"),一个由隧道、笼子和升降梯组成的地下网络,罪犯和动物在被送入竞技场之前都被关在这里(图6.8)。奴隶们在那里工作,提供特技效果,并把动物从竞技场地板上的活动门赶上去。对于所有被困在这个人造洞穴里的生物来说,那里的条件一定惨不忍睹。地下空间还会通过隧道与竞技场外的各个地方连通,这样动物们在竞技场出现之前就不会被观众看到。

图6.8　今天的大竞技场内部

海　战

水上格斗是与演出相关的另一种娱乐形式。这些人称"模拟海战"的表演必须在一个足够大的场地举行，这个场地要有一个人工湖，可以容纳足够多的船只，才能使比赛变得吸引人。罗马第一场正式的模拟海战在公元前46年举行，是尤利乌斯·恺撒四重凯旋式的一部分。历史学家阿庇安告诉我们，当时有"一场海战动用了4 000名桨手，双方各有1 000人参加战斗"。苏埃托尼乌斯告诉我们，恺撒为此在玛尔斯校场建造了一处设施。公元前2年，奥古斯都也在另一个特别建造的场馆举办了一次模拟海战。他声称表演投入了30艘战船和更多的小型船只。据迪奥·卡西乌斯记载，有场表演再现了雅典人和波斯人之间的海战，之后36条鳄鱼被放进水中并遭杀戮。

在圆形剧场的一天

关于角斗表演有各种各样的书面史料，而且历史学家经常利用这些资料构建出圆形剧场一天的活动安排。然而，我们不应认为角斗表演普遍或广泛采用这种安排。从史料来看，目前还不清楚当时有多少"标准"的活动安排。实际上，展出人面临的挑战之一无疑是提供一些新颖的节目。

举行演出之前，广告就会登在城市的广告牌上。演出当天，展出方可能会为观众提供一个节目单，包括角斗士的简介和比赛名单。演出于清晨开始，黄昏结束，所以对展出人来说，确保提供足够多样的表演是一个挑战。标准的演出安排把一天分为3个部分：上午主要是动物表演，中午处决罪犯，而作为正戏的角斗表演要保留到下午举行。以下内容将概述这种程式，但应当记住，演出不太可能全部遵循一种统一的模式。

斗兽

早上的表演可能会以一场模仿角斗士的战斗开始,斗士们用钝器格斗(类似于今天的击剑比赛)。这可以作为即将开演的真正角斗的预演,让观众先睹为快。然而,主要的活动是与野兽有关的表演。一名展出人会为自己能够从罗马帝国和更远的地方带来最奇异、最危险的野兽而自豪。对从未见过这些动物的观众来说,这显然是一种让他们大开眼界的机会。

这些动物的可能用途多种多样。有些动物被训练表演把戏,就像赛马场的动物一样。据说有一队黑豹会拉战车,一只雌虎撕碎了一头狮子后还会舔驯兽师的手,还有大象在皇帝的包厢前鞠躬。另一种娱乐形式是让两种不同的动物(如熊和水牛或大象和犀牛)互相搏斗。马提雅尔记载了其中一场搏斗。他留下了一份公元80年大竞技场开幕表演的记录,其中描述了驯兽师试图用长矛挑动犀牛攻击:

> 最后,我们早先看到的那种愤怒又回到了它身上。它用双角把一头沉重的熊掀上了天,就像公牛把假人从头抛到星星上一样。它用灵活的脖子举起两头牛,凶猛的水牛和野牛都得在它面前屈服。一只逃离它的狮子一头扑到了长矛上。

(马提雅尔,《演出记》,26)

在这之后,可能还会有猎兽表演,由一名经过专门训练的斗士,即猎兽人,与猛兽搏斗。虽然野兽非常危险,但猎兽人的武器给了他很大的优势:他们可能配备火把、鞭子、长矛,甚至是弓和长枪。他可能还会有一群猎犬相助。有时,圆形剧场会被装饰得像一个森林,动物们被逐渐从地下释放出来。有时竞技场简直变成了屠宰场,数百只动物会在短时间内被杀死。在大竞技场的开幕式上,据说100多天内杀了9 000只动物。一个世纪之后,康茂德皇帝甚至亲自参与猎兽。他把鸵鸟放到竞技场里,并用箭把它们的头射下来取乐——为此他的箭头是特意加宽的。

显然,尽管观众观看屠杀时乐在其中,但这不仅仅是娱乐。通过将这些动物引入竞技场,皇帝达成了两个政治目的。首先,这体现了帝国征服自然的力量,就像它征服人类一样;其次,通过引入来自世界各地的动物,皇帝展示出帝国的疆界达到了多远的范围(图6.9)。

处决

有两处史料记载,中午的活动是当天最可怕的演出:处决死刑犯。以这种方式被处决的人称为"判给野兽的罪犯"(图6.10)。这样的处决是为了提供娱乐,不过小塞涅卡也指出,这种展示也有助于让人们公开目睹罪犯的下场:

图6.9 约公元200年的马赛克画,被发现于利比亚大莱普列斯附近的一座别墅中。画的左边,一个人正被迫分开一头公牛和一头熊;右边,一只狮子扑向一个被判死刑的人

动　物

为圆形竞技场捕捉的动物种类非常丰富——我们听说过大象、狮子、豹、老虎、公牛、熊、野猪、犀牛、河马、水牛、野牛、鳄鱼、长颈鹿、鸵鸟、骆驼和其他许多动物。这些动物必须毫发无损地被捕获（通常在北非或近东），然后被关在笼子里通过海路运回罗马。在一些地区，某些物种因为猎杀而灭绝。其中一种就是北非象。汉尼拔穿越阿尔卑斯山攻打罗马时，远征军中著名的战象就是北非象。

监督法律的人……剥夺被定罪之人的生命，让他们在耻辱中死去……这样他们就可以为所有人上一课，因为虽然他们活着时不愿成为有用的公民，但他们的死肯定会给国家带来好处。

（小塞涅卡，《论愤怒》，1.6.4）

图 6.10　"判给野兽的罪犯"

为了取悦观众，行刑的风格也有所变化。有些罪犯只是被放进竞技场去面对野兽。他们可能被事先涂上血，让动物嗅到血腥味以展开杀戮。一些马赛克画显示，人们被绑在木桩上，面对狮子等动物（这是许多基督徒殉道的方式）；另一些画则展示了一些人被迫面对动物做一些危险的任务，比如用钩子解开把熊和公牛拴在一起的链子。

其他形式的处决会试图重现著名的神话以取悦观众，虽说"神话"的高潮是"主角"（即罪犯）的死亡。举个例子，大竞技场的开幕表演再现了俄耳甫斯的故事。一个人被赶到布置成森林的竞技场，手里拿着乐器。像俄耳甫斯一样，他试图弹奏音乐来安抚动物。然而与神话中的英雄结局不同，这名罪犯最后被熊撕碎了。还有另一个故事，一个罪犯被迫表演赫拉克勒斯的死亡，被烧死在火葬堆上，而其他人则被迫重演自阉的东方植物神阿提斯的故事，从而遭到阉割。

小塞涅卡还提到了"正午的角斗士"，即被迫相互搏斗的罪犯。然而，这种表演与传统的角斗不同：尽管他们配有武器，却没有盔甲。他们要战斗至死，胜者留下来继续与下一个对手战斗，所以这就成了"胜者不下场"的比赛。当然，即使有谁连赢几场，也很快会变得疲惫不堪，容易战败。这个过程要一直进行到所有罪犯都被杀死。小塞涅卡显然被这一幕吓到了：

> 我碰巧去看了一场午间演出，希望那里会有一些轻松诙谐、让人放松的东西，让人们的眼睛从人血中得到片刻休息。结果事与愿违。相比之下，之前的所有战斗都很仁慈……现在上演的纯粹就是谋杀。

（小塞涅卡，《书信集》，7.3）

角斗

角斗表演从游行开始。由不同类型的吹奏乐器，甚至由水风琴组成的乐队奏响乐曲，角斗士穿着紫色和金色的披风，在伴奏声中绕着竞技场游行，然后向皇帝敬礼。检阅结束后，工作人员将检查武器，清除钝剑，随后角斗士开始准备战斗。

此时观众的兴奋度无疑达到高潮，特别是因为其中许多人可能已经押了赌注。大多数比赛都由一名裁判监督，他身边还有一名助理。必要时，他们会用长杆把角斗士分开。两个角斗士之间的战斗可能会持续15—20分钟，但当一个人无力再战时，他就会举起一根手指，表示认输。这时，他的对手居高临下站在他身旁，等待着展出人的信号——将他杀死或饶他一命。展出人会听人群的喧闹声，然后做出决定。

角斗士经受过训练，要在死亡面前毫不畏惧：他既不应乞求怜悯，也不该大声哀号。西塞罗作为罗马人很欣赏角斗士面对死亡时的高贵姿态：

> 哪个角斗士，即便实力一般，曾呻吟过一声？哪个角斗士不是一直面不改色？哪个角斗士在倒下并根据命令准备接受致命一击时，曾扭转他的脖子挣扎？
>
> （西塞罗，《图斯库鲁姆论辩集》，2.41）

一旦战败的角斗士被杀，一个打扮成卡隆（伊特鲁里亚的地下神，与希腊神话中的冥河摆渡人卡戎有关）的工作人员会跑出来，用棍子打他的头。另一个打扮成墨丘利·塞克波姆普斯（"护送死者灵魂的墨丘利"）的工作人员用一根热铁棒戳他的尸体，然后尸体（喉咙要被割开，以确保人真的死了）会被移出竞技场。在竞技场内，其他工作人员翻动染血的沙土，为下一轮的死亡做好准备。

角斗士的死亡率有多高？这一点很难确定，不过一些学者已经尽可能仔细地进行了研究。他们考察了各种信息，比如写着战斗统计数字的庞贝涂鸦和角斗士的墓志铭。研究表明，公元1世纪每一场表演中的角斗士死亡率在五分之一至六分之一。在接下来的一个世纪，这一比例似乎上升到了四分之一。但是，30岁以上的角斗士的墓碑很少，碑铭记录的平均死亡年龄只有22.5岁。看起来，即使是相对成功的角斗士，英年早逝的概率也非常高。

> **两则现代传说**
>
> 人们普遍认为，当角斗士们来到皇帝的包厢前时，会这样向皇帝敬礼："敬皇帝，将死之人将您致敬！"（"*Ave Imperator, morituri te salutant!*"）然而，学者们怀疑角斗士是否真的说过这句话，因为在唯一的史料来源（苏埃托尼乌斯，《克劳狄传》21.6）中，这句话实际是被判在模拟海战中战斗至死的罪犯对皇帝说的。
>
> 另一个关于角斗的普遍看法是，展出人在决定一个战败的角斗士是死是活时，他的拇指向下表示"死"，拇指向上表示"活"。然而，没有证据表明这是真的。尤维纳尔提到了拇指的用法，他说的是"翻转拇指"（*pollice verso*）。后来的基督教作家普鲁登提乌斯也用过类似的短语。我们只能去猜测尤维纳尔的说法该做何解释。有人认为，展出人可能伸出拇指，象征一把剑（因此是"杀"），而藏起拇指是让获胜者放下剑，饶对手一命。

戏　　剧

罗马人不清楚他们戏剧传统的确切起源，但可以肯定，它是从古希腊世界演变而来的。公元前6世纪，欧洲戏剧（尤其是悲剧和喜剧）就诞生于希腊的雅典。这种新的表演形式很快就传到大希腊地区的希腊城市，那里有许多剧院，这些剧院从此开始上演雅典舞台上的著名戏剧。

公元前 3 世纪初，罗马人征服意大利南部后，与希腊戏剧产生了更多的接触。约公元前 240 年是罗马戏剧发展的关键时刻，当时李维乌斯·安德罗尼库斯在罗马的一次宗教节日里上演了拉丁语版的希腊悲剧（希腊戏剧一直在宗教节日中上演，以纪念表演之神狄奥尼索斯）。这项创新的活动显然激发了公众的想象，两年后，另一个宗教节日也为戏剧表演提供了机会。

看起来希腊人将戏剧一带到意大利半岛，当地的组织就在其基础上发展出自己的版本。据李维记载，早在公元前 363 年，伊特鲁里亚人经历了一场瘟疫，为安抚朱庇特而举办了戏剧比赛，期间就有跳舞的小丑登台。此外，在意大利南部出现了另一种流行的戏剧形式，称为"阿泰拉滑稽剧"（以它的发源地——坎佩尼亚的阿泰拉镇命名）。这似乎是一种流动的街头表演，呈现的是没有剧本的乡村娱乐。它拿日常生活开玩笑，主要依靠低俗的嬉闹和插科打诨。演员们戴着夸张的面具，扮演反复出现的角色（图 6.11）。直到帝制时代，阿泰拉滑稽剧仍在罗马上演。

剧场后来成为罗马城镇极具特色的标准建筑。有证据表明，在意大利和西西里有 175 座剧场，在整个帝国还有更多。例如，仅在北非的代执政官所管辖的非洲（Africa Proconsularis）行省，就发现了 53 座剧场。

举办戏剧节

在罗马世界，戏剧通常作为宗教节日的一部分。它们被称为"戏剧节"。在李维乌斯·安德罗尼库斯之后，带有戏剧的节日数量迅速增加。大约在公元前 200 年，有 6 个与主要罗马节日相关的戏剧节，所有这些节日都在 4—11 月举行。从那时起，每年给予戏剧节的天数逐步增加：公元前 180 年大约有 24 天上演戏剧，到公元前 44 年这一数

图6.11 这幅公元2世纪的马赛克画被发现于罗马,上面画了两个戏剧面具。左边是一个女性角色的面具,后面还有两根笛子靠在墙上。右边是夸张的男性面具,他头上的常春藤和浆果王冠让人联想到戏剧之神巴克斯

据增加到42天。

举办戏剧节的资金部分由罗马国家支付,部分由负责节庆的官员承担(通常是来自营造官,不过也有一个节日由法务官出资)。因此,在共和时期,就像环道赛马和角斗表演一样,戏剧节也为政治家们提供了一个赢得人气的机会。即使在帝制时代,地方官员也要为节庆提供资金。马提雅尔在一首诗里嘲笑了这一点。虚构的人物普罗库莱娅的丈夫因为资助麦加莱希亚赛会而破产,她为了保护自己的嫁妆而想要离婚。而麦加莱希亚赛会的核心就是戏剧节。

他是一名法务官。一件麦加莱希亚的紫袍(展出人的象征)将花费10万塞斯退斯,仅仅是为了进行一场平平无奇的演出。为了

民众献祭又将花费 2 万塞斯退斯。这不是离婚，普罗库莱娅，这是一笔好生意。

（马提雅尔，《铭辞集》，10.41）

这里的"好生意"，指的就是普罗库莱娅决定在丈夫让两人都破产前和他离婚。

剧场

罗马的第一座重要的石制剧场建于公元前 55 年——当时庞培受托建造一座剧场（尽管在意大利南部的城市，如庞贝，也曾出现过永久性的剧场）。在此之前，剧场是临时的木制建筑，只在节日期间搭建。如此，统治精英就可以对剧场施加政治控制——没有永久性的剧场，就不会有演出，除非他们提供资金和表演的场地。然而，到了公元前 1 世纪，即使是临时剧场也变得非常精致。剧场配有亚麻遮阳篷为观众遮阳，舞台装饰奢华，脚手架上有分层的座位供观众使用。

以庞培剧场为蓝本的新建永久性剧场按照希腊模式设计，但也有一些明显的改变。例如，罗马的剧场通常是独立的（而不是建在山坡上），四周封闭（赫库兰尼姆的剧场就是这种类型）。舞台前景的后墙通常分 3 层（有些剧场只有两层），饰有许多柱子（图 6.12）。它与座位区的高度相匹配，并在两侧与座位区相连。舞台前景通常有 3 道门，其外观是精心设计的。每道门都有一个小台阶通向舞台。

舞台是木制的，布置在柱子上。它下面的区域用来操纵舞台机械和道具。在帝制时代，舞台面积约为 50 米 × 8 米，而庞培剧场的舞台宽约 90 米。舞台的前墙通常为一米出头，由精致的石头制成。座位区前面的半圆形区域称为"演奏区"，通常是为贵宾（如罗马的元老）预留的座位区。

图 6.12　利比亚的萨布拉塔剧院遗址，3 层高的舞台前景还有很多保留下来

观众

因为进入罗马剧场是免费的，所以观众往往来自所有社会阶层。似乎大多数剧场的座位都分等级：元老和贵宾坐在演奏区，他们后面几排是骑士的座位。再往后，观众的社会地位越低就坐得越远。

有史料表明，观众可能会疯狂地支持，也可能会粗暴地谩骂。一方面，我们听说有观众会学习剧场的歌曲，然后记住歌词唱出来；另一方面，也有演员犯错被"嘘"下台。普劳图斯在《布匿人》的开场白中诙谐地呼吁观众要举止得体，表明观众并非总是关注表演本身：

> 不要让黄脸婆、妓女坐在舞台的前面。当演员在舞台上时，扈从和他的节杖不要发出声音；引座员不要在观众面前走动，也不要领观众去他们的座位。让那些在家里睡过头的懒人耐心地站着……不要让奴隶占座，给自由人留下空间……让保姆在家照看

庞培剧场

公元前 55 年,"三头"之一的庞培出资在玛尔斯校场修建了一座剧场。实际上,它是一个比剧院大得多的综合建筑,包括拱廊、一座维纳斯神庙和一个大门廊。公元前 44 年,在广场上的元老院会堂烧毁后,它甚至被用作元老院的开会场所。尤利乌斯·恺撒正是在建筑入口处的庞培雕像前遭到刺杀。

剧场本身很大,直径约 150 米。老普林尼认为它可以容纳 40 000 名观众。尽管现代评论家认为这有所夸张,估计这一数字应在 20 000 左右,但它仍远高于世界上任何剧院的容纳水平(例如,伦敦的皇家歌剧院和米兰的斯卡拉大剧院均只能容纳不超过 2 500 名观众)。庞培剧场的主要遗产之一,在于它成了帝制时代罗马世界中许多石制剧场的模板。

> 孩子,不要带孩子来看剧……结了婚的妇女,看的时候别出声,笑的时候也别出声,忍住了别在这里莺闹,回家再去叽叽喳喳。
>
> (普劳图斯,《布匿人》,17—34)

有趣的是,除非观众由形形色色的人组成(扈从、自由人、已婚妇女,也许还有保姆、奴隶和妓女),这些俏皮话才能逗人发笑。

演员

在早期的罗马戏剧中,演员似乎是受人尊敬的——李维乌斯·安德罗尼库斯和同时代的剧作家甚至会在自己的戏剧中表演。然而,到了公元前 1 世纪,演员开始受到鄙视。公元前 1 世纪 30 年代,科尔内利

罗西乌斯

尽管社会地位很低，但成功的演员可以获得名声和财富。共和末期最著名的喜剧演员是昆图斯·罗西乌斯。他的出身为奴隶，主人在观察到他的模仿才能后，将他训练成演员。罗西乌斯最终赎回了自由并凭借表演赚了很多钱，独裁者苏拉将他的身份提升为骑士。此后，为了避免变成恶名之徒，他表演不再拿薪水。罗西乌斯甚至成了西塞罗的朋友，在一场诉讼中西塞罗曾为他辩护。两个人曾经讨论过演说和表演的共通之处，罗西乌斯写了一篇论文（现已失传），对这两种技艺进行了比较。

乌斯·涅波斯将演员分别在罗马和希腊（视表演为高贵职业）的地位进行了比较：

> 在希腊……登上舞台，在观众面前表演，并不可耻。而对我们来说，这一切都会招致恶名，显得低人一等，与体面的行为相距甚远。
>
> （科尔内利乌斯·涅波斯，《序言》，5）

到那时，演员在法律上确实属于恶名之徒，受到严格的限制。甚至有一项法律允许法官在演员表演不好时责打他们。

演员通常会组织成一个剧团，由一名剧团领导负责。在帝制时代，他们不是来自奴隶，就是选自社会下层，不过他们必须具备足够的技巧来扮演不同的角色，演唱各种歌曲。各剧团之间的竞争似乎很激烈——奖项将授予剧团或个人演员。有史料称，剧团领导会在剧场里安排支持者并指示他们在适当的时候鼓掌。

戏剧和悲剧

李维乌斯·安德罗尼库斯和效仿他的早期罗马剧作家试图同时创作喜剧和悲剧，其中许多作品都是直接翻译过来的希腊戏剧，或是接近希腊原作的改编。这一时期的另外两位重要作家，分别是于公元前235—前204年创作的格涅乌斯·奈维乌斯以及昆图斯·恩尼乌斯（公元前239—前169年）。然而，在他们之后，作家倾向于专注一个领域，即要么创作喜剧，要么创作悲剧。

罗马悲剧

我们很难评价罗马悲剧，因为流传下来的作品太少了。我们只能依靠一些残篇和其他罗马作家的评价做出判断。然而，显然安德罗尼库斯、奈维乌斯和恩尼乌斯在创作悲剧时都非常认真，并且大量借鉴了希腊悲剧。例如，恩尼乌斯一半以上的戏剧都以希腊神话世界中的特洛伊战争为背景。

除了模仿希腊传统的悲剧外，这些作家还发展出另一种严肃的戏剧形式，主题围绕罗马历史展开。这些戏剧被称为"长袍剧"，以剧中人物所穿的托加袍的类型命名（参见附录2"古罗马的服饰"）。其中只有一部（《屋大维娅》，后人认为它是小塞涅卡的作品）流传了下来，但我们还知道其他一些作品的标题，包括奈维乌斯的《罗慕路斯》、恩尼乌斯的《萨庇娜》和阿基乌斯的《布鲁图斯》。这些标题表明，剧作家热衷于探索早期罗马历史。的确，有一种学派认为，在公元前3世纪，长袍剧为罗马人提供了建立和探索他们历史传统的机会。

第一个专注于悲剧的罗马剧作家是恩尼乌斯的侄子马库斯·帕库

维乌斯（约公元前220—前130年）。他在题材选择上更具创新精神，钟爱复杂的情节（通常取材于特定的雅典悲剧），这些情节往往会引发深刻的道德问题或哲学问题。去世多年后，他的戏剧仍然在上演。他语言的质量令人钦佩，西塞罗在一个多世纪后的作品中赞扬了他优美的文风和典雅的文辞，称他是罗马最伟大的悲剧作家。帕库维乌斯之后是路奇乌斯·阿基乌斯，一个被释奴之子，于公元前170年出生于翁布里亚。他是罗马最多产的悲剧作家，我们知道其名下有40部作品。他似乎把大部分故事都建立在著名的希腊神话之上，并喜欢描写一些充满暴力和血腥的段落，比如梯厄斯忒斯吃掉自己的儿子，或者美狄亚杀死自己的孩子。

然而，随着时间的推移，悲剧对公众的吸引力日渐衰微，阿基乌斯的时代过去后，很少再有悲剧问世。帝制时代的悲剧，最著名的要数小塞涅卡的作品（其中有8部流传至今）。然而，它们不太可能是为了公开表演创作的。相反，它们很可能是为熟人之间的传阅、宫廷表演和阅读而创作的。

短 歌

尽管悲剧在衰落，悲剧歌手演唱的歌曲——短歌，在罗马观众中依然很受欢迎（也许就像今天流行音乐剧中的歌曲一样）。在尤利乌斯·恺撒的葬礼上，人群开始唱起帕库维乌斯悲剧中的一首短歌，其中有一句特别辛酸的歌词："我拯救了他们，只是为了让他们毁灭我吗？"

罗马喜剧

我们对罗马喜剧了解得更多。这一剧种中最伟大的两位作家是普劳图斯和泰伦斯，前者来自翁布里亚，在公元前205—前184年进行创作，后者据说来自北非，创作于公元前2世纪60年代。两人都以希腊新喜剧（公元前4世纪晚期由米南德等作家在雅典发展起来的一种戏剧风格）为基础翻译或改编剧本。这些戏剧可以被视为现代情景喜剧的先驱。它们的情节通常基于日常的社会情景，所以是"言行的喜剧"（图6.13）。

图6.13 这幅公元1世纪的浮雕画描绘了一个喜剧场景：父亲要揍因参加聚会而晚归的儿子，有人在旁拉住了他。一个奴隶扶着这个晚归的年轻人，一个女孩在中间吹笛子

由于普劳图斯和泰伦斯非常依赖希腊元素，因此他们的戏剧也被称为"披衫剧"——所有的角色都穿着希腊风格的服装，其中包括一件束腰外衣，男人通常在外衣上再穿一件希腊风格的披衫（拉丁语为 *pallium*），而女人则穿一件女性披衫（*palla*）。服装和道具也可以向观众展示更多关于角色的信息。例如，老人经常身穿白衣、手持棍棒，皮条客穿得花里胡哨，厨师手持菜刀、勺子或盘子，奴隶贩子带着一个钱袋，长途旅客（或即将去旅行的人）经常戴着宽边帽——旅人守护神墨丘利的象征。

为了使希腊风格的服饰更为完整，演员们还要戴面具（就像罗马悲剧中的演员也要戴面具一样）。这些面具也用来表示特定类型的角色（图6.14）。一位古代作家列出了44种不同类型的喜剧面具：年轻男子11种，奴隶7种，老年妇女3种，年轻妇女5种，妓女7种，女奴2种，

图 6.14 赫库兰尼姆的一幅壁画。左边是一个悲剧演员，刚摘下面具，头发依然蓬乱并沾满汗水。右边，一个女奴放下了面具，跪在它旁边。如画中所示，罗马的悲剧面具有一个凸起的发型，类似罗马妇女的发型

还有其他几种。所有面具都包裹整个头部，而且通常重量很轻。这意味着它们戴起来比较舒适，同时也能让一人饰演多个角色的演员在下台时能够迅速穿脱。头发也与角色相关：老年人的头发为白色或灰色（或秃顶），年轻角色通常是深色头发，而奴隶角色的头发为红色。

普劳图斯

人们认为，普劳图斯的所有戏剧都改编自希腊原作，即普劳图斯在保留希腊戏剧结构的基础上，加入了一些罗马的特色。他的戏剧有各种各样的情节，但也有许多相似的主题：爱情、混淆身份、父子冲突，或者聪明的奴隶智胜主人（喜剧作家都喜欢采用这个主题，就像莫扎特的《费加罗的婚礼》和P.G.沃德豪斯的《吉夫斯》）。

然而，普劳图斯改编这些情节是为了吸引罗马观众，他的喜剧中有很多拉丁语的笑话和双关语（他以语言才华而闻名）。他还会提到观众本身并且会控制剧情推进的速度。剧中大量出现脸谱化的角色，如寄生虫（依赖别人而活的人）或好色的老人。音乐也是普劳图斯戏剧的一个特色，他编写了许多短歌（喜剧中也有短歌），这些插曲通常对推动情节没有什么作用，但明显为表演增色不少。

泰伦斯

泰伦斯的6部戏剧全部保留了下来。他比普劳图斯更忠实于希腊戏剧的模式，很少提及罗马社会。他以饱含同情地刻画人物关系的特点而闻名，但他也像普劳图斯一样，喜欢使用固定的角色和喧闹的场景。

泰伦斯戏剧的开场白中多有创新。其他剧作家用开场白概述情节，而泰伦斯更喜欢直接开场，不告知观众剧情，保持悬念。他甚至经常在开场白中与批评者争执。有一次他曾抱怨，在面对其他分心之事时，观众很难保持注意力。他那名为《婆母》的戏剧曾连演3场，剧中人特比

卡 西 娜

《卡西娜》是普劳图斯最知名的戏剧之一，它的情节很好地体现了这位剧作家的风格。故事发生在雅典，遭到遗弃的卡西娜被吕希达姆斯和他的妻子克里奥斯特拉塔捡到，这对夫妇把她当作奴隶养大。戏剧开始时，他们的儿子尤提米乌斯爱上了卡西娜，想娶她为妻。然而，吕希达姆斯也觊觎卡西娜，因此设计了诡计，让他的儿子离开城市，把卡西娜嫁给他自己的奴隶奥林匹欧，这样，老头就能够将卡西娜据为己有。但是克里奥斯特拉塔心存怀疑，想让卡西娜嫁给她的奴隶查利努斯，这样她就可以监视一切。丈夫和妻子抽签，吕希达姆斯赢了。然而，克里奥斯特拉塔发现丈夫计划在婚礼前去偷会卡西娜。为了报复，在约定的晚上，她把查利努斯打扮成卡西娜，让"她"在卡西娜漆黑的卧室里等着。当吕希达姆斯意图不轨时，很快意识到自己的丑事败露了：

> 我感到无比羞愧……也不知道该如何正视我的妻子。我彻底毁了。我所有的耻辱都败露了。我真可怜，我在各方面都是一个死人了。

（普劳图斯，《卡西娜》，937—940）

克里奥斯特拉塔赢了，吕希达姆斯被羞辱了一番，生活恢复了正常。接着是一个简短的尾声，告诉观众尤提米乌斯确实会和卡西娜结婚，并且之前尚在襁褓中的卡西娜被收养的家庭发现时，是一个真正自由出身的雅典人。该剧的最后一个讽刺点在于，卡西娜这个角色实际上自始至终没有出现——只有查利努斯曾打扮成她的样子。

奥在该剧第 3 版的开场白中解释道:

> 再一次,我要献上《婆母》,一部之前没能收到反响的戏剧。演出中有太多意外……第一次上演时,一些知名的拳击手以及走钢丝者会来表演的消息,引得他们的支持者开始躁动,发出吵吵嚷嚷的叫喊,夹杂着妇女的尖叫,这一切迫使我在演出结束前就退台。我决定用老方法重演这部新戏,证明它的价值。于是我又演了一次。第一部分进行得很顺利,就在这时传来了即将举行角斗表演的消息。我的听众冲了出去,推搡着,叫喊着,争抢一个看角斗的位置,而我无力保住自己的位置。今天,没有外事打扰,一切都很平静。
>
> (泰伦斯,《婆母》,29—43)

这为我们提供了一条线索,揭示了在接下来的几个世纪里剧场表演是如何发展的,因为它要奋力与其他表演竞争。公元前 1 世纪晚期,诗人贺拉斯在诗中轻蔑地写道:

> 甚至最大胆的剧作家也会吓得逃跑,因为粗鲁的文盲总是准备动手打人(他们人数占优,但价值和身份更低一等)。如果他们中比你厉害的在前排闹事,你还得在表演中安排点壮汉或拳手,这才能让乌合之众高兴。
>
> (贺拉斯,《书札》,2.1.182—186)

在这样的文化中,公元前 2 世纪之后似乎很少有新喜剧问世。尽管像普劳图斯和泰伦斯等作家的戏剧在帝制时代依然在上演,然而到了那时,最受欢迎的剧种已经从喜剧和悲剧变为了拟剧和独角剧。

拟剧和独角剧

在共和晚期和元首制初期,随着悲剧和喜剧流行程度的下降,两种源自希腊东部的较为年轻的剧种很快成为罗马剧场的主流。它们是拟剧(mime)和独角剧(pantomime)。这两个名字可能会让现代读者感到困惑——拟剧演员需要说话(不像现代的哑剧表演),而独角剧则是无声的表演。此外,罗马独角剧与现代哑剧没有丝毫联系,[①] 而在圣诞期间上演哑剧是英国剧院的一大特色。

拟剧

拟剧从希腊初到罗马的时候,戏剧性并不十分强烈。它包括许多类型的娱乐,比如杂技、歌舞、笑话、魔术,围绕着一个简单的情节,创造出一种由小品和短剧组成的综艺节目(因此,拟剧在某些方面可以与今天的电视小品节目作比)。记载中罗马世界最早的拟剧出现于公元前170年,最终它在帝制时期取代了喜剧。

我们很难准确描述拟剧表演的内容——几个世纪以来,拟剧的形式发生了变化,而演出似乎有多种形式和规模。拟剧的题材往往淫秽粗俗,重点在于性、对城市和乡镇生活的戏仿以及普遍的滑稽表演。一些拟剧和政治有关,另一些则表现日常生活中的场景。我们知道一些剧情,包括绑架、外遇和偷情者仓皇躲进箱子等。早期的拟剧没有剧本,但从公元前1世纪起,剧作者开始把拟剧写成剧本——德西穆斯·拉贝里乌斯(生于公元前106年的骑士)和普布利乌斯·叙鲁斯(来自叙利

---

① 英文中 mime 和 pantomime 都有"哑剧"的意思,然而虽然名称相同,罗马的 mime 和 pantomime 与现代哑剧相差甚远,因此结合词义分别译为"拟剧"和"独角剧"。——译者注

亚的被释奴）是第一批将拟剧编写成一种文学体裁的作家。

拟剧可以以多种方式呈现：独立表演，作为另一出戏的插曲，或者作为另一种公共或私人娱乐形式的一部分（在帝制时期，一些富有的罗马人会在晚宴中找人表演拟剧，最富有者甚至拥有自己的剧团）。拟剧演员不需要舞台——只需要几个道具和布景的幕布，所以它几乎可以在任何地方表演。虽然拟剧也有剧本，但似乎这个剧种主要依赖即兴发挥和创意上演。一位作家甚至说，狗也可以出现在拟剧舞台上。

拟剧演员可能有杂技演员、歌手和舞者在旁助演。此外，与一切其他形式的戏剧相比，女性可以在拟剧中与男性一起表演。演员们似乎不穿特殊的服装。有史料称，他们的衣服与观众的没什么区别，而另一则史料称他们穿的是五颜六色的外套。他们赤脚表演，不戴面具，意味着面部表情是表演的中心（不像其他剧种）。演员会在他的脸上展现各种情绪，甚至可能戏仿各种角色。公元5世纪的拟剧演员维塔利斯的墓志铭十分动人，我们可以从中了解他的艺术：

> 如果没有快乐，那么这个时运无常又难以捉摸的世界还有什么意义？人们一看见我，狂暴的怒火便瞬间平息；当我登场时，至悲的伤痛也会露出笑容。我不许有人在痛苦的烦恼中受煎熬，也不许有人被变幻莫测的命运之轮拖着走。我的出现克服了所有的恐惧，有我相伴的一小时是快乐的时光。我用动作、言语和悲壮的声音，用各种方式令悲伤的心感到喜悦和振奋。我变换多种面孔，发出不同角色的声音，让你们觉得很多人都在用同一张嘴说话。

（《基督时代罗马城铭文》，5.13655）

正如这篇铭文所表明的，拟剧的目的是让观众从日常生活的压力中得到释放。显然它在罗马社会的各个阶层都十分流行。实际上，据说奥古斯都皇帝临终前躺在病榻时，曾问旁人自己是否"令人信服地表演了生活的拟剧"。

拟剧中的政治

拟剧也经常反映出当时的政治情绪。在共和时期，它经常批评政府。例如，公元前46年，尤利乌斯·恺撒强迫德西穆斯·拉贝里乌斯在舞台上表演自己的拟剧——他属于骑士等级，这是对他的侮辱。拉贝里乌斯这样回击："为许多人所畏惧者，自己也畏惧许多人。"这是对恺撒因掌握权力而面临危险的公然警告。两年后，当恺撒果然遭到暗杀时，西塞罗观察了公众对拟剧中政治暗示的反应，以此来判断公众的情绪。

然而，元首制的到来限制了言论自由。在那之后，拟剧演员往往只会批评皇帝的反对者。据说，在公元30—200年，最常上演的拟剧是关于劳洛鲁斯的故事。劳洛鲁斯是一个真实存在的强盗头目，曾一度威风八面，最后被抓获并钉死在十字架上。这个故事的寓意很清楚：在一个良好政府的领导下，坏人会受到惩罚，而官方最终总会胜利。

独角剧

随着悲剧淡出舞台，独角剧似乎取而代之了。独角剧本质上是舞剧的一种形式，但其中所有角色都由同一个演员扮演（在希腊语中，*pant-* 意为"全部"，图 6.15）。一个独角剧演员可能会有一个乐师、一群乐师，甚至一个歌手伴奏，但是演员自己，就像芭蕾舞演员一样，既不念白也不唱歌。与拟剧一样，独角剧可以在剧院、其他公共场所或私人表演中举行。独角剧演员通常依附于富有的赞助人。独角剧演员通常是男性，不过伴奏者中也可能包含女性。

根据史料，独角剧源于地中海东部，公元前1世纪20年代在奥古斯都皇帝的支持下传入罗马。在罗马，早期的两个最为重要的独角剧支

图6.15 这块象牙雕牌发现于特里尔,是仅存的古代独角剧演员像之一。这个雕牌可以追溯到公元5—6世纪。演员一只手托着3个人物的面具,一只手抱着七弦琴

持者是奇里乞亚的皮拉德斯和亚历山大里亚的巴提鲁斯,他们各自以自己的名字建立了独角剧学校。这些学校在他们死后依然存在了很长时间。两人都与奥古斯都的宫廷关系密切:巴提鲁斯与麦凯纳斯走得很近,而皮拉德斯曾在奥古斯都的宴会上表演。这两人是伟大的竞争对手,但二者之间有一个重要的区别。巴提鲁斯发展出了喜剧型独角剧,而身为奥古斯都被释奴的皮拉德斯,则专注于希腊神话中的表演场景,

尤其是希腊悲剧。后来，皮拉德斯的悲剧型独角剧在罗马最受欢迎。

在演出过程中，一个独角剧演员必须展示出一人饰演全部角色的高超技艺。他要表演男性和女性、青年和老人，在多幕的独演场景中，他可能还要来回变换各种服装和面具［独角剧面具不同于其他戏剧面具，嘴部是紧闭的（图6.15），而且视觉上更漂亮］。这是一门要求很高的艺术，一个独角剧演员为此要接受广泛的训练。公元2世纪，讽刺作家琉善留下了一段关于独角剧表演的详细描述：

> 一般来说，舞者要扮演多种角色，表现不同情感。他时而代表一个陷入热恋的人，时而代表一个愤怒的人，时而代表一个疯狂的人，时而代表一个悲伤的人。他要在固定的范围内表演这一切。的确，最令人惊奇的是，在同一天之内，我们一会儿能看到阿塔玛斯陷入疯狂，一会儿又能看到伊诺陷入恐惧；他一会儿是阿特柔斯，一会儿又是梯厄斯忒斯……但他们其实都是同一个人。
>
> （琉善，《论舞者》，67—68）

这里提到的4个名字：阿塔玛斯、伊诺、阿特柔斯和梯厄斯忒斯，都是希腊神话中的人物。事实上，后世有一份史料声称独角剧是普通人学习希腊神话故事的唯一途径。

琉善继续描述了音乐对独角剧演员的帮助：

> 舞者立即拥有了一切，他的装备多种多样、一应俱全——风笛、排箫、脚的敲打、铙钹的碰撞、演员（次要角色）悦耳的和声、歌手和谐的伴唱。
>
> （琉善，《论舞者》，67—68）

实际上，虽然独角剧演员是演出中的明星，但伴奏的音乐和伴舞是表演的基础。史料中提到了各种各样的乐器，如铙钹、手鼓、排箫和七弦琴。此外，伴奏的声音中还有一个关键因素，是用鞋响板：一种通常附在乐师鞋子上的打击乐器，敲打出有节奏的噼啪声，它的声音类似现代的踢踏舞步的声音。

独角剧节

独角剧引入罗马后，没过几年就吸引了一大批狂热的爱好者。实际上，帝制时期罗马世界中涌现的许多剧院，似乎上演的主要节目都是独角剧。

独角剧演员也开始拥有自己的追星族俱乐部。这些支持者之间的竞争愈演愈烈，常常引发暴力事件。公元14—15年，对立的派系爆发了骚乱。冲突非常严重，以致几个士兵、一个百夫长和一名人民保民官横死街头。结果，提比略皇帝下令，所有的独角剧只能在剧场里表演，不守规矩的观众将被判处流放；元老不得去演员家中拜访，演员上街时，禁止骑士聚集在他们周围。几十年后，公元56年，又出现了类似的暴力事件，尼禄皇帝不得不将独角剧演员和他们的一些支持者逐出意大利。然而，尼禄是独角剧的爱好者，离不了他们，所以公元59年他又将其召回。

这些故事表明了独角剧演员的另一个有趣之处：尽管他们的社会地位处于最底层，但他们的名声和受欢迎程度很高，这往往意味着他们与罗马精英（甚至包括皇室家庭在内）关系密切。据说卡里古拉皇帝与一个名叫内斯特的独角剧演员关系亲密。卡利古拉的继任者克劳狄最终处死了自己犯有通奸罪的妻子梅塞里娜以及她的众多情人手里，其中就包括内斯特，而实际上他可能是无辜的。几十年后，类似的命运降临帕里斯身上。帕里斯是当时最为著名的独角剧演员之一。帕里斯被处决，理由是据称他与皇帝图密善的妻子有染。

罗马戏剧的遗产

早在公元 14 世纪末开始的文艺复兴时期,罗马戏剧就对欧洲戏剧产生了重大影响。随着人们重新发现罗马作家的戏剧,它们再次被搬上舞台。此外,这些戏剧还影响了正在创作的新作品。我们已经读过小塞涅卡可怕的悲剧对莎士比亚的影响,这些悲剧也被那个时代的其他剧作家复制,如克里斯托弗·马洛。

罗马喜剧同样魅力闪耀。莎士比亚在学校肯定读过普劳图斯和泰伦斯的戏剧(尽管据说他只懂一点拉丁语,希腊语懂得更少)。他的《错中错》主要以糅合普劳图斯的《孪生兄弟》和《安菲特律翁》为基础,而其他许多情节采用了罗马喜剧的理念,比如脸谱化的角色,其中最著名的是福斯塔夫,他以一个自夸自负的军人的形象在 3 个剧本中反复出现,这就是以普劳图斯《吹牛的军人》的主角为原型。在法国,莫里哀的喜剧很大程度上受益于普劳图斯和泰伦斯。他的喜剧《悭吝人》就是根据普劳图斯的《一坛金子》改编的。而在意大利,一种涉及重复出现的角色的即兴戏剧,演变得与阿泰拉滑稽剧十分相像。因此,就像拉丁语一样,罗马戏剧从未真正消亡,只是演变成了新的形式。

浴 场

古罗马世界的浴场远远不止保持身体清洁一种用途。实际上,它们更像现代健身房和水疗中心的混合体。洗浴的费用很低,国家会对澡堂实施补贴。实际上这是符合国家利益的,因为大多数人家里没有洗浴设施,所以公共澡堂有助于预防疾病。即便如此,我们很难确切知道那里的水到底有多卫生——它没有氯来消毒,而且遗留下来的浴场遗迹表明,浴池的排水系统很差。罗马医生凯尔苏斯在公元 1 世纪留下了著作,他总体上认为浴场有益健康,但也警告不要让开放性伤口沾水,以免产生坏疽。

在罗马历史中,大部分时间内浴场都是日常生活的基本组成部分。到了公元 4 世纪,罗马城已经有了数百座浴场。此外,公元 2 世纪期间,帝国其他地区的浴场数量也急剧增长。当时的一位作家埃里乌斯·阿里斯提德声称,小亚细亚的士麦拿城有"太多的浴场,让你不知道该去哪里洗澡"。

起源和发展

洗浴在希腊世界就已十分普遍,不过罗马人把它发展到了一个新高度。从公元前 3 世纪开始,富有的罗马人就在他们的宅邸和乡间别墅里为自己建造了私人浴室。然而,在这个阶段,罗马人的文化还很节制,不赞成在公共场合展现裸体(也不赞成古希腊的体育馆文化,因为男人会在体育馆中裸体锻炼)。例如,小塞涅卡就不喜欢公共浴场,他描述了共和时代西庇阿·阿非利加努斯大别墅中简朴的浴室,将其与公元 1 世纪中期他所处社会中奢侈的洗浴场所(他认为那很奢侈)进行了比较:

> 那里有……一间小浴室,以古老的方式建造,室内很昏暗。我们的祖先认为,一个洗澡的热水间必须光线暗淡。所以我很乐意将西庇阿的标准和我们的标准作比。多亏了那位"迦太基的克星",罗马在历史上才没有第二次沦陷。而他就在这个角落里,冲

洗干完农活儿后疲惫不堪的身体……他就曾站在这脏兮兮的屋顶下，站在这破旧的地板上。

但今天，谁还能接受这样的洗澡条件呢？除非墙壁上闪耀着巨大又昂贵的圆镜……除非拱顶由玻璃覆盖，除非浴池用神庙中都不多见的萨索斯大理石镶边，除非洗澡水从银制的龙头中喷出，否则人们就会认为自己又穷又脏。

（塞涅卡，《书信集》，86，4—6）

在同一封信中，小塞涅卡称罗马人在西庇阿时代通常一周只洗一次澡，平时只会冲洗胳膊和腿。

然而，尽管塞涅卡对"旧时的好日子"怀抱理想化的看法，在他的时代，大多数罗马人似乎都爱上了他们的浴场。公元前2世纪，当第一个公共浴场在罗马出现后，在接下来的一个世纪里，浴场变得越来越受欢迎。在奥古斯都时代，罗马的洗浴设施如雨后春笋，并在公元1世纪一直保持着增长。据一份公元4世纪的史料记载，这座城市有867座浴场。

起初，这些澡堂由私人拥有和经营，收取公众的入场费也是合理的。然而，在帝制时代初期，皇帝开始为民众建造宏伟而奢华的公共浴场。第一个公共浴场建在玛尔斯校场上，在奥古斯都统治早期由马库斯·阿格里帕负责建造。在接下来的150年里，尼禄、提图斯和图拉真也在罗马建造了综合浴场。然而，最奢华的公共浴场出现于帝制时代后期：卡拉卡拉浴场（完成于公元216年）和戴克里先温泉（公元305年）。公共浴场非常庞大，在所有浴场中只占很小一部分——在公元4世纪的名单中，867座浴场里只有11座是公共浴场。

走进浴场

古罗马世界有很多浴场,但没有两间浴场的设计完全相同。人们很容易看到庞贝和赫库兰尼姆不同浴场之间的差异。然而,有一些房间和空间是通用的。

到了浴场,浴客要先付入场费。在帝制时代早期,入场费似乎要一个铜币——面值最小的硬币。他(或她,我们在后面专门讨论女性的洗浴)将前往更衣室(apodyterium,希腊文 apo+duo= 我脱下),把衣服存在沿墙的壁柜里(不过他可能会穿着轻便服装去体育场)。

接下来浴客会前往运动场馆出出汗。运动场馆被称为"体育场"(palaestra)。这个词借自希腊语,最初的意思是"摔跤场",但后来泛指进行多种运动的场馆(图6.16)。有史料记载,人们会在那里玩

图6.16 赫库兰尼姆中心浴场的体育场

各种各样的游戏，比如"三角球"(*trigon*)，3个玩家呈三角形站位，不警告对方就互相扔球，一只手接，另一只手扔；还有"抢球"——另一种流行的游戏，可能有点像"中间的小猪"，在游戏中，周围的玩家来回传递一个填满沙子的球，而另一名位于中间的玩家要从他们手中把球抢过来。

有些作家还谈到有人对着柱子击剑，有人一对一摔跤，甚至还有一种游戏，形式很像用手打网球。一些专业的球员甚至成了大众的名人——公元2世纪的著名球员乌尔苏斯的雕像上有一段铭文，它的开头是这样说的：

> 我是乌尔苏斯，第一个正确使用玻璃球和对手对战的罗马人。在图拉真浴场、阿格里帕浴场、提图斯浴场以及尼禄浴场，众人大声为我喝彩（只要你们相信我）。
>
> （《拉丁铭文集成》，VI.9797）

有趣的是，这段铭文提到了当时罗马所有最大的浴场。

运动之后，浴客会回到更衣室，脱掉衣服准备洗澡。浴室的数量和质量取决于浴场的大小和位置，但所有浴场都有3个基本房间：暖水房、热水房和冷水房。更大的浴场可能有其他设施，比如两个更热的房间用来出汗：一个是拉哥尼亚房，类似现代桑拿房的干热房；另一个是汗蒸房，类似现代蒸汽浴室的湿热房。浴场也可能有一个游泳池，然而它不是用于锻炼的，因为古罗马世界没有游泳文化，浴客只是进去放松和精神一下。

我们无法确定浴客进入各个浴室的顺序——如果确实存在任何规范顺序的话。人们普遍认为，浴客最后会在冷水房降温，但之前先进温水房还是热水房似乎没有明确的规则——在一些史料中，我们看到有的人先去温水房，然后再去热水房，以便慢慢出汗；而其他人则会选择先去最热的房间，放松一会儿再进入冷水房。这一过程不太可能有完全固定的模式，人们可以自由选择最适合自己的顺序。

如果浴客带了奴隶陪同，那么他要带上一个油瓶、毛巾和一个叫刮身板的弯曲工具（图6.17）。进入一间暖房后，奴隶会把橄榄油涂在主人身上（罗马人不知道肥皂，所以用橄榄油代替）。房间

图6.17　这只刮身板和油瓶发现于罗马时期的伦敦

热　炕

古罗马世界中有几座浴场是用天然温泉加热的（至少部分由天然温泉加热）。最著名的例子是埃奎·苏利斯（巴斯）的浴场。然而，在大多数浴场中，罗马人使用的是人工加热系统，称为热炕（hypocaust，希腊语 hypo 意为"下面"，caust 意为"燃烧"，图6.18）。热炕的地板高于地面，由支柱支撑，墙体中留有空间，附近的炉子（由奴隶照看）产生的热空气和烟雾可以进入这些封闭的区域。由于温水房和热水房需要大量热量，所以它们应该位于离炉子最近的地方。

图 6.18　意大利南部韦诺萨的一处热炕

里的热空气打开了他皮肤上的毛孔,让油充分渗入。在这个阶段,浴客可能会在热水房和温水房之间移动。过了一段时间,他会命令奴隶把油(连同污垢)从自己身上刮下来,然后进入冷水房的冷水池,让冷水刺激皮肤,收缩毛孔。

浴场文化

浴场是各个阶层的自由罗马人日常生活的一部分。男人在早上工作,下午早些时候会本能地去洗澡——他们似乎普遍喜欢8点去(关于古罗马的时间,见附录4)。浴场通常中午开放,日落时关闭,但人们可能也会找到在其他时间开放的浴场。铃声一响,表明浴场开始营业了,不过浴场通常允许公众在浴室开门之前使用体育场。一旦进入综合浴场,许多人就会在那里待一整个下午,直到该回家吃晚饭了。

图 6.19 这幅公元 4 世纪的马赛克画称为"比基尼马赛克",发现于西西里岛的一座别墅,展现出女性以各种方式锻炼身体

浴场也很受女性欢迎,但不清楚她们具体什么时候使用这些设施(图 6.19)。早期的浴场,如庞贝的斯塔比埃浴场,建有分开的男客区和女客区。然而,到了帝制时代,这种情况就变得少见了,男人和女人必须在不同时间洗浴(女人大概是在早上男人工作时洗澡),不然就混浴。实际上,这两种做法可能在不同时期和不同地方都很常见。然而,到公元 2 世纪早期,混合浴变得流行起来。后来,出现了一系列丑闻,迫使哈德良皇帝颁布了一道法令,禁止男女一起洗澡。

似乎在罗马这样的大城市里,各种风格的浴场总是一会儿流行一会儿过时。根据小塞涅卡所说,当一个带有更多新奇设施的新浴场开门后,一个曾经受欢迎的浴场很快就会失去常客。公元 4 世纪历史学家阿米亚努斯·马凯利努斯告诉我们,在他的时代,与陌生人展开礼貌的交谈时,询问对方常去哪座浴场十分常见。一些作家可能会站在他们的立场上谴责各种类别的浴场。讽刺作家马提雅尔对他的朋友说:"除非你在埃特鲁斯库斯的公共浴场洗澡,奥庇亚努斯,否则你会死得很不干净!"

小塞涅卡在写给朋友卢奇利乌斯的另一封信中,对浴场给出了最著名的描述。写这篇文章的时候,小塞涅卡住在那不勒斯湾疗养城镇拜亚的一座浴场的楼上。他抱怨被各种各样的人打扰:有些人大声锻炼,有些人打球,有些人唱歌,有些人喝醉了,甚至有些人在偷窃时被抓。从下面的文字中可以体会到他的挫败感:

> 想想那个给人拔毛的,为了让别人注意到他的存在而不断发出尖锐刺耳的叫声,从不肯安静片刻,除非是在他给别人拔腋毛时,让他的客人再冲着他喊!再想想卖饮料的、卖香肠的、卖糕点的人发出的各种吆喝声,还有所有饭馆揽客的声音,每个人都在用自己独特的叫卖声介绍自己的货品。

(小塞涅卡,《书信集》,56.2)

塞涅卡对浴场生活的描述也得到了其他史料的证实。似乎有在洗澡时唱歌等烦人习惯的浴客普遍存在。例如,我们从马提雅尔那里得知有个叫法比阿努斯的人,他经常到处取笑那些患有疝气的浴客——尽管他最终遭了报应,也得了疝气。

此外,小偷似乎是一个永远存在的威胁。主人们经常带着奴隶来看管他们的贵重物品。有些浴场甚至还派了一名公共奴隶来看管更衣室。然而,这些措施似乎并不总是有效。在英国埃奎·苏利斯的浴场里,人们发现了许多诅咒板,祈求众神(尤其是那里的守护神密涅瓦)报复小偷。下面是一个很好的例子:

> 索利努斯致密涅瓦女神:我把我的浴袍和外衣献给你的神性和威严。对那个偷我东西的人,无论男女,无论奴隶还是自由人,

除非他现身并把这些财物带到神庙里,否则就不容他睡觉,不许他健康。

(《苏利斯诅咒板》,32)

遗憾的是,没有任何史料记载索利努斯是否找到了他的衣服以及诅咒是否起了作用。

根据小塞涅卡的描述,浴场的另一个特征在于会提供食物和饮料。庞贝和赫库兰尼姆的遗迹表明,浴场内部和附近往往会发现酒吧和酒馆。许多人会一边洗澡一边吃午餐。在赫库兰尼姆的城郊浴场入口附近有一家酒吧,墙上有一幅涂鸦,让人可以大致了解那里供应什么(所有的价格单位都为阿斯):坚果、饮料,14;猪油,2;面包,3;三人份的肉,12;四人份的香肠,8。在其他地方,我们也听说了男人在浴场喝醉的故事,尽管大多数作者似乎并不赞同这种做法。然而,某个提图斯·克劳狄·塞昆都斯的著名墓志铭颂扬了生活的乐趣:

洗浴、酒和性会毁了我们的身体,但没了洗浴、酒和性,又有什么能让我们感到自己活着?

(《拉丁铭文集成》,VI.17938)

似乎如这段墓志铭所示,有些罗马人把这3件事放在了一起。有证据表明,浴场会提供性服务。例如,在庞贝城郊浴场的更衣室里发现了许多情色壁画,而其他史料则记录了浴场或其附近有妓女出没。然而,这只是浴场生活的一个方面。由史料可以清楚地看到,浴场的主要功能是作为人们洗澡、锻炼和社交的地方,大多数人也只是出于这些理由才去浴场。

晚宴的邀请

有些人还把洗浴看作结交社会上层的机会,希望能得到晚宴的邀请(晚宴通常会在洗完澡之后的傍晚开始)。讽刺作家马提雅尔曾抱怨过这样一个人物:

> 在公共浴场和私人浴室周围,想要逃离梅诺甘奈斯是不可能的,哪怕你尝试了各种手段……即使他已经洗过澡,穿上了拖鞋,他还是会从尘土中把那松弛的球捡给你。如果你拿起你的毛巾,他会说它们比雪还白,哪怕它们比婴儿的围嘴还脏。当你用断齿的象牙梳子梳理你稀疏的头发时,他会说你整理好了阿喀琉斯的头发。他会亲手从被烟熏黑的酒桶里取出渣滓,拿给你当开胃酒,还不停地拭去你额头上的汗水。他会称赞一切,赞美一切,直到你忍受了 1 000 次烦扰之后,说:"来吃晚饭吧。"
>
> (马提雅尔,《铭辞集》,12.82)

尽管马提雅尔在这一段描述中表现出嘲笑的态度,但他在其他地方也写道,他自己也试图在浴场获得参加晚宴的邀请。

第七章　庞贝古城

庞贝于公元 79 年遭遇的悲剧，如今却成了现代世界的一桩幸事，真是莫大的悖论。在灾难性的火山爆发中，这座城市连同赫库兰尼姆一同被摧毁，现在却为历史学家、学生和游客提供了有关罗马生活的信息宝库。事实上，如果没有重新发现这座城市，那么我们对罗马世界的了解将会少得可怜。最重要的是，庞贝的故事非常人性化，它让我们得以全面了解罗马帝国鼎盛时期许多普通人的生活，以及死亡。

冻结的时间？

人们常说，庞贝是一个时间胶囊，将日常生活的一个瞬间"冻结在时间里"。然而事实并非如此。尽管有迹象表明，庞贝的日常生活戛然而止，如在一座烤炉里发现了 81 条面包，在一座伊西丝神庙的桌子上发现了没吃完的鱼和鸡蛋，但还有很多理由，告诉我们为何不应认为庞贝的遗迹确切地反映了日常生活。

> 首先,这座城市的大多数人设法逃了出去,他们带走了家中的许多贵重物品;其次,之前的地震和火山喷发造成了巨大的破坏,比如摧毁了建筑物的上层;再次,大多数有机物已经腐烂,如木制家具、食品和衣服;最后,有大量的证据表明,在火山爆发之后,有寻宝者为了拿走值钱的东西,挖掘了隧道。因此,尽管庞贝生动地反映了罗马世界的生活,但我们应该小心,不要认为它是一座"完美"反映罗马人日常生活的城市。

庞贝的历史

庞贝一开始并不是一座罗马城市。虽然它的城墙遗址可以追溯到公元前 6 世纪,但直到公元前 89 年它才彻底被罗马控制。然而具有讽刺意味的是,由于庞贝是珍贵的遗存,我们很难详细了解其更古远的历史——公元 79 年的遗迹如此重要,考古学家往往不愿意进一步向下挖掘,以免造成破坏。此外,文献史料中很少提及公元前 1 世纪之前的庞贝历史。尽管如此,对于拼凑出庞贝的过去,我们还是拥有足够的文学和考古资料。

城址

不难看出为何庞贝是一处令人趋之若鹜的定居地。坎佩尼亚地区坐拥广泛平原和天然港口,其富饶和美丽在古代就广为人知。死于公元 79 年维苏威火山爆发的老普林尼将这个地区描述为一个"快乐且上天赐福"和"令人振奋、全年健康"的宝地。在下个世纪早期留下著述的

弗洛鲁斯是一位游历广泛的历史学家,他给出了如下评价:

> 不仅在意大利,就算在全世界,坎佩尼亚地区也是最美的。没有什么地方比这儿更气候宜人:春天,花能开两次。没有什么地方比它的土地更肥沃。因此,据说利贝尔和克瑞斯之间有一场竞争。没有什么地方比它的海洋更舒适……这里有适宜葡萄树生长的群山。
>
> (弗洛鲁斯,《罗马史纲要》,1.16)

维苏威火山周围的土地因其火山土壤而格外肥沃,难怪弗洛鲁斯将葡萄酒神利贝尔和谷物神克瑞斯称为竞争对手。山脚下的田地每年能种3—4季庄稼。古代作家告诉我们,当地普遍种植的是斯佩耳特小麦、小麦、小米以及水果和蔬菜。此外,山坡提供了种植橄榄和葡萄的果园,产出了许多品种的葡萄酒,有些质量很高,有些稍逊一筹。这个地区还以用本地生长的玫瑰制成的香水闻名。

维苏威火山周围有许多城市,都受益于该地区的自然资源。这些城市由良好的道路网络连接(图7.1)。庞贝尤其因靠水而受益。它不仅离大海足够近,拥有自己的港湾,此外还有一条河——萨尔诺河,也流经了这座内陆城市的南端(公元79年的火山爆发改变了当地地貌,萨尔诺河今天更加靠南,而城市则离海更远了)。庞贝人能够控制河流上下游的贸易,地理学家斯特拉波在公元1世纪早期写道:

> 诺拉、努凯里亚和阿凯莱(均为内陆城镇)都以萨尔诺河畔的庞贝为港口,庞贝会往两个方向运输货物。
>
> (斯特拉波,《地理学》,5.4.8)

有了这些天然优势,庞贝发展成为一座忙碌且繁荣的城市也就不足为奇了。它得益于当地的自然资源,又享有与地中海之间现成贸易路线的便利。

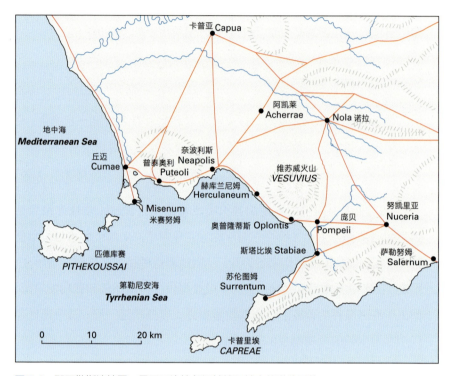

图 7.1 那不勒斯湾地图,显示了连接邻近城镇和城市的道路网络

庞贝的早期历史

历史学家还经常引用斯特拉波的另一段话,解释早期曾有哪些族群在庞贝和赫库兰尼姆居住:

> 奥斯坎人曾经占领赫库兰尼姆和庞贝,萨尔诺河正流经后者。然后是伊特鲁里亚人,佩拉斯吉人,再之后是萨莫奈人。这些人也都被赶出了这些地区。

(斯特拉波,《地理学》,5.4.8)

今天大多数学者对斯特拉波给出的次序表示怀疑,尽管庞贝早期受到 3 个族群的影响:说奥斯坎语的意大利本地人(奥斯坎语是当地方言，也是拉丁语的近支语）、伊特鲁里亚人、大希腊的希腊人（这里称其为佩拉斯吉人），他们在公元前8世纪第一次进入那不勒斯湾，在匹德库赛岛（现称为伊斯基亚岛）上建立了贸易站，并在海湾北部尽头建立了两座城市——丘迈和帕耳忒诺珀（后来更名为奈波利斯，即今天的那不勒斯）。

虽然公元前8世纪时，庞贝的城址上可能只有一个小定居点，但城市化的第一个确凿证据可以追溯至公元前6世纪上半叶，当时城市第一次建造了城墙。城墙也标记出了城界，庞贝在城墙之外没有继续扩张。也是在这个时候，第一份书面史料出现了。这是一份以伊特鲁里亚语书写的碑文，而伊特鲁里亚语尚未完全破译。我们不可能知道当时庞贝是希腊人、伊特鲁里亚人还是当地意大利人的定居点，或者是混合定居点，因为考古学发现了3种文化影响的痕迹。

古代人眼中的维苏威火山

公元79年以前，维苏威火山已经沉寂了几个世纪之久，生活在火山阴影下的人们对它的致命威胁一无所知，哪怕当时有些作家曾注意到它也具备火山的特征，将其与西西里岛的埃特纳火山对比。相反，在百年纪念之屋[①]发现的一幅壁画（图7.2），似乎表明当时人们认为这座火山是上天的赐福。这幅画描绘了酒神巴克斯站在一座山（可能就是维苏威火山）的旁边，到处都是丰饶的象征——葡萄、野生动物、鸟类、蛇和茂盛的植物。如果根据这幅画判断，庞贝人似乎将这座山与他们的繁荣和欢庆之神联系到一起，并且感谢它的礼物。看起来他们并不知道等待他们的是什么。

---

① 该房屋发现于1879年，正值庞贝灾难的1 800周年，故而得名。也被称为"百年祭宅邸"——译者注

图 7.2 这幅壁画被发现于百年纪念之屋,画的似乎是巴克斯与带有各种丰饶象征的维苏威火山

庞贝——这个名字说明了什么?

没有人确切知道"庞贝"(Pompeii)这个名字源自哪里。一种说法称,它起源于希腊语的"游行"(pompa),这座城市是希腊人在一次盛大的宗教游行中建立的。这个说法的另一种版本是,希腊英雄赫拉克勒斯完成第十项任务后,从西班牙返回时建立了这座城市。另一些历史学家试图将它与奥斯坎语中的"5"(pumpe)联系起来,认为这座城市是由5个较小的村庄组成的。除非我们发现更多有关这座城市早期历史的证据,否则它名字的起源也许会一直是个谜。

我们同样也不清楚当时庞贝聚落的特点。大多数人都同意，核心区域是城市西南角的街道网，有时会被称为"老城"。后世两座重要的神庙：广场旁的阿波罗神庙和三角广场上的多利亚神庙，最早建于公元前6世纪，它们在后来的几个世纪中经历了修复或彻底重建。在多利亚神庙发现了数百件可以追溯到公元前6世纪的祭品，包括显然代表密涅瓦女神的陶俑。当时城墙内也有大量的农田，主要是小型农场（事实上，公元79年城墙内仍有一些农地），但不清楚在公元前3世纪之前，街道和建筑模式是如何发展的。实际上，这座被重新发现的城市中没有任何建筑可以追溯到更早的时间。

萨莫奈人和罗马人

斯特拉波还告诉我们，萨莫奈人在那3个族群之后占领了庞贝，这可能是正确的。正如我们在前文看到的，萨莫奈人居住在亚平宁山脉，而那些以奥斯坎语为母语的坎佩尼亚人，似乎在公元前5世纪迁入了平原，以寻求更好的土地。到那个世纪末，萨莫奈人已经在整个地区占据了统治地位，包括在庞贝。当时庞贝很可能是萨莫奈人城镇联盟的一部分，努凯里亚是它们的首邦。然而，公元前5—前4世纪的考古证据很少，似乎庞贝在这个时期出现了贸易萎缩和人口下降。

公元前4世纪末，意大利中部崛起的力量——罗马，开始崭露头角。罗马人在公元前3世纪初彻底打败萨莫奈人后，控制了坎佩尼亚，庞贝和该地区的其他城市被纳入罗马的势力范围，并被赋予了"盟友"的地位。这种政策允许庞贝人保留一些处理当地事务的权力，但他们现在要为罗马军队提供士兵，并遵循罗马的外交政策。

公元前3世纪，我们今天所熟知的城市特征开始在庞贝出现。在与迦太基人的布匿战争中，庞贝一直效忠于罗马，甚至可能凭借在那不勒斯湾发展起来的造船工业而变得更加繁荣。此外，在公元前218—前204年汉尼拔入侵意大利期间，它毫发无损，不像附近的卡普亚（投靠了汉尼拔，遭到罗马人的残酷惩罚）和努凯里亚（一直忠于罗马，但遭到了汉尼拔的洗劫）。这可能使庞贝成为该地区无家可归者的避难所。从公元前3世纪末开始，有证据表明城内的住房出现了大规模增长。

这座城市在公元前2世纪得到了蓬勃发展。正是在这个时期，希腊化给罗马带来了巨大的文化转变。类似的影响在庞贝也非常明显。通往东方的贸易路线打开了。有证据表明，庞贝人的饮食种类更加多样，新进口的食物中有孜然和胡椒。城中发现的家族姓氏也在提洛岛等希腊贸易中心得到了印证。这一时期，庞贝新建或翻修了重要的公共建筑：斯塔比埃浴场旁增添了希腊式的体育馆，大剧场的建造时代也可以追溯到这个时期。广场上也建了一座希腊风格的法庭。宗教活动领域也出现了变化：公元前3世纪末，城市官员建了一座狄奥尼索斯神庙；公元前2世纪，广场旁边又建了一座希腊化风格的阿波罗圣所，用石制神庙取代了早先的木制神庙。

当时这座城市的语言仍然是奥斯坎语。许多公元前2世纪和公元前1世纪的碑文和涂鸦留存了下来。这些文字可以告诉我们更多有关庞贝在这一时期的特征的信息。它由两个主要机构管理，一个是公民大会，一个是市议会，机构的首脑均为地方官员。有一段铭文表明，庞贝人在奥斯坎语中加入了希腊的度量词，而一座奢华的私人住宅，法翁之屋，表明这座城市的精英非常希望将自己与希腊文化联系在一起。

日　　　期	事　　　件
公元前 8 世纪	庞贝城址上出现小聚落
公元前 6 世纪	庞贝建造城墙；考古发现表明庞贝受到希腊人、伊特鲁里亚人和本地意大利人的影响
公元前 5—前 4 世纪	萨莫奈人支配庞贝
公元前 4 世纪末	萨莫奈战争后，庞贝成为罗马的盟友
公元前 3 世纪末	庞贝的房屋数量激增
公元前 2 世纪	城市化进程加速，兴建大量公共建筑，很多为希腊化风格
公元前 91—前 89 年	同盟者战争中，庞贝遭到苏拉围攻
公元前 80 年	庞贝成为罗马殖民地，至少 2 000 名罗马老兵在庞贝定居
公元前 1 世纪 20 年代	修建奥古斯都引水桥，给那不勒斯湾地区供水
公元 59 年	庞贝的圆形竞技场发生骚乱
公元 62 年	大地震摧毁了坎佩尼亚地区
公元 79 年	维苏威火山爆发

罗马殖民地

公元前 91 年，意大利南部许多同盟城市联合起来反抗罗马，要求获得完全的罗马公民权。庞贝在这场同盟者战争中放弃了一贯忠于罗马的态度，站在了叛军一边。公元前 89 年，这座城市被罗马将军苏拉包围，在城市中仍然可以看到当地人为保卫城墙绘制的奥斯坎语布告，在城墙附近的房屋中还挖掘出了投石机的石弹。庞贝很快就投降了，幸运的是，它没有像赫库兰尼姆那样遭到洗劫。

尽管罗马打败了反叛的盟友,但为了确保意大利的长期稳定,它别无选择,只能授予同盟者公民权。尽管如此,罗马国家在公元前80年报复了庞贝人,将对方的城市变成了完全的罗马殖民地,在那里安置了至少2 000名苏拉的退伍军人及其家属(这项行动由苏拉的侄子负责)。对一座之前人口只有一万左右的城市来说,他们可谓一个相当庞大的群体。新殖民者在随后几年占据了所有关键的政治职位。新老庞贝人之间的关系随之变得紧张。

新的殖民地地位给城市带来了许多变化,包括它有了一个新名字:"在维纳斯神圣的庇佑下的科尔内利乌斯的殖民地庞贝"(*Colonia Cornelia Veneria Pompeianorum*)。"*Cornelia*"和"*Veneria*"两个词都与苏拉有关:苏拉属于科尔内利乌斯家族,而现在成为殖民地守护女神的维纳斯正是苏拉的守护神。其他主要变动如下:

- **语言**:拉丁语取代奥斯坎语成为官方语言。
- **政治**:庞贝参照罗马重建了政治系统。
- **建筑**:兴建主要的新建筑,包括圆形竞技场、广场浴场和有顶剧场。

尽管经此剧变,但在两代人之内,新旧居民的主要家族开始相互通婚。相对而言,这座城市没有受到公元1世纪中叶内战的影响。实际上,当时西塞罗在城市附近购入了一幢别墅,想在此躲避纷扰。奥古斯都元首制建立后,庞贝也从随后的和平中受益。城墙对于保卫城市不再重要,许多建筑开始沿城墙出现。此外,罗马人为那不勒斯湾修建了一条新的引水桥,从根本上改善了城市的供水。

这一时期,由于纵横地中海的贸易路线得到了安全保障,城市经济十分繁荣。出土证据表明,庞贝进口了远至西西里、希腊、土耳其和近东的葡萄酒,利比亚和西班牙的橄榄油,以及法国、塞浦路斯和意大利北部的优质陶器。

地震

庞贝作为一座罗马帝国治下的繁荣城市进入公元 1 世纪。在公元 59 年圆形竞技场内爆发骚乱之前,我们在历史记录中很少听到有关庞贝的记载。3 年后,即公元 62 年 2 月,整个坎佩尼亚地区遭受了一次可怕的地震。哲学家小塞涅卡在给朋友卢奇利乌斯的一封信中描述了这次地震。我们可以肯定,小塞涅卡是在灾难发生后不久写下这篇文章的,因为他死于公元 65 年,尽管他将灾难发生的年份误记为公元 63 年。有趣的是,他在信中向卢奇利乌斯介绍了庞贝的位置和特点,表明大多数罗马人并不熟悉这座城市。

我们可以从城内发现的碑文和浮雕中进一步收集关于地震的证据。最著名的要数凯奇里乌斯·尤昆都斯之家中家内神龛的大理石浮雕(图 7.3)。在其中一幅浮雕中,朱庇特神庙的地基明显受到了震动。在另一幅浮雕中,维苏威火山的山口正在坍塌。在城市的其他地方,在伊西丝神殿的主入口发现了与地震有关的铭文(大概就是指这场地震)。

图 7.3 凯奇里乌斯·尤昆都斯之家的浮雕之一,描绘了地震撼动了广场上的朱庇特神庙

地震对庞贝造成了物质上的严重破坏，使其在随后的日子里需要进行大规模重建。实际上，17 年后维苏威火山爆发时，重建工作仍在进行。然而，这些建筑工程很也可能是为了应对近期的地震，火山即将爆发前的地震也影响了城市。古代史料中也有一些证据。塔西佗和苏埃托尼乌斯都曾提到，公元 64 年，那不勒斯的一家剧场在地震中倒塌，当时尼禄皇帝正在那里演出。此外，小普林尼在描述火山爆发时给出了以下评论：

> 在此之前的许多天里一直有地震发生，因为坎佩尼亚地震频发，所以人们也不以为意。但那天晚上，地震变得如此强烈，似乎一切不是被移动，而是被彻底颠倒过来。
>
> （小普林尼，《书信集》，6.20.3）

庞贝人没有意识到这些地震和震动是预警信号，直到为时已晚。相反，庞贝人继续照常生活。

毁灭与重现

公元 79 年，在沉睡了几个世纪后，维苏威火山爆发了。根据小普林尼的记载，传统上认为这次爆发时间是 8 月 24 日，不过有些学者认为时间可能稍晚一些（一个能表明时间的证据是，废墟中发现残留有秋天的水果）。

罗马人知道什么是火山（西西里岛的埃特纳火山定期进行小规模的喷发），但似乎很少有人意识到维苏威山也是一座火山，更不用说是一座潜在的活火山了。事实上，在火山爆发前的几天、几周，甚至几个月，当地居民都没有意识到已经出现了预警信号，今天我们目睹那些迹象时能清楚地意识到火山即将喷发：除了普林尼提到的地震，还有水井干涸、泉水静滞、山里传来隆隆的声响、动物的行为也很反常。

喷发

据我们所知，公元 79 年的维苏威火山爆发是有史以来第一次有目击者给出了火山爆发的书面记录。那个时年 17 岁的青年现在被我们称为小普林尼（公元 62—113 年）。当时他待在维苏威火山以西 18 英里的米赛努姆，罗马舰队在该地区的主要港口，他的舅舅老普林尼（公元 23—79 年）是该舰队的指挥官。两位普林尼都很了不起：舅舅是海军司令，也是一位伟大的学者，写了一部关于自然世界的百科全书，共 37 卷，至今仍供我们阅读；外甥未来成了一名执政官和行省总督，他的书信集对于后世是极具价值的史料。

应历史学家塔西佗的请求，小普林尼在火山爆发大约 27 年后写了两封信，叙述了当时的经过。出于命运的巧合，小普林尼的信件流传至今，塔西佗《历史》中的相关部分却失传了。第一封信讲述了他的舅舅在斯塔比埃遇难一事。老普林尼曾试图在斯塔比埃靠岸，营救困在那不勒斯湾的逃难者，但没有成功。在第二封信中，小普林尼从他在米赛努姆的有利视角，讲述了自己经历的火山爆发。读过这些信，我们能亲身体会那些决定性时刻所见证的勇敢、惊慌和恐惧。

普林尼型喷发阶段

根据小普林尼的说法，维苏威火山于当天中午开始爆发。一股热气和浮石的巨柱冲天而出，高达 20 英里（大约是今天飞机巡航高度的 3 倍）。小普林尼对这一时刻的描述仍然广为人知：

> 一朵云正从山上升起……形容它外形最好的办法,就是把它比作一棵伞松,因为它升到很高的地方,就像挂在树干上一样,开始伸展出各种枝干。
>
> (小普林尼,《书信集》,6.16.5—6)

今天,伞松在那不勒斯湾地区仍很常见,这个类比让我们很容易想象出普林尼看到了什么(图7.4)。然而,在很长一段时间里,人们都不相信他对火山云形状的描述,直到20世纪,火山学家才确认,它确实适合一种特殊的喷发类型——如今为了纪念他,火山学家将这种喷发称为"普林尼型喷发"。

火山爆发当天,庞贝不幸处于维苏威火山的下风处。火山云让城市陷入黑暗,同时浮石、火山灰和岩石碎片开始落到地面上,每小时积累的厚度可达15厘米。然而,这些状况没有阻止人们离开城市,似乎大多数庞培人都选择了逃离。城中发现的动物骨骸很少,同样还有很多

图 7.4 这棵伞松矗立在今天的庞贝废墟中,背景就是维苏威火山

人们带着行李和贵重物品离开的证据。然而，一些庞贝人选择留在城市里，希望灾难会过去。到了晚上，屋顶在火山沉积物的重压下开始坍塌。在街道上行走肯定越来越困难。当夜，老普林尼在斯塔比埃肯定也面临着和留守庞贝之人一样的困境。他们不确定该待在屋里，还是该到外面去。他们把垫子放在头上，以保护自己不被落下的石头砸伤，然后走向海边。

培雷式喷发阶段

清晨，火山爆发暂时停止了几个小时。这时，一些庞贝人认为最糟糕的时刻已经过去，试图逃离城市。然而，这实际上预示着一个更可怕的新阶段即将到来。火山失去了喷发的能量，喷发柱开始倒塌，随即带来两个相互关联的现象，统称为火云：地面上汹涌的热气和火山碎屑，时速可达每小时100—300千米，温度可达100—400摄氏度。紧随其后的是火山碎屑流：高密度的热气流，夹杂着破碎的火山物质，由滞留气体和空气润滑。尽管火山碎屑流的速度比火云的略慢，但它的热度也可以达到400摄氏度。这个阶段的火山喷发后来被称为培雷式喷发——1902年加勒比马提尼克岛的培雷火山喷发后，瞬间吞没了附近的圣皮埃尔城，28 000名居民几乎全部遇难。

总共出现了6波火云。第一波和第二波在午夜袭击了附近的赫库兰尼姆，但庞贝没有受到影响（可能正是第一波火云的巨浪造成的冲击，让老普林尼他们在斯塔比埃感受到建筑物震动）。几个小时后，大约早上6点30分，第三波火云抵达庞贝并推倒了了城北的部分城墙，但城市本身仍然屹立不倒。然而，不到一个小时，庞贝的运气就耗尽了，它被随后的3波火云包围了。第6次冲击尤其剧烈，覆盖了整个城区，摧毁了最高建筑的墙壁。城市北部被掩埋了1.8米深，城市南部深度只

> ### 喷发中的数据
>
> 我们很难想象公元 79 年维苏威火山释放出的自然力量有多大,但以下统计数据可能会有所帮助:据估计,最初的喷发将火山灰、岩石和浮石(统称为火山碎屑)以每小时 1 400 千米的速度抛向空中,突破了声障,高度达到了 30 千米。此时火山以每秒 15 万吨的速度喷出火山熔岩,在夜间这一速度上升到每秒 18 万吨。也许最令人惊讶的是,根据与 1980 年的美国圣海伦斯火山爆发的对比,最初的爆炸规模相当于一颗千万吨级的炸弹,比 1945 年投放在广岛的原子弹还要大 500 倍。

有 60 厘米,可能仍然可以看到部分建筑的结构。

余波

传记作家苏埃托尼乌斯告诉我们,火山爆发后,刚继位几个月的提图斯皇帝就派出一个元老组成的委员会,前往那不勒斯湾组织救援行动。他还建立了一个救济基金——没有立下遗嘱就去世的人,遗产将立即捐给该基金。附近的城市,如诺拉、那不勒斯和卡普亚,都获得了帮助安置幸存者的特权。

在火山爆发后的几天到几周内,似乎有些人试图挖开被掩埋的庞贝,以找回贵重物品。几乎可以肯定,其中一些是来找值钱东西的盗宝者。然而,这座城市的遗迹很快就被人遗忘了。庞贝成了一座被埋葬在过去的城市。

遇难者

到目前为止，庞贝废墟中已经发现了大约1 150具尸体（394具在浮石层，653具在火山灰层，还有大约100具尸体的发现地点和状况没有记录）。即使考虑到城市还有区域尚未挖掘，这个数字在城市人口中所占的比例也不算很高，因为城市总人口大约为10 000人，甚至更多。因此，在火山爆发后的几个小时内，似乎大多数人都设法逃了出去。

大多数留下来的人可能会选择这样做。在浮石层发现的394具尸体中，有345具躲在建筑物内，其余49具在室外。在大多数情况下，我们只能推测他们是如何死亡的。那些在室内的人可能被倒塌的屋顶压死，或者被不断上升的火山灰和浮石堵死在房间里。外面的人可能在拥挤混乱的街道上被践踏致死，被倒塌的建筑物砸死，甚至被从天而降的大石头砸死。即使人们设法逃离了城市，他们的处境仍然远远谈不上安全：在萨尔诺河附近发现了48具尸体，庞贝外的地区可能还有更多尸体未被发现，还有不少人会在波涛汹涌的海面上逃命时溺亡。

火云层的653具尸体中，大多数是在第四波和第五波冲击之间的地层发现的。最新的研究表明，他们暴露在250摄氏度以上的高温下，因热休克而当场死亡。在第三波冲击之后，这些人肯定认为他们别无选择，只能拼命冲出去。正如一位现代学者所说，考古学家已经能够拼凑出某些遇难者在悲剧最后时刻的画面：

> 有一组4个人，发现于广场附近的一条街道上，可能是一家人试图逃跑。父亲跑在前面，身材魁梧，眉毛粗大浓密（从石膏模型上可以看出）。他把斗篷拉到头上，以挡住掉落的灰尘和碎片，随身带着一些黄金首饰（一个简单的戒指和几副耳环），几把钥匙，

还有一笔数目可观的现金，差不多有400塞斯退斯。他的两个小女儿跟在后面，母亲在最后。她向上拉着衣服，以便走起来更容易些，还在一个小包里装着更多的贵重物品。

（玛丽·比尔德，《庞贝》）

此类个人细节，能够让我们从家庭角度来思考这些事件。为什么他们等了这么久才试图逃跑？他们是在担心女儿们跟不上吗？这些钥匙是否表明他们还希望有朝一日能回来？他们离开城市后打算去哪儿？

这只是让我们陷入沉思的众多心酸故事之一。其他遇难者包括：

- 城市南端的一个市场花园里发现了13名男人、女人和儿童的尸体。他们显然是想逃离城市，所以这个花园现在被称为"逃亡者花园"。
- 尤利乌斯·波利比乌斯的房子里发现了13具遗骸（包括儿童）。他们应该是这家的主人、他的家人和奴隶。其中一名女性是个将近20岁的女孩，已经怀有9个月身孕（她的胎儿的骨头也找到了）。也许全家都选择留下来，正是因为她有孕在身。
- 三角广场上发现了一些尸体，他们是被倒塌的柱子砸死的。
- 在一所大房子里，一只狗被拴在中庭。随着火山灰和浮石越积越高，它扭曲并拉扯链子试图挣脱，但最终被活埋。

最后一段关于逃离灾区的描写来自小普林尼。米赛努姆本身也被最后一波火云的外缘击中，幸运的是当时它已经失去了动力和热量，只留下了一层厚厚的火山灰沉积。尽管如此，当地居民也一定大为惊惧。小普林尼生动地描述了人们逃离城市的场面：

你可以听到女人在尖叫，婴儿在哭闹，男人在叫喊：有些人在喊他们的父母，有些人在喊他们的孩子，其他人在喊他们的妻子或丈夫，并试图分辨他们的声音。有人哀叹自己的不幸，也有人哀叹亲人的不幸。有些人因为害怕慢慢死去而祈求死亡。许多人向神举起双手，而更多人断定世上没有神。这是世界的最后一个夜晚，也将是永恒的夜晚。

(小普林尼，《书信集》，6.20.14—15)

重新发现

直到公元18世纪中期，埋于地下的庞贝才重见天日，尽管在此之前也有一两次差点被人发现。例如，1592年，一位名叫多梅尼科·丰塔纳的建筑师正在萨尔诺河北部的高地上挖掘一条运河。挖掘工人偶然发现了一些古代遗迹，但没有进一步调查就把它们埋上了。将近一个世纪后的1689年，工人们在同一地区挖井时发现了一块刻有"庞贝"字样的铭文，然而，人们以为它指的是罗马将军庞培，所以这处遗址再次被忽视了。

早期发掘

18世纪早期，人们对新发现的赫库兰尼姆遗址产生了极大兴趣。当1734年西班牙波旁王朝控制了那不勒斯和西西里岛时，这种兴趣更加浓厚。新国王查理八世热衷于资助挖掘工作，但只是出于自私自利的原因——他希望卷走遗址中发现的一切宝藏，纳入自己的私人收藏。他任命军事工程师和采矿专家罗克·华金·德·阿尔库维耶雷负责这项工作，但此人几乎没有任何考古经验。1748年，他们首次在庞贝遗址进行了试挖掘。

总而言之，阿尔库维耶雷是庞贝的灾难。他对保护遗址不感兴趣，只想为他的雇主掠夺宝藏。许多被他拿走的艺术品永远消失了。此外，在挖掘遗迹时，他漫不经心地推倒墙壁，经常破坏壁画。而且，他们重新填补建筑，对建筑物造成了进一步的长期破坏。他们的手法往往非常粗糙，所以令建筑物很容易受到阳光和潮湿气候的破坏。德国艺术史学家、考古学家约翰·约阿希姆·温克尔曼是阿尔库维耶雷的尖锐批评者之一，他在 1762 年总结了阿尔库维耶雷的挖掘工作：

> 用一句意大利谚语来说，这个人与古代文物的关系就像月亮与小龙虾的关系一样挨不着边儿。由于缺乏经验，他要为许多破坏和美丽事物的损失负责。

遗迹的命名

今天庞贝内各个地点的名称已经和古时无关了。由于我们不知道庞贝人如何称呼城里的各个地方，考古学家就自创了名字。在大多数情况下，房子是以在那里发现的艺术品命名的（例如，法翁之屋，是以在中庭发现的一尊跳舞的农牧神法翁雕像命名的）；在其他情况下，一所房子会以可能住在那里的人的名字来命名（例如，维提乌斯之屋，以维提乌斯两兄弟的名字命名），或者以与主人的职业来命名（例如，在外科医生之屋中发现了一套外科手术器械）。有些名字更加奇怪，与遗迹没什么关系。例如，"银婚之屋"被发现于 1893 年，是年意大利国王翁贝托一世和他的妻子玛格丽塔庆祝了他们的银婚。

同样的原则也被用于命名城市的众多公共区域。主商店街"丰裕大道"（*Via dell'Abbondanza*）的名字来自街上一个喷泉的主题装饰，而各种门通常根据它们所通往的地点来命名（如赫库兰尼姆门、萨尔诺河门等）。

幸运的是，1750 年，瑞士建筑师卡尔·韦伯被任命为阿尔库维耶雷的副手。尽管他与自己老板的关系紧张，但他为挖掘过程带来了重要的创新，特别是试图系统地挖掘遗址并保存书面记录，包括平面图、地图和一份文物清单。1763 年，他们发现了一块写着"庞贝人的共同体"（reipublicae Pompeianorum）的铭文，最终确定被埋的城市就是庞贝。

在接下来的一个世纪里，挖掘工作断断续续有一定进展。1801—1815 年，拿破仑统治下的法国让遗址掘挖工作得到保障。拿破仑的妹妹卡洛琳成了那不勒斯的共同统治者，她将个人收入大量投资发掘工作。然而，在 1815 年波旁王朝重新控制该地区后，资金再次枯竭。直到 1860 年意大利统一为一个国家，庞贝才得到了应有的关注。

朱塞佩·菲奥勒利

1860 年，自罗马帝国灭亡以来，意大利的各个主要地区首次统一为一个国家。意大利的政治领导人加里波第希望庞贝能成为新国家的一个展示平台，并让人们可以看到国家的往日辉煌。1863 年，朱塞佩·菲奥勒利被任命为发掘工作的负责人。他对庞贝遗址产生了深远的影响，至今仍是最著名的庞贝考古学家。菲奥勒利立即对遗址的考古发掘做了多项重要改进：

- **挖掘**：菲奥勒利坚持从上面挖掘，这样挖掘人员就不会再从侧面挖穿墙壁了。他还清理了散落在周围的垃圾堆，并在挖掘出来的建筑上盖了顶棚，以保护它们免受阳光和雨水的破坏。
- **记录**：为方便记录，菲奥勒利采用了三重编号系统。遗址划分为 9 个城区，每个城区又细分为楼区（岛屋楼），然后对建筑的每个入口进行编号。例如，米南德之屋的主要入口被列为 I.10.4（城区 1，楼区 10，入口 4）。他使用这个系统的挖掘日志准确记录了发现的文物，以及它们发现于哪座房子的哪个房间。它们对于我们了解庞贝的很多地方都至关重要。
- **物品**：物品不能再被私人收藏。如果条件允许，它们将留在原地，否则就将送往那不勒斯考古博物馆，将复制品留在原处。
- **基金**：他首次向公众开放遗址，并收取门票，以支付看管人员的薪酬。

然而，菲奥勒利对遗址最著名的贡献，是他填筑石膏模型的想法，以及制造它们的方式，人称"菲奥勒利法"。他意识到，由于火山爆发，尸体被封存在火山灰中，经过漫长的岁月，尸体腐烂了，但留下了空洞。每当发现有空洞的时候，菲奥勒利就注入石膏，并等它凝固。一旦石膏干了，挖掘人员就可以将石膏周围挖开，如此便可以得到遇难者死亡状态的精确复制品（图 7.5）。

这一发现提供了可怕的详细信息，让我们得以了解遇难者在火山爆发中如何死亡，以及他们在最后时刻都在做什么。这个方法也可以用来处理任何腐烂后留下空洞的有机物。除动物之外，它还被用来制作木制百叶窗、门、家具的复制品，甚至包括植物的模型，以便了解庞贝人在花园里种植了什么植物。

现代的庞贝

整个 20 世纪，遗址的挖掘工作一直在继续，不过中间也有过困难时期，比如第二次世界大战（见下面的文本框）期间，1944 年维苏威火山的另一次喷发时期，以及 1980 年造成严重破坏的大地震期间。迄今为止，城市尚有约三分之一未被发掘，但首要任务是维护已经出土的部分。出土部分依然十分脆弱，容易崩塌（当然，保护工作有时需

图 7.5 这 13 个石膏模型根据在城市南端一个花园内发现的尸体形状制作而成。这一地区今天被称为"逃亡者花园",因为人们认为他们是在逃跑时被一波火山碎屑掩埋的

要挖掘出掩埋的建筑。此外,2018 年挖掘工作也取得了一些引人注目的发现)。1997 年,庞贝遗址被联合国教科文组织列为世界文化遗产,但这并没有阻止建筑继续坍塌。2010 年,遗址中两座已挖掘的建筑,角斗士之屋和道德家之屋出现部分坍塌。2014 年,暴雨导致 3 天内又发生了 3 起更为严重的坍塌。

庞贝有 1 100 多个独立的建筑需要维护,还有超过 10 万平方米的壁画需要保存,这一切的开支都非常巨大。如今,遗址面临的主要威胁之一在于它太受欢迎——每年大约有 250 万游客来此参观,这对遗迹保护构成了严重威胁。因此,只有大约 30% 的区域完全对公众开放。同样,维苏威火山也可能在未来的某个时刻再次喷发。

> ### 第二次世界大战
>
> 1943年8—9月，庞贝自公元前89年以来第一次再度置身战区。同盟国军队（错误地）认为德军士兵躲在废墟中，向庞贝投下了150多枚炸弹。城市的一些重要建筑（包括朱庇特和阿波罗神庙、角斗士训练场、圆形竞技场和法翁之屋）遭到轰炸。此外，城市南部的狄奥尼索斯神庙也因为轰炸形成的弹坑而暴露出来。

庞贝的布局

庞贝的布局经过了精心的设计，大门和主要道路通往城市内外的关键区域。在城墙内，市民中心是西南的广场，同时娱乐区在城南（"剧场区"）和东南部（圆形竞技场和大型体育场）也有分布，而许多洗浴设施散布在城市各处。城市布局如图7.6所示。

城门与街道

城墙上分布着7座城门，每一座门都连接着关键地带：萨尔诺门和海门分别通向萨尔诺河与港口，维苏威门通往山下的农田，其他的名字：赫库兰尼姆门、诺拉门、努凯里亚门和斯塔比埃门，都表明了道路通向的城市。因此，往来的商人和旅行者很容易到达庞贝。赫库兰尼姆门和海门为车辆和行人设计了单独的入口。

与罗马世界各地的丧葬习俗一样，庞贝的墓地就位于城外。坟墓

第七章 庞贝古城 437

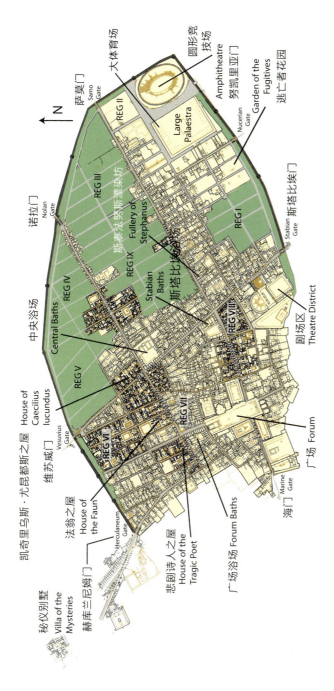

图 7.6 庞贝地图 ①

① REG I, II... 为第 1 区、第 2 区等。——译者注

通常沿着大门通向外面的道路而建。一片最精致的坟墓发现于赫库兰尼姆门外，因此这条路被命名为"墓地街"。城市南部的努凯里亚门外还有另一处重要的墓地。这些坟墓通常是为富有的家庭所建造，墓志铭可以告诉我们很多有关墓主人生活的信息。

除了被称为"老城"的西南角，庞贝的街道都是按照网格状布局的。这使得游客很容易找到周围的路，也允许在一个有限的空间内安置最大数量的建筑。有 3 条重要的"主干道"：两条为东西向（东西向的罗马街道称为"decumanus"）——丰裕大道（快到广场西部时变为海道）和诺拉大道（在西部变为福运道和温泉道）；另一条为南北向（南北向的罗马街道称为"cardo"）——斯塔比埃大道（向北变为维苏威大道）。丰裕大道是城市的主要商店街，沿路有许多小吃店、旅店和其他小商店。

街道大多是笔直的，铺着玄武岩（火山岩）石块。道路中间稍高，这样水就能流到两边。道路两边都是高出一截的人行道（平均高出街道 30 厘米以上）。这种设计必不可少，因为庞贝经常雨后积水，公共喷泉也会溢出——这里不像其他罗马城镇（包括赫库兰尼姆），几乎没有地下排水系统。而且人们会把污水倒在街上，让情况变得更糟。积聚的污水解释了为何庞贝的街道上有这么多垫脚石——总共发现了 316 块，大约是其他罗马城市的 20 倍（图 7.7）。这些垫脚石的间距是为了让马车经过，车轮刚好压过垫脚石之间。这些大车留下的车辙至今清晰可见。虽然车辙不能告诉我们前进的方向，但讽刺的是，糟糕驾驶留下的证据却可以：在路边石、踏石和其他小的护石上，大约有 600 个车轮留下的痕迹，其中大多数痕迹让考古学家得以拼凑出这些地区的单行道方向——庞贝大约 80% 的街道都是单行道。

人行道两旁一般都临着高墙。在主街道上，墙壁正面通常色彩鲜艳，涂成红色、黄色或蓝色，墙壁上的空间可以有各种用途：写竞选标

图 7.7　横穿庞贝街道的垫脚石。石块之间的车辙痕迹仍然清晰可见

语，标记宗教圣地，甚至画上阳具等象征幸运的符号。有人画出了"出租"的告示，有的标记甚至只是随意的涂鸦。商店和小吃店可能会用独特的招牌（很像今天的酒吧招牌）为自己打广告，也许会画上出售的商品或保护他们生意的神。

涂　鸦

流传下来的涂鸦赋予了庞贝鲜活的气息。同今天一样，它们通常是普通人在墙上胡乱涂写的，内容涉及日常生活的方方面面。下面的例子会给我们一些启发：

维古拉写给她的特提乌斯：你是个肮脏的老鬼。

（《拉丁铭文集成》，IV.1826）

> 基奥斯，我希望你的痔疮让你痛不欲生，疼起来就像第一次犯病！
>
> 　　　　　　　　　　　　　　　　　　《拉丁铭文集成》，IV.1820）
>
> 维尔比乌斯·莱斯提图斯孤枕难眠，一直渴望着他的厄巴娜。
>
> 　　　　　　　　　　　　　　　　　　《拉丁铭文集成》，IV.2146）
>
> 阿提墨图斯让我怀孕了。
>
> 　　　　　　　　　　　　　　　　　　《拉丁铭文集成》，IV.3117）

淡水供应

在庞贝的大部分历史中，居民用水主要依靠井水或雨水。前者效率不高，因为井必须挖得很深，而且井水往往含有硫黄。雨水提供了一种更清洁便利的水源（如果雨水充沛），特别是有中庭的住宅，雨水可以储存在蓄水池中，雨水落入接水池后会排入蓄水池。然而，公元前1世纪20年代，奥古斯都皇帝的得力助手马库斯·阿格里帕在那不勒斯湾建造了一道引水桥——奥古斯都水桥，主要是为米赛努姆的舰队提供淡水。从此，庞贝的淡水供应有了质的飞跃。奥古斯都水桥是罗马世界最长的引水桥之一，总长86英里。它的水源来自内陆山区的泉水，为该地区的许多城镇（包括庞贝以及米赛努姆的海军基地）供水。据估计，仅庞贝每天获得的供水就有648万升。

引水桥通往庞贝的分支通向蓄水设施——水堡。它位于城市的最高点，就在维苏威门（比今天的海平面高出43米）之内。水在这里先要过滤，然后通过3条管道流向城市。3条管道可能供应不同的地区。在重力的作用下，水通过在道路下方沿街铺设（为了便于维修）的铅管网流入城市。这些管道通向遍布全城的水塔（目前已发现了14座）。每座水塔顶部都有一个储水的铅罐，用以调节水压。水被释放后将供给附近区域，特别是公共喷泉。这些喷泉是重要水源，因为大多数家庭中没有自来水。在庞贝已经发现了40多个喷泉，据估计，只要在庞贝人居所的80米之内，几乎都能找到喷泉。实际上，淡水优先供应公共喷泉，然后是公共建筑，最后才是私人住宅。

供水的卫生状况

庞贝的供水系统卫生吗？事实上，人们每天都必须面对各种有害健康的东西。首先，水管是用铅做的（罗马人没有意识到铅的毒性）；其次，水管经常渗漏，街道上冲走的脏物和垃圾可能污染水源；再次，储存于水堡或水塔中的水极易淤滞，成为滋生疾病的温床；最后，公共喷泉是公用的（人和动物都会用），意味着细菌和微生物很容易传播。正如今天世界上许多地方的情况一样，要获得干净的淡水实属不易。

广场

庞贝广场位于城市最古老的区域，靠近西南的海门。它是城市的市政中心，大约150米长，40米宽，重要的宗教、商业、法律和政治建筑（尽管有些建筑确切的性质和用途仍未确定）都在附近（图7.8）。虽然现代游客仍然可以大致了解当时的广场是什么样子，但很难完全在脑海中重建出它的壮丽。广场中心是铺石的平地，周围有一座白色大理石的双柱廊。广场北面是雄伟的朱庇特神庙，两侧各有两个壮观的纪念拱门。

白天广场上十分热闹。尤里娅·菲利克斯庄园的一系列壁画描绘了广场的场景，可以作为证明：在一些地方，商人设立了临时摊位——一个铁器商、一个鞋匠、一个卖布的人和另一个卖锅碗瓢盆的人；在其他地方，人们在阅读公告。这个广场也可能是朋友见面、聊天和购物的地方，而政治家和公众人物可能会在这里发表演说。整个广场都是步行区，周围有石块阻挡毗邻街道的车辆进入。

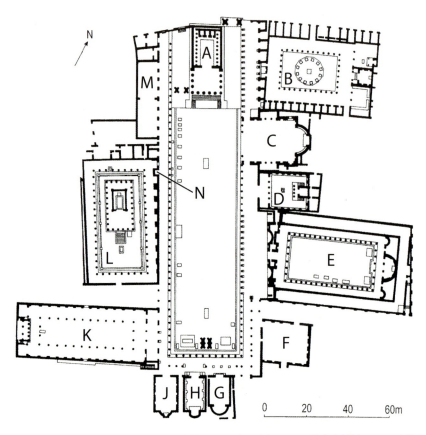

图 7.8　庞贝广场的平面图。A. 朱庇特神庙；B. 食品市场；C. 公共家主神神殿；D. 韦斯帕芗神庙；E. 欧玛奇娅大殿；F. 公投会场；G/H/J. 市政办公室；K. 长方会堂；L. 阿波罗神殿；M. 粮仓；N. 度量衡桌

> ## 雕 像
>
> 广场的另一个特色是重要公众人物的雕像。今天游客们仍然可以看到这些雕像的基座：总共 57 个，其中 16 个可以支撑一座人骑马的雕像。获得立像荣誉的人要么是庞贝的重要成员，要么属于皇室家族。

宗教建筑

广场北端的朱庇特神庙是庞贝最重要的神庙（图 7.9）。它最初建于公元前 2 世纪下半叶，在城市成为罗马殖民地后进行了重大改造。在这一时期，神庙变成了一座卡皮托利神殿，以罗马朱庇特神庙为原型，供奉朱庇特、朱诺和密涅瓦 3 位神，每位神在神庙里都有自己的

图 7.9　穿过广场望向朱庇特神庙遗迹的景色

房间。18世纪神庙被挖掘出来时，出土了一个巨大的大理石朱庇特头像。

广场西边是围墙环绕的阿波罗神殿。这座遗址上的第一个建筑可以追溯到公元前6世纪，不过今天人们能看到的建筑群是在大约400年后首次建造的。神庙由柱廊环绕，柱廊两边各有一尊青铜雕像——一尊是阿波罗，另一尊是他的妹妹狄安娜，两人都是弓箭手的形象。神庙旁边有一个由两名地方官员捐赠的日晷。

广场另一边的神殿可能是用来膜拜皇帝的——现在它被称为韦斯帕芗神庙。虽然它的名字来自火山爆发前不久刚刚去世的韦斯帕芗皇帝，但神庙也许可以追溯到奥古斯都在位时期。神庙中有一座大理石祭坛，上面雕刻着令人瞩目的献祭公牛的场面，至今仍能在原址看到（图4.12）。再往北是公共家主神的神殿，它是这座城市的守护神，人们一度认为这里就是祭拜家主神的地方。然而，神殿的性质目前还存在争议，建筑的用途仍不清楚。

商业建筑

这座广场也是庞贝的商业中心，配有与各种贸易和手工业有关的建筑。东北方向的是食品市场，出售食品和饮料的长方形市场。市场中心是露天的，还有一个圆形建筑，里面有一个水池，水里是待售的鱼。市场西侧和北侧是柱廊，可能已经设置了摊位，而南侧是商店（以及3个大厅组成的一套建筑，里面可能有庞贝名人或皇室成员的雕像）。一些幸存的壁画展示了那里出售的商品，包括鱼、面包、家禽和葡萄酒。

再往南一点是宏伟的欧玛奇娅大殿，大殿有一个精心设计的入口，周围有柱廊。它的用途尚不清楚，但作为广场中最大的建筑，它肯定在市民生活中发挥了重要作用。大殿得名于欧玛奇娅，她是一名公共女祭司（可能是克瑞斯的祭司），来自庞贝一个富有且极具影响力的家庭。

大殿的每个入口都有如下铭文：

> 欧玛奇娅，路奇乌斯的女儿，公共女祭司，以她自己和她的儿子马库斯·努米斯特利乌斯·弗隆托的名义，自费建造了前厅门廊、地窖和柱廊，并将它们献给奥古斯都的和谐与虔诚。
>
> （《拉丁铭文集成》，X.810）

一位女性在城市的公共生活中扮演如此重要的角色，实在是一件有趣的事。她既是一名女祭司，也是一名赞助人，本身拥有足够的财富，能够资助如此巨大的工程。关于她的大殿的实际用途有各种各样的理论。最常见的观点为，它是一座手工业行会大厅。这种看法主要基于一个事实——大殿内安置着一尊欧玛奇娅雕像（图7.10），并刻有以下铭文：

> 献给欧玛奇娅，公共女祭司，路奇乌斯之女，漂洗工（树立了这尊像）。
>
> （《拉丁铭文集成》，X.813）

然而，这些证据还不足以确定大殿的用途。其他观点认为，这座建筑可能用作一个额外的市场（甚至可能是奴隶市场），是一个多功能大厅，或者甚至可以作为庞贝的奥古斯都祭司团的集会中心。人们最终也没有足够的证据来证明这些说法。

阿波罗神庙北面是另外两个商业场所：度量衡桌和粮仓。前者用于检查广场上商贩卖货的斤两是否准确。这张桌子有9个洞，每个洞都有特定的尺寸，底部有一个小活板门。洞被填满后，活板门会打开，数量准确的谷物将掉进下面的罐子里。旁边的粮仓可能被用作市场的仓库，用来储存谷物和豆类，但在火山爆发时，它似乎并没有投入使用，因为它没有屋顶，墙壁也没有粉刷。

图 7.10　漂洗工竖立的欧玛奇娅女祭司像

政治与法律建筑

在广场的南端,发现了庞贝主要的政治和法律建筑。西南方向的是长方会堂,这座城市最令人印象深刻的建筑之一。它大约建于公元前 100 年,主入口有 5 扇装有木百叶窗的宏伟大门。往里走,台阶通向一个宏伟的大厅，大厅周围环绕着巨大的圆柱，基座至今还能看到。

重要的法律案件很可能是在长方会堂里审理的。会堂另一端是一个高出一块的讲坛，地方官员可能就在那里裁决争端（尽管一座巨大的雕像会挡住看向平台的视线）；或者，它也可能用来举行拍卖，因为长方会堂或许也是一个商业中心，人们在这里会面、洽谈生意或签订合同。

广场的南端有3个大办公室，通常称为市政办公室。人们认为这里是地方官员工作、开会和保存公共档案的地方。然而，并没有确凿的证据来支持这一观点——考古学家将这一观点建立在他们对罗马城市一贯的设想上。这些办公室东边是一个露天的会议大厅，称为"公投会堂"。这里通常被视为城市居民的投票站，尽管实际上整个广场可能都是为投票而建的。

娱乐

剧场区

庞贝也有自己的"剧场区"，以城市南端的两座剧场为中心。较大的剧场（图7.11）估计可容纳4 000人，始建于公元前2世纪，当时庞贝正受到希腊文化的影响。大剧场在公元前1世纪末得到了大范围翻新，庞贝一个著名家族的两兄弟，霍尔科尼乌斯兄弟，受托建造了由拱形通道支撑的新的上方座位区。为了纪念他们献给这座城市的礼物，兄弟俩在舞台附近的两个显眼位置上刻下了这样的铭文：

> 马库斯·霍尔科尼乌斯·鲁弗斯与马库斯·霍尔科尼乌斯·凯莱尔自费建造了地下室、包厢和剧场座位。
>
> （《拉丁铭文集成》，X.833, 834）

图 7.11 庞贝的大剧场，后面是角斗士训练场

碑文表明了庞贝的富人试图以提供公共服务的方式来赢得民众的好感和威望。两兄弟要确保所有人都知道他们的贡献——两条碑文的长度都超过了 6 米。从庞贝众多马赛克画、绘画、其他艺术作品以及与剧院有关的涂鸦可以看出，戏剧在庞贝很受欢迎。然而，我们几乎没有直接证据来证明剧场会举办什么类型的表演。它们可能与罗马世界其他地方的戏剧模式类似。

大剧场的一侧是较小的有顶剧院（之所以这么叫是因为它有屋顶），有时也被称为音乐厅。它建于公元前 1 世纪 70 年代，由两位富有的移民出资建造，可以容纳约 1 000 名观众。它可能也举办相比正式演出互动性更强的表演，比如诗歌朗诵或公共演讲比赛。有一种观点认为，它也曾被用作议事厅，供新到庞贝定居的殖民者使用。

大剧院下面是一座有柱回廊，它最初可能被设计成一个体育馆，或仅是作为观众的聚会地。然而，公元 62 年之后，它变成了角斗士的训练场。在大剧院西南，一座巨大的楼梯通向所谓的"三角广场"，广场的中心是"多立亚"神庙（根据其建筑风格而命名），可能是献给密涅瓦和赫拉克勒斯的。在希腊和罗马世界，戏剧和宗教之间有着密切的联系。附近还有另外两座神庙——一座是伊西丝神庙，另一座通常被认为是医神阿斯克勒庇俄斯的神庙。该地区的另一座建筑是建于萨莫奈人统治时期的体育场。

圆形竞技场

庞贝的圆形竞技场（图 7.12）约建于公元前 70 年，是迄今发现的罗马世界最早的圆形竞技场。这座建筑似乎与庞贝成为殖民地一事密切相关，因为它是由殖民居民盖乌斯·昆图斯·瓦尔古斯和马库斯·波尔奇乌斯私人资助建造的，正是这两人建造了上文中的有顶剧院。

图 7.12　今天庞贝的圆形竞技场

对于这座竞技场的座位，我们很难得出一个确切的数字，估计从10 000到20 000不等。即使按最低的估计，座位数也远远超过了城市的人口，所以可能有很多外来者也会到庞贝来观看比赛。座位区分为3层，庞贝的精英们坐在离赛场最近的地方。座位区还有专门为官员准备的包厢和保护观众免受天气影响的遮篷。因此，庞贝的圆形竞技场具有许多日后罗马大竞技场的明显特征，尽管前者的建造时间比后者早了150年。

与在罗马城一样，资助表演是立志仕途的政治家的职责和特权，他们希望通过为大众提供丰富的娱乐活动来赢得支持和人气。赛会似乎全年都会举行，比赛的赞助者——展出人，会在庞贝周围的墙上为即将到来的表演打广告。许多这样的彩绘通告保存到了今天。它们通常由专业的标语写手绘制，用来宣传即将到来的赛事。以下是典型的例子：

> 德西穆斯·卢克莱提乌斯·萨特利乌斯·瓦楞斯的20对角斗士将于4月8日、9日、10日、11日和12日在庞贝进行角斗。此外还有定期的猎兽和遮篷。
>
> （《拉丁铭文集成》，IV.3884）

有趣的是，这位父亲让他的儿子参与了这个过程——他大概是想确保家族的政治影响力能够延续到下一代。

毗邻圆形竞技场的是一座大型体育场，其中心有一个游泳池。这里不仅是公共运动场，也可能是角斗士赛前热身的场所。另外，在举行演出的日子里，它可能也是观众在进入竞技场前聚集和等待的地方。

公元59年，庞贝闹出了一起传遍罗马世界的大新闻：本地居民和附近城市努凯里亚的游客爆发了冲突，造成了重大伤亡。这起事件非常严重，足以让罗马历史学家塔西佗在《编年史》中留下一笔。

塔西佗提到，罗马元老院下令庞贝两年内不得举办比赛，并流放了赛会的赞助人利维内乌斯·雷古鲁斯。另有史料称，城市的主要官员——两头执政官遭到撤职。似乎在公元64年，尼禄皇帝取消了这一禁令，在此之前只有角斗比赛遭到禁止，因为还有猎兽表演的广告存在。

根据考古学证据和文献史料的印证，阿克提乌斯·阿尼凯图斯之家中保存了一幅描绘暴乱的壁画。正如我们在图7.13中所见，它展现了竞技场内外都有人搏斗。虽然还不清楚为什么要画它，但有一种说法认为，它是为了展示击败努凯里亚人之后庆祝胜利的活动。

图7.13　描绘庞贝圆形竞技场骚乱的著名壁画。竞技场远端有一个遮棚，右边是显眼的大体育场

庞贝的角斗士

庞贝中发现的两个建筑，据说是角斗士的居所。第一个是经过改造的房子，简单地称为角斗士之屋，里面发现了100多个与角斗士格斗有关的涂鸦。上面涉及了各种类型的战士，包括鱼人斗士、渔网斗士、追击者斗士和色雷斯斗士。在某些情况下，角斗士会画涂鸦，炫耀他们在竞技场上的胜利（或者是征服女人的胜利）。在下面的例子中，角斗士凯拉都斯两种胜利都拿下了：

> 姑娘们的心头好，色雷斯角斗士凯拉都斯，属于屋大维，打了3场，赢了3场。
>
> （《拉丁铭文集成》，IV.4342）

公元62年地震后，大剧场后面的回廊也被改成了角斗士训练场。它有两层楼，上面有30—40间单人房，还有一些公共生活区。考古学家在这里发现了15只装饰华丽的青铜头盔，以及护膝、护肩、匕首和其他武器。在挖掘过程中，其中一个房间内还发现了18具人和2只狗的尸体。

浴场

庞贝有3座主要的公共浴场，斯塔比埃浴场、广场浴场和中央浴场（有关罗马浴场的概况）。此外还有一些私人浴室，包括尤利娅·菲利克斯别墅的高档浴室和海门外的大型城郊浴场。而且，最豪华的房子都有自己的小浴室。

斯塔比埃浴场（图7.14）是这座城市最古老的浴场。它提供了一个

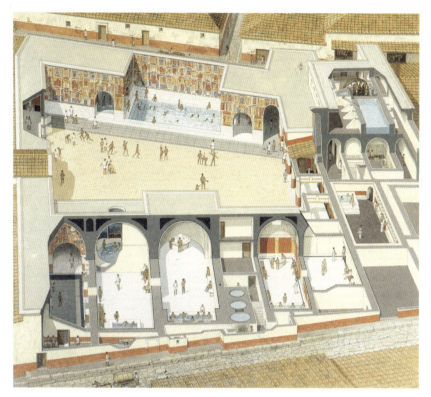

图 7.14 忙碌中的斯塔比安浴场重建图

有趣的视角,以供我们了解罗马世界洗浴习惯的发展。因为在意大利,正式的公共浴场并非起源于罗马,而是起源于坎佩尼亚,依照希腊风格而建。考古学表明,公元前5—前4世纪时期,这里曾有一座体育场,还有一些小房间,里面有希腊风格的臀浴池(即坐下来清洗臀部的小浴池)。公元前3世纪,浸入式浴池取代了臀浴池,建筑也随之扩建,与体育场相连的门廊也是此时扩建的。在公元前2世纪庞贝的建筑热潮中,浴场得到了显著扩展,建造了男性和女性分开使用的洗浴设施。女子区不如男子区那么惹人瞩目,入口在浴场一侧的边道上。到了公元前2世纪的某个时候,人们在浴场正门竖立了一座小型日晷,由罚款筹集的公共资金支付。在那不勒斯考古博物馆仍能看到这座日晷，以及上面的奥斯坎语铭文。

斯塔比埃浴场的最大转变发生在公元前1世纪80年代，当时首次引入了热炕——这是意大利已知的最早热炕（在此之前浴室是用火盆加热的）。随着那不勒斯湾引水桥建成，浴场在公元前1世纪末达到了最终的形态。建筑增添了一个新的侧室，同时扩建了体育场，并在旁边增加了一个游泳池。这些房间的遗迹显示，房间装饰有粉刷过的墙壁、釉面瓷砖地板和雕像，非常漂亮。然而，在火山爆发时，这些浴室仍处于修复阶段（因为遭到了公元1世纪60年代初的地震的破坏），只有女浴池完全投入使用。

公元前80年，庞贝成为罗马殖民地后的几年里，广场浴场于广场北面落成。这项工程似乎是为了强调这个城市从属于罗马的新地位。浴场由公共资金支付，正如铭文所记载：

> 路奇乌斯·凯西鲁斯，盖乌斯之子，负责诉讼的两头执政官之一；盖乌斯·奥奇乌斯，马库斯之子，以及路奇乌斯·尼莱米乌斯，奥卢斯之子，两头执政官，遵照市议会的意见和批准，承担了由公共资金开支的建造任务。

> (《拉丁铭文集成》，X.819)

广场浴场的空间比斯塔比埃浴场更拥挤。奥古斯都时期，浴场增加了一个较小的女浴区，同时建筑群也增添一个小体育场和公共厕所。广场浴场没有热炕，而是用旧式的火盆来加热。最后一座公共浴场是中央浴场，不过公元79年时它仍在建造中，从未投入使用。它的占地面积相当于一座岛屋楼，但只有一套浴室，所以没有单独的女性区。此外，其地面有一部分被挖了出来，为建造一个大游泳池腾出了空间。

政治与手工业

有很多证据表明,庞贝的政治和手工业息息相关,尤其是因为不同行业组成了行会。这些行会会为竞选人拉票,竞选人承诺当选后回馈他们。与任何政治体系一样,选民关注的一个关键问题是如何促进经济繁荣。

庞贝的政治

从公元前80年开始,庞贝的政治体系就以罗马的政治体系为基础。每年3月,所有成年男性公民都可以投票选举该市的地方官员。此外,庞贝还有一个城市议会,以罗马的元老院为蓝本。因此它的主要政治机构如下:

- 两名两头执政官。他们是最重要的官员。两头执政官主持市议会的会议,确保其颁布的法令得到执行。他们还管理公共资金,监督刑事和民事法律案件。每5年,两头执政官被赋予特殊权力,用以更新庞贝的公民名册和议会成员名单。他们被称为"五年一任的官员"。当选两头执政官将赢得巨大的声望。
- 两名营造官。他们是低级官员,主要负责维护街道、公共建筑和市场。成为营造官是庞贝中向往仕途的政治家所必经的阶段,因为只有担任过营造官的人才能参选两头执政官。
- 市议会由大约100名议员组成,他们被称为市议员。市议员通常仅限于前地方官员担任,任职终身。市议会拥有广泛的权力,是城市的主要立法机构。市议员拥有某些特权，包括在剧场和圆形竞技场享有最好的座位。

想出任地方官员或市议员的人必须是自由出身、品行良好的男性公民，拥有一定财富并且居住在庞贝内或周边地区。

通过画在城市各处墙上的竞选标语，我们可以获得管窥罗马世界选举活动的独特视角。目前已发现的此类标语超过 2 800 个，大多数由专业的标语写手在白色墙面上用红色或黑色精心绘制。它们往往与庞贝最后几年的竞选活动有关，特别是公元 79 年 3 月的选举。

竞选标语通常会展现候选人的个人素质，而不是做出具体承诺或发表竞选宣言（图 7.15）。下面的标语发现于长方会堂后面的墙上：

图 7.15 这条位于丰裕大道的竞选标语翻译为："我请求你们选罗利乌斯，他适合道路和公共的神圣建筑。"除了"罗利乌斯"的宾格"Lollium"外，每个单词都缩写为它的第一个字母并插入竞选人名字的字母，所以它是：L Od Lv La ls Vp M ovf（Lollium dignum viis aedibus sacris publicis oro vos faciatis 的缩写）

> 我请求你们选格奈乌斯·赫尔维乌斯·萨比努斯为营造官，他是一位配得上各种奖赏、配得上公职的年轻人。
>
> （《拉丁铭文集成》，IV.706）

这些标语的一个有趣之处在于，许多告示是由女性发布的——要么是她们自己独自发布，要么是与丈夫一起发布。实际上，已经发现50多个标语中署有一名女性支持者，例如：

> 我们要求格奈乌斯·赫尔维乌斯·萨比努斯担任营造官。卡普莱西娅投他一票。
>
> （《拉丁铭文集成》，IV.923）

当然了，卡普莱西娅不能真的投票给赫尔维乌斯·萨比努斯，但有趣的是，她认为公开支持他是值得的——她大概认为这将对男性选民产生一些积极的影响。

有时，一群商贩会在一起支持某个候选人，例如：

> 所有水果商和赫尔维乌斯·维斯塔利斯支持马可尼乌斯·霍克尼乌斯·普利斯库斯竞选负责诉讼的两头执政官。
>
> （《拉丁铭文集成》，IV.202）

并非所有标语都这么严肃。下面的标语是对上述竞选标语的一种戏仿，模仿某个行会支持某位候选人：

> 所有晚归的醉鬼请你们选马库斯·凯里尼乌斯·瓦提亚出任营造官。
>
> （《拉丁铭文集成》，IV.581）

不用说，根本就没有"晚归的醉鬼"这样的协会——这完全是个笑话，暗示只有很晚才从酒馆里出来的醉汉才会给瓦提亚投票。可怜的瓦提亚似乎成了这些笑话的笑柄,因为在其他标语上,支持他的人都是"小蟊贼"和"所有睡着的人"。所以压根找不到他当选官员的记录也并不会令人感到意外。

公共生活中的被释奴和被释女奴

庞贝中一座坟墓可以让我们了解被释奴和被释女奴在城市公共生活中能拥有怎样的地位(图7.16)。公元1世纪60年代,被释奴盖乌斯·穆纳提乌斯·浮士图斯在努凯里亚门外为自己和他的妻子,被释

图7.16 这组示意图展现了奈沃莱娅·堤喀的墓的侧面以及最重要的浮雕场景

女奴奈沃莱娅·堤喀修了一座坟墓。然而，穆纳提乌斯死后，继承了他财产的奈沃莱娅在赫库兰尼姆门外建造了一座更大的坟墓。显然，她想进一步提升两人的财富和穆纳提乌斯在城市中的影响力。这座新墓由大理石制成，形状像一座升起的祭坛，周围有围墙环绕。坟墓一边雕刻着一艘船，另一边是祭仪用的座位和脚凳。坟墓正面刻着一幅细致的场景，表现的是某种公共仪式，上面有铭文和奈沃莱娅的形象。铭文如下：

> 奈沃莱娅·堤喀，路奇乌斯的被释女奴，为她自己和盖乌斯·穆纳提乌斯·浮士图斯——奥古斯都祭司和乡村地区的居住者，市议会在人民的同意下，奖赏他荣誉座位以表彰他的功绩——修建了这座坟墓。奈沃莱娅·堤喀在有生之年为自己和盖乌斯·穆纳提乌斯·浮士图斯修建了这座纪念碑。
>
> （《拉丁铭文集成》，X.1030）

我们可以通过这座坟墓推断穆纳提乌斯生平的某些细节。这艘船表明他通过航运发家；他显然成了城市中一个颇具影响力的人物，表现公共仪式的浮雕甚至可能展示了他向庞贝居民分发钱或粮食的场景。此外，他还担任奥古斯都的祭司；因为他的贡献，市议会授予他一个荣誉座位——很可能是在公共赛会或表演中供他就座的。

同样引人注目的地方还有，一名被释女奴在坟墓中竟可以展示出如此有力的形象，让人们注意到她自己的财富和在城市中的地位。另外，有趣的是她在主浮雕上面的铭文，强调她是受托修建这座坟墓的人之一。我们还了解到，她自己也有其他被释奴和被释女奴作为门客。显然，被释女奴奈沃莱娅在庞贝的社会中扮演了重要的角色。

手工业

庞贝的经济似乎在其最后几年一直蓬勃发展：除了广场上的商业建筑，还出土了600多家私人商店。与维苏威火山周围的其他城市一样，庞贝的经济也建立在农产品（尤其是葡萄、橄榄和谷物）和渔业的基础上。城外发现了许多农场的配套庄园，城墙内也有市场花园。

不过，当时城市的贸易种类十分广泛。下面列出了城市中涂鸦、铭文和蜡版上记录的所有职业：

建筑设计师	烘焙工	银行业者	理发师
浴场侍者	建筑工	木匠	客车车夫
养鸡人	打响板人	斗篷商贩	补鞋匠
坐垫商贩	门童	染工	雕刻工
农夫	毛毡工	渔夫	水果商贩
漂洗工	炉工	宝石匠	金匠
摘葡萄工	警卫	牧人	客栈老板
羽扇豆商贩	磨坊工	放贷人	骡夫
油膏商贩	洋葱商贩	旅行用品商贩	画师
点心师	养猪人	陶工	祭司的助手
妓女	拾荒人	制酱工	记录员
抄写员	算命师	纺纱工	测量员
制革工	剧场员工	货车车夫	织工
酒贩	羊毛工		

漂洗业

漂洗业，如洗涤和染羊毛以及制作毛织品，在庞贝一定是一项重要的手工行业。城中已经出土了4座大型漂洗工场，还有几个较小的工场和6间染料店。此外，羊毛商和布料商在选举告示和铭文中也占有显著位置，漂洗业可能在广场上拥有自己的行会大厅。然而，实际上我们无法确切得知这个行业的规模和重要性。

最著名的漂洗工场是丰裕大道上的斯泰法努斯工场，它让我们得以了解毛料的处理过程。在检查完毛料的缺陷并清除绒毛后，工人将毛料浸入尿液中踩踏，使其变硬，然后用漂白土或其他清洁剂清除油脂。工人很可能是奴隶，一幅著名的壁画似乎展示了小孩子被强迫从事这项工作的场景。在这之后，工人将拉伸和拍打毛料，使其变得均匀。然后在大桶中重新清洗和漂洗。随后再次取出，梳理、刷毛和修剪，使绒毛立起来。在这个阶段，工人会将毛料放入笼子里，笼子下面是燃烧的硫黄和硫黄石，以将毛料漂白。如有需要可添加染料。最后，毛料将放入轧机中熨平。

羊毛不仅仅用来做普通衣服。将它放到醋中硬化，制成毛毡，可用于制作帽子、斗篷、拖鞋和毯子等物品。

小便税

漂洗业会请求庞贝的居民给予帮助，让他们在漂洗工场外面的罐子里小便——尿液中富含氨，氨是一种强大的清洁剂。韦斯帕芗皇帝很快就想出了一个巧妙的计划来从中牟利：他对收集尿液的陶罐征税，认为漂洗业免费获得这些资源有失公平。因此，当地人给这些陶罐（以及公共小便池）起了个绰号"韦斯帕西亚尼"（*Vespasiani*），作为他们对皇帝及其税收的一种代称——在今天的意大利语中，这个词仍然是"公共小便池"的意思。

图 7.17　一座面包房的遗迹。右边是 4 台磨粉机,其后是一个大烤炉

面包业

庞贝出土了 30 多家面包店的遗迹,说明大多数人都出去买面包,而不是自己在家做面包。一些面包店使用自己的磨粉机将谷物磨成面粉(图 7.17)。标准的磨粉机分为两部分。上半部分通过一个附加的木梁旋转。谷物倒进磨粉机的顶部,磨粉机由驴或奴隶转动。下半部分为圆锥形,有一个铅槽,磨碎的谷物变成面粉流入其中,工人从中收集面粉。

随后面粉将被揉成圆形的面包,通常分为 8 块,然后放入旁边的大烤炉里烘焙。这个烤炉非常类似现代意大利的比萨炉。炉底有一个用来储存备用燃料的洞,上面有一个半圆形的大开口,工人就在那里点火。当炉子温度够热了以后,工人会把火扑灭,然后用一把带大木柄的长铁锹将面包送进去,然后关上金属推拉门。面包被烤炉里的余温烤熟。

这种烤炉的容量很大。在莫德斯图斯的一家大型面包房里,有81条面包埋在火山灰中保存下来。庞贝留存下来的许多面包上都盖有主人的印章——上面可能宣传它们出自著名的面包师之手,或者含有特殊的配料。

快餐业

作为一座以贸易为生的城市,庞贝拥有繁荣的服务业。有充分证据表明,旅店、马厩和小吃店遍布整个城市,特别是在靠近各个主门一带和主要街道附近。快餐似乎已经成了一种生活方式,城市的诸多游客以及众多没有时间或设备在家做饭的庞贝人,都仰赖快餐店的服务。

小吃店在今天通称为热食店(*thermopolium*,不过没有证据表明这是罗马人的叫法)。它们很容易辨认,因为店铺的砖石柜台里嵌着罐子——这些罐子称为多利乌姆罐(*dolium*,复数为*dolia*),里面可能装有干货,比如坚果、水果、谷物,也许还有蔬菜。小吃店也会卖酒和热菜,很多店铺都有座位和桌子供客人使用。

丰裕大道沿路上有很多热食店。其中之一是路奇乌斯·维图提乌斯·普拉奇度斯的店,里面有著名的彩绘家神神龛。沿着这条街再往前走一点就是阿塞里娜热食店。阿塞里娜是店外竞选告示上署名的4位女性之一,人们认为她可能曾经在那里当过服务员。店铺的柜台上有4个多利乌姆罐,旁边是一个小烤炉,里面有一个青铜容器用来给水加热。柜台后面靠墙堆放着几只酒缸,此外还发现了两个酒壶,一个是公鸡形状,一个是狐狸形状。因此,在这种情况下,这家热食店也可以充当旅行者的客栈。

庞贝中小吃店和旅馆里的涂鸦和壁画,可以让我们大致了解那里所发生的故事。一间小吃店里有一系列绘画,相当于古代的连环画。图画展示了男人们为了付酒钱争执,为了掷骰子的赌局争吵以及谈论女

渔　业

庞贝最著名的美食是鱼酱。老普林尼生动地（也相当令人反胃地）描述了它的制作方法："将鱼的内脏和其他可能被丢弃的部分浸泡在盐里。换句话说，它由腐烂的物质发酵而成。"

我们只能猜测这些"其他部分"是什么——可能是鱼血、鱼肠和鱼鳃。尽管如此，最终的制成品依然十分受欢迎，就像泰国的侬摩拉鱼酱，在全世界都很流行。

如果庞贝是一座渔业中心城市，那么在公元 1 世纪 60 年代，奥卢斯·翁布里奇乌斯·斯考鲁斯就是这座城市的"鱼酱先生"。根据带有他商标的罐子的数量估计，他生产了整个地区大约 30% 的鱼酱，甚至在法国南部都发现了一个带有他商标的鱼酱容器。尽管如此，庞贝人选择食物时依然不会仅限于本地的产品——有证据表明，庞贝的一些鳗鱼是从西班牙进口的。

人。这些涂鸦让人看了很受启发，有些也妙趣横生。

下面的旅店住客显然对服务质量不太满意：

我承认，我们往床上撒尿了，我们不是好客人，但如果你问为什么，那是因为这儿没有夜壶。

（《拉丁铭文集成》，IV.4957）

店老板，我希望你会因为说谎而受到惩罚；你卖的是水，却把纯酒留给自己。

（《拉丁铭文集成》，IV.3948）

金融业

1875 年，凯奇里乌斯·尤昆都斯之家出土了一项重大发现。考古学家在一个木箱里发现了 153 份文件，部分还可以辨识。这些写字蜡版上记载着路奇乌斯·凯奇里乌斯·尤昆都斯的商业交易信息。他似乎身兼银行家、拍卖师和放债人多种角色。尽管在被发现之前，写字板上的蜡早已消失，但铁笔透过蜡在下面的木板上留下了痕迹，我们可以辨认出上面写过什么。

这些写字板是我们了解庞贝经济的金矿，因为它们告诉了我们庞贝人买卖了什么、什么时候买卖、价格是多少。大多数文件（137 份）是交易记录，通常是拍卖的记录，由尤昆都斯代理其他人进行。通常他会向卖方收取佣金，并把钱贷给买方以收取利息，从而两头获利。这些文件大部分是卖家的"收据"，卖家承认尤昆都斯已经支付了拍卖所得的金额，除去佣金在内。一个典型的例子是公元 54 年的一次奴隶买卖（具体日期不详）：

> 按照与路奇乌斯·凯奇里乌斯·尤昆都斯的合同约定，到下个 8 月 13 日，应支付 1 567 塞斯退斯——这是拍卖路奇乌斯·尤尼乌斯·阿奎拉的奴隶尼姆菲乌斯的所得，刨除佣金——路奇乌斯·尤尼乌斯·阿奎拉宣布，他已经从路奇乌斯·凯奇里乌斯·尤昆都斯手中收到了这笔钱的现金。
>
> 交易在庞贝举行，时间为 5 月 29 日（或 6 月 28 日），是年的执政官为曼利乌斯·阿奇利乌斯和马库斯·阿西尼乌斯。
>
> （《拉丁铭文集成》，6.3340.7）

除了奴隶，其他写字板上还记录了各种各样的商品，包括黄杨木、亚麻、家具和配套设施，以及一头骡子（很悲伤地提醒大家，它证明了

> ## 凯奇里乌斯·尤昆都斯是谁？
>
> 除了写字板上的信息外，我们对路奇乌斯·凯奇里乌斯·尤昆都斯知之甚少。我们不清楚他在哪里举行拍卖，也不清楚他是否还在家以外的办公室办公。房子里有精美的绘画和艺术品，表明他很富有。在中庭发现了一尊中年男子半身像，头发稀疏，脸颊上有一个突出的疣子。这很可能就是尤昆都斯本人。
>
> 这些文件的日期还告诉了我们一些事。第一份有他署名的文件，时期为公元 27 年。大多数文件都是在公元 54—58 年签署的。目前尚不清楚为什么这些文件被特意保存下来，而他生涯其他时期的文件却没有保存。最后一条线索来自最晚的一份文件，日期显示为公元 62 年 1 月。这份文件的签署时间就在塔西佗记载的地震前一个月，尤昆都斯家中的家神神龛上也描绘了这场地震。为什么记录到那时就停止了？尤昆都斯是否在灾难中丧生了？我们可能永远也不会知道答案。

奴隶的生命有多么廉价，一头骡子卖了 520 塞斯退斯，大约合尼姆菲乌斯卖价的三分之一）。这份文件还提供了其他有用的信息：

- **数额**：1 567 塞斯退斯并非不合规则：在已经知道精确数字或大致数字的 44 份文件中，商品卖价从 342—38 079 塞斯退斯不等（尽管只有 3 笔交易的售价超过 2 万），中位数约为 4 500 塞斯退斯。尤昆都斯的佣金似乎在 2%—7% 浮动。
- **证人**：在这份文件的另一页上有一份证人名单，每份文件似乎都有至多 10 名证人。这些名单告诉了我们一些庞贝社会的情况，因为名单似乎是按照证人的社会地位排序的，妇女根本就不在其列：不是因为她们不识字，而是因为法律规定她们不具备签名的权利。

除了这些私人交易，还有16块写字板记录了尤昆都斯和庞贝政府之间的协议。他和庞贝政府签订了收税合同（他自己获利），还从他们那里出租（或转租）公共财产，比如一个农场和一间漂洗工场。

房　　屋

研究庞贝的著名学者安德鲁·华莱士-哈德里尔曾称这座城市为"一块由大、中、小房屋组成的连环拼图"。这些房屋有一居室或两居室的小住宅，也有宏伟的家宅。有时，它们被分为更小的公寓。然而，对于城中偏属于下层的生活空间，如公寓和出租屋，我们很难了解其细节。庞贝没有任何岛屋楼。在罗马和奥斯提亚发现的这种公寓楼，以及商铺楼上或房屋一楼的许多单间或公寓，都没有保存下来。下面的广告发现于广场北部一座建筑的墙上，时间可以追溯到火山爆发前一年左右，它介绍了各种可用的设施：

> 从下个7月1日起，阿利亚纳·波利亚娜岛屋楼（现在归格奈乌斯·阿莱尤斯·尼基迪乌斯·马尤斯所有）将出租带上层房间的商店、优质公寓和住宅。租房者请联系格奈乌斯·阿莱尤斯·尼基迪乌斯·马尤斯的奴隶普里默斯。
>
> （《拉丁铭文集成》，IV.138）

格奈乌斯·阿莱尤斯·尼基迪乌斯·马尤斯是庞贝著名的公众人物。

庞贝的花园

20世纪60年代之前,很少有人去研究或思考庞贝的花园。然而,在20世纪60—70年代,一位名叫威廉明娜·雅什姆斯基的考古学家致力于系统研究这一领域。她利用菲奥勒利法制作了植物根洞的石膏模型,从而识别出花园中生长的植物类型。她还分析了土壤等高线,以得到植床和灌溉渠道的信息。此外,她还检查了植物和动物的遗骸。这些证据与庞贝壁画上描绘的花园场景互为印证。

雅什姆斯基的研究结果表明,花园对于城市的经济和娱乐生活非常重要。她估计,在火山爆发时,城墙内大约五分之一的土地被用作花园或用于种植。即便是最小的房屋也有花园,许多房子的墙上也画着花园的场景。公元前1世纪末引水桥建成后,城市的园艺尤为繁荣。供水更加规律,意味着人们不必只种植耐旱的植物或树木。一些花园非常正规,布局复杂,最富有的房子拥有自己的供水系统,可以安装喷嘴和水池;其他花园的布局更为随意,但通常会种植能结水果或坚果的树木。此外,一些房子甚至有自己的菜园,这显然与几个世纪前所有房子都有自己的菜地的时代有所关联。

他是公元55年的两头执政官之一,至少赞助过3次公共赛会。我们可以看到,他也通过投资房地产赚钱。

庞贝当然也以城中的家宅闻名。这些房屋提供了一个迷人的视角,令我们得以了解庞贝某些重要人物和家庭的私人生活。就像今天一样,没有两所房屋完全相同。它们都有各自的设计和布局,每个家庭显然会根据自己的品位来装饰他们的生活空间。即使在这些房屋中,各个部分的大小和规模也不尽相同。城中最大的房子(也许也是今天最有名的房子）当属法翁之屋，房屋内的艺术品本身就已经不同凡响，它所昭示的富有精英的生活方式也极具研究价值。

法翁之屋

这所豪宅得名于房屋接水池中一个跳舞的农牧神法翁的雕像。它占地面积近 3 000 平方米，占据了一整片街区。它建于公元前 2 世纪初，然后在同一世纪晚些时候重建。正是在这次重建时，房屋装绘了那些著名的马赛克画。火山爆发后，这座房子与之前相比几乎没有什么变化，因此我们得以看到，它是希腊文化影响庞贝的一个典例。

法翁之屋的布局不同寻常，规模巨大——包括两个前门，一个后门，两个中庭，两个柱廊花园，一个大的夏季会客厅和 4 个餐厅。我们得仔细研究它的设计，才能了解这些区域分别都在什么位置（图 7.18）。房子前面应该也有第二层。在房子的主入口外，

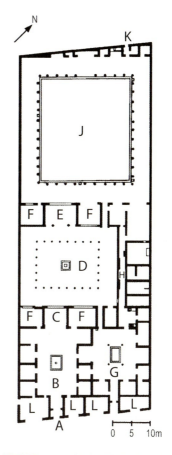

图 7.18 法翁之屋的布局。A. 主入口；B. 主中庭；C. 堂屋；D. 柱廊花园；E. 会客厅；F. 餐厅；G. 第二入口和第二中庭；H. 通往大柱廊花园的过道；J. 大柱廊花园；K. 后门；L. 商铺

人行道上刻着"你好"（HAVE）的字样。从这里进入主中庭，到访者一上来会看到房子的经典布局——中庭后面是堂屋，再后面是柱廊花园。然而，在柱廊花园后面还有一个豪华的夏季用房，随后是大柱廊花园，

它可能是由最初用于工作的花园改建而来。似乎这一切还不够,房子里似乎有 4 个餐厅,也许 4 个季节各用一个。

第二入口和第二中庭可能被用作家庭的私人空间,住客也可以通过它进出而和主家互不干扰。在这个中庭后面,有一条过道直通大柱廊花园。旁边是一间马厩,一套用于洗浴的小房间以及厨房。大柱廊花园

亚历山大的马赛克画

法翁之屋中最上乘的杰作当属会客厅地板上的马赛克画(图 7.19)。这幅画描绘了亚历山大大帝在公元前 4 世纪 30 年代末的战争中击败波斯王大流士三世的场景。人们认为它是公元前 3 世纪一幅著名的希腊绘画的复制品。这幅马赛克画长 2.7 米,宽 5.12 米,据估计它至少由 150 万块嵌片(制作马赛克画的小石头)组成。击败波斯人后,亚历山大继续征服了埃及,并建立了港口城市亚历山大里亚——希腊化世界的学术和文化中心。人们认为,法翁之屋的马赛克画正是由熟练的亚历山大里亚工匠制作而成的。

图 7.19　法翁之屋中的亚历山大马赛克画

后面有一个后门，商人和奴隶可以从这里进出，不惊动屋内其他人。后门旁边的两间小屋可能是给园丁和门卫住的。

这所豪宅展出了一批杰出的艺术收藏品。进入主中庭，到访者会立即看到接水池上跳舞的法翁雕像。在它前面的地板上镶嵌着一副马赛克画，画着两个悲剧面具，周围环绕着鲜花和水果。重要的房间装饰有其他马赛克画，比如餐厅，一间餐厅里画着骑老虎的狄奥尼索斯，另一间餐厅里描绘了各种海洋生物（可能暗示了这间餐厅会提供什么食物）。在大柱廊花园后面，会客厅前面，是一副精心制作的尼罗河动物马赛克画，上面绘有鸭子、蛇、鳄鱼和河马。也许是为了突出这些艺术品，房子墙壁上的画平平无奇，风格老套，还有上色的石膏，让人以为是不同颜色的大理石。

秘仪别墅

城墙之外的生活也很精彩。庞贝周边地区发现了许多别墅（villa，大型乡村住宅），其中许多是农场的工作场地。这些庄园生产或种植羊毛、葡萄酒、橄榄油、坚果、小动物和鸟类、火腿、奶酪、豆类、蔬菜和细面粉等。然而，并不是所有别墅都为农业而建——有些豪华别墅是为富有精英阶层建造的，比如西塞罗就住在这样的别墅里；再如尼禄的第二任妻子波佩娅，她可能就住在奥普隆蒂斯出土的巨大别墅里。

庞贝附近留存下来的别墅中，最著名的是秘仪别墅（图 7.20），位于赫库兰尼姆门外约 250 米的墓地街上。它始建于公元前 2 世纪，但在公元前 80 年庞贝成为罗马殖民地后不久就进行了翻新和扩建。至此，它变成了一个豪华的郊区别墅，装饰着精妙绝伦的艺术品，尤其是其中一组著名的壁画，人们通常认为上面画的是狄奥尼索斯的入会秘仪，别墅也因此得名。人们对这栋别墅在公元 62 年以前的情况可能所知甚少，但在那年之后，它可能属于伊斯塔奇狄乌斯家族——庞贝最富有的家族

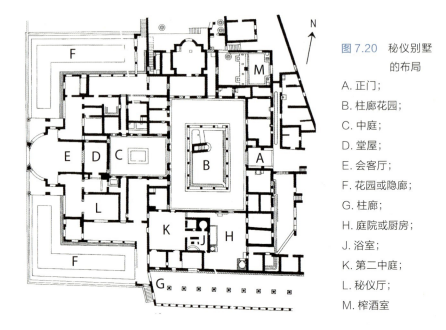

图 7.20 秘仪别墅的布局
A. 正门；
B. 柱廊花园；
C. 中庭；
D. 堂屋；
E. 会客厅；
F. 花园或隐廊；
G. 柱廊；
H. 庭院或厨房；
J. 浴室；
K. 第二中庭；
L. 秘仪厅；
M. 榨酒室

之一。在这几年里，别墅被改造成一座大型酿酒厂，其优雅似乎多少因此被破坏。

正门位于东侧，进去后直接就是柱廊花园（不像大多数城市住宅那样，进门后先是中庭）。再往前走是中庭，中庭通向一间堂屋。柱廊花园的南边是厨房，旁边是围绕着第二个小中庭而建的一套小浴室。柱廊花园北侧有一条走廊，通向榨酒室——用来榨葡萄汁和酿葡萄酒的房间。工人将葡萄带到这里，放进盆里踩踏，之后用一台带公羊头撞锤的沉重榨汁机将其反复碾碎。这个羊头撞锤已经得到重建，供今天的游客参观。别墅另有一间大酒窖用来储藏生产的酒。

由于别墅建在斜坡上，所以西侧建有一个人工地基，用以让地面保持水平，这被称为隐廊。隐廊上面的平台建有花园以及更多的待客厅。其中一个房间有时被称为秘仪厅，尽管它也可能被用作餐厅。秘仪厅以其 3 面墙上的壁画闻名。没有人能断定壁画描绘的是什么场景，但

图 7.21　秘仪厅壁画的第一幕和第二幕的开头部分

最普遍的观点认为，它们画的是一位女子在狄俄尼索斯秘仪入会仪式各个阶段上的状态。其他理论认为，这不是狄俄尼索斯秘仪，而是另一种女性秘仪。

这些场景可以分为三个阶段（图 7.21）：第一阶段是准备阶段，女人们参与仪式阅读并制作菜肴；第二阶段是有关狄俄尼索斯及其相关仪式的场景；第三阶段，一名女子穿着新娘的装饰，另一个女人在旁伺候——也许是入会仪式完成的那一刻。值得注意的是，这个房间是在庞贝墙之外的庄园中发现的，因为罗马法律禁止人们在城镇或城市中举行狄俄尼索斯秘仪。同样有趣的是，女性在画面场景中如此突出，所以有人认为别墅的主人可能是秘仪的女祭司。然而，我们终究还是无法确定这个房间的用途，这对我们来说可能永远是个谜。

第八章　赫库兰尼姆

虽然赫库兰尼姆比庞贝小,也不像庞贝那么出名,但它本身就是一处不可多得的考古遗址。此外,由于赫库兰尼姆在许多方面与它更大的邻居有所区别,因此对于了解罗马城镇的生活,它也为我们提供了庞贝所没有的线索和信息。而且它还进一步阐明了庞贝的各项发现。一位学者这样评价这两座遗址之间的关系:

> 当然,从某种程度上说,任何一座遗址都可以作为罗马世界和罗马文明的代表。但如果仅从单一遗迹来看问题,会丧失更广阔的视野。这就像用一只眼睛观察事物。把庞贝和赫库兰尼姆结合在一起,就像用两只眼睛来观察……正因为它们既相似又不同,所以才给了我们一个更加立体的视角。
>
> (安德鲁·华莱士-哈德里尔,《赫库兰尼姆:过去与未来》,第288页)

对游客来说,赫库兰尼姆有两个地方显然与庞贝有别:它没有过街的踏脚石,街道上也没有车辙。因此,我们要研究出现这些差异的原因。正是类似这样的问题,以及其他许多疑点,让研究罗马世界的学生对赫库兰尼姆兴致盎然,也兴奋不已。

历史、毁灭和重建

历史

赫库兰尼姆(图 8.1 和 8.2)位于维苏威火山脚下,距火山约 3.7 英里(图 7.1)。这座城镇坐落在火山山嘴边缘与大海的交汇处,有城墙环绕,两边各有一条小河。它比庞贝小,占地面积最多 50 英亩,相比之下,庞贝的面积达 157 英亩。维苏威火山爆发时,其城镇人口估计有 4 000 人,大约是庞贝人口的三分之一。

图 8.1　公元 1 世纪的赫库兰尼姆的想象图

图 8.2　今天的赫库兰尼姆，遗迹远处是现代的城镇

　　史料表明，赫库兰尼姆有着与庞贝相似的历史。特别是在斯特拉波的记载中，这两座城市都受到了奥斯坎人、希腊人、伊特鲁里亚人、萨莫奈人和罗马人的影响。然而，我们很难追溯赫库兰尼姆的早期历史，因为对该城镇公元 79 年的地层再往下的挖掘比庞贝还要少。事实上，考古学家没有发现公元前 4 世纪之前这里有人类居住的迹象。似乎该地最早的聚落是一个说奥斯坎语的萨莫奈人城镇，像庞贝一样，它是以努凯里亚为首的萨莫奈联盟的成员。尽管如此，它也一定与那不勒斯湾北侧的希腊聚落存在密切联系，特别是临近的奈波利斯（那不勒斯）。这也许可以解释"赫库兰尼姆"（Herculaneum）一名的由来，它的意思是"赫尔库勒斯之城"。由于罗马人受到希腊文化的影响并逐渐将自己与希腊神话传统联系在一起，因此，赫库兰尼姆人在某个时候希望将自己与希腊最伟大的英雄联系在一起，也就不足为奇了。

事实证明，在赫库兰尼姆发掘其萨莫奈时期的历史，比在庞贝难得多。庞贝流传下来几十块奥斯坎语碑铭，而赫库兰尼姆只有一块，因为这座城镇的大部分在公元前1世纪和公元1世纪进行了翻修和重建。然而，赫库兰尼姆似乎在公元前2世纪得到了蓬勃发展，因为这一时期它建造了两所大宅——木隔板之屋和萨莫奈人之屋。和庞贝一样，赫库兰尼姆在公元前91—前89年的同盟者战争后出现了重大变化。在战争中，赫库兰尼姆站在了反叛的意大利人一边。尽管最终被击败并遭到洗劫，但这座城镇并未像庞贝那样，在日后变为罗马的殖民地。这可能是因为它的城墙内没有空间安置退伍老兵。和其他意大利城镇一样，赫库兰尼姆的居民战后获得了完全的罗马公民身份，其市民机构的官方语言也从奥斯坎语变为拉丁语。

赫尔库勒斯

赫尔库勒斯（希腊语称为赫拉克勒斯）是希腊神话中最强壮的人，他在一次狂乱发作时杀死了自己的妻子和孩子，为此他不得不完成12项艰巨任务来赎罪。他死后成了神。公元前8—前6世纪，希腊人到地中海和黑海一带殖民。他们往往很崇拜赫尔库勒斯，把他作为新定居地的奠基神。

赫尔库勒斯的第十项任务是前往西班牙地区，从三头巨人革律翁手中偷取50头牛。完成这项任务后，据说赫尔库勒斯带领牛群穿过意大利，在凯旋的游行中返回希腊，并在早期罗马的所在地停留。公元前1世纪著史的哈利卡纳苏斯的狄奥尼修斯记载，"赫库兰尼姆"这个名字源自赫尔库勒斯，因为在返回希腊的途中，这位英雄在那里为他的舰队找到了一个安全的停泊处。壁画证据表明，赫尔库勒斯确实是赫库兰尼姆城中重要的神。

公元前 1 世纪，赫库兰尼姆成为那不勒斯湾最时髦的海滨度假小镇之一。自公元前 2 世纪普泰奥利（今天的波佐利）发展成为罗马帝国的主要港口以来，这片海湾得到了罗马社会富有精英的青睐。他们沿海湾一带购买或建造了奢华的夏季别墅。赫库兰尼姆附近最著名的别墅要数莎草纸别墅。几乎可以肯定的是，它一度归路奇乌斯·卡普尔尼乌斯·披索所有。他是尤利乌斯·恺撒的岳父，公元前 58 年的执政官（西塞罗写过一篇演说词《反披索》，激烈谴责他作为一名公共官员的所作所为）。在城镇内，海岸线上方的海墙上建了一批拥有绝佳视野的豪宅。奥古斯都时代见证了这座城镇在建筑（包括剧场）上的大发展，其中一些工程是由一名重要的公众人物和赞助人马库斯·诺尼乌斯·巴尔布斯（见下文本框）资助的，他与奥古斯都皇帝交情匪浅。

马库斯·诺尼乌斯·巴尔布斯

马库斯·诺尼乌斯·巴尔布斯是赫库兰尼姆的一位著名公众人物。他是奥古斯都时期该城镇的主要赞助人（尽管他实际上来自附近的努凯里亚）。巴尔布斯在罗马的政治生涯令人瞩目。他首先于公元前 32 年出任人民保民官，当时他在屋大维与安东尼的斗争中坚定地支持前者。事实上，他作为人民保民官对当年的执政官索西乌斯动用了否决权。索西乌斯是安东尼的支持者，试图采取反对屋大维的措施。作为奖赏，巴尔布斯后来当上了法务官，后来又成了克里特和昔兰尼行省的总督。

尽管取得了这些成就，巴尔布斯在罗马贵族精英中仍然是一个相对边缘的角色。

然而，在赫库兰尼姆情况就不同了。在这里，他可以扮演类似奥古斯都在罗马那样的公众赞助人的角色。巴尔布斯资助了一些建筑工程，包括长方会堂、城门和城墙。作为回报，他获得了公众的赞誉。城镇中发现了许多他的雕像，包括两尊骑马像（图8.3），而在长方会堂里也发现了他全家的雕像。城郊浴场旁边的葬礼祭坛上刻有铭文，记录着市议会对于巴尔布斯造福城镇的感激之情。作为报答，他们授予其特别的荣誉以示纪念。巴尔布斯的骨灰（在发掘遗迹时还留在原地）安置在他另一尊雕像的底座里，雕像就竖立在葬礼祭坛旁边。

通过巴尔布斯的故事，我们可以充分了解有钱有势之人在自己家乡能够扮演怎样的重要角色。

公元62年地震以前，我们在历史书中很少看到赫库兰尼姆。在小塞涅卡关于地震的信中，这位哲学家写道：

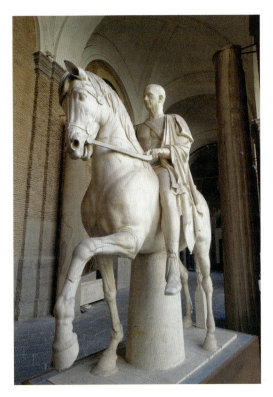

图8.3 马库斯·诺尼乌斯·巴尔布斯的一尊骑马像，位于今天那不勒斯考古博物馆

> 赫库兰尼姆镇的一部分也倒塌了，幸存的建筑也摇摇欲坠。
>
> （小塞涅卡，《自然问题》，6.1.2）

虽然赫库兰尼姆遭受了严重破坏，但重建的速度可能比庞贝快得多，而且在公元 79 年，建筑似乎处于相对良好的状态。这可能是因为城镇较小，所需的修复工作也较少；或者是因为这里可能有更多富裕的居民，他们愿意为必要的修复提供资金。实际上，城镇中发现了两处铭文，记录了韦斯帕芗皇帝在公元 76 年曾资助两项重建工程。

一处有趣的涂鸦可以追溯到公元 1 世纪 70 年代，说明赫库兰尼姆仍然是罗马精英的旅游地。在"宝石之屋"一间厕所的墙上，还可以看见这个拉丁文涂鸦：

> 阿波利纳里斯，提图斯皇帝的医生，在这里拉屎拉得很痛快。
>
> （《拉丁铭文集成》，IV.10619）

提图斯在公元 79 年 6 月才继任皇帝，所以阿波利纳里斯可能是在这座城镇生命的最后几个月里写下了这段文字（尽管实际上提图斯早在公元 70 年就和父亲韦斯帕芗一起被称为皇帝）。无论是哪种情况，似乎在火山爆发前几年，有一位"皇家医生"就在城镇里，和其他人一样使用这些设施。我们甚至可以推测到底是谁写的这条涂鸦：是阿波利纳里斯本人？还是一个爱开玩笑的奴隶，不得不在他上完厕所后清理后事？

毁灭

赫库兰尼姆所在的位置，意味着它毁灭的方式与庞贝不同。由于它不在火山喷发的下风处，所以它在普林尼型喷发的初期避开了火山物质的倾泻。实际上，火山爆发后的第二天凌晨，火山碎屑开始涌出和流动时,赫库兰尼姆可能只覆盖了一层15—20厘米厚的浮石、岩石碎片和火山灰。然而,从另一种角度看,这对城镇居民来说可能更加可怕,因为他们能够清楚地看到喷发柱的大小和威力。

一旦普林尼型喷发开始,城镇如此靠近火山的位置意味着它没有机会幸存。它正好处于火山碎屑涌出和流动的道路上。第一波碎屑流可能将全城人都杀死了,第二波则将城镇淹没了。最终,赫库兰尼姆被埋至23米深(大约是庞贝被埋深度的4倍),碎屑流将海岸线向外推了约400米,形成今天我们看到的样子(图8.4)。

赫库兰尼姆毁灭的方式,意味着它的保存状态与庞贝的有两点重要不同:

- **上层建筑**:城中建筑的上层保存下来的比例较高。这可能有两个原因:首先,在普林尼型喷发阶段,屋顶没有受到火山物

图8.4 出土的赫库兰尼姆古时的海岸线。右边和远处可以看到淹没城镇的火山岩

质大量堆积的影响，而这导致庞贝的许多上层建筑出现了坍塌；其次，赫库兰尼姆位于比庞贝更陡的斜坡上，所以当碎屑流从更高的角度滚落时，城镇的梯形布局提供了一些保护和支撑。

- **碳化：**有机物质，如木材、布料、莎草纸和食物，通过碳化得到了更大程度的保存。因为赫库兰尼姆遭遇的碎屑流温度明显高于庞贝遭遇的，并且，这些碎屑流将城镇封闭在一个无氧的环境中。

这两个特点都可以在"木隔板之屋"中找到。

然而，正如这位研究赫库兰尼姆的现代作家所阐明的，并非所有发现于城镇的有机物质都以碳化的形式保存了下来：

> 火山碎屑流起了奇怪的作用。尽管它的力量巨大、体积庞大、温度极高，但它也是不可预测的。有些地方热得足以令木头和食物碳化；在另一些地方，热度只能烧焦布料和面包。而在其他地方，木头、绳子、鸡蛋，甚至渔网，看起来基本上没有受到伤害。
>
> （约瑟夫·杰伊·戴斯，《赫库兰尼姆：意大利被埋葬的宝库》，第18页）

正如戴斯在这里指出的，似乎各种碎屑流对城镇的不同区域产生了不同影响。其中一些温度很高，会立即将其遇到的一切有机物碳化，而另一些温度似乎要低得多，所以仅在物质周围形成了一个不透气的密封层，完美地保存了里面的东西。

因此，这再次提醒我们，不应将赫库兰尼姆仅仅看作小版本的庞贝。相比庞贝，这个城镇不仅具有不同的特点，被摧毁的方式也迥然有别，所以它也有自己的一课要教给我们。

重建

人们对赫库兰尼姆的探索早于庞贝。1709 年，雷西纳镇的一个农妇挖井时掉进了古代的废墟。她带出了一大堆古代大理石。这些东西很快引起了奥地利王公德·埃尔伯夫的注意。他正在附近修建一座别墅，想用大理石来装饰。他下令拓宽那口井，挖掘地道，尽可能多地挖取大理石送往他的别墅。工人们没有意识到他们正开始洗劫赫库兰尼姆的剧场。同庞贝的发掘史一样，早期人们对这座城镇的探索完全是为了寻宝，许多珍贵艺术品因此遭到破坏。

赫库兰尼姆的发掘工作采取了与庞贝不同的模式。20 世纪以前，遗址只有少数地区尚未发现。相反，早期的探险者在被掩埋的城镇中挖

赫库兰尼姆的剧场

在庞贝和赫库兰尼姆惨痛的早期发掘史中，赫库兰尼姆剧场遭受的洗劫也许是最悲惨的故事。它建于奥古斯都时代，规模相对较大，据估计可容纳 1 300—2 500 人。剧场的掩埋方式意味着，剧场本身，连同它上面罗马剧场独有的装饰，几乎完整地保存了下来。

然而，在将近 40 年的时间里，先是德·埃尔伯夫，后是阿尔库维耶雷，他们无情地开采剧场，移走它的彩色大理石、灰泥、青铜和大理石雕像。到了 1739 年，整个舞台的装饰都被洗劫一空。如果这些早期挖掘者保存了剧院，而不是掠夺它，那么毫无疑问，它将成为现代世界的考古奇迹之一。实际上，留给我们的装饰在结构上十分重要，但这些幸存下来的装饰最初如何在剧场中展示，我们也只能去猜测了。

掘了一条隧道网——多亏了他们精确的测绘，我们才能对未发掘地区有更多的了解。然而，在18世纪中叶，当人们的注意力转向庞贝时，赫库兰尼姆的发掘进度却断断续续。一个主要问题在于，这座遗址很难挖掘，因为它埋得比庞贝深得多。此外，它上面已经盖起了一座现代城镇，可以理解，那里的居民不会愿意为探索历史而搬家。

今天我们所能看到的大部分遗迹，都是在1927—1961年由考古学家阿梅迪奥·迈乌里发掘的。在墨索里尼时代，法西斯党领导的意大利政府想要宣布罗马遗产归国家所有，此时迈乌里接管了发掘工作。迈乌里对我们现在所知的赫库兰尼姆遗址产生了最重大的影响。在他的指导下，今天可见的大部分遗迹都被发掘出来。他手下的工人挖掘和重建遗

赫库兰尼姆保护工程

到2000年为止，赫库兰尼姆已出土部分的状况十分糟糕。由于一系列复杂的原因，包括缺乏定期维护、保护工作的资金不足，所有区域都出现了明显的损坏：建筑物倒塌，石膏表面剥落，马赛克碎裂，建筑物内部和周围杂草丛生。这个地方似乎注定要经历第二次"死亡"，虽然是慢性的，但其破坏性与维苏威火山爆发不相上下。

2001年，赫库兰尼姆保护工程启动了。这项工程试图尽可能将损坏降到最低。该项目由帕卡德人文学院与当地遗产管理局和罗马英国学校联合发起，采用各种方式修复受损之处，包括保存壁画和马赛克画，修补和建造屋顶，重新使用原来的罗马下水道以加强遗址的排水系统，甚至清理鸽子造成的破坏，因为鸽子的粪便会腐蚀遗迹。项目取得了良好进展，赫库兰尼姆现在的状况大大改善。然而，就像所有考古遗址一样，赫库兰尼姆遗址仍然是脆弱的，在未来的岁月中需要持续给予高质量的维护。

迹，然后将罗马建筑展示给游客。特别是，他的发掘方法在两个重要方面具有创新性：

- **展示**：他热衷于将文物陈列在原房间里，以展示罗马世界日常生活的方方面面，以前很少有人这么做。
- **保存**：他确保工人要定期检查发掘现场，并在必要时进行维修和养护工作。

然而，自 1961 年以来，除了一两处例外，赫库兰尼姆的发掘几乎没有什么显著进展。今天，发掘面积估计有 4.5 公顷——4 块完整发掘的和 4 块部分挖掘的区域，只占遗址的 25%。其余部分掩埋在现代城镇埃尔科拉诺（之前被称为雷西纳）下方。1997 年，该遗址和庞贝遗址一起被联合国教科文组织列为世界文化遗产。

古代海岸旁的遗骨

1982 年 3 月，发掘工作取得了重大进展。当时考古学家开始关注城郊浴场（已经被挖掘出来）被水淹没的高度。他们决定在浴场下方挖一条排水渠，一直挖到了海边的拱形仓库——它们通常被称为"船坞"，尽管人们已经发现这些仓库不够大，无法容纳罗马船只。没过多久，他们发现了一具骸骨，接着又发现了一具，然后越来越多。到 2002 年，这一地区共出土了 350 多具骸骨，其中大部分都蜷缩在船坞里。这是一个重大而可怕的发现。这些人究竟经历了什么？

1982 年以前，人们认为城镇中基本上每个人都逃了出去，因为只发现了 32 具骸骨。在这些骸骨中，一个婴儿躺在摇篮里，一个男孩躺在床上，旁边的桌子上还有一份鸡肉午餐。我们只能猜测他们为何被遗弃在城里，也许当时人们认为他们没有力气或太过脆弱，无法撤离。然而，船坞里的人似乎一直在等待救援。事实上，在此我们可以将其与小普林尼关于他舅舅展开营救的信联系起来。最初，老普林尼计划驶入海湾，只是为了近距离观察火山喷发：

> 当他（老普林尼）正要离开房子的时候，他收到了塔斯奇乌斯的妻子莱克提娜送来的一封信，她对即将来临的危险感到非常害怕（她的别墅就在山脚下，除了乘船外没有其他办法撤离）。
>
> （小普林尼，《书信集》，6.16.8—9）

莱克提娜住得离赫库兰尼姆很近。据推测，她派了一个人骑马前往米赛努姆送信，希望有人来拯救她全家，也许还包括其他当地人。没有足够的车辆供他们所有人乘坐，此外地震又令陆路变得十分危险，这就是为什么她认为唯一的逃生方式是走海路。

考古学家在赫库兰尼姆沿岸只发现了一艘船（图8.5）。很可能在某个时候，风向和海面状况允许其他船只驶离城镇，航向南方，但它们没有再次回到港口。普林尼的书信告诉我们，他的舅舅被迫向南航行前往斯塔比埃，没能在更北的地方登陆。毫无疑问，这是因为火山喷发会引发海啸，正是海啸前的效应导致他们无法靠岸：

> 我们看到，海水显然被地震吸了进去，然后又退了回来。海岸线当然也向外推进了，许多海洋生物搁浅在海水退去后的沙滩上。
>
> （小普林尼，《书信集》，6.20.9）

留在城里的人等待救援等了好几个小时，但一切都是徒劳的。躲在船坞里的人可能遇到了第一波或第二波碎屑流，因热休克而当场死亡。人们会听到火山碎屑以极快的速度从山坡上呼啸而下。在高达400—500°C的热浪中，他们的器官蒸发了，同时有证据表明他们的牙齿破碎，大脑沸腾，头骨爆裂——有些破裂的头骨内部都变黑了。此外，这些尸骨暴露在高温下，DNA已经分解了（从考古学的角度看，这阻

图8.5 这艘船出土时几乎是完整的,只是木头已经炭化。它大约9米长,2米多宽,由3对船桨操纵。它看起来很像古佐船,一种今天仍在意大利近海使用的传统渔船

碍了我们收集信息,比如死者中有多少人存在血缘关系,或者他们属于什么种族)。

并不是所有的骸骨都是在船坞中发现的。一个女人显然已经从梯台上被抛到了下面的海滩上——她的骸骨中,头骨粉碎,盆骨碎裂,一根大腿骨插到了锁骨旁。这进一步证明了火山碎屑流的威力有多恐怖。

萨拉·比塞尔博士的研究

1982年6月,考古学家和人类学家萨拉·比塞尔博士受邀来到遗址现场,检查这些新发现的骸骨。她总共调查了139具赫库兰尼姆人的遗骨——51名男性,49名女性和39名儿童。她收集了各种各样的证据,从骸骨本身的状况到它们旁边发现的手工制品。因此,她试图解释这些

人可能过着什么样的生活。她的方法也受到了质疑，理由是她在许多案例中对证据进行了过度解读。特别是，有人认为她对于一些骨骸的年龄、社会阶层和特征的结论过于具体。

尽管如此，她的发现依然值得注意。下面是一些例子：

- **"戴戒指的女人"**（图 8.6）：这个女人左手戴着两枚镶嵌宝石的金戒指，因而得名。她还戴着金手镯和金耳环。骨骼测试显示，她40多岁，身高157.2厘米，营养良好。她还有一口完美的牙齿，大概生过两三个孩子。她很可能属于赫库兰尼姆社会中的富裕阶层。

- **"士兵"**：这具骸骨之所以如此命名，是因为它被发现时腰带上挂着一把剑——不过没有其他证据表明他就是一名士兵。他旁边有木匠的工具，如凿子和锛子。他大约37岁，高174.5厘米，右前臂特别强壮，也许表明他做了多年木工。他鼻子很大，缺

图 8.6 "戴戒指的女人"的骸骨

了 3 颗门牙，不过不是因为蛀牙，也许是被打掉了。

- **一组骸骨**：也许最令人不忍的是一组 12 人的骸骨，他们可能属于同一个家庭：3 个男人、4 个女人、4 个孩子和一个婴儿。婴儿戴着珠宝，因此比塞尔猜测她可能来自一个富裕家庭。然而，抱着她的是一个十几岁的年轻女子，骨骼显示出营养不良和过度劳累的迹象。比塞尔推测，她可能是一个家内奴隶，在最后的几个小时里受托照顾孩子。

赫库兰尼姆的骸骨对于考古学家是罕见的宝藏。由于罗马人在这一时期实行火葬，因此它们是第一个重要的公元 1 世纪罗马人的典型样本。它们也是独一无二的"健康"人群的标本——大多数墓地里的骸骨都属于死于疾病或年老的人，但赫库兰尼姆的骸骨全是在同一起事故中死亡的，所以它们提供了一份公元 79 年活着的人的写照。另有大约 150 具遗骨仍在分析中。

经过对 139 具原始骸骨中相对完整的 36 具进行分析，研究人员发现，死者中男性的平均身高为 5 英尺[①]7 英寸[②]，女性的为 5 英尺 1.5 英寸，这与那不勒斯地区现代人的身高情况相差无几。总体来说，他们的牙齿很好，可能是因为当地的水源含有高浓度的氟化物，而且罗马人从未发现过糖。然而，一些骸骨牙齿上堆积着厚厚的牙垢，表明他们生前一定受口臭困扰。

其他骨骼则提供了受伤和疾病的线索。其中 5 人有骨外伤，但恢复得很好——这证明了罗马的外科手术水平很高。另有 7 具骸骨（5 名成人和 2 名儿童）的铅含量高到了足以导致中毒甚至脑损伤的程度。这项发现可以与铅管道的使用联系起来，此外，铅也用于制作容器，如壶、

---

① 1 英尺 =0.3048 米。——编者注
② 1 英寸 =0.0254 米。——编者注

盘子、杯子以及一些药物。

赫库兰尼姆的居民

另外两个有趣的信息,为我们提供了了解当地日常生活的难得视角。第一个是一组大型公共铭文,发现于诺尼亚努斯长方会堂附近的 6 块大理石板上。虽然这些记录只剩残篇,但它们列出了城镇的 500 名男性居民。第二个是城镇中发现的各种记录合法交易的木板(类似庞贝凯奇里乌斯·尤昆都斯的木板)。这些记录揭示了许多有关城镇日常法律事务的信息,也为我们提供了公民姓名的进一步记录,因为按照罗马的惯例,每一笔合法交易至少要有 7 名证人。赫库兰尼姆拥有大量骸骨和从雕像、画像到人类排泄物等其他信息,难怪一位著名学者说:"很难想象还会有其他古代人能被了解得如此细致。"

研究者认为,诺尼亚努斯长方会堂附近的大理石铭文,很可能是城镇所有男性公民的名单。通过石碑残余的部分推断,上面总共可能有 1 200 个名字,估计就是城镇成年男性公民的人数。有些名字是用墨水写上去的,而不是刻出来的,说明他们刚刚被添加到名单上,雕刻工还没来得及把他们的名字刻上去。在 6 组铭文中,一组列出了自由出身的公民,下面的 3 组列出了被释奴(他们当然拥有公民权),上面的两组列出了其他群体。人们认为,他们是通过身份提升而获得完整公民权的人:有些人以前是"尤尼乌斯拉丁人"①——30 岁前就获得解放的奴隶(30 岁以后解放的奴隶才能获得完全的被释奴地位),其他人可能以

---

① 公元 19 年,罗马颁布了"尤尼乌斯 - 诺尔巴努斯法"(以当年的执政官马库斯·尤尼乌斯·西拉努斯·托尔夸图斯和路奇乌斯·诺尔巴努斯·巴尔布斯命名),规定 30 岁之前就获得解放的奴隶只能拥有拉丁权(30 岁之后获得解放的奴隶则拥有完整的公民权)。这种被释奴因此称为"尤尼乌斯拉丁人"。他们可以继续争取完整的公民权。但如果去世时仍为尤尼乌斯拉丁人,他们将重回奴隶身份,失去一部分权利,比如原主人有权占有他们的遗产。——译者注

前是"非官方被释奴"——未经过正式手续而被主人解放的奴隶。如果铭文中的比例具有代表性，那么大约只有六分之一的男性公民是自由出身，表明当时罗马社会的身份流动性很强。可以进一步印证这一点的是，将近一半的名字来自希腊——即使在一个有着悠久希腊殖民传统的地区，这个数字也算得上很高。

写字板是在 8 个不同的房屋中发现的，总共至少有 160 份独立的文件——碳化使它们得以保存下来。文件中出现了两个特别有趣的法律案例。一个是关于路奇乌斯·维尼狄乌斯·欧尼库斯的，他住在"黑厅之屋"。他是一名被释奴，但属于身份低一等的"尤尼乌斯拉丁人"，因此没有获得被释奴应该享有的全部公民权。法律规定，如果他有一个合法的孩子且孩子活过了 1 岁，那么他就可以获得完全的公民身份。在欧尼库斯家中发现了 39 份文件，其中 3 份与他申请完全公民身份有关：一份他女儿的出生证明，日期是公元 60 年 7 月 24 日；一份公元 61 年 7 月 25 日市议会在诺尼亚努斯长方会堂召开会议的记录，当时他女儿已经满一周岁了（会议的细节没有保存下来，但估计市议会已经收到了他的正式申请），以及一份文档记录，表明赫库兰尼姆的市议会派出了 4 个代表前往罗马，将这一申请呈交给法务官裁决，法务官批准了申请并于公元 62 年 3 月 22 日将其公布在罗马奥古斯都广场的一块铜板上。欧尼库斯的名字出现在了大理石公民名单上，证明他的新身份已经得到认可。

第二个案例和一名叫作佩特罗尼娅·尤斯塔的妇女有关。她同维尼狄乌斯·欧尼库斯一样，希望确认自己的合法公民身份。在她的案例中，她声称自己是一个自由出身的女人，因为她的母亲是一个奴隶，在她出生前之就得到了解放。佩特罗尼娅由她母亲的前主人佩特罗尼乌斯·斯泰法努斯和卡拉托利娅·忒弥斯抚养长大。佩特罗尼乌斯死后，卡拉托利娅声称佩特罗尼娅是在她母亲获得解放之前出生的，因此她只有"尤尼乌斯拉丁人"身份，仍然对卡拉托利娅负有义务。这也意味着佩特罗尼娅不能与罗马公民合法结婚。佩特罗尼娅把这件事上诉到法庭。在"二百周年之屋"发现的写字板中，有 18 块与这起案子有关。它们的时间为公元 75 年和 76 年，大部分由证人证词组成：10 人支持佩特罗尼娅，3 人支持卡拉托利娅。其他文件显示，赫库兰尼姆的法庭无法裁决这起案件，因此法律程序移交到了罗马。公元 79 年火山爆发时，这个问题似乎还未解决。

城镇布局和房屋

赫库兰尼姆只有南部得到了发掘，因此我们只能对它的布局形成一个局部印象。尽管如此，出土的遗迹仍然呈现出城市生活的缤纷多彩。

布局

街道

已经出土的区域是城镇朝大海倾斜、地势较低的一侧。如图 8.7 所示，它包括 3 条通往东北方山地的南北向主干道，两条与其成直角交叉的东西向道，以及在 18 世纪的隧道挖掘中发现的第三条东西向道。

赫库兰尼姆出土的街道、房屋、商店与庞贝以及其他罗马遗址的相似。它与庞贝的一个显著不同在于，赫库兰尼姆的人行道较低，也没有过街的垫脚石。这是因为这座城镇的排水系统要好得多，它拥有一套专业的、建在街道下方的大型排水系统，所以没必要铺垫脚石妨碍人们

图 8.7 赫库兰尼姆平面图。①奥古斯都祭司团学堂；②中央浴场；③两百周年之屋；④尼普顿与安菲特律特之屋；⑤岛屋楼；⑥体育场；⑦黑厅之屋；⑧木隔板之屋；⑨上会堂；⑩牡鹿之屋；⑪宝石之屋；⑫城郊浴场；⑬梯台；⑭维纳斯神庙；⑮诺尼亚努斯长方会堂；⑯长方会堂

在街道上行走。和庞贝一样，这里也有复杂的供水系统。人们发现了许多公共喷泉，还有一座水塔，在街道下方发现了铅管。然而，赫库兰尼姆似乎并不由奥古斯都水桥提供淡水，因为在庞贝，来自奥古斯都水桥的水在管道上留下了厚厚的水垢，而赫库兰尼姆的供水管道中并不存在水垢。因此，赫库兰尼姆可能拥有自己的本地水源。

赫库兰尼姆的另一个奇怪之处是，与庞贝相比，它的街道上没有车辙。这说明城中的来往车辆要少得多。赫库兰尼姆是一座更为安静的城镇，没有车辙的特点与这一印象正相吻合。它的经济更加本地化，商品的进口和出口较少。

公共建筑

到目前为止，这座城镇还没有发现广场。城镇迄今发现的主要公共建筑，都围绕着发掘区北部的东西向干道——大东西道而建。这条街道的重要性体现在它禁止车辆通行。街道附近是娱乐设施：西端是剧场，东端是体育场，外面有门廊环绕，中心有一个游泳池。这是一个供人们锻炼、聚会、交谈甚至学习的空间。它最初建于奥古斯都时代，然后在公元1世纪中期扩建。体育场的北面是一座巨大的公共会堂，称为上会堂。它上面有一系列大房间，可以看到体育场。

沿着大东西道发现了3个重要的公共建筑，不过只有一个得到了完全发掘。它被称为（很可能是误会）奥古斯都祭司团学堂。这是一座大厅，有4根中央柱子支撑着上层。大厅一端是一个巨大的神龛区（图8.8），上面装饰着丰富的壁画，包括两幅描绘赫尔库勒斯的大型壁画。在一幅画中，他正为了追求得伊阿尼拉而与河神阿刻罗俄斯争斗；在另一幅画中，他已经成了神，与朱诺和密涅瓦在一起。人们最初认为，这座建筑是奥古斯都祭司团集会的大厅。这主要是基于一种早期理论得出的判断，当时人们认为，大理石板上的名字是城镇中奥古斯都祭司的名单。然而，由于这份名单所包含的名字远远超过了这个祭司团应有的人数，因此这座大厅可能是市议会举行会议的地方——实际上，入口处有3处涂鸦写着"curia"（拉丁语，指"市议会"）。

奥古斯都祭司团学堂的西面是诺尼亚努斯长方会堂。我们可以非常肯定地说，这就是巴尔布斯在他的碑文中宣称建造的长方会堂，因

图 8.8 奥古斯都祭司团学堂的神龛区

为人们在这里发现了很多巴尔布斯及其家人的雕像。诺尼亚努斯长方会堂可能是授予和记录公民身份的地方。城镇中发现的一份法律文件表明，公元 61 年 7 月 25 日，维尼狄乌斯·欧尼库斯在这座建筑中获得了完整的公民权。刻有城镇公民名单的大理石板可能就曾放置在这座建筑里。

　　诺尼亚努斯长方会堂对面是一座尚未被发掘的大型建筑。它被称为长方会堂，同样源自误会。18 世纪的发掘者挖出一条隧道，到达了这座建筑，他们认定它一定是城镇的长方会堂。所以尽管他们弄错了，但这个名字一直保留了下来。它是 3 座建筑中最大的，也是最重要的。它是一座柱廊：一个巨大的开放式公共空间，周围都有门廊（它在设计上与庞贝的欧玛奇娅大殿相似）。这种类型的建筑在奥古斯都时代的罗马变得十分普遍。柱廊两端的墙壁上装饰着精美的壁画，其中许多描绘了希腊神话中的场景（赫拉克勒斯、忒修斯和阿喀琉斯全都有）。柱廊中还有历代皇帝家族成员的雕像，包括中央壁龛里的提图斯大理石像，以及分别陈列于它两侧壁龛里的奥古斯都和克劳狄的巨大青铜像。此外，还有弗拉维皇帝家族的女性成员青铜像。虽然这座建筑的确切用途还未确定，但它显然是城镇的一个重要公共空间。

城镇中发现了3座浴场。靠近中心的是人称中央浴场（图8.9）的综合建筑群，建于公元前1世纪晚期。它设有男女分开的洗浴区，都由中央火炉加热（就像庞贝的斯塔比埃浴场）。对女宾来说，不幸之处在于她们没有冷水房。这些浴场也有自己的体育场（图6.16）。遗址东南是令人印象深刻的城郊浴场，从那里可以看到古代的海岸。它们似乎建于奥古斯都时期，然后在公元62年后得到了扩建。扩建部分包括第二个带有自己火炉的热水房，它的火炉可以为一个能容纳20人的游泳池供暖。我们还知道，公元79年以前，由于该地区海平面上升，浴场

图8.9　中央浴场的男更衣室。远端的大理石脸盆是用来洗手和冲脸的

遭到了破坏。在公元20世纪90年代，在发掘区的西北部发现了第三座浴场。它似乎是公元62年之后建造的。浴场有一段向下的大理石台阶，穿过一个带有水池、喷泉和花园的区域，最终通往大海。

在城镇的南端，海的正上方是一座梯台。它的西面发现了两座小型维纳斯神庙。其中较大的一座似乎建于公元前2世纪，之后在奥古斯都时期和公元1世纪70年代两度进行了扩建。最后的扩建由两名被释奴奥卢斯·弗里乌斯·萨图尔尼努斯和维比狄娅·萨图尔尼娜资助。他们为修建神庙捐款时，还向公共基金捐赠了54 000塞斯退斯。沿着梯台往东走是一个大型的葬礼祭坛和马库斯·诺尼乌斯·巴尔布斯的骑马像，这是市议会为纪念他对城市所做的贡献，特意颁布法令修建的。

其他公共建筑尚未被发现。一处铭文表明，城镇有一座卡皮托利神殿（供奉朱庇特、朱诺和密涅瓦的神庙）。另外两处铭文表明，这里还有一座大母神神庙以及一座食品市场，可能是庞贝的主要市场。此外，这座城镇很可能还有一座供奉其守护神赫尔库勒斯的神庙。对这样的小城镇来说，赫库兰尼姆拥有一套令人印象深刻的公共建筑。

手工业

赫库兰尼姆似乎没有什么大规模的手工业，也许是因为它位于受限的内陆地区。与庞贝相比，这里缺少诸如漂洗（只有一家工厂和两家染坊）、酿酒或鱼酱等手工业存在的证据。然而，即使在只占城镇一小部分的已发掘地区，人们也发现了一些热食店（图8.10），以及一个做珠宝的和制铅的作坊。赫库兰尼姆的经济显然更立足于本地，城外的农田产量也很高。当地的葡萄酒品质优秀，而老普林尼提到过"赫库兰尼姆无花果"是意大利的特产。维苏威火山上的树木也是有用的自然资源。

图 8.10　赫库兰尼姆的一家热食店

渔业似乎对这座城镇也十分重要，因为挖掘人员发现了大量渔网、鱼钩和其他渔具。赫库兰尼姆港口的位置尚未确定，但很可能在城镇东南。人们认为它是继那不勒斯之后的第一个安全港口，全年开放，不像海湾里其他小港口只在夏天开放。

房屋

和庞贝一样，赫库兰尼姆也有各种房屋，如豪华的大宅、简陋的住房。不过，房屋层次的差异在赫库兰尼姆则不那么明显。赫库兰尼姆有一座典型的岛屋楼保存下来，与罗马和奥斯提亚的岛屋楼类型一致，而庞贝根本就不存在任何岛屋楼。赫库兰尼姆的岛屋楼有 3 层：一楼有 10 间商铺，其中许多有楼梯通往二楼；二楼的房间通常与楼下的商店相连，布局也类似；三楼保存得不太好，但其中几间公寓的布局可以复原，似乎是一组房间围绕一处中心空间而建。岛屋楼的地下是一个大垃圾池，也是一座考古学的金矿。

有一处证据表明,赫库兰尼姆的平均财富水平要高于庞贝,也就是说,其装饰着彩色大理石的房屋所占比例比庞贝高得多,而彩色大理石在罗马世界明显是象征富裕的标志。除此之外,一些房屋的墙壁上还有白色大理石镶板,上面刻有希腊式的浮雕,这在庞贝是没有的。牡鹿之屋是令人印象最深的房屋之一,它可以俯瞰大海,欣赏从海湾到卡普里埃岛和匹德库赛岛的美景。这座房子正厅的地板由368块大理石砌成。在240块保存下来的石板中,82块拥有不同颜色和花纹(图8.11)。

另外两所房屋,木隔板之屋和尼普顿与安菲特律特之屋,为我们提供了有关罗马房屋设计的极佳线索。就像城外的莎草纸别墅一样,它们向考古学家提供了一种诱人的可能性。

木隔板之屋

这座房子以前非常大,但似乎在公元1世纪中叶,沿街的一些房间改造成了商铺——其中一个房间里发现了一个巨大的衣橱。此外,在

图8.11 牡鹿之屋彩色大理石地板的一部分

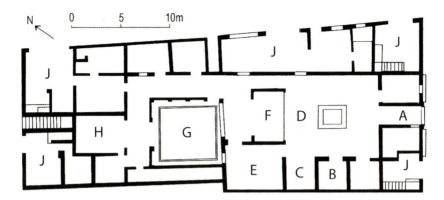

图 8.12 木隔板之屋平面图。A. 正门；B. 隔间；C. 厢房；D. 中庭；E. 餐厅；F. 堂屋；G. 柱廊花园；H. 餐厅；J. 商铺

同一时期它又加盖了一层楼，这一层有一个单独的楼梯作为入口，表明上面的房间被用作独立的公寓（图 8.12）。

垃 圾 堆

作为赫库兰尼姆保护工程的一部分，城镇的下水道最近已被挖掘出来，可以再次用于排水。在挖掘工作中，考古学家在岛屋楼街区下方发现了城镇下水道网络的一部分。它更像一个巨大的垃圾池，厕所、商铺的厨房和上方简易公寓的废物都通过下水道排到这里。这个垃圾池没有出口，因此奴隶不得不时常清空它，并把里面的废物运往周围的农田做肥料。这无疑是一项苦不堪言的工作。然而，在火山爆发时，垃圾池已经收集了大量的有机废物和其他垃圾，其中很大一部分是人类的排泄物。结果，人们吃食物的骨头、壳和种子得以保存。

这些垃圾为我们提供了有关当地饮食的有趣信息：碎蛋壳、无花果种子、橄榄核、鱼骨和鳞片，猪、羊和鸟的骨头，以及大量鸡骨头。口味更加奇特的人也吃海胆。此外，还有用于调味的香草：香菜、茴香、莳萝、薄荷和罂粟。下水道中发现的最昂贵和奢侈的调料之一是黑胡椒。在古罗马时期，黑胡椒全是从印度进口的，要花好几个月才能到达意大利。维苏威火山的爆发让我们得以了解该地区日常生活的诸多细节，赫库兰尼姆下水道里的残留物再次证明了这一点。

房屋的东外墙（图 8.13）是庞贝或赫库兰尼姆保存最完好的建筑之一。实际上，今天它的一层和二层在外观上可能几乎与公元 79 年时一模一样。前门外面是长凳，早上门客会在那里等着见他们的保护人。长凳上面是面向街道的小窗户，木制的横梁仍然保留着，只不过已经炭化。从前门进入房子，会发现这是一所典型的富裕家宅，布局呈经典的

图 8.13　木隔板之屋的东外墙

图 8.14　木隔板之屋的中庭，部分物品还保留在原位

中庭—堂屋—柱廊花园的结构。接水池装饰着大理石，它前面的大理石桌子保存至今。房子的后半部分，柱廊花园后面还有一间餐厅。

然而，房屋中最有趣的物件是"木隔板"（图 8.14），这所房子也因此得名。人们认为，这是一个用来分隔堂屋和中庭的屏风，在需要时给家主一些隐私空间。隔板最初由 3 扇漂亮的双扇格子门组成，中间那扇不幸被早期的挖掘工人凿穿了。幸运的是，其他两扇格子门以碳化的形式保存了下来，连同上面的铰链和船首形状的青铜灯架都在。在中庭外的一个小房间内，还可以看到另一个碳化的遗存物——一张床或沙发，床腿由车床加工而成。

尼普顿与安菲特律特之屋

这所房子没有那么奢华，但相对而言仍然算是一座豪宅（图 8.15）。

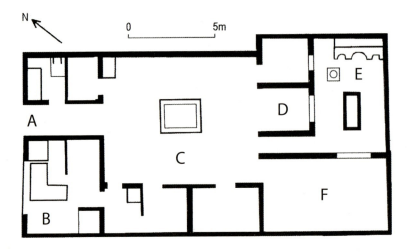

图8.15　尼普顿与安菲特律特之屋的平面图。A.正门；B.商铺；C.中庭；D.堂屋；E.庭院；F.餐厅

它重建于公元1世纪20—40年代。由于它的前墙毁于维苏威火山爆发，只修复了一部分，因此今天的游客可以直接看到正面商铺的内部。商铺可能由一个家内奴隶经营。它有一个柜台、一个壁炉、一个水槽和一些装葡萄酒的双耳罐，还有一间低矮的夹层，可能用于睡觉，也可能用于存放东西。商店的后半部分被一块木隔板隔开了。

穿过房子的前门进入中庭，里面有一个华丽的家神神祠。房子还有两处二楼区域。一处在房子后面，也许可以从院子里的梯子上楼，上面是两间装饰简单的房间。房子前面和侧面的二楼可以通过内部的楼梯上去，保存得更为完好。它由8个房间组成，其中一间可能是餐厅，同时还有一个厨房和一间卧室。由于这两处二楼区域都从房子内部进入，因此可能是供屋主的家庭使用的。

房子的焦点在于后面的庭院，它可能被用作餐厅。在这里，屋主在一组壁画中创造出户外场景和令人惊叹的水景，以此弥补了房屋没有柱廊花园的遗憾。后墙上有一幅巨大的马赛克画（图8.16），画着海

图 8.16 尼普顿和安菲特律特的马赛克画

神尼普顿和他的妻子安菲特律特,他们身后是金色的背景,周围是复杂的红色、蓝色和金色的花卉图案。旁边的墙上有一座水仙喷泉,一种纪念碑式的喷泉,周围画着乡间的景色:猎狗追逐鹿、水果和鲜花编成的花环、孔雀。房间中间是一个作为喷泉的小型大理石圆柱。

可以看出,对于房间的装饰,屋主的构思很简单:如果造不起真正的花园,那么他就会利用绚丽的色彩、图画和水景,以艺术的形式复制一个花园。

莎草纸别墅

1750 年,赫库兰尼姆城外发现了一座宏伟的别墅(图 8.17),一部分已被发掘出来。它处于错落的 4 层梯台上,一直延伸到大海,里面有浴室和图书馆,地板铺着大理石或马赛克,还有几座大花园,花园周围

图 8.17　美国加利福尼亚州马里布的盖蒂别墅建于 20 世纪 50 年代,其灵感源于对赫库兰尼姆的莎草纸别墅进行重建的设想。如今,它是一座保存着数千件希腊、伊特鲁里亚与罗马文物的博物馆

有水池和雕像。

然而,尽管它的美景令人惊叹,但这座别墅最出名之处,还在于其中发现的莎草纸,它的名字也由此而来。别墅中总共约有 1 800 张碳化的莎草纸卷轴,其中大部分是在一个房间里发现的。房间中还有伊壁鸠鲁、赫马库斯和芝诺 3 位希腊哲学家以及演说家德摩斯蒂尼的半身像。科学家们已经能够辨识和解读一些卷轴。这些卷轴有四分之三是加达拉(位于今天约旦境内)的菲洛德穆斯的作品,他是公元前 1 世纪的一位伊壁鸠鲁派哲学家。现代科学最近也参与了研究工作,因为 X 射线技术如今能够"事实上展开"幸存的文本。人们认为这座别墅曾经属于尤利乌斯·恺撒的岳父——路奇乌斯·卡普尔尼乌斯·披索,因为他是当时著名的伊壁鸠鲁哲学的赞助人,与菲洛德穆斯交好。很难想象除

> **挖还是不挖?**
>
> 莎草纸别墅也许存在无限的可能,会让我们更多地了解有文化的罗马富人和他们的世界。许多考古学家、历史学家和莎草纸学家希望继续开展挖掘工作,以探寻是否还有第二个收藏拉丁文文本的图书馆正等待着人们的发现。
>
> 然而,其他考古学家同样强烈地反对继续发掘。这似乎有悖于他们的职业立场,但他们认为,因为缺乏足够的维护和保存措施,挖掘出来的文物已经遭到很大破坏。他们认为,在挖掘出的遗迹能够得到长期妥善保护之前,不应该再让更多遗迹暴露出来,以便让后代能够安全稳妥地发掘。他们还指出,要进一步挖掘莎草纸别墅和赫库兰尼姆其他被埋区域,必将损坏埃尔科拉诺城中世纪的城镇中心和许多重要的历史建筑,这些建筑位于分布着 122 座 18 世纪别墅的所谓"黄金地带"上。

他之外,罗马世界还有谁能拥有藏书如此丰富的图书馆。

虽然菲洛德穆斯告诉了我们很多关于伊壁鸠鲁哲学的知识,但考古学家和古典学家希望图书馆还能收藏一些古代作家名著中遗失的部分。例如,在希腊作家中,雅典悲剧作家埃斯库罗斯和索福克勒斯据说各自写了 100 多部戏剧,但每人只有 7 部作品传世。在罗马作家中,李维 142 卷的《建城以来史》只有 35 卷流传下来,而佚失的部分可以告诉我们很多关于罗马历史其他时期的情况。许多古代图书馆既有希腊文书籍,也有拉丁文书籍,所以人们希望存放希腊文和拉丁文的房间还有很多没有被挖掘出来。

目前，考古学家决定不再冒险继续挖掘这座建筑，直到他们确保已经挖掘出来的文物能得到妥善保护。这种情况在未来可能会改变，但前提是找到不会对城镇造成负面影响的适宜挖掘技术。如果这座别墅最终被挖掘出来，它可能会揭示罗马世界的一些未知信息。

附录 1

古罗马的货币

公元前4世纪，随着罗马城势力的扩展，罗马人开始与意大利南部的希腊人产生接触，随即也开始使用货币。他们的货币体系从币值最小的硬币"奎德仑"（*quadrans*）开始：

4 奎德仑（*quadrantes*）= 1 阿斯（*as*）
2 阿斯（*asses*）= 1 都庞底（*dupondius*）
2 都庞底（*dupondii*）= 1 塞斯退提乌斯（*sestertius*）
4 塞斯退提乌斯（*sestertii*）= 1 第纳里（*denarius*）
25 第纳里（*denarii*）= 1 奥雷（*aureus*）

这些硬币的相对价值体现在铸造它们所用的金属上：奥雷是金币，第纳里是银币，塞斯退提乌斯和都庞底由青铜制成，阿斯和奎德仑由红铜制成。古代和现代的作者都使用塞斯退提乌斯作为主要的货币单位，它简写为 HS。本书正文中，一般将塞斯退提乌斯用其英文名"塞斯退斯"（*sesterce*）表示。

每一个货币单位的名称也有其逻辑：奎德仑的字面意思是"四分之

一"，值四分之一阿斯；阿斯的意思"单位"；都庞底的意思是"双倍重量"（*duo* + *pondus* ——英语的 pound，"磅"，就由此而来），因为它是 1 阿斯的两倍；塞斯退提乌斯最初的意思是"两倍半"，因为在罗马早期，它等于 1 阿斯的两倍半；同样，第纳里（"10 倍"）原来是 1 阿斯的 10 倍；奥雷的意思就是简单的"金色的"。

币值

用现代货币换算罗马货币的准确价值几乎不太可能，部分原因在于几个世纪以来，世界各地的货币价值都出现了巨大变化。然而，根据史料，我们能确定公元 1 世纪货币的币值：

进公共浴场：1 奎德仑

庞贝的一条面包：1 阿斯

庞贝的工人一天的工资：4 塞斯退斯

图密善时代一名罗马士兵的年工资：1 200 塞斯退斯

成为骑士所需财产：40 万塞斯退斯

成为元老所需财产：100 万塞斯退斯

第纳里的遗产

早在 2002 年欧元出现之前，罗马人就采用了统一的欧洲货币。此外，在许多曾受罗马人统治的国家中，一直流传着第纳里这个名字。第纳尔（dinar）是阿尔及利亚、突尼斯、利比亚、伊拉克、约旦、科威特和塞尔维亚的货币单位。此外，意大利语中的"denaro"、西班牙语中的"dinero"、葡萄牙语中的"dinheiro"、斯洛文尼亚语中的"denar"和加泰罗尼亚语中的"diner"都源自"denarius"，在各自的语言中它们都是"钱"的意思。

附录 2

古罗马的服饰

男性的服饰

束腰外衣（tunic）是所有男人的基本服装。它是一种长衬衣，材质为亚麻或羊毛，由两块宽度相同的布缝在一起制成。穿的时候从头上套进去，然后用一根绳子绑在腰上。衣服的前身到膝盖位置，但通常后身要稍微再短一点。

托加袍（toga）是罗马服饰中最著名的一种（附录图 2.1）。所有自由出身的罗马公民都有权穿戴托加袍，不过它实际穿起来非常麻烦，因此一般只有参加仪式时才穿；或是上层阶级，特别是执行公务的元老和官员，通常要身穿托加袍。托加袍用细羊毛制成，呈半圆形，披在一边肩膀上，包裹身体，一直垂到小腿中部或脚踝。托加袍是罗马人的象征。在维吉尔的《埃涅阿斯纪》中，朱庇特称未来的罗马民族为"罗马人，世界的主人，穿托加袍的民族"（*Romanos, rerum dominos, gentemque togatam*）。在各种托加袍中，最重要的有：

- **成人托加**（*toga virilis*）：普通公民所穿，纯白色，年轻人将在成人礼上第一次穿上成人托加。
- **镶边托加**（*toga praetexta*）：官员和未成年的男孩所穿。
- **亮白托加**（*toga candida*）：用皂石粉漂白的托加，由竞选公职的候选人所穿——人们认为，一件亮白色的托加会展示出穿戴者的美德和诚实。拉丁语中，candida 是亮白色的意思，而参加竞选的政治家也被称为 candidati，英语中的"候选人"（candidate）就出自这里。

此外，还有其他形式的衣服，包括内衣和鞋子。在正式的晚宴上，人们会穿晚宴服（*synthesis*）——一种方便客人斜卧的长衫。晚宴服色彩鲜艳，由宽松的束腰外衣配上短外套组成。

附录图 2.1　穿托加袍的男人，穿罩裙和披衫的女人

女性的服饰

束腰外衣也是所有女性的基本服装,用绳子系在腰间,结构如附录图 2.1 所示。有些已婚妇女会在外面再穿一件罩裙(*stola*),用打着活扣的带子吊在肩上,裙子一直垂到脚踝。女性通常在束腰外衣和罩裙下面穿一件束腰内衣(undertunic)。如果她要出门,会用一条长方形的羊毛围巾,也就是披衫(*palla*),包在肩膀上,通常还会蒙住头。在晚宴上,女人会像男人一样穿晚宴服。

受人尊敬的女性不会穿托加袍,因为身穿托加袍象征着耻辱。一些文献提到,妓女或因通奸被抓的女人会被迫穿上托加袍,以作为耻辱的标志。

附录 3

古罗马的姓名

男性公民

共和时期,古罗马贵族发展出了 3 种名字的命名法,如附录表 3.1 所示:

附录表 3.1 古罗马贵族命名法

项目	首名 (praenomen, 复数为 praenomina)	氏族名 (nomen, 复数为 nomina)	家族名 / 绰号 (cognomen, 复数为 cognomina)
用法	个人的名字,相当于今天西方人名中的第一个。用于亲密的朋友和家人之间	罗马人的氏族(gens)名,也是最重要的名字。用于更正式的对话中(通常和首名联用)	一个人所属的氏族分支的名字(太大的氏族可以再往下细分)。在更正式的对话中用来代替氏族名
例	马库斯	图利乌斯	西塞罗

史料可查的首名不到 100 个。此外,古罗马贵族实际上只用了大约 15 种常见的首名(长子通常与父亲同名)。在拉丁语书面语中,常见的首名缩写如下:

A.	奥卢斯	Aulus
Ap (p).	阿庇乌斯	Appius
C.	盖乌斯	Gaius
Cn.	格奈乌斯	Gnaeus
D.	德西穆斯	Decimus
L.	路奇乌斯	Lucius
M.	马库斯	Marcus
M'.	曼尼乌斯	Manius
N.	努梅里乌斯	Numerius
P.	普布利乌斯	Publius
Q.	昆图斯	Quintus
Ser.	塞尔维乌斯	Servius
Sex.	塞克斯图斯	Sextus
Sp.	斯普利乌斯	Spurius
T.	提图斯	Titus
Ti.	提比略	Tiberius

一个人也可能因为各种原因获得另一个作为"绰号/诨名"的cognomen：

- 表示一项特殊的成就。例如，普布利乌斯·科尔内利乌斯·西庇阿战胜迦太基人后得到了阿非利加努斯（"非洲的"）这个名字。

- 被收养者继承了养父的名字，但将原氏族名的形容词形式添加为cognomen。例如，盖乌斯·屋大维（Octavius）·图里努斯，被盖乌斯·尤利乌斯·恺撒收养后，成为盖乌斯·尤利乌斯·恺撒·屋大维努斯（Octavianus）——当然，他后来又加上了奥古斯都这个名字。
- 单纯的绰号，但从此确定下来，并得到了正式使用。例如，苏拉的全名是路奇乌斯·科尔内利乌斯·苏拉·菲利克斯。"菲利克斯"的意思是"幸运"，原本只是他的绰号，后来和他联系在一起。

女性公民

罗马公民的所有女儿都采用了本氏族名的阴性形式。因此，尤利乌斯氏族的男人把他所有的女儿都叫作尤利娅，科尔内利乌斯氏族的男人把他所有的女儿都叫作科尔内利娅，等等。如果一个家庭有两个女儿，那么她们的名字会区分为"大"（*maior*）和"小"（*minor*）；如果有两个以上的姐妹，那么她们会被称为"第一"（*prima*）、"第二"（*secunda*）、"第三"（*tertia*），等等。在公共场合，未婚女子的名字由她自己的名字和父亲的家族名的属格形式组成，例如，图利娅·西塞罗尼斯（*Tullia Ciceronis*）——图利娅·"西塞罗的（女儿）"。已婚妇女的名字由她自己的名字和丈夫的家族名的属格形式组成，例如，克洛狄娅·麦铁利（*Clodia Metelli*）——克洛狄娅·"麦铁路斯的（妻子）"。

从共和晚期开始，贵族家庭起名越来越不受上述规则限制。一些精英女性开始拥有两个名字，采用她父亲的氏族名和家族名的阴性形式。例如，李维娅·德鲁西拉，马库斯·李维乌斯·德鲁西路斯之女。此外，从帝制时代开始，女儿的名字对家庭具有更大的意义。例如，尼禄·克劳狄乌斯·日耳曼尼库斯和大阿格里披娜将他们的3个女儿命名为阿格里披娜、德鲁西拉和尤利娅·李维拉，每个人的名字都能追溯到相隔不远的杰出男性祖先。

奴隶

奴隶的名字是主人取的——他们无法选择自己叫什么。通常,奴隶的名字与他们来自何地有关,或者与他们外貌或性格的显著特征有关。

被释奴和被释女奴

被释奴将继承前主人(现在是他的保护人)的首名和氏族名,并将他的奴隶名保留为诨名(如果是女主人将他解放,他就继承了她父亲的首名和氏族名)。因此,当西塞罗解放他的奴隶泰罗时,给了他马库斯·图利乌斯·泰罗这个名字。被释女奴将采用她们主人的氏族名的阴性形式,再加上她们自己的奴隶名。

附录 4

古罗马的时间

一天的时辰

罗马人主要使用日晷和水钟来报时。然而，它们远远没有现代的时钟精确，因此，时间在罗马世界更加变化难测。例如，人们不可能约定在 10:15 准时见面。

和今天一样，罗马人把一天分成 24 小时，尽管他们没有 24 个相等的时间单位（60 分钟）。罗马人的一天有 12 个小时白昼，从日出到日落；12 个小时黑夜，从日落到日出。这意味着每小时的长度每天都有细微的变化——冬季白天的时间短，夏季白天的时间长；夜晚的时间正好相反。在冬至时，白天只有 8 小时 54 分，每小时约为 45 分钟；而在夏至，白天的一小时将延长到 75 分钟左右。只有在春分和秋分时，白天和黑夜的小时相等，实际为 60 分钟。

罗马人会根据一年中的不同季节调整计时方式——在冬天，人们通常早上 8 点去浴场，而夏天则是在 9 点。每天开始的第一个小时，在深冬约为早上 7:30，而在仲夏约为早上 4:30。

一年的月份

从罗马早期开始，历法上一年先是 10 个月，后来是 12 个月，一年共有 355 天。然而，这是一个很不方便的历法系统，因为通常每隔一年就要增加一个闰月，加了闰月的年份会比其他年份长。公元前 46 年，尤利乌斯·恺撒重新修订了历法，创建了一年 365 天、每 4 年中插入一个"闰年"（在 2 月增加一天）的历法。这就是"儒略历"（Julian calendar）。1582 年，经教皇格里高利十三世稍加调整后，形成了今天的通用历法。

罗马人不像我们今天这样，每月从 1 日计到 28、30 或 31 日。他们在每个月的上半月有 3 个节点，从这 3 个节点开始计算日子：

- 每个月的第一天称为 *Kalends*（源自动词"召唤"，因为它最初的意思为，每当一轮新月出现时，要"召唤"一个新的月份），英语中的"日历"（calendar）就是由这个词衍生而来的。
- 每个月的第 5 天（其中，3 月、5 月、7 月和 10 月则为第 7 天）称为 *Nones*（"第九天"，因为 *Nones* 总是比 *Ides* 早 9 天，包括当天在内）。
- 每个月的第 13 天（其中，3 月、5 月、7 月和 10 月则为第 15 天）称为 *Ides*（源自拉丁语的 *idus*，意思是"一半"，即一个月的一半）。

每个月的日期的命名方式，将根据它后面是哪个节点日来决定。例如，1 月 1 日称为"1 月的 *Kalends*"，但 1 月 2 日称为"1 月 *Nones* 前的第四天"——因为罗马人算日子时会把当天也算在内。

直到共和晚期，罗马的年份都以当年执政官的名字命名，例如，公元前 205 年，就是"普布利乌斯·科尔内利乌斯·西庇阿·阿非利加努斯和普布利乌斯·李契尼乌斯·克拉苏担任执政官的一年"。然而，后来的一些编年史家更喜欢从公元前 753 年（即传统说法中罗马城建立的时间）开始纪年。在这个纪年体系下，公元前 205 年可以称为 "建城以来第 549 年"（549 AUC, *Ab Urbe Condita*——"从城市建立开始"）。

节假日

在罗马历史的大部分时间里，没有像我们今天这样每周 7 天、期间休息两天的安排。相反，罗马人每 8 天放一天假，称为"集市日"。这一天被称为 *nundinae*，意思是"第九天"，因为包括当天在内，每个集市日都是在前一个集市日之后的第九天。此外，*Kalends*、*Nones* 和 *Ides* 都是休息日，每个月还有各种各样的"节日"，其中一些是用来祭神的，而其他的则是赛会日，如举办赛车、戏剧和角斗表演的日子。

月份的命名

根据文学传统，在公元前 713 年之前，罗马人的历法每年有 10 个月。最初的 4 个月分别是 *Martius*、*Aprilis*、*Maius* 和 *Iunius*。*Martius* 和 *Iunius* 是以玛尔斯和朱诺的名字命名的，而 *Aprilis* 可能源于拉丁语动词 *aperire*，意为"开放"，因为每年的这个时候鲜花和植物将会"开放"。*Maius* 以希腊女神迈亚（Maia）命名，迈亚是丰产女神，相当于罗马神话中的良善女神（Bona Dea）。其他 6 个月的名字——"*Quintilis*""*Sextilis*""*September*""*October*""*November*""*December*"——就只是"第五""第六"到"第十"的意思。

人们认为，王政时期努马又引入了另外两个月份，作为一年的头两个月——*Ianuarius*（源自门神雅努斯，*Janus*）和 *Februarius*（以一个动词命名，意为"净化"，因为二月是净化的月份）。公元前 1 世纪下半叶，

Quintilis 和 *Sextilis* 分别以尤利乌斯·恺撒和奥古斯都·恺撒的名字命名，改称为 *Iulius* 和 *Augustus*。罗马人没有重新命名一年的最后 4 个月，所以这 4 个月的字面意思和它们在一年中的实际位置变得不一致了，直到今天仍是如此。

扩 展 阅 读

第一章　从王政到共和

1. Barker, Graeme and Rasmussen, Tom, *The Etruscans* (Oxford: Blackwell, 1998).

2. Beard, Mary, *Confronting the Classics* (London: Profile, 2013), chapter 6.

3. Beard, Mary, *SPQR* (London: Profile, 2015), chapters 1–4.

4. Claridge, Amanda, *Oxford Archaeological Guides: Rome* (Oxford: Oxford University Press, 2010).

5. Cornell, Tim, *The Beginnings of Rome* (London: Routledge, 1995).

6. Flower, Harriet (ed.), *The Cambridge Companion to the Roman Republic* (Cambridge: Cambridge University Press, 2004), chapter 1.

7. Forsythe, Gary, *A Critical History of Early Rome* (Berkeley, CA: University of California Press, 2005).

8. Hopkins, John, *The Genesis of Roman Architecture* (New Haven: Yale University Press, 2016).

9. Smith, Christopher, *The Etruscans: A Very Short Introduction* (Oxford: Oxford University Press, 2014).

10. Bagnall, Nigel, *Essential Histories: The Punic Wars 264–146 BC* (Oxford: Osprey, 2014).

11. Beard, Mary, *SPQR* (London: Profile, 2015), chapter 5.

12. Feeney, Denis, *Beyond Greek: The Beginnings of Latin Literature* (Cambridge, MA: Harvard University Press, 2016).

13. Flower, Harriet (ed.), *The Cambridge Companion to the Roman Republic* (Cambridge: Cambridge University Press, 2004), chapters 9, 12, 13, 15.

14. Goldsworthy, Adrian, *Fall of Carthage: The Punic Wars 265–146 BC* (London: Cassell, 2003).

15. Gruen, Erich, *Culture and National Identity in Republican Rome* (Ithaca: Cornell University Press, 1992).

16. Gruen, Erich, *Studies in Greek Culture and Roman Policy* (Leiden: E.J. Brill, 1990).

17. Hoyos, Dexter (ed.), *A Companion to the Punic Wars* (Oxford: Wiley-Blackwell, 2011).

18. Beard, Mary, *SPQR* (London: Profile, 2015), chapter 5.

19. Flower, Harriet (ed.), *The Cambridge Companion to the Roman Republic* (Cambridge: Cambridge University Press, 2004), chapters 2, 18.

20. Flower, Harriet, *Roman Republics* (Princeton: Princeton University Press, 2010), chapters 3, 4.

21. Lintott, Andrew, *The Constitution of the Roman Republic* (Oxford: Clarendon Press, 1999).

22. McGing, Brian, *Polybius' Histories* (Oxford: Oxford University Press, 2010).

23. Mouritsen, Henrik, *Politics in the Roman Republic* (New York: Cambridge University Press, 2017).

24. Alston, Richard, *Rome's Revolution* (New York: Oxford University Press, 2015).

25. Beard, Mary, *SPQR* (London: Profile, 2015), chapters 6, 7.

26. Flower, Harriet (ed.), *The Cambridge Companion to the Roman Republic*, (Cambridge: Cambridge University Press, 2004), chapter 4.

27. Flower, Harriet, *Roman Republics* (Princeton, NJ: Princeton University Press, 2011).

28. Goldsworthy, Adrian, *Antony and Cleopatra* (London: Phoenix, 2011).

29. Goldsworthy, Adrian, *Caesar* (London: Weidenfeld & Nicolson, 2006).

30. Gruen, Erich, *The Last Generation of the Roman Republic* (London: University of California Press, 1995).
31. Scullard, Howard, *From the Gracchi to Nero* (London: Methuen, 1982).
32. Syme, Ronald, *The Roman Revolution* (Oxford: Oxford University Press, 2002).
33. Tempest, Kathryn, *Cicero: Politics and Persuasion in Ancient Rome* (London: Continuum, 2011).

第二章　皇帝的统治

1. Beard, Mary, *SPQR* (London: Profile, 2015), chapter 9.
2. Cooley, Alison., *Res Gestae Divi Augusti* (Cambridge: Cambridge University Press, 2009).
3. Galinsky, Karl, *Augustan Culture* (Princeton, NJ: Princeton University Press, 1996).
4. Southern, Patricia, *Augustus* (2nd ed.), (London: Routledge Press, 2014).
5. Thorpe, Martin, *Roman Architecture* (London: Bloomsbury Academic, 1995).
6. Wallace-Hadrill, Andrew, *Augustan Rome* (London: Bloomsbury Academic, 1993).
7. Zanker, Paul, *The Power of Images in the Age of Augustus* (Ann Arbor, MI: University of Michigan Press, 1988).
8. Beard, Mary, *SPQR* (London: Profile, 2015), chapters 9, 10.
9. Garzetti, Albino, *From Tiberius to the Antonines* (London: Routledge, 2014).
10. Griffin, Miriam, *Nero: The End of a Dynasty* (London: Batsford 1984).
11. Levick, Barbara, *Claudius* (London: Batsford, 1990).
12. Levick, Barbara, *Tiberius the Politician* (London: Routledge, 1999).
13. Levick, Barbara, *Vespasian* (London: Routledge, 2016).
14. Morgan, Gwyn, *69 A.D.: The Year of the Four Emperors,* (Oxford: Oxford Uni-

versity Press, 2006).

15. Scullard, Howard, *From the Gracchi to Nero* (London: Routledge, 2010).
16. Winterling, Aloys, *Caligula: A Biography,* (London: University of California Press, 2011).
17. Woodman, Anthony, *The Cambridge Companion to Tacitus* (Cambridge: Cambridge University Press, 2009).
18. Zissos, Andrew. (ed.) *A Companion to the Flavian Age of Imperial Rome* (Chichester: Wiley-Blackwell, 2016).
19. Beard, Mary, *SPQR* (London: Profile, 2015), chapter 10.
20. Bennett, Julian, *Trajan: Optimus Princeps* (London: Routledge, 2001).
21. Birley, Anthony, *Hadrian: The Restless Emperor* (London: Routledge, 2013).
22. Birley, Anthony, *Marcus Aurelius: A Biography* (London: Batsford, 1987).
23. McHugh, John, *The Emperor Commodus: God and Gladiator* (Barnsley: Pen and Sword Military, 2015).
24. Brown, Peter, *The Rise of Western Christendom* (Chichester: Wiley-Blackwell, 2013).
25. Brown, Peter, *The World of Late Antiquity* (London: Thames and Hudson, 1971).
26. Heather, Peter, *The Fall of the Roman Empire* (London: Pan, 2010).
27. Mitchell, Stephen, *A History of the Later Roman Empire AD 284–641* (Malden, MA: John Wiley & Sons Inc., 2015).
28. Potter, David, *Constantine the Emperor* (Oxford: Oxford University Press, 2013).

第三章　治理帝国

1. Beard, Mary, *SPQR* (London: Profile, 2015), chapter 12.
2. Levick, Barbara, *The Government of the Roman Empire: A Sourcebook* (London: Routledge, 2000).

3. Richardson, John, *Roman Provincial Administration* (London: Bloomsbury Academic, 2013).
4. Bishop, M. C., *Handbook to Roman Legionary Fortresses* (Barnsley: Pen and Sword Military, 2012).
5. Breeze, D. J., *The Roman Army* (London: Bloomsbury Academic, 2016).
6. Gilliver, Kate, Goldsworthy, Adrian and Whitby, Michael, *Rome at War* (Oxford: Osprey, 2005).
7. Goldsworthy, Adrian, *Pax Romana* (London: Weidenfeld and Nicolson, 2016).
8. Goldsworthy, Adrian, *The Complete Roman Army* (London: Thames and Hudson, 2003).
9. McNab, Chris, ed., *The Roman Army* (Oxford: Osprey 2010).
10. Beard, Mary, *SPQR* (London: Profile, 2015), chapter 12.
11. Gillespie, Caitlin, *Boudica: Warrior Woman of Roman Britain* (Oxford: Oxford University Press, 2018).
12. Levick, Barbara, *The Government of the Roman Empire: A Sourcebook* (London: Routledge, 2000).
13. MacMullen, Ramsay, *Romanization in the Time of Augustus* (New Haven: Yale University Press, 2000).
14. Mattingly, David, *An Imperial Possession: Britain in the Roman Empire, 54 BC–AD 409* (London: Penguin 2007).
15. Stambaugh, John, *The Ancient Roman City* (London: Johns Hopkins University Press, 1988).
16. Woolf, Greg, *Becoming Roman: The Origins of Provincial Civilization in Gaul* (Cambridge: Cambridge University Press, 1998).
17. Coulston, Jon, and Dodge, Hazel, *Ancient Rome: The Archaeology of the Eternal City* (Oxford: Oxford University School of Archaeology, 2000).
18. Davies, Hugh, *Roman Roads in Britain* (Oxford: Shire, 2008).
19. Garnsey, Peter and Saller, Richard, *The Roman Empire: Economy, Society, and Culture* (London: Bloomsbury Academic, 2014).
20. Laurence, Ray, *The Roads of Roman Italy* (London: Routledge 1999).

21. Oleson, John, ed., *The Oxford Handbook of Engineering and Technology in the Classical World* (Oxford: Oxford University Press, 2008).
22. Tomber, Roberta, *Indo-Roman Trade: From Pots to Pepper* (London: Bloomsbury Academic, 2008).
23. Trevor Hodge, A., *Roman Aqueducts and Water Supply* (London: Bloomsbury Academic, 2002).

第四章　古罗马宗教

1. Beard, Mary, North, John, and Price, Simon, *Religions of Rome, Volume 1: A History* (Cambridge: Cambridge University Press, 1998).
2. Beard, Mary, North, John and Price, Simon, *Religions of Rome, Volume 2: A Sourcebook* (Cambridge: Cambridge University Press, 1998).
3. Dowden, Ken, *Religion and the Romans* (London: Bloomsbury Academic, 1998), chapters 1–4.
4. Liebeschuetz, John, *Continuity and Change in Roman Religion* (Oxford: Clarendon Press, 1979).
5. Scullard, Howard, *Festivals and Ceremonies of the Roman Republic* (London: Thames and Hudson, 1981), chapter 1.
6. Beard, Mary and North, John, eds, *Pagan Priests* (London: Bloomsbury Academic, 1990).
7. Beard, Mary, North, John, and Price, Simon, *Religions of Rome, Volume 1: A History* (Cambridge: Cambridge University Press, 1998).
8. Beard, Mary, North, John and Price, Simon, *Religions of Rome, Volume 2: A Sourcebook* (Cambridge: Cambridge University Press, 1998).
9. Price, Simon, *Rituals and Power: The Roman Imperial Cult in Asia Minor* (Cambridge: Cambridge University Press, 1984).
10. Scullard, Howard, *Festivals and Ceremonies of the Roman Republic* (London:

Thames and Hudson, 1981).

11. Wardman, Alan, *Religion and Statecraft among the Romans* (London: Granada, 1982).

第五章　古罗马社会

1. Beard, Mary, Pompeii: *The Life of a Roman Town* (London: Profile, 2010), chapters 3 and 7.
2. Beard, Mary, *SPQR* (London: Profile, 2015), chapter 8.
3. Berry, Joanne, *The Complete Pompeii* (London: Thames and Hudson, 2007), chapter 6.
4. Connolly, Peter, *The Ancient City* (Oxford: Oxford University Press, 2000).
5. Donahue, John, *Food and Drink in Antiquity: A sourcebook* (London: Bloomsbury Academic, 2014).
6. Hales, Shelley, *The Roman House and Social Identity* (Cambridge: Cambridge University Press, 2003).
7. Shelton, Jo-Ann, *As the Romans Did: A Sourcebook in Roman Social History* (Oxford: Oxford University Press, 1998).
8. Wallace-Hadrill, Andrew, *Houses and Society in Pompeii and Herculaneum* (Princeton, NJ: Princeton University Press, 1994).
9. Beard, Mary, *Pompeii: The Life of a Roman Town* (London: Profile, 2010), chapters 2, 4, 5.
10. Beard, Mary, *SPQR* (London: Profile, 2015), chapter 8.
11. Berry, Joanne, *The Complete Pompeii* (London: Thames and Hudson, 2013), chapter 8.
12. Connolly, Peter, *The Ancient City* (Oxford: Oxford University Press, 2000).
13. Harlow, *Mary and Laurence, Ray, Growing Up and Growing Old in Ancient Rome* (London: Routledge, 2002).

14. Laes, Christian, *Children in the Roman Empire: Outsiders Within* (Cambridge: Cambridge University Press, 2011).

15. Shelton, Jo-Ann, *As the Romans Did: A Sourcebook in Roman Social History* (Oxford: Oxford University Press, 1998).

16. Beard, Mary, *SPQR* (London: Profile, 2015), chapter 8.

17. Berry, Joanne, *The Complete Pompeii* (London: Thames and Hudson, 2013), chapter 4.

18. Connolly, Peter, *The Ancient City* (Oxford: Oxford University Press, 2000).

19. Fraschetti, Augusto, ed., *Roman Women* (London: University of Chicago Press, 2001).

20. Gardner, Jane, *Women in Roman Law and Society* (London: Croom Helm, 1986).

21. Harlow, Mary and Laurence, Ray, *Growing Up and Growing Old in Ancient Rome* (London: Routledge, 2002).

22. Laes, Christian, *Children in the Roman Empire: Outsiders Within* (Cambridge: Cambridge University Press, 2011).

23. Lefkowitz, Mary and Fant, Maureen, *Women's Life in Greece and Rome* (London: Bloomsbury Academic, 2016).

24. Pomeroy, Sarah, Goddesses, *Whores, Wives and Slaves: Women in Classical Antiquity* (London: Vintage Digital, 2010), chapters 8–10.

25. Shelton, Jo-Ann, *As the Romans Did: A Sourcebook in Roman Social History* (Oxford: Oxford University Press, 1998).

26. Beard, Mary, *SPQR* (London: Profile, 2015), chapter 8.

27. Bradley, Keith and Cartledge, Paul, eds., *The Cambridge World History of Slavery, Volume 1* (Cambridge: Cambridge University Press, 2011).

28. Joshel, Sandra, *Slavery in the Roman World* (Cambridge: Cambridge University Press, 2010).

29. Mouritsen, Henrik, *The Freedman in the Roman World* (Cambridge: Cambridge University Press, 2011).

30. Shelton, Jo-Ann, *As the Romans Did: A Sourcebook in Roman Social History* (Oxford: Oxford University Press, 1998).

31. Wiedemann, Thomas, *Greek and Roman Slavery: A Sourcebook* (London: Croom Helm, 1981).

32. Carroll, Maureen, *Spirits of the Dead: Roman Funerary Commemoration in Western Europe* (Oxford: Oxford University Press, 2006).

33. Connolly, Peter, *The Ancient City* (Oxford: Oxford University Press, 2000).

34. Hope, Valerie, *Death in Ancient Rome: A Sourcebook* (London: Routledge, 2007).

35. Shelton, Jo-Ann, *As the Romans Did: A Sourcebook in Roman Social History* (Oxford: Oxford University Press, 1998).

36. Toynbee, Jocelyn, *Death and Burial in the Roman World* (London: Thames and Hudson, 1971).

第六章　古罗马的娱乐与休闲

1. Connolly, Peter, *The Ancient City* (Oxford: Oxford University Press, 2000).

2. Futrell, Alison, *The Roman Games: A Sourcebook* (Oxford: Blackwell, 2006).

3. Kyle, Donald, *Sport and Spectacle in the Ancient World* (Chichester: Wiley Blackwell, 2015), chapters 13–16.

4. Meijer, Fik, *Chariot Racing in the Roman Empire* (London: Johns Hopkins University Press, 2010).

5. Shelton, Jo-Ann, *As the Romans Did: A Sourcebook in Roman Social History* (Oxford: Oxford University Press, 1998).

6. Connolly, Peter, *The Ancient City* (Oxford: Oxford University Press, 2000).

7. Fagan, Garrett, *The Lure of the Arena: Social Psychology and the Crowd at the Roman Games* (Cambridge: Cambridge University Press, 2011).

8. Futrell, Alison, *The Roman Games: A Sourcebook* (Oxford: Blackwell, 2006).

9. Hopkins, Keith and Beard, Mary, *The Colosseum* (London: Profile, 2005).

10. Kyle, Donald, *Sport and Spectacle in the Ancient World* (Chichester: Wiley Blackwell, 2015), chapters 13–16.

11. Shelton, Jo-Ann, *As the Romans Did: A Sourcebook in Roman Social History* (Oxford: Oxford University Press, 1998).

12. Veyne, Paul, Bread and Circuses: *Historical Sociology and Political Pluralism* (London: Penguin, 1992).

13. Wiedemann, Thomas, *Emperors and Gladiators* (London: Routledge, 1992).

14. Beacham, Richard, *The Roman Theatre and its Audience* (London: Routledge, 1991).

15. Boyle, Anthony, *An Introduction to Roman Tragedy* (London: Routledge 2006).

16. Hall, Edith and Wyles, Rosie, eds, *New Directions in Ancient Pantomime* (Oxford: Oxford University Press, 2008).

17. Marshall, C.W., *The Stagecraft and Performance of Roman Comedy* (Cambridge: Cambridge University Press, 2006).

18. Moore, Timothy, *Roman Theatre* (Cambridge: Cambridge University Press, 2012).

19. Shelton, Jo-Ann, *As the Romans Did: A Sourcebook in Roman Social History* (Oxford: Oxford University Press, 1998).

20. Beard, Mary, *Pompeii: The Life of a Roman Town* (London: Profile, 2010), chapter 7.

21. Berry, Joanne, *The Complete Pompeii* (London: Thames and Hudson, 2013), chapter 6.

22. Connolly, Peter, *The Ancient City* (Oxford: Oxford University Press, 2000).

23. Fagan, Garrett, *Bathing in Public in the Roman World* (Ann Arbor, MI: University of Michigan Press, 1999).

24. Yegül, Fikret, *Bathing in the Roman World* (Cambridge: Cambridge University Press, 2010).

第七章　庞贝古城

1. Beard, Mary, Pompeii: *The Life of a Roman Town* (London: Profile, 2010), chapter 1.

2. Berry, Joanne, *The Complete Pompeii* (London: Thames and Hudson, 2013), chapters 1, 3, 9.

3. Cooley, Alison E. and Cooley, M.G.L, *Pompeii and Herculaneum: A Sourcebook* (London: Routledge, 2014), chapters 1, 2, 3.

4. Cooley, Alison E., *Pompeii* (London: Bloomsbury Academic, 2003).

5. Foss, Pedar and Dobbins, John, *The World of Pompeii* (London: Routledge, 2007).

6. Ling, Roger, *Pompeii: History, Life, and Afterlife* (Stroud: Tempus, 2005).

7. Zanker, Paul, *Pompeii: Public and Private Life* (Cambridge, MA: Harvard University Press, 1998).

8. Beard, Mary, *Pompeii: The Life of a Roman Town* (London: Profile, 2010), Introduction.

9. Berry, Joanne, *The Complete Pompeii* (London: Thames and Hudson, 2013), chapters 1, 2.

10. Cooley, Alison E. and Cooley, M.G.L, *Pompeii and Herculaneum: A Sourcebook* (London: Routledge, 2014), chapter 3.

11. Cooley, Alison E., *Pompeii* (London: Bloomsbury Academic, 2003).

12. Dwyer, Eugene, *Pompeii's Living Statues* (Ann Arbor, MI: University of Michigan Press, 2010).

13. Foss, Pedar and Dobbins, John, *The World of Pompeii* (London: Routledge, 2007).

14. Lazer, Estelle, *Resurrecting Pompeii* (London: Routledge, 2009).

15. Ling, Roger, *Pompeii: History, Life, and Afterlife* (Stroud: Tempus, 2005).

16. Zanker, Paul, *Pompeii: Public and Private Life* (Cambridge, MA: Harvard

University Press, 1998).

17. Beard, Mary, Pompeii: *The Life of a Roman Town* (London: Profile, 2010), chapter 2.

18. Berry, Joanne, *The Complete Pompeii* (London: Thames and Hudson, 2013), chapters 1, 2.

19. Cooley, Alison E. and Cooley, M.G.L, *Pompeii and Herculaneum: A Sourcebook* (London: Routledge, 2014), chapter 3.

20. Cooley, Alison E., *Pompeii* (London: Bloomsbury Academic, 2003).

21. Foss, Pedar and Dobbins, John, *The World of Pompeii* (London: Routledge, 2007).

22. Ling, Roger, *Pompeii: History, Life, and Afterlife* (Stroud: Tempus, 2005).

23. Poehler, Eric, *The Traffic Systems of Pompeii* (New York: Oxford University Press, 2017).

24. Zanker, Paul, *Pompeii: Public and Private Life* (Cambridge, MA: Harvard University Press, 1998).

25. Beard, Mary, *Pompeii: The Life of a Roman Town* (London: Profile, 2010), chapters 5, 6, 7, 8.

26. Berry, Joanne, *The Complete Pompeii* (London: Thames and Hudson, 2013), chapters 5, 8.

27. Cooley, Alison E. and Cooley, M.G.L, *Pompeii and Herculaneum: A Sourcebook* (London: Routledge, 2014), chapter 3.

28. Cooley, Alison E., *Pompeii* (London: Bloomsbury Academic, 2003).

29. Foss, Pedar and Dobbins, John, *The World of Pompeii* (London: Routledge, 2007).

30. Ling, Roger, *Pompeii: History, Life, and Afterlife* (Stroud: Tempus, 2005).

31. Zanker, Paul, *Pompeii: Public and Private Life* (Cambridge, MA: Harvard University Press, 1998).

32. Allison, P.M., *Pompeian Households: An Analysis of the Material Culture* (Los Angeles, CA: University of California, 1984).

33. Beard, Mary, *Pompeii: The Life of a Roman Town* (London: Profile, 2010),

chapter 3.

34. Berry, Joanne, *The Complete Pompeii* (London: Thames and Hudson, 2013), chapters 6.
35. Cooley, Alison E. and Cooley, M.G.L, *Pompeii and Herculaneum: A Sourcebook* (London: Routledge, 2014), chapters 1, 2, 3.
36. Cooley, Alison E., *Pompeii* (London: Bloomsbury Academic, 2003).
37. Foss, Pedar and Dobbins, John, *The World of Pompeii* (London: Routledge, 2007).
38. Jashemski, Wilhelmina, *The Gardens of Pompeii, Herculaneum and the Villas Destroyed by Vesuvius* (New York: Aristide D. Caratzas, 1993).
39. Wallace-Hadrill, A., *Houses and Society in Pompeii and Herculaneum* (Princeton, NJ: Princeton University Press, 1994).

第八章　赫库兰尼姆

1. Berry, Joanne, *The Complete Pompeii* (London: Thames and Hudson, 2013), chapters 1, 2, 5.
2. Cooley, Alison E. and Cooley, M.G.L, *Pompeii and Herculaneum: A Sourcebook* (London: Routledge, 2014).
3. Deiss, Joseph Jay, *Herculaneum: Italy's Buried Treasure* (London: Thames and Hudson, 1985).
4. Jashemski, Wilhelmina, *The Gardens of Pompeii, Herculaneum and the Villas Destroyed by Vesuvius* (New York: Aristide D. Caratzas, 1993).
5. Roberts, Paul, *Life and Death in Pompeii and Herculaneum* (London: British Museum Press, 2013).
6. Wallace-Hadrill, Andrew, *Herculaneum: Past and Future* (London: Frances Lincoln, 2011).
7. Wallace-Hadrill, Andrew, *Houses and Society in Pompeii and Herculaneum*

(Princeton, NJ: Princeton University Press, 1994).

8. Wilkins, John and Nadeau, Robin, eds, *A Companion to Food in the Ancient World* (Chichester: Wiley-Blackwell, 2015), chapter 10.

参考文献

第一章 从王政到共和

P.005. "命中注定埃涅阿斯要躲过死亡……": Homer, *Iliad*, 20.302–308, trans. A.S. Kline, *The Iliad: Poetry in Translation*, https://www.poetryintranslation.com/PITBR/Greek/Iliad20.php;

P.009. "他们激烈地争执……": Livy, *History of Rome*, 1.6–7, trans. T. J. Luce, *The Rise of Rome* (Oxford: Oxford University Press, 1998), pp. 10–11;

P.010. "要泄怒就冲我们来吧……": Livy, *History of Rome*, 1.13, trans. T.J. Luce, *The Rise of Rome* (Oxford: Oxford University Press, 1998), p. 18;

P.011. "人们认为这些统治者是历史人物……": Mary Beard, *SPQR: A History of Ancient Rome* (London: Profile Books, 2015), p. 100;

P.015. "若想知道腓尼基人和希腊人在地中海西部……": Gary Forsythe, *A Critical History of Early Rome* (Berkeley, CA: University of California Press, 2005), p. 36;

P.027. "如果再击败罗马人一次……": Plutarch, *Pyrrhus* 21.9;

P.029. "如果法律叫他……": Mary Beard, *SPQR: A History of Ancient Rome* (London: Profile Books, 2015), pp. 142–143;

P.032. "路奇乌斯·科尔内利乌斯·西庇阿·巴尔巴图斯……": *CIL* VI 1285, trans. Gary Forsythe, *A Critical History of Early Rome* (Berkeley, CA: University of California Press, 2005), p. 328;

P.036. "军队于破晓时启程……": Livy, *History of Rome*, 21.35;

P.046. "加图曾这样谈我们国家的政体……": Cicero, *On the Republic*, 2.2, trans. James E.G. Zetzel, *Cicero: On the Commonwealth and On the Laws* (Cambridge: Cambridge University Press, 2017), p. 33;

P.057. "毫无疑问，没有谁只会关注无聊琐碎之事……": Polybius, *Histories*, 1.1.5, trans. Ian Scott-Kilvert, *The Rise of the Roman Empire* (Harmondsworth: Penguin, 1979), p. 41;

P.069. "公敌名单不仅在罗马公布……": Plutarch, *Sulla*, 31, trans. Rex Warner, *Fall of the Roman Republic* (Harmondsworth: Penguin, 1972), p. 97–98;

P.072. "但看起来他最大的荣耀……": Plutarch, *Pompey*, 45, trans. Rex Warner, *Fall of the Roman Republic* (Harmondsworth: Penguin, 1972), pp. 208–209;

P.074. "莱斯比娅，让我们生活……": Catullus, *Poem* 5;

P.077. "我来了，我见了，我征服了": Suetonius, *Julius Caesar*, 37;

P.079. "恺撒看到他（西塞罗）在众人之前走来……": Plutarch, *Cicero*, 39; trans. Rex Warner, *Fall of the Roman Republic* (Harmondsworth: Penguin, 1972), p. 363;

P.082. "那么，愿神明保佑我们的宣告……": Appian, *Civil Wars*, 4.11, trans: John Carter, *Appian: The Civil Wars* (London: Penguin, 1996), p. 214;

P.084. "我多么希望你们邀请我参与3月15日那最光荣的盛会！": Cicero, *Ad Familiares*, 10.28.

第二章　皇帝的统治

P.092. "我在第六次和第七次担任执政官时……": Augustus, *Res Gestae*, 34, trans. B.W.J.G. Wilson, *LACTOR 17: The Age of Augustus* (London: KCL, 2003), p. 34;

P.094. "他用赏赐笼络军队……": Tacitus, *Annals*, 1.2, trans. Michael Grant, *The Annals of Imperial Rome* (Harmondsworth: Penguin, 1973), p. 32;

P.095. "为纪念神圣的奥古斯都为罗马人的帝国……": Augustus, *Res Gestae*, Introduction, trans. B.W.J.G. Wilson, *LACTOR 17: The Age of Augustus* (London: KCL, 2003), p. 27;

P.104. "我接手了一座砖石的罗马……"：Suetonius, *Augustus*, 28, trans. Robert Graves, *The Twelve Caesars* (London: Penguin, 2007), p. 61;

P.110. "现在转过双眼……"：Virgil, *Aeneid*, 6.788–795, trans: David West, *The Aeneid* (London: Penguin, 2003), p. 137;

P.111. "当恺撒护卫着国家……"：Horace, *Odes*, 4.15, trans. David West, *The Complete Odes and Epodes* (Oxford: Oxford University Press, 1997), p. 130;

P.113. "她（狄安娜）侧身而站……"：Ovid, *Metamorphoses*, 3.187–203, trans. David Raeburn, *Metamorphoses* (London: Penguin, 2004), pp. 101–102;

P.120. "有关皇帝盖乌斯就说这么多……"：Suetonius, *Gaius*, 22, trans. Robert Graves, *The Twelve Caesars* (London: Penguin, 2007), p. 161;

P.120. "人群聚集在会堂周围……"：Suetonius, *Claudius*, 10, trans. Robert Graves, *The Twelve Caesars* (London: Penguin, 2007), p. 189;

P.124. "他长久以来就渴望驾驶驷马战车……"：Tacitus, *Annals*, 14.14, trans. Cynthia Damon, *Tacitus: Annals* (London: Penguin, 2012), p. 281;

P.125. "尼禄刚死时人们兴高采烈……"：Tacitus, *Histories*, 1.4;

P.129. "无论何事，只要他判定对国家有利……"：*Law on the Powers of Vespasian*: ILS 244, trans. M.G.L. Cooley, *LACTOR 20: The Flavians* (London: KCL, 2015), p. 144;

P.130. "毫无疑问，他们设想这把火……"：Tacitus, *Agricola* 2; trans. H. Mattingly, *The Agricola and The Germania* (London: Penguin, 2003), p. 52;

P.134. "但当他进入图拉真广场……"：Ammianus Marcellinus, *Res Gestae,* 16.10.15, trans. Walter Hamilton, *The Later Roman Empire* (A.D. 354–378) (Harmondsworth: Penguin, 1986), pp. 101–102;

P.137. "他热爱和平……"：Augustan History, *Life of Antoninus Pius*, 9.10, trans. Anthony Birley, *The Lives of the Later Caesars* (Harmondsworth: Penguin, 1976), p. 104;

P.138. "我们的历史从此由一个黄金的国度……"：Dio Cassius, *Roman History*, 72.36;

P.139. "不要像仿佛你能活 1 000 年那样行事……"：Marcus Aurelius, *Meditations*, 4.17, trans. Robin Hard, *Marcus Aurelius: Meditations* (Oxford: Oxford University Press, 2011), p. 26;

P.142. "切记，让士兵们发财……"：Cassius Dio, *Roman History*, 77.15;

P.157. "他（君士坦提乌斯二世）看到蛮族……"：Zosimus, *New History*, 3.1, trans. Ronald T. Ridley, *Zosimus: New History* (Canberra: Australian Association for Byzantine Studies, 1982);

P.158. "这些匈人……"：Ammianus Marcellinus, *Res Gestae*, 31.2, trans. Walter Hamilton, *The Later Roman Empire (A.D. 354–378)* (Harmondsworth: Penguin, 1986), pp. 411–412;

P.161. "我现在要谈一谈我们目前的苦难……"：Jerome, *Epistles*, 123.16;

P.162. "我如鲠在喉……"：Jerome, *Epistles*, 127.12.

第三章　治理帝国

P.170. "先生们，言语无法表达我们在海外遭受的憎恶……"：Cicero, *On the Command of Gnaeus Pompeius*, 22.65, trans: Michael Grant, *Cicero, Selected Political Speeches* (Oxford: Oxford University Press, 1972), p. 67; P.171. "噢时代，噢风俗！" Cicero, *In Verrem*, 2.4.55;

P.172. "让全省都知道……"：Cicero, *Letters to His Brother Quintus*, 1.1.13, 24;

P.173. "如果我们反对他们……"：Cicero, *Letters to Quintus*, 1.1.32

P.175. "居住在亚洲和利比亚昔兰尼附近的犹太人……"：Josephus, *Jewish Antiquities*, 16.160–161, trans. B.W.J.G. Wilson, *LACTOR 17: The Age of Augustus* (London: KCL, 2003), p. 302;

P.175. "那里没有国家提供的水泵或水桶……"：Pliny, *Letters*, 10.33, trans. P.G. Walsh, *Pliny the Younger: Complete Letters* (Oxford: Oxford University Press, 2006), p. 254;

P.176. "你可以留意在尼科米底亚的公民中……"：Pliny, *Letters*, 10.34; trans. P.G. Walsh, *Pliny the Younger: Complete Letters* (Oxford: Oxford University Press, 2006), pp. 254–255;

P.178. "回头看看，记住你只是个凡人。"：Tertullian, *Apology*, 33.4;

P.180. "瓦鲁斯，还我军团！"：Suetonius, *Augustus*, 23;

P.187. "一个年轻的新兵应该眼睛有神……"：Vegetius, *About Military Matters*, 1.6–7;

P.194. "他在雅典还纠正了另一个错误……": Philostratus, *Life of Apollonius of Tyana*, 4.22, trans. Barbara Levick, *LACTOR 18* (London: The London Association of Classical Teachers, 2002), p. 58;

P.197. "之前曾见过旧时犹太和这座城市优美市郊的外地游客……": Josephus, *The Jewish War* 6.7–8, trans. Martin Hammond, *Josephus: The Jewish War* (Oxford: Oxford University Press, 2017), p. 305;

P.200. "阿古利可拉不得不与……": Tacitus, *Agricola*, 21, trans. H. Mattingly, *The Agricola and The Germania* (London: Penguin, 2003), p. 72–73;

P.202. "致死者的灵魂……": RIB 1 1065;

P.202. "雷吉娜，巴拉泰斯的被释女奴……": RIB 1 1171;

P.203. "他们（罗马人）是世界的掠夺者……": Tacitus, *Agricola*, 30–31; trans. H. Mattingly, *The Agricola and The Germania* (London: Penguin, 2003), pp. 80–81;

P.204. "伊凯尼人的国王普拉苏塔古斯……": Tacitus, *Annals*, 14.31; trans. Michael Grant, *The Annals of Imperial Rome* (Harmondsworth: Penguin, 1973), p.328;

P.205. "克劳狄之前赐予过不列颠上层人物一笔赏金……": Cassius Dio, *Roman History*, 62.2.1, trans. Y. and D.W. Rathbone, *LACTOR 11* (London: The London Association of Classical Teachers, 2012), p. 35;

P.206. "克拉斯奇亚努斯……和苏埃托尼乌斯关系不睦……．": Tacitus, *Annals*, 14.38, trans. Michael Grant, *The Annals of Imperial Rome* (Harmondsworth: Penguin, 1973);

P.210. "我建造了一座能够历经数个世纪而不衰的桥。": CIL II 761;

P.215. "在一个轻装出行的人一天所能到达的距离内……": Procopius, *Secret History*, 30.3–5, trans. G.A. Williamson and Peter Sarris, *Procopius: The Secret History* (London: Penguin, 2007), pp. 120–121;

P.217. "当你在夜间出行时……": Juvenal, *Satires*, 10.19–22, trans. Peter Green, *Juvenal: The Sixteen Satires* (London: Penguin, 1998);

P.220. "遥远和广阔的大陆与海洋……": Aelius Aristides, *Regarding Rome*, 11, trans. Charles Behr, *P. Aelius Aristides: The Complete Works Vol 2* (Leiden: Brill, 1981), p. 75.

第四章　古罗马宗教

P.225-226. "罗马人自己……""每个人的房子都只有一个看门的……"：Augustine, *City of God*, 4.8, trans. R.W. Dyson, *The City of God against the Pagans* (Cambridge: Cambridge University Press, 1998), p. 152–153;

P.228. "只有当城市爆发严重内乱……"：Dionysius of Halicarnassus, *Roman Antiquities*, 4.62.5;

P.239. "他写道：'就在我庆祝赛会的日子里'……"：Pliny the Elder, *Natural History*, 2.94, trans. B.W.J.G. Wilson, *LACTOR 17: The Age of Augustus* (London: KCL, 2003), pp. 180–181;

P.240. "在首都和整个意大利……"：Cassius Dio, *Roman History*, 51.20.8, trans. Beard, North, Price, *Religions of Rome Volume 1* (Cambridge: Cambridge University Press, 1998), p. 349;

P.240. "噢，我想我正在变成神。"：Suetonius, *Vespasian*, 23;

P.242. "他们（狼兄弟）把山羊皮切成条状……"：Plutarch, *Romulus*, 21.3–5, trans. Pelling, Scott-Kilvert, *The Rise of Rome* (London: Penguin, 2013), p. 36;

P.243. "父亲福玻斯"……：Statius, *Silvae*, 1.6.1–7;

P.244. "尤伯尔，你把5天农神节收到的礼物全都送给我了……"：Martial, *Epigrams*, 7.53, trans. D.R. Shackleton Bailey, *Martial: Epigrams Volume 2* (Cambridge, MA: Harvard University Press, 1993), p. 121;

P.250. "努马坐在一块石头上……"：Livy, *History of Rome* 1.18, trans. T.J. Luce, *The Rise of Rome* (Oxford: Oxford University Press, 1998), p. 24;

P.251. "既然它们不想吃食……"：Suetonius, *Tiberius*, 2.2;

P.252. "由于希腊人没有费提亚祭司团……"：Dionysius of Halicarnassus, *Roman Antiquities*, 2.72.3;

P.254. "他们把受罚的妇女放进轿子里……"：Plutarch, *Numa*, 10.6, trans. B.W.J.G. Wilson, *LACTOR 17: The Age of Augustus* (London: KCL, 2003), p. 231;

P.256. "我的妻子必须不受怀疑。"：Plutarch, *Julius Caesar*, 10;

P.260. "以防如此伟大的技艺由于人类的弱点而失去它真正的宗教威严……"：

Cicero, *On Divination*, 1.92, trans. Beard, North, Price, *Religions of Rome Volume 1* (Cambridge: Cambridge University Press, 1998), p. 113;

P.260. "怎么样，3月15日已经到了。""是的，到了，但还没过去。"：Plutarch, *Julius Caesar*, 63;

P.261. "无论您是这块圣地的什么神或女神……"：Cato the Elder, *On Agriculture*, 139, trans. Andrew Dalby, *On Farming* (Totnes: Prospect Books, 1998), p. 197;

P.262. "他以在卡皮托利献上的祭品兑现了前一年祭司长的誓约……"：*Acta Fratrum Arvalium* 44a, trans. M.G.L. Cooley, *LACTOR 20: The Flavians* (London: KCL, 2015), p. 27;

P.264. "凡人啊，不要用肮脏的食物玷污你们的身体……"：Ovid, *Metamorphoses*, 15.75–90, trans. David Raeburn, *Metamorphoses* (London: Penguin, 2004), pp. 597–598;

P.265. "为什么好人会备尝艰辛……"：Seneca, *On Providence*, 2.1–2;

P.266. "小塞涅卡对伊丽莎白时代的思想和悲剧形式所产生的影响……"：T.S. Eliot, *Selected Essays* (London: Faber and Faber, 1951), p. 65;

P.267. "当海中狂风大作……"：Lucretius, *De Rerum Natura* 2.1–4, trans. Ronald Latham, *Lucretius: On the Nature of the Universe* (Harmondsworth: Penguin, 1951), p. 38;

P.267. "如果人们看到他们的烦恼终将结束……"：Lucretius, *De Rerum Natura*, 1.107–111, trans. Ronald Latham, *Lucretius: On the Nature of the Universe* (Harmondsworth: Penguin, 1951), p. 12;

P.267. "宗教能够煽起这样的恶行。"：Lucretius, *De Rerum Natura*, 1.101;

P.270. "护佑女神自己的游行队伍也开始行进了……"：Apuleius, *The Golden Ass*, 11.9, trans. E.J. Kenney, *Apuleius: The Golden Ass* (London: Penguin, 1998), p. 200;

P.273. "他们在山洞里蒙着脸……"：Pseudo-Augustine, *Questions on the Old and New Testaments*, 113.11;

P.275. "为了压制谣言……"：Tacitus, *Annals*, 15.44, trans. Michael Grant, *The Annals of Imperial Rome* (Harmondsworth: Penguin, 1973), p. 365;

P.277. "亲爱的普林尼……"：Pliny, *Letters*, 10.97, trans Betty Radice, *The Letters* of the Younger Pliny (Harmondsworth: Penguin, 1963), p. 295;

P.281. "所以我们为父辈的神祈求和平……"：Symmachus, *Relatio*, 3.10, trans. R.H. Barrow, *Prefect and Emperor* (Oxford: Clarendon Press, 1973), p. 41.

第五章　古罗马社会

P.287. "我们居住的城市很大程度上由脆弱的支柱支撑……"：Juvenal, *Satires*, 3.193–202, adapted from trans. Peter Green, *Juvenal: The Sixteen Satires* (London: Penguin, 1998), p. 19;

P.287. "我有两栋楼塌了……"：Cicero, *To Atticus*, 14.9;

P.292. "没人在乎我是谁……"：Plautus, *The Pot of Gold*, 1–8;

P.293. "我们很高兴来到这里……"：CIL IV 1227, trans. Jo-Ann Shelton, *As the Romans Did* (Oxford: Oxford University Press, 1998), p. 328;

P.294. "在所有的圣地中……"：Cicero, *About His Home*, 61.109, trans. Joanne Berry, *The Complete Pompeii* (London: Thames and Hudson, 2013), p. 207;

P.296. "看那只龙虾的个头……"：Juvenal, *Satires*, 5.80–88, trans. Peter Green, *Juvenal: The Sixteen Satires* (London: Penguin, 1998), pp. 29–31;

P.297. "鸡肉洗净……"：Apicius, *Cookbook*, 6.9.4, trans. Jo-Ann Shelton, *As the Romans Did* (Oxford: Oxford University Press, 1998), p. 84;

P.299. "用餐的时候……"：Suetonius, *Augustus*, 71.2, trans. Robert Graves, *The Twelve Caesars* (London: Penguin, 2007), p. 91;

P.300. "我们将聆听荷马的特洛伊故事……"：Juvenal, *Satires*, 11.180–181, trans. Peter Green, *Juvenal: The Sixteen Satires* (London: Penguin, 1998), pp. 91–92;

P.300. "收起淫荡的表情和轻浮的眼神……"：CIL IV 7698a–c, trans. Alison E. Cooley and M.G.L. Cooley, *Pompeii and Herculaneum: A Sourcebook* (London: Routledge, 2014), p. 104;

P.301. "我还在亚历山大里亚……"：*Papyrus Oxyrhynchus*, 744.G, trans. Naphtali Lewis, *Life in Egypt Under Roman Rule* (Oxford: Oxford University Press, 1985), p. 54;

P.302. "加图的儿子出生后……": Plutarch, *Cato the Elder*, 20.4, trans. Robin Waterfield, *Roman Lives* (Oxford: Oxford University Press, 1999), pp. 27–28;

P.302. "很久以前……": Tacitus, *A Dialogue on Orators*, 28–29;

P.303. "他亲自教育儿子……": Plutarch, *Cato the Elder*, 20.5–7, trans. Robin Waterfield, *Roman Lives* (Oxford: Oxford University Press, 1999), pp. 27–28;

P.304. "他致力于自己祭司的工作和儿子们的教育……": Plutarch, *Aemilius Paullus*, 6.8–9, trans. Robin Waterfield, *Roman Lives* (Oxford: Oxford UniversityPress, 1999), p. 46;

P.305. "但如果我的缺点不是太严重或太多……": Horace, *Satires*, 1.6.65ff, trans. Niall Rudd, *Horace: Satires and Epistles* (Harmondsworth: Penguin, 1987), pp. 68–69;

P.306. "无论怎样博学……": Juvenal, *Satires*, 7.215–216, 237–234, adapted from trans. Peter Green, *Juvenal: The Sixteen Satires* (London: Penguin, 1998), p. 61;

P.306. "该死的教师……": Martial, *Epigrams*, 9.68;

P.309. "在奥利斯,预言家卡尔卡斯警告阿伽门农……": Seneca, *Suasoriae*, 3, trans. Jo-Ann Shelton, *As the Romans Did* (Oxford: Oxford University Press, 1998), p. 115;

P.310. "法律规定:女祭司必须贞洁……": Seneca, *Controversiae*, 1.2, trans. Jo-Ann Shelton, *As the Romans Did* (Oxford: Oxford University Press, 1998), p. 116;

P.310. "在我看来,年轻人在学校里会变成彻头彻尾的白痴……": Petronius, *Satyricon*, 1;

P.311. "我没学过几何学……": Petronius, *Satyricon*, 58.7, trans. J.P. Sullivan, *Petronius: The Satyricon* (Harmondsworth: Penguin, 1986), p. 74;

P.312. "漂布的、绣花的、打金子的、织羊毛的都来了……": Plautus, *The Pot of Gold*, 507–519, trans. E.F. Watling, *The Pot of Gold and Other Plays* (Harmonsworth: Penguin, 1965), p. 30;

P.313. "夫复何求……": *CIL* VI 7193a, trans. Peter Jones and Keith Sidwell, *The World of Rome: An Introduction to Roman Culture* (Cambridge: Cambridge University Press, 1997), p. 148;

P.315. "今天早上问候您时……": Martial, *Epigrams*, 6.88;

P.317. "纪念维奇凯娜……": *CIL* VI 9213; trans. Jo-Ann Shelton, *As the Romans Did* (Oxford: Oxford University Press, 1998), p. 151; "纪念皮埃里斯……" *CIL* VI 9731, trans. Jo-Ann Shelton, *As the Romans Did* (Oxford: Oxford University Press, 1998), p. 151;

P.317. "当她们（女孩）岁数增长和几乎停止长大后……": Rufus of Ephesus quoted in Oribasius, *Liber Incertus*, 18.10, trans. Mary Harlow and Ray Laurence, *Growing Up and Growing Old in Ancient Rome* (London: Routledge, 2002), p. 57;

P.319. "年轻的女子啊……": Catullus, *Poems*, 62.59–65;

P.323. "当两个声音和谐地结合在一起时……": Plutarch, *Moralia*, 139D–140A;

P.324. "克利奥斯特拉塔：你都躺到什么鬼地方去了……": Plautus, *Casina*, 242–247;

P.325. "我知道你有多么渴望我们给你生一个曾孙……": Pliny the Younger, *Letters*, 8.10, trans. Betty Radice, *The Letters of the Younger Pliny* (Harmondsworth: Penguin, 1963), p. 218;

P.326. "我看到那个男孩非常难过……": Cicero, *Letters to Atticus*, 6.3.8;

P.327. "弗里娅·赛普斯……": *CIL* VI 18817, trans. Jo-Ann Shelton, *As the Romans Did* (Oxford: Oxford University Press, 1998), p. 48;

P.327. "永远怀念布兰迪尼娅·马尔提奥拉……": *CIL* XIII 1983, trans. Jo-Ann Shelton, *As the Romans Did* (Oxford: Oxford University Press, 1998), p. 46;

P.328. "我的公民同胞们……": Livy, *History of Rome*, 34.2.1, trans. J.C. Yardley, *The Dawn of the Roman Empire* (Oxford: Oxford University Press, 2000), p. 141–142;

P.329. "你们要是说……": Appian, *Civil Wars*, 4.32, trans. Maureen B. Fant, Mary R. Lefkowitz, *Women's Life in Greece and Rome: A Source Book in Translation* (London: Bloomsbury Academic, 2016), p. 180;

P.330. "此外，据说科尔内利娅以一种高贵和节制的态度……": Plutarch, *Gaius Gracchus*, 19, trans. Robin Waterfield, *Roman Lives* (Oxford: Oxford University Press, 1999), pp. 114–115;

P.331. "我该死的生日到了……": Sulpicia, *Poems*, 2;

P.333. "克劳狄娅·塞维拉问候她的雷必蒂娜……"：*Vindolanda Tablet*, 2.291, trans. Jo-Ann Shelton, *As the Romans Did* (Oxford: Oxford University Press, 1998), p. 267;

P.336. "阿加托斯·戴蒙……"：*Oxyrhynchus Papyri*, 95, trans. Jo-Ann Shelton, *As the Romans Did* (Oxford: Oxford University Press, 1998), pp. 164–165;

P.338. "但继续来看矿山……"：Diodorus Siculus, *History*, 5.38.1, trans. C. H. Oldfather, *Diodorus of Sicily, Volume 3* (Cambridge, MA: Harvard University Press, 1912), pp. 199–201;

P.339. "维迪乌斯·波利奥是一名罗马骑士……"：Pliny the Elder, *Natural History*, 9.39.77, trans. John F. Healy, *Pliny the Elder: Natural History* (London: Penguin, 1991), p. 132;

P.340. "我从刚刚拜访过你的人那里得知……"：Seneca, *Letters*, 47.1, 17;

P.343. "我逃跑了，抓住我……"：*CIL* XV 7194, trans. Jo-Ann Shelton, *As the Romans Did* (Oxford: Oxford University Press, 1998), p. 177;

P.344. "现在让我来谈谈那个种族……"：Juvenal, *Satires*, 3.58–65, trans. Peter Green, *Juvenal: The Sixteen Satires* (London: Penguin, 1998), p. 15;

P.345. "在孤独中，我不和人说话……"：Cicero, *Letters to Atticus*, 12.15;

P.349. "陌生人，我要说的不多……"：*CIL* I.2.1211;

P.350. "献给马库斯·卡努莱乌斯的灵魂……"：*CIL* VI 9.222;

P.351. "这遭到了惩罚……"：Ovid, *Fasti*, 2.549–556, trans. A.S. Kline, *Ovid, Fasti: Poetry in Translation*, https://www.poetryintranslation.com/PITBR/Latin/Fastihome.php;

P.352. "记得古老的仪式，敬畏诸神的人……"：Ovid, *Fasti*, 5.429–444; trans. A.S. Kline, *Ovid, Fasti: Poetry in Translation*, https://www.poetryintranslation.com/PITBR/Latin/Fastihome.php.

第六章　古罗马的娱乐与休闲

P.353. "公共集会、公民投票大会以及举行表演和角斗的集会。"：Cicero, *Pro*

Sestio, 106;

P.354. "过去人民曾拥有一切权力……": Juvenal, *Satires*, 10.77–81, trans. Alison Futrell, *The Roman Games* (Oxford: Blackwell, 2006), p. 33;

P.354. "对政治智慧的最高理解": Fronto, *Elements of History*, 18;

P.360. "失去了逃脱的希望": Pliny the Elder, *Natural History*, 8.7;

P.361. "100个律师的收入只相当于红队的拉凯塔一人。": Juvenal, *Satires*, 7.113–114, trans. Alison Futrell, *The Roman Games* (Oxford: Blackwell, 2006), p. 199;

P.361. "让悲伤的胜利女神折断以土买的棕榈……": Martial, *Epigrams*, 10.50, trans. D.R. Shackleton Bailey, *Martial: Epigrams Volume 2* (Cambridge, MA: Harvard University Press, 1993);

P.362. "欺骗和掠夺公众来取乐": Suetonius, *Nero*, 16;

P.363. "让它当执政官": Suetonius, *Caligula*, 55;

P.365. "他们用野猪粪便来治疗扭伤和外伤……": Pliny the Elder, *Natural History*, 28.237; trans. H.A. Harris, *Sport in Greece and Rome* (London: Thames and Hudson, 1972), p. 210;

P.365. "(观众)不断地上蹿下跳……": Dio Chrystostom, *Orationes*, 32.89, trans. J. W. Cohoon, *Dio Chrystostom* (London: Heinemann, 1951);

P.366. "我召唤你，恶魔……": *ILS* 8753, trans. Jo-Ann Shelton, *As the Romans Did* (Oxford: Oxford University Press, 1998), p. 344;

P.366. "纵身跳进了火葬堆": Pliny the Elder, *Natural History*, 7.53;

P.369. "被火烧，被捆绑，被殴打，被刀剑杀死": Petronius, *Satyricon*, 117;

P.369. "家庭立下这块墓碑……": Robert: 241, trans. Alison Futrell, *The Roman Games* (Oxford: Blackwell, 2006), p. 149; "纪念赫尔墨斯……" Robert: 109, trans. Alison Futrell, *The Roman Games* (Oxford: Blackwell, 2006), p. 149;

P.372. "最近在一场斗兽赛上……": Seneca, *Letters*, 70, 20–27, trans. Alison Futrell, *The Roman Games* (Oxford: Blackwell, 2006), p. 148;

P.376. "一场海战动用了4 000名桨手……": Appian, *Civil Wars*, 2.102; trans. Horace White, *Appian: Roman History, Volume 3* (Cambridge MA: Harvard University Press, 1913);

P.377. "最后，我们早先看到的那种愤怒又回到了它身上……"：Martial, *On the Shows*, 26, trans. D.R. Shackleton Bailey, *Martial: Epigrams Volume 1* (Cambridge, MA: Harvard University Press, 1993);

P.379. "监督法律的人……"：Seneca, *On Anger*, 1.6.4;

P.380. "我碰巧去看了一场午间演出……"：Seneca, *Letters*, 7.3;

P.381. "哪个角斗士，即便实力一般……"：Cicero, *Tusculan Disputations*, 2.41;

P.382. "敬皇帝，将死之人将您致敬！"：Suetonius, *Claudius*, 21.6;

P.382. "翻转拇指"：Juvenal, *Satires*, 3.36;

P.384. "他是一名法务官……"：Martial, *Epigrams*, 10.41;

P.386. "不要让黄脸婆、妓女坐在舞台的前面……"：Plautus, *Poenulus*, 17–34;

P.388. "在希腊……登上舞台……"：Cornelius Nepos, *Preface*, 5;

P.390. "我拯救了他们……"：Suetonius, *Julius Caesar*, 84;

P.394. "我感到无比羞愧……"：Plautus, *Casina*, 937–940;

P.395. "再一次，我要献上《婆母》……"：Terence, *The Mother-in-Law*, 29–43, trans. Betty Radice, *Terence: The Brothers and Other Plays* (Harmondsworth: Penguin, 1965), pp. 92–93;

P.395. "甚至最大胆的剧作家也会吓得逃跑……"：Horace, *Epistles*, 2.1.182–186;

P.397. "如果没有快乐……"：*Inscriptiones Christianae Urbis Romae*, 5.13655;

P.398. "令人信服地表演了生活的拟剧"：Suetonius, *Augustus*, 99;

P.398. "为许多人所畏惧者……"：Macrobius, *Saturnalia*, 2.7;

P.400. "一般来说，舞者要扮演多种角色……""舞者立即拥有了一切……"：Lucian, *On the Dance*, 67–68, trans. Eric Csapo and William J. Slater, *The Context of Ancient Drama* (Ann Arbor, MI: University of Michigan Press, 1995), pp. 383-384;

P.403. "太多的浴场……"：Aelius Aristides, 15.232;

P.403. "那里有……一间小浴室……"：Seneca, *Letters*, 86, 4-6;

P.406. "我是乌尔苏斯……"：CIL VI 9797;

P.410. "除非你在埃特鲁斯库斯的公共浴场洗澡……"：Martial, *Epigrams*, 6.42;

P.410. "想想那个给人拔毛的……"：Seneca, *Letters*, 56.2, trans. Robin Campbell,

Seneca:letters from a Stoic (Harmondsworth: Penguin, 1969), pp. 109-110;

P.410. "索利努斯致密涅瓦女神……"：*Tab. Sulis*, 32, trans. Roger Tomlin, from Garret G. Fagan, *Bathing in Public in the Roman World* (Ann Arbor, MI: University of Michigan Press, 1999), p. 37;

P.411. "坚果、饮料……"：*CIL* IV 10674;

P.411. "洗浴、酒和性会毁了我们的身体……"：*CIL* VI 17938, trans. Jo-Ann Shelton, *As the Romans Did* (Oxford: Oxford University Press, 1998), p. 308;

P.412. "在公共浴场和私人浴室周围……"：Martial, *Epigrams*, 12.82, trans. D.R. Shackleton Bailey, *Martial: Epigrams, Volume 3* (Cambridge, MA: Harvard University Press, 1993).

第七章　庞贝古城

P.414. "快乐且上天赐福""令人振奋、全年健康"：Pliny the Elder, *Natural History*, 3.40;

P.415. "不仅在意大利……"：Florus, *Epitome*, 1.16, trans. Alison E. Cooley and M.G.L. Cooley, *Pompeii and Herculaneum: A Sourcebook* (London: Routledge, 2014), p. 229;

P.415. "诺拉、努凯里亚和阿凯莱……"：Strabo, *Geography*, 5.4.8, trans. Alison E. Cooley and M.G.L. Cooley, *Pompeii and Herculaneum: A Sourcebook* (London: Routledge, 2014), p. 11;

P.416. "奥斯坎人曾经占领赫库兰尼姆和庞贝……"：Strabo, *Geography*, 5.4.8, trans. Alison E. Cooley and M.G.L. Cooley, *Pompeii and Herculaneum: A Sourcebook* (London: Routledge, 2014), p. 11;

P.424. "在此之前的许多天里一直有地震发生……"：Pliny the Younger, *Letters*, 6.20.3, trans. Alison E. Cooley and M.G.L. Cooley, *Pompeii and Herculaneum: A Sourcebook* (London: Routledge, 2014), p. 47;

P.426. "一朵云正从山上升起……"：Pliny the Younger, *Letters*, 6.16.5–6, trans. Alison E. Cooley and M.G.L. Cooley, *Pompeii and Herculaneum: A Sourcebook* (London: Routledge, 2014), p. 45;

P.429. "有一组 4 个人……": Mary Beard, *Pompeii: The Life of a Roman Town* (London: Profile, 2010), pp. 4–5;

P.430. "你可以听到女人在尖叫……": Pliny the Younger, *Letters*, 6.20.14–15, trans. Alison E. Cooley and M.G.L. Cooley, *Pompeii and Herculaneum: A Sourcebook* (London: Routledge, 2014), pp. 48–49;

P.432. "用一句意大利谚语来说……": *Letter and Report on the Discoveries at Herculaneum*, Introduction, Translation and Commentary by Carol C. Mattusch. (Los Angeles: J. Paul Getty Museum, 2011);

P.439. "维古拉写给她的特提乌斯……": *CIL* IV 1826, trans. Joanne Berry, The Complete Pompeii (London: Thames and Hudson, 2013), p. 102;

P.440. "基奥斯，我希望你的痔疮让你痛不欲生……": *CIL* IV 1820, trans. Joanne Berry, *The Complete Pompeii* (London: Thames and Hudson, 2013), p. 102; "维尔比乌斯·莱斯提图斯孤枕难眠……": *CIL* IV 2146, trans. Joanne Berry, *The Complete Pompeii* (London: Thames and Hudson, 2013), p. 102; "阿提墨图斯让我怀孕了", *CIL* IV 3117, trans. Joanne Berry, *The Complete Pompeii* (London: Thames and Hudson, 2013), p. 102;

P.445. "欧玛奇娅，路奇乌斯的女儿……": *CIL* X 810, trans. Alison E. Cooley and M.G.L. Cooley, *Pompeii and Herculaneum: A Sourcebook* (London: Routledge, 2014), p. 141; "献给欧玛奇娅……" *CIL* X 813, trans. Alison E. Cooley and M.G.L. Cooley, *Pompeii and Herculaneum: A Sourcebook* (London: Routledge, 2014), p. 141;

P.447. "马库斯·霍尔科尼乌斯·鲁弗斯……": *CIL* X 833, 834, trans. Alison E. Cooley and M.G.L. Cooley, *Pompeii and Herculaneum: A Sourcebook* (London: Routledge, 2014), p. 89;

P.450. "德西穆斯·卢克莱提乌斯·萨特利乌斯·瓦楞斯的 20 对角斗士……": *CIL* IV 3884, trans. Alison E. Cooley and M.G.L. Cooley, *Pompeii and Herculaneum: A Sourcebook* (London: Routledge, 2014), p. 69;

P.452. "姑娘们的心头好……": *CIL* IV 4342, trans. Alison E. Cooley and M.G.L. Cooley, *Pompeii and Herculaneum: A Sourcebook* (London: Routledge, 2014), p. 89;

P.454. "路奇乌斯·凯西鲁斯，盖乌斯之子……": *CIL* X 819, trans. Joanne Berry, *The Complete Pompeii* (London: Thames and Hudson, 2013), p. 152;

P.457. "我请求你们选格奈乌斯·赫尔维乌斯·萨比努斯为营造官……"：CIL IV 706；"我们要求格奈乌斯·赫尔维乌斯·萨比努斯担任营造官……"：CIL IV 923, trans. Alison E. Cooley and M.G.L. Cooley, *Pompeii and Herculaneum: A Sourcebook* (London: Routledge, 2014), p. 174; "所有水果商和赫尔维乌斯·维斯塔利斯……"：*CIL* IV 202, trans. Joanne Berry, *The Complete Pompeii* (London: Thames and Hudson, 2013), p. 132; "所有晚归的醉鬼请你们选马库斯·凯里尼乌斯·瓦提亚……"：*CIL* IV 581, trans. Joanne Berry, *The Complete Pompeii* (London: Thames and Hudson, 2013), p. 132;

P.459. "奈沃莱娅·堤喀，路奇乌斯的被释女奴……"：*CIL* X 1030, trans. Alison E. Cooley and M.G.L. Cooley, *Pompeii and Herculaneum: A Sourcebook* (London: Routledge, 2014), p. 198;

P.464. "我承认，我们往床上撒尿了……"：*CIL* IV 4957, trans. Joanne Berry, *The Complete Pompeii* (London: Thames and Hudson, 2013), p. 232; "店老板，我希望你会因为说谎而受到惩罚……"：*CIL* IV 3948, trans. Joanne Berry, *The Complete Pompeii* (London: Thames and Hudson, 2013), p. 232;

P.465. "按照与路奇乌斯·凯奇里乌斯·尤昆都斯的合同约定……"：*CIL* VI 3340.7, trans. Alison E. Cooley and M.G.L. Cooley, *Pompeii and Herculaneum: A Sourcebook* (London: Routledge, 2014), p. 280;

P.467. "从下个 7 月 1 日起……"：*CIL* IV 138, trans. Alison E. Cooley and M.G.L. Cooley, *Pompeii and Herculaneum: A Sourcebook* (London: Routledge, 2014), p. 264.

第八章　赫库兰尼姆

P.475. "当然，从某种程度上说……"：Andrew Wallace-Hadrill, *Herculaneum: Past and Future* (London: Frances Lincoln, 2011), p. 288;

P.481. "赫库兰尼姆镇的一部分也倒塌了……"：Seneca, *Natural Questions*, 6.1.2, trans. Alison E. Cooley and M.G.L. Cooley, *Pompeii and Herculaneum: A Sourcebook* (London: Routledge, 2014), p. 39;

P.481. "阿波利纳里斯，提图斯皇帝的医生……"：*CIL* IV 10619;

P.483. "火山碎屑流起了奇怪的作用……": Joseph Jay Deiss, *Herculaneum: Italy's Buried Treasure* (New York: Crowell, 1966), p.18;

P.487. "当他（老普林尼）正要离开房子的时候……": Pliny, *Letters*, 6.16.8–9, trans. Alison E. Cooley and M.G.L. Cooley, *Pompeii and Herculaneum: A Sourcebook* (London: Routledge, 2014), p. 46;

P.487. "我们看到，海水显然被地震吸了进去……": Pliny, *Letters*, 6.20.9, trans. Alison E. Cooley and M.G.L. Cooley, *Pompeii and Herculaneum: A Sourcebook* (London: Routledge, 2014), p. 48;

P.491. "很难想象还会有其他古代人能被了解得如此细致。": Andrew Wallace-Hadrill, *Herculaneum: Past and Future* (London: Frances Lincoln, 2011), p. 125.

附录2　古罗马的服饰

P.511. "罗马人，世界的主人……": Virgil, Aeneid, 1.282.